细说大唐大全集

细说大唐

大全集

周水琴　主编

中国华侨出版社

北京

图书在版编目（CIP）数据

细说大唐大全集／周水琴主编. 一北京：中国华侨出版社，2011.3
（2022.3重印）
ISBN 978-7-5113-1207-5

Ⅰ.①细… Ⅱ.①周… Ⅲ.①中国－古代史－唐代 Ⅳ.①K242.1

中国版本图书馆CIP数据核字（2011）第013193号

细说大唐大全集

主　　编：周水琴

责任编辑：高文喆

封面设计：阳春白雪

文字编辑：周水琴

美术编辑：宇　枫

经　　销：新华书店

开　　本：720mm×1020mm　　1/16　　印张：24　　字数：342千字

印　　刷：唐山楠萍印务有限公司

版　　次：2011年4月第1版　　2022年3月第3次印刷

书　　号：ISBN 978-7-5113-1207-5

定　　价：68.00元

中国华侨出版社　北京市朝阳区西坝河东里77号楼底商5号　　邮编：100028

发 行 部：（010）88866079　　　传　　真：（010）88877396

网　　址：www.oveaschin.com　　E－m a i l：oveaschin@sina.com

如发现印装质量问题，影响阅读，请与印刷厂联系调换。

前　言

　　中国的历史源远流长，为将中国历史说清，历代历史学家用毕生精力著书立说，为后世留下大量历史典籍。但是，多数史书体量庞大、晦涩艰深，吓退许多读者；也有一些历史通俗读物，虽然读起来轻松愉快，但亦史亦说的方式，却不能起到正史的作用。鉴于此，编者在参考大量历史文献的基础上，编辑了这套既是严谨的正史，又可以轻松阅读的"细说中国历史"丛书，包括"细说大汉""细说大唐""细说大宋""细说大明""细说大清"5部。

　　唐朝（公元618年~907年），是中国历史上最重要的朝代之一，以其恢宏的气度和开放的胸怀书写了中国历史上最为强盛的一页，在文化、政治、经济、外交等方面都有辉煌的成就，被历史学家黄仁宇认为是相继于秦汉之后的中国第二帝国时期，日本历史学者则普遍认为唐朝是中国"中世"时期的结束，是当时世界上最强大的国家。近300年的大唐历史有着无数的故事，承载着大唐帝国的沧桑和辉煌。

　　遥望一千多年前的大唐帝国，东至朝鲜半岛，西达中亚咸海，南到越南顺化一带，北至贝加尔湖。金戈铁马、王朝霸业；将军豪情、士人谋略；诗歌繁荣唱昌盛、壁画事业发达、书法造诣高深；大唐王朝拥有令世人瞩目的唐诗、拥有精美绝伦的墓室壁画、拥有工艺精湛的唐三彩、拥有领先世界的雕版印刷……唐朝是一个人才辈出的朝代，不但培养出了英武的将军，而且还培养出了很多著名的文人墨客和政治谋臣。唐文化的灿烂不仅深深影响着中华民族儿女，也将华夏之精粹送到了远方。尽管大唐王朝已随时光而逝去，但其曾经的繁荣与昌盛、对世界的巨大影响力却是不容否定的；它所扮演的历史角色，为华夏子民带来了不可撼动的民族自信，值得每个中国人骄傲。

1

　　《细说大唐大全集》讲述了唐朝从建立到灭亡近300年的历史，涵盖了唐朝版图疆域、行政区划、人口、官制、军事、农业、冶铁业、商业、文化、宗教、思想等各个领域的内容。全书以宏大的气魄，充满激情的笔墨，刻画了一大批个性鲜明、呼之欲出的历史人物，描绘了一幅波澜壮阔的巨幅历史画卷，记录了大唐帝国的兴亡沧桑和为中国留下深刻烙印的辉煌的大唐文化，全景再现中国继秦汉之后的第二帝国的勃兴与衰落。

　　为了帮助读者更方便、更轻松、更快捷地了解唐朝的历史，本书在编排过程中尽量避免枯燥繁冗的叙述方式，而是运用全新的"细说"理念，以通俗生动的文笔叙述严肃的历史故事，通过编写体例和艺术设计等多种要素的有机结合，从文献资料、考古发现、民间传说、学术论证等多种角度，全面详细地剖析历史事件、解读历史人物、研读历史智慧，力争给读者提供有关唐朝历史更丰富、更全面的信息，让读者以看演义的轻松心情，获得真正的历史知识。

　　回味中国历史，品味千年文化；纵观风云变幻，感受时世变迁。本书力图通过对唐朝近300年重要事件和重要人物的回顾反思，帮助读者探寻中华民族兴与衰的因由与契机，感受当年的雄浑质朴、清丽温婉。一书在手，遍阅大唐王朝恢宏壮丽的历史；一卷在手，尽览大唐帝国近300年的盛世传奇。

目 录

第三章 武周皇朝

第四章 开元盛世

第五章 天宝危机

第一章 李渊兴唐

1.李渊称帝

武德元年（公元618年），李渊称皇帝，建元武德，是为唐高祖。

四月，江都兵变，长安得到隋炀帝杨广被杀的消息，李渊在大兴后殿举哀，尽臣子之礼。五月十四，隋恭帝被迫退位，逊居代王府。二十日，李渊在大兴殿即皇帝位，更殿名为太极殿。大赦天下，改元武德，国号唐，以隋旧都长安为都城，以土运为德，崇尚黄色。六月初一，任命次子李世民为尚书令，以侄李瑗为刑部侍郎，原相府官员裴寂为右仆射、知政事，窦威为内史令，刘文静为纳官，李纲为礼部尚书，赵景慈为兵部侍郎，殷开山为吏部侍郎，韦义节为礼部侍郎，裴晞为尚书右丞，以原隋礼部尚书窦琎为户部尚书，民部尚书萧瑀为内史令，屈突通为兵部尚书。裴寂在李渊的群臣中最受宠幸，上朝时必与其同坐，退朝则引入卧室，言听计从。日常政务委于萧瑀，他也竭尽全力为李渊效力。李渊在上朝的时候，都自称名字，请大臣们与他同坐。刘文静劝谏说："过去王志说过这样的话，'假如太阳俯身与万物等同，那么它又怎么能照耀一切生物呢'？如今您的做法使贵贱的位置相互颠倒，这不是国家长久之道。"高祖回答："过去汉光武帝刘秀与严子陵一起睡觉，严子陵把脚伸到他的肚子上。现在为我效力的各位大臣都曾经是拥有崇高地位的同僚、平生的亲友，怎能忘怀过去的情谊。您不必再为此事担心了！"

初六，唐高祖祭祀四亲庙主。追尊皇高祖瀛州府君为宣简公；皇曾祖司空为懿王；皇祖景王为景皇帝，祖母为景烈皇后；皇父元王为皇帝，母亲独孤氏为元贞皇后；追谥皇妃窦氏为穆皇后。每年祭祀皇地祇、昊天上帝、神州地祇，以景帝配享，祭感明堂、生帝，以元帝配享。初七，李渊立长子李建成为皇太子，次子李世民为秦王，三子李元吉为齐王，宗室李白驹为平原王，柱国李道玄为淮阳王，蜀公李孝基为永安王，长平公李叔良为长平王，安吉公李神符为襄邑王，郑公李神通为永康王，柱国李德良为新兴王，上柱国李奉慈为勃海王，上柱国李博义为陇西王。

九月，韦义节攻隋河东尧君素，战事接连失利，李渊以独孤怀恩代之。十一月二十二，双方在蒲坂展开激战，尧君素俘虏了李渊的女婿赵慈景，并将他斩首于城外。十二月，李渊令韦义节、吕绍宗、独孤怀恩轮番攻城，都未成功。迫于形势，尧君素写信系于自造的木鹅颈部，放到黄河中。木鹅顺流到河阳（今河南孟州市），守城人得后送到东都，隋皇泰帝杨侗视信连声叹气，但他也自身难保，无力增援。隋将庞玉、皇甫无逸从东都来降，李渊又派人去河东劝降尧君素，可他不听。又派尧君素妻劝降，被他射死。尧君素自知没有希望，但决心与城同存亡。后来城里粮食耗尽，出现人吃人的惨象。初六，部将薛宗等杀尧君素，之后投降。

李渊以韬光养晦存身之计，在炀帝百般猜忌、大杀李姓时保存了自己的实力。任太原留守时暗中聚积力量，窥伺起兵良机，可谓老谋深算。大业十三年（公元617年）春夏间，隋王朝已接近分崩离析，他看准时机，杀高君雅、王威，从太原起兵。南下途中，废除隋朝的苛捐杂税，军纪严明，注意笼络人心，受到各阶层人士的拥戴。论功行赏，不问出身，士卒的斗志得到了鼓舞；一部分军队围河东，主力军则抢先入关中，最后合击长安，这样的军事策略使李渊取得了最后的成功。至于举起拥戴杨侑这样的旗号，可以拉拢隋官僚势力；虽然暂时臣服于突厥，但是减少了后顾之忧，手段也算高明。总之，他是推翻隋朝、建立唐朝的总指挥。王夫之评论说："人谓唐之有天下也，秦王之勇略志大而功成，不知高祖慎重之心，持之固，养之深，为能顺天之理，契人之情，……非秦王之所可及也。"当然李世民资质聪慧，胆识过人，善于结交豪杰，特别是对李渊在作战指挥中的错误能够大胆纠正，战功卓著，在建唐中起了仅次于其父的作用。太子李建成在起兵后所显露的军事才能和战绩也不可小视。

由此，李渊以关中为基地，开始了结束割据势力、统一全国的大业。

2.李密败宇文氏

武德元年（公元618年）七月，李密率部与宇文化及激战，得胜而归。

（1）宇文氏失人心

宇文化及拥有十几万的兵力，占有六宫，和隋炀帝一样奢侈。他每天如帝王一样面朝南坐在帐中，有人奏事，则保持沉默；下朝后，才把上报的启、状取出来和唐奉义、牛方裕、张恺、薛世良等人商议处理。把少主杨浩交付给尚书省，由几十名卫士看守，派令史取少主签署的敕书，皇帝不再接受百官的朝见。到彭城，水路不通，又从百姓那里抢来车、牛运载宫女和珍宝。各种武器辎重，全都让士兵背着，因为路途遥远，累得很，于是士兵中有的开始抱怨。司马德戡私下里对赵行枢说："我真是被你害苦了！现在平定乱世，一定要靠有才干的杰出人才行；宇文化及是个平庸之人，一群小人在他身边，一定成不了大事，那该怎么办？"赵行枢说："那就要看我们的了，要想废他又有何难？"

在政变刚刚成功的时候，司马德戡以首功被宇文化及封为温国公，食邑三千户，后来，他又被封为光禄大夫，实际上宇文化及心里对司马德戡非常惧怕。宇文化及在几天后以司马德戡为礼部尚书，表面上是高升官职，而实际上是使他失去了手中握有的重兵。司马德戡其实很憎恶宇文化及，但为了重获兵权就将所获得的赏赐全部送给宇文智及。宇文智及常在宇文化及面前给司马德戡说好话。当行至彭城，弃舟上岸后，司马德戡又从宇文化及手中重新得到兵权，他统率一万多军队作为后军。

于是，司马德戡、赵行枢与几位将领尹正卿、李本等谋划，计划着用后军的突袭来杀掉宇文化及，改立司马德戡为主。他们遣人暗中联合孟海公做外援，力图杀掉宇文化及。但是他们的计划被宇文化及的手下张恺、许弘仁得知，二人将消息报告了宇文化及。宇文化及派宇文士及假装游猎到后军，而这时的司马德戡还不知道事情的败露，竟然出营迎接，随即被宇文士及逮捕。宇文化及责备司马德戡："我们俩人出生入死打天下，现在天下已经安定，本应共享富贵，你为什么又要造反呢？"司马德戡说："我把昏君杀了是因为受不了他的淫虐之苦，可是把你拥立起来，你却比他有过之而无不及。我是顺从大家的意愿，不得不这样做。"宇文化及无言可对，把司马德戡、赵行枢等人都杀了。孟海公畏惧宇文化及，赶忙用牛酒款待他。占据巩县（今河南巩义市）的李密的瓦岗军，阻拦了宇文化及的西进路线，宇文化及又引兵向东郡（今山东济宁市兖州区），驻守东郡的王轨弃城投降。

（2）李密讨宇文氏

东都的人们都知道了隋炀帝的死讯，武德元年（公元618年）五月二十四，隋朝官员拥戴隋越王杨侗即皇帝位，接着，杨侗大赦天下，年号也被改成了皇泰。杨侗当即在朝堂宣旨，由于正值战事，公私都以当天为守丧两年的大祥日。追谥死去的皇帝为明皇帝，庙号世祖；追尊元德太子为成皇帝，庙号世宗；尊母亲为皇太后。以段达为纳言，陈国公王世充为纳言、郑国公，元文都为内史令、鲁国公，皇甫无逸为兵部尚书、杞国公；又以卢楚为内史令，赵长文为黄门侍郎；郭文懿为内史侍郎，一同掌握朝政。人们称当时这些人为"七贵"。皇泰主杨侗面目清秀，仁慈温和，仪容风度，庄重矜持。

宇文化及引兵西来，东都城里惊恐万状。内史令元文都说："本应报弑君之仇，只可惜没有那么多的兵力。如果赦免李密让他去打宇文化及，等到他们两败俱伤，然后我们再出兵，两贼并可擒拿。"其他的官员都很赞同元文都的计策，于是派遣使者任命李密为尚书令、太尉、魏国公，由他平定宇文化及，然后入朝辅政。

宇文化及将辎重留在滑台，由新任命的刑部尚书王轨亲自守卫，自己则向北进发到黎阳。李密的将领徐世勣占领黎阳，徐世勣害怕骁勇的宇文化及军队，率领兵将把黎阳仓城守住。宇文化及率部渡过黄河，攻陷黎阳城，然后又分兵几路包围徐世勣。李密率领两万步骑兵，在清淇驻扎，用烽火与徐世勣相呼应。徐世勣将城墙加高，将壕河挖深，避免同宇文化及发生正面冲突。每当宇文化及攻仓城，李密就带兵把他的后方牵制住。

一天，在淇水两岸，李密同宇文化及相遇，李密斥责他说："本来你是匈奴的奴隶，父子兄弟都蒙受隋朝的厚恩，甚至成为皇上的贤婿，富可敌国。君上失德，不能以死进谏，反而大行弑逆，没有一点的忠诚之心，简直为天地所不容。如果你能归顺于我，我可担保你性命无忧。"宇文化及听后不语，低头想了半天后，突然把眼睛瞪得很大说道："与你谈论相杀之事，何必借用他人的话！"李密一听，顿时脸色大变，对身边的人说："这么庸俗愚笨的人，竟然图谋篡位，纯属赵高之流，我要让他没有好下场！"

李密知道宇文化及急于开战是因为缺粮草，所以，故意不与之交锋，每当宇文化及向黎阳仓城发动进攻，后部军队就难免不受到李密军的袭击。宇文化及为了实施强攻，大量制造攻城工具。徐世勣在城外掘深沟固守，宇文化及难以接近。李密率轻骑支援，仓城又与之互相接应，宇文化及大败，攻城的用具也被烧毁了。

当时李密与东都对峙，东边又要抵御宇文化及，万一东都从身后偷袭则腹背受敌，这是他经常担心的问题。他见到前来劝降的盖琮，心中大快，于是上表要求向皇泰主投降，而且要求让他消灭宇文化及以此赎罪，送上俘获的宇文化及同党于洪建，同时派上开府徐师誉、元帅府记室参军李俭等人来到东都朝见。

杨侗下令在左掖门外诛杀于洪建。元文都等人认为李密的投降是真心的，把宣仁门东的旅舍装饰得非常漂亮，以接侍李俭等人。皇泰主引见李俭等人，任命徐师誉为尚书右丞，李俭为司农卿，又敲锣打鼓地把他们送回到旅舍，还赐给他们美玉绸缎与美食醇酒。李密也被册拜为太尉、尚书令、东南道大行台行军元帅，命他先平定宇文化及，然后辅佐皇帝。隋右武侯大将军由徐世勣出任。杨侗对李密的忠诚下诏表示称赞，说："由魏国公李密掌管军队的行动调度。"

七月，皇泰主杨侗派遣鸿胪卿崔善福、大理卿张权赐给李密书信说："今天以前的事，都不用去考虑了，可是从今往后，彼此要互相坦诚。天下大事，还需要你的辅佐，征伐大权，还需要阁下来执掌。"张权等到清淇后，李密接到皇帝的诏书。既然没有了来自西边东都方向的战事忧患，于是李密把所有的兵力全都用来攻打宇文化及。

李密知道宇文化及粮草将尽，便设计假装同他议和。宇文化及中计，以为能得到李密的粮食支援，就听凭士兵任意食用。李密军中有一人因获罪叛逃投奔宇文化及，告知议和是假，可这时粮食已经被士兵吃光了。宇文化及大怒，渡过永济渠，同李密军队在童山（今河南浚县西南）展开激战，从早晨一直战至黄昏。李密中箭倒地，晕了过去，左右卫兵以为李密已死，失去主将，四下逃散。眼看宇文化及的军队追来，秦叔宝将李密救起，收集散兵力战，才把宇文化及击退。

宇文化及进入汲郡（今河南浚县西南）寻找军用粮草，又派人到东郡强行征收米粟，无奈之下王轨等以东郡投降了李密。宇文化及听说王轨叛变了以后，非常生气，亲自带兵北上，这时，他的部将张童儿率江东骁果数千人、陈智略率岭南骁果一万多人也投降了李密。宇文化及的军队就剩下两万人，不得已向北行至魏县（今河北大名西南）。李密知道他在实力大减的时候是无所作为的，就西还巩县，留徐世勣在黎阳，防止宇文化及向南进发，派记事参军李俭押解行弑隋炀帝的令狐行达赴东都，来参见皇泰帝杨侗。

张恺等人见宇文化及大势已去，准备逃走，不料此事被宇文化及察觉，等他到魏县之后，这些人都被宇文化及所杀。

于是，宇文化及的亲信都离他而去，兵力减弱许多，宇文化及兄弟几人无计可施，整日借酒浇愁。宇文化及醉后埋怨宇文智及："当初你们干的事我一无所知，都是你的主意，硬把我立起来，今天一事无成，兵马日散，天下都不容你们杀掉君主的罪行。灭顶之灾就要降临，这都是你惹出来的。”

说完，号啕大哭。宇文智及大怒，说："事成之日不给我赏赐，你快要失败的时候，又把责任推在我的身上，你为什么不把我杀了去投降窦建德？"兄弟之间醉后经常互相指责谩骂，言无长幼，每日都以醉酒度日。宇文化及自知大势已去，叹曰："人生早晚是一死，为什么不尝试一下做皇帝的滋味呢？"

于是在当年九月，宇文化及鸩杀杨浩，在魏县称帝，国号为许，改元天寿，并任命百官。宇文化及后被窦建德所杀。

3.东都之变

武德元年（公元618年）七月，王世充在东都发动政变，独掌大权。

李密童山大捷后，派人向皇泰主报捷，隋朝的人们都非常兴奋，唯有王世充对他的部下说："元文都这些人，也不过就是些办理文书的人而已，我看这形势，李密一定会把他们一网打尽。而且我的部队与李密作战多次，把李密军士的父兄子弟杀死了很多，一旦成了李密的部下，我们这些人统统都会死在他们手下！"王世充打算用这些话激怒他的部下。元文都听后却异常惊恐，和卢楚等人谋划，打算在王世充入朝时，埋伏士兵杀掉他。段达胆小怕事，害怕事情败露，派女婿张志将计划泄露给王世充。

十五日深夜，王世充率兵突袭含嘉门。元文都听说有了变故，进入内宫乾阳殿，安排军队自卫，命令将各个城门关闭，严加守卫。将军跋野纲领兵出战，见到王世充，立刻投降。将军田阇、费曜在宫城外也被王世充打败。元文都自己打算从背后袭击王世充，长秋监段瑜声称玄武门的钥匙丢失，拖了很长的时间。拂晓，元文都又准备领兵出太阳门迎战王世充，等到了乾阳殿，太阳门已被攻陷，王世充进入宫中。

皇甫无逸抛下母亲和妻儿，从右掖门向西逃往长安。王世充的部下把藏在太官署的卢楚抓了起来，带到兴教门后被王世充下令砍杀。王世充向紫微宫门进攻。皇泰主派人登上紫微观，问王世充说："你为什么要举兵？"王世充下马谢罪说："臣下深受元文都、卢楚等人的陷害，请让我杀了元文都，我宁愿坐牢。"于是段达命将军黄桃树将元文都交给王世充处理。元文都对皇泰主说："如果臣下我现在死去，那么接着死去的就是您了！"皇泰主哭着把他送出兴教门，元文都以及他和卢楚的儿子，同卢楚一样都被砍死。王世充又被段达借皇泰主的命令开门迎入宫，王世充将禁兵全部换成自己的手下，然后入朝见皇泰主。杨侗对王世充说："擅自起兵杀了人，却不曾听到有人报告，难道是臣子之道吗？如果你想张扬武力，你敢杀我吗？"王世充流泪俯身下拜说道："臣蒙受先皇的提拔，即使死也难以报答他的恩情。元文都那些人都心怀不轨，打算召李密危害国家，又担心臣不同意，对臣百般猜忌；臣为了躲过一死，来不及闻奏。如果怀有什么违背陛下的恶意，天地明鉴，让臣满门灭绝。"皇泰主认为王世充是真心的，命他上殿，与他长谈；又与王世充一同入后宫见皇太后。王世充披头散发地发誓，声言绝对忠于皇泰主。于是皇泰主以王世充为左仆射，总督内外诸军事。王世充军政大权一到手，中午的时候就把郭文懿、赵长文杀死了。然后在全城巡察，公布诛杀元文都、卢楚的原因。王世充搬到尚书省，逐渐联结同党，任人唯亲，横行霸道，作威作福。用哥哥王世恽为内史令，使王氏子弟都掌握兵权，由自己的同党把持政事，势力十分庞大，人人趋炎附势，皇泰主却无可奈何。此时，李密西行至温县，得到元文都等人的死讯，便回到金墉城。

起初，儒生徐文远曾指导李密读书。徐文远升为国子祭酒后，自己出城打柴，李密的部下抓住他。李密让徐文远朝南坐，而自己朝北拜徐文远，尽了弟子的礼节。徐文远说："你既然向我行了这么重的礼节，我不敢不畅所欲言了！将军的志向不知是不是打算如伊尹、霍光那样扶助朝廷，力挽狂澜？如果是那样，我就能够尽全力来协助你；如果是像董卓、王莽一样，趁国家危难谋利，那我对于你来说是没有任何价值的！"李密叩头说道："前不久我奉朝廷之令，位列上公，希望竭尽所能，挽国家于水火之中，这是我长久以来的愿望。"徐文远说："将军您是名臣之子，在现在这种情况之下，如果能趁早回头，仍然是一位忠义之臣！"等到王世充杀了元文都等人，李密又向徐文远请教对策。徐文远说："王世充也是我的弟子，他心胸狭小，为人残暴，现在这种形势，肯定有别的什么企图。将军您必须修改原有的计划，一定要打败王世充之后再入朝。"李密说："原来以为先生是儒生，对于时势不甚了解，可是现在不出门就能把大事谋划得很好，这是多么贤明啊！"

王世充自控制东都政权以后，用重赏将士的方法来收买人心，又加紧了与李密作战的准备，大量地制造武器。

4.李密降唐

武德元年（公元618年）九月，李密兵败入关降唐。

（1）瓦岗衰落

李密自杀翟让以后，渐渐骄傲起来了，对士卒也不知爱惜了，又因为占据的都是小城市，钱财匮乏，将士立功者也得不到赏赐，而为了招降纳叛，却给归附的降人很优厚的待遇，这些都引起瓦岗军士卒的不满。翟让之死，虽然没有引发大的兵变，但使李密的形象受到一定程度的损害，李密的做法使手下将佐对他渐渐失去信任。徐世勣曾在一次宴会上指责李密的过错，李密心生不满，派他出镇黎阳，名为委以重任，而实际上有意疏远他，所以手下将领也出现了一种离心的倾向。李密开洛口仓散发米粟，听凭众人任意搬取，缺乏管理，有人取粮太多，无法搬走，就把粮食都丢在路上，自仓城至城郭大门，路上积聚了许多被车马践踏的大米，厚达数寸。没有容器，百姓就用筐淘米，洛水两岸十里之间，到处都是淘洗时遗漏的米，看上去像白沙一样。李密高兴地对元帅府司兵参军贾闰甫说："这真是粮食富足的景象啊！"

贾闰甫回答："国以民为本，民以食为天。之所以大众归附于我们，正因为我们掌握着粮食。可是我们浪费了如此多的粮食，一旦米尽民散，您就很难成就大业了！"

另外，经童山大战，军队人马损失严重。这些对瓦岗军都是非常不利的。但李密身为主帅，却忽视了这些因素，以为东都经多次失败以后，军队早已人心涣散，将相之间又互相残杀，很容易平定他们。

（2）兵败北邙山

瓦岗军童山大战后元气尚未恢复，王世充想趁机出击李密，可是又害怕士兵士气不够，就诈称左军卫士张永通夜梦周公，说周公将助隋军出战，而且要急速出兵，才能打胜仗，如若不然，士兵都将得瘟疫而死。

王世充部下士兵多是楚人，非常迷信，纷纷请战。于是王世充挑选良马两千余匹，精锐两万余人，于九月初十，出兵进攻李密，并且把永通二字写在旗幡上，军容十分齐整。十一日，隋军到达偃师，驻扎在通济渠以南。李密则留王伯当守金墉城，亲自率领精兵到偃师，迎战王世充的军队于北邙山上。

各位将领被李密召集到一起商议作战策略，裴仁基说："王世充把他的部队全部率领到这里，后方洛阳一定缺乏兵力，我们可以趁此机会分出兵力把守王世充军队要经过的要道，使他向东前进受阻，另选三万精兵，向西进逼东都。王世充回军，我方就按兵不动；王世充如果再次出军，我方就再逼东都。如此，我方以逸待劳，在对方疲于奔命的情况下，打败疲惫不堪的他是很容易的。"李密说："您说得很好。但如今东都的军队在三个方面显然占有优势：一、武器精良；二、他们已决定要深入我方了；三、粮食吃完了，他们没有退路，肯定会奋力拼搏。我们只要利用城池牢固，保存好我们的兵力就可以了，对方想交战打不成，又无路可退，过不了十天，就可以斩了王世充。"

樊文超、陈智略、单雄信等人则说："王世充手中并没有多少兵力，而且屡战屡败，都已经丧失了作战的信心。兵法曰'倍则战'，我们的兵力不止是他们的数倍，战之必胜！"

　　诸将纷纷附和，有七八成的将领都主张主动作战，这种情绪也感染了李密，决定迎战。裴仁基苦苦劝说，李密都不听从，裴仁基用手击地叹道："您一定会后悔的！"元帅府文学参军魏征私下对长史郑颋说："魏公虽然在作战中屡次取胜，但将士死伤甚多；而且军无府库，立功的战士们得不到奖赏，所以都不奋勇杀敌。这两点难以应敌。而且王世充粮食缺乏，一定会拼死一搏，和他作战是很难取胜的。你要劝劝魏公，不如深沟高垒与之对峙，不过十天半个月，王世充粮尽，自然撤退。我再纵兵追击，一定会一举获胜。"郑颋说："你是老生常谈。"魏征生气地说："奇策怎么是常谈呢？"说完生气地走了。

　　李密与程咬金率领的军队一起扎营于北邙山上，单雄信带领外马军驻扎在偃师城北。王世充派遣数百名骑兵攻打单雄信的营寨，李密派遣程咬金和裴行俨援助单雄信。裴行俨率先奔赴战场，被箭射中，摔在地下；程咬金杀了几个人，救起裴行俨。王世充军队人数很多，于是程咬金抱着裴行俨骑着一匹马返回。这时王世充的骑兵赶了上来，长枪直刺过来，被程咬金返身折断，程咬金把追兵杀退和裴行俨一起脱身。此时，正好天黑，双方各自收兵回营。李密手下的孙长乐等人都受了重伤。

　　李密挫败了宇文化及，有些轻视王世充，连防御敌人的围墙都不设置。王世充派两百多骑兵夜里偷偷埋伏在北邙山山谷，命令士兵吃饱饭喂好马匹。

　　十二日清晨，王世充对士兵说："现在的战斗决不是只为了胜负，我们的生死就靠这一仗了。如能获胜，大家都可富贵；如若战败，我们谁也活不了。我们不仅仅是为了国家的利益而作战，也是为了我们自己，各自努力吧！"说完之后率领将士们向李密的军营冲过去。李密出兵迎战，无法布成战阵。王世充发起突袭，并且事先将自己军中一相貌类似李密的人捆绑起来，就在双方激战时，王世充将此人牵至阵前，令士兵大声呼喊："我们活捉了李密！"隋军士兵皆高声呼喊。这时伏兵从北邙山冲下山来，李密的营垒都被焚烧。于是瓦岗军大败，张童仁、陈智略举兵投降，李密带领一万余人逃往洛口。

夜晚，偃师被王世充包围，郑颋守卫偃师，他的部下却把城门打开放王世充进去。当初，王世充的家属随宇文化及至滑台，又跟随王轨到了李密部队，李密把他们留在偃师，打算用他们来招降王世充。待到偃师城陷，王世充寻回哥哥王世伟、儿子王玄应、王琼、王虔恕等人，又把李密的将佐裴仁基、郑颋、祖君彦等几十人都给俘虏了。王世充于是重整兵马进发洛口。

当时，邴元真守卫洛口。邴元真原为县吏，因贪赃犯罪，不得已逃到瓦岗寨，为翟让所用。及李密建元帅府，翟让推荐邴元真为长史，李密虽然答应了，但并不让他参与重大决策。邴元真卑鄙而贪财，宇文温曾对李密说："要是不把邴元真杀了，将来必为大患。"此话传到邴元真耳中，他就计划阴谋叛变。不料被杨庆知道，告知李密，李密不太相信，没有采取果断行动。这时，李密率败兵准备进入洛口，而邴元真已经派人去迎接王世充了。李密知邴元真已经叛变，装作浑然不知，想等王世充率兵来到，乘其半渡洛水之时予以打击。可是哨兵没发现王世充，发觉后准备出战时，王世充军已全部渡过了洛水。在这千钧一发之际，单雄信又不听指挥，据兵自守。李密知道不能打胜仗，率兵向东，奔往虎牢（今河南荥阳西），王世充接受了邴元真的投降。

单雄信骁勇善战，擅长骑马和使用长枪，在各军中的名声最大，军中称为"飞将"。因为单雄信对去留很轻率，房彦藻劝李密除掉他；可是李密很爱惜他的才华，不忍心。待李密失利，单雄信便率部投降了王世充。

在去黎阳的路上，有人对李密说："杀翟让之际，徐世勣差一点死于乱刃之下，这个时候你还相信他吗？"李密也自觉对徐世勣的为人没有把握，停止向黎阳行进。这时，王伯当放弃金墉城，据守河阳，于是李密赶往河阳，与诸将商议将如何行动。

（3）李密降服

李密提出北据太行山，南依黄河之险，东连黎阳，再图进取，将士们认为不好，说："现在战事屡屡受挫，人心涣散，斗志尽失，难以成功。"李密说："你们是我的左膀右臂，大家既然觉得不可行，那我也没什么办法了。诸位跟着我辛苦了，如今我以一死来感谢大家！"说完就要自刎，被王伯当抱住，失声哭泣，诸将也都流下了眼泪。李密见状说道："诸位既然信得过我，那就跟随我去关中吧，虽然我没什么高超的才能，但保证可使诸位富贵。"元帅府掾柳燮说："您与唐国公同族，又曾用书信相互盟誓，虽然没有参与唐公起义，但牵制东都隋军，让唐公不用战斗就取得了长安，这也是您的功劳呀！"众将士纷纷赞同。李密又对王伯当说："将军家富人多，也能同我们一起吗？"王伯当回答道："当初楚汉之争，汉王身后有萧何率子弟追随，伯当所恨不能使兄弟子侄全都相随魏公，哪能见您今日失利而轻于去就呢！即使这次葬身原野也没有什么怨言。"众人深受感动。于是跟随李密入关者达两万人。原来受控于瓦岗军的地区大部分都投降了东都。

李密在战败之时，"欲南阻河，东连黎阳，北守太行，以图进取"，本来这一战略也是很可行的，但因人心涣散，致使李密无法实现这一战略。当初，在入关之前，他就担心义军会因此而分裂，在战败之后不幸被言中；单雄信在关键时刻，不听调度，一班将领又目光短浅，李密所谓"孤所恃者众也，既然你们不愿意，我也没办法了"，人心涣散，他也回天无力了。

唐高祖李渊听说李密来降十分高兴，接连派出使者迎接。李密见到这种情形很高兴，对诸将说："我有兵众百万，一朝解甲归唐，山东大片地区都曾归我统辖。得知我已归唐，遣使招之，肯定都会归附过来的，同窦融以河西之地归汉光武帝相比，功勋也很卓著，怎么也能让我做一名宰相吧！"十月初八，李密到达长安。李密在山东的部将刘德威、李育德、高季辅、贾闰甫等人听说李密到了长安，也率部众投降唐朝。占据北海（今属山东）的义军綦公顺曾归附李密，他听说李密归降了唐朝，也随之投降了唐朝。占据黎阳的徐世勣这时正在观望，归属未定。跟随李密至长安的魏征向李渊上书请求前去招降徐世勣，徐世勣经魏征劝说决定降唐。徐世勣对其长史郭孝恪说："魏公拥有这里的土地和民众，我若上表献之，是乘魏公之败，偷偷地当作自己的功劳来求富贵。应该把这里郡县的户口数和兵马数告诉魏公，由魏公献给唐朝。"于是派郭孝恪前往长安。

李渊听说徐世勣的使者到了，只有给李密的一封信，却没有上表，非常奇怪，召见郭孝恪，才明白过来，叹息道："徐世勣不背叛旧主，不贪功，真是一名忠心的大臣啊！"但同时，这件事也使李渊增加了对李密的猜疑、防范之心。

李密一直以为功劳很大可以做宰相，但是，到长安以后，他并没有受到热情接待，部下和士兵竟然几天都没有进食，都很气愤。表面上，李渊对他很亲热，经常以弟相称，并将外甥女嫁与李密为妻，但仅以李密为上柱国、光禄卿，赐爵邢国公，这让李密很失望。李密得不到朝臣应有的尊重，执政的宰相甚至向李密索要贿赂，李密心中怒气油然而生。

长期养尊处优又骄傲的李密仗着归附建立的功勋，认为朝廷给他的待遇与他的愿望不符，所以一直很不高兴。恰逢大朝会，身为光禄卿的李密应当进奉食物，他深以此为耻，退朝后，把这些告诉给左武卫大："我白白享受国家的荣誉和您的恩德，不曾报效国家；山东之众都是臣过去的部下，请让臣前往山东收抚，凭借国家的威力，取王世充简直易如反掌！"高祖听说李密的旧将士与王世充不和，也打算派遣他前往收服。唐多数朝臣认为这样不妥，他们认为李密非常狡猾，如派他去，无异于放虎归山，要让他回来是不可能的了。李渊说："为天子者自有天命，即便李密叛去，不过如将蒿做的箭射入蒿草之中，必无所作为！现在把他派出去，与王世充相斗，我可以坐山观虎斗。"

二十九日，李渊派李密往崤山以东，把他还未收附的余部收附。李密请求和贾闰甫一道去，他的请求得到了高祖的同意。高祖命李密和贾闰甫一起登上御榻，又把食品赐给他们，此时，李渊喝了卮中的酒说："这杯酒代表我们同心一致，二位好好建立功勋，好好地完成我的心愿。大丈夫一言既出，驷马难追。有人坚持你不适合去完成这次任务，朕以真心对兄弟，别人是不可能离间的。"李密、贾闰甫再三拜谢受命。王伯当作为李密的副手被高祖派往山东。

十二月初一，李密从长安出发，前往山东。李渊尽管力排众议，派李密出行，可他对李密并不放心，所以当李密行至华州（今陕西渭南市华州区）的时候，李渊下达一项命令，命李密将旧部的一半留驻华州，只把一半的兵马带出关。长史张宝德害怕李密一去不回，牵连自己，在华州上密表，说李密必叛。李渊这时也后悔了，虽然想把他调回，可又怕他反叛，就下一道敕书，命李密所部减速前进，让李密单独回朝，有要事相商。李密行至稠桑（今河南灵宝北），收到李渊的敕书后，对贾闰甫说："派我出行，现在又突然找个理由将我召还，临行时，天子说有人坚决不同意让我出行，要是现在回去是死定了。不如索性攻破桃林县（今河南灵宝北老城），将粮草全部劫走，向北渡过黄河，等消息传到熊州，他们已是鞭长莫及。一旦到达黎阳，就大功告成了。你看怎么样？"

贾闰甫说："主上对待明公您非常好，更不用说国家的李姓符合图谶，天下最终要统一。您已经归顺李唐，却又产生了别的意图。史万宝、任瓌在谷、熊二州，要是早晨发动这事，晚上他们的军队就会赶到。即使攻陷桃林，也来不及招募士兵，一旦被称为叛逆，又有谁能容纳？我为明公您设想，不如暂且听从皇命，以表明根本没有异心，那些谮言自然不攻自破。您再想出关前往山东，可以从长计议。"

李密生气地说："唐让我与绛侯周勃、灌婴一样不能封王割地，谁能咽得下这口气呢？况且他与我都应了谶文。今天放过我，听凭我向东前进，这些都证明我有王者之命；即使关中被李唐平定，山东最后也是我的。老天爷给的不拿，却要白送给人吗！你是我的亲信之人，怎么这样想？如果你我不同心协力，就斩了你然后走！"

贾闰甫痛哭流涕地说道："明公您虽说也应图谶，可是最近从天道人事来看，已经逐渐地不合适了。现在海内人心离散，人人想自己独掌政权，弱肉强食；而连明公您都开始了逃亡的生活，又有谁能听您的调遣？况且自从翟让被杀以后，很多的人都说你弃恩忘本，今天谁还肯让您来把握兵权呢？他们必定顾虑您会夺兵权，您要加以抵抗，一朝失势，您将无法再立足下去了！如果不是您曾给我特殊的厚赐，怎么会如此诚恳地规劝您呢？希望您能认真思量，以后将不再有如此的福分了。要是明公能够安身的话，闰甫我又怎能怕死呢？"这些言辞激怒了李密，举刀要砍贾闰甫，幸好王伯当等人在场劝阻，于是李密放了贾闰甫。

（4）英雄末路

于是，李密斩杀了李渊来使，十二月三十日，清晨，挑选骁勇之士数十人，身穿妇女衣裙，头戴妇女遮面头巾，藏刀于裙下，以李密妻妾的名义进入桃林县舍。瞬间，脱去妇人服装，挺刃而出，把县城攻下后又向东挺进，并派飞骑命张善相出兵接应。当时镇守熊州的是唐右翊卫将军史万宝，看到这样的情况，他对副将盛彦师说："李密诡计多端，再加上辅助他的王伯当，恐怕挡不住他们。"盛彦师笑着说："您只需给我兵马几千，我定会带李密的人头来见你。"史万宝问："你以何策破敌？"盛彦师说："古人云：'兵不厌诈。'现在还不是讲出来的时候。"于是盛彦师率众进入熊耳山，在山谷之间设下伏兵，下令等李密军半渡山涧之时出击。有人问："听说李密要往洛阳，您为什么偏偏在相反的南边驻防呢？"盛彦师说："李密他是声东击西，其实他是要往襄城（今属河南）依靠张善相，只要我们埋伏在这里，肯定能抓住他。"

李密过陕州后，过分大意，于是缓慢地带着众人前进，果然翻过山从南面出山，遭遇到盛彦师伏兵的攻击，失去联系的李密部队首尾不能相顾。李密和王伯当被杀，首级都传送到长安。盛彦师因为功劳被赐予葛国公爵位，熊州依然由他来镇守。

李渊担心徐世勣听说李密被杀，被假像蒙蔽，起兵叛乱，派人将李密首级送到黎阳，把李密图谋造反的前后经过告诉了他。徐世勣见李密首级，面向北下拜痛哭。他请求能够埋葬李密，李渊又将尸体送到黎阳。徐世勣命三军缟素，自己也身着丧服，按君臣之礼将李密葬在黎阳山南。素来拥戴李密的瓦岗军将士得知李密被杀，无不痛哭流涕，有的都哭得吐血了。王世充把投降后的邴元真任命为行台仆射，镇守滑州。李密故将杜才干恨邴元真背叛李密，毁了瓦岗军，假装投降邴元真，后来趁机杀死了他，用其首级祭奠李密的坟墓。

轰轰烈烈的瓦岗军起义以李密被杀为标志终告结束，它是隋末所有义军中影响最大、士气最高的一支，是推翻隋王朝的最主要的力量。

5.唐平陇右

武德元年（公元618年）十一月，李世民在浅水原大败薛仁杲，后者归顺唐朝，自此，陇右得平。

李渊称帝时，群雄纷争。北方边境有薛举、李轨、梁师都、郭子和、高开道、刘武周；黄河流域有王世充、窦建德、李密、孟海公、徐圆朗；江淮之间有李子通、杜伏威、陈棱；江南地区有沈法兴、萧铣、林士弘。李唐政权面对这种纷繁复杂的局面，决定首先巩固关中根据地，逐步进军关东，统一全国。而控制陇右地区的薛举、薛仁杲是对唐威胁最大的势力。

（1）薛举拔高墌

薛举是河东汾阴人，后来随他父亲进才迁居金城（今甘肃兰州）。薛举曾任隋金城府校尉。他身材高大，骁勇善战，而且家财万贯，交结豪杰，因此，薛举在边地称雄。他有两个儿子：长子名仁杲，次子名仁越。隋朝末年群雄纷争，陇右也如此。

金城县令郝瑗，令薛举统领募集的数千名士兵镇压叛乱。大业十三年（公元617年）四月初三，郝瑗给士兵设宴款待，并发放铠甲武器，不料薛举早有反心，与儿子仁杲及党羽十三人在宴席上突然劫持郝瑗，获取了兵权，并谎称搜捕谋反的人，将郡县官吏纷纷囚禁起来。随后开仓赈济贫民，收买人心，自称"西秦霸王"，改年号为"秦兴"。封长子为齐公，次子为晋公。

薛举叛后，广集群盗，把隋牧场中马匹抢掠一空，以充实骑兵部队。陇右盗首宗罗睺，早已拥兵许多，这时率军归附于薛举，被封为义兴公。隋将军皇甫绾带兵一万屯驻枹罕，薛举选精兵两千人攻下该城。这时岷山羌酋长锺利俗又率众两万归降，薛举更是如虎添翼。他便以薛仁杲为齐王，领东道行军元帅；宗罗睺为兴王，做薛仁杲的副手；薛仁越为晋王、河州刺史。随后，分兵攻城掠地，取西平、浇河二郡，在短时间内就将陇右地区全部划在自己的势力范围之内，拥兵十三万。

七月，薛举自称秦帝，立妻子为皇后，立薛仁杲为皇太子。派遣薛仁杲率兵包围并攻取天水，薛举政权的都城由金城迁到天水。薛仁杲力大无比且善于骑射，军中号称万人敌。但是他生性残忍、贪婪，嗜好杀人，曾经抓获名士庾信的儿子庾立，他因庾立不降而怒，把庾立在火上分尸，然后把他的肉一点点割下来给军士们下酒。攻下了天水后，他把天水的富人都召来，倒吊起来，向他们的鼻子里灌醋，通过这种手段掠夺不少财宝。薛举常训诫他说："你才可辅国，但生性残暴，对人不能施恩，我的家和国最终会因你而倾覆的！"薛仁越此时率兵攻剑门关口（今属四川），但行至河池郡时，遇隋萧瑀阻击而被迫撤回。

义宁元年（公元617年）十二月，薛仁杲被薛举派去攻打隋扶风郡城，但途中唐弼拒守汧源。唐弼是在扶风地区的一支势力很强的反隋军队，早在大业十年（公元614年）就拥立李弘芝为傀儡天子，自称唐王，号称十万兵力。薛仁杲乘唐弼没有防备，袭取汧源，取得胜利，并将唐弼的全部部众收编。唐弼率领几百名骑兵逃到扶风郡请求投降，被扶风太守杀掉。

这时薛举兵势更强，号称三十万，虎视眈眈于长安，但李渊已捷足先登。为了对李渊造成压力，薛举于是围攻扶风。薛氏大兵压境，李渊令李世民率兵进击，又令窦轨、姜谟同出散关平息陇右。十七日，李世民率兵在扶风进攻薛仁杲，大胜薛仁杲，并追击到垅坻方返。薛举十分担心，问他的臣属："自古有天子投降吗？"黄门侍郎褚亮说："刘禅侍奉晋室，赵佗归附汉朝，近代的萧琮，到如今还拥有显赫高贵的地位，这种转祸为福的事自古就有。"卫尉卿郝瑗说："褚亮的话太荒谬！从前蜀汉的先主刘备屡次失去妻室儿子，汉高祖经过屡次逃亡与失败，但他们最后都完成了帝业，怎能因为一时的失势，就想到了国家的灭亡呢？"薛举也后悔了，说："我只不过试试你们的忠心而已。"于是重赏郝瑗，之后郝瑗成为薛举军事上重要的参谋。

窦轨、姜谟行至长道，被薛举击败，又重回到长安。李渊派通议大夫刘世让安抚唐弼余党，但途中遭遇薛举而战败被俘。

义宁二年（公元618年）四月，薛举接受郝瑗的建议，联合梁师都，备厚礼贿赂突厥，以图合力攻取长安。但由于李渊闻讯后派宇文歆去突厥活动，突厥反悔，拒绝助薛举、梁师都攻取长安，郝瑗的谋略只能眼看着化为泡影。

唐高祖武德元年（公元618年）六月初十，泾州（今甘肃泾川）受到薛举的进攻。这时，李渊已料定大唐心腹之患是薛举，是否铲除他，关系到京城的安危。因为潼关以东李密和王世充在洛阳的战争处于白热化程度，无暇顾及西部；刘武周虽一再进攻河东太原，并没有对关中构成大威胁；梁师都虽离长安最近，但他兵力不够强劲，不是唐的对手；李轨起兵的目的是割据河西一方，在政治上没有什么抱负；唯独薛举野心大，兵力强，而且处心积虑要夺取长安。李渊于是让秦王李世民挂帅率八总管进兵讨伐。

七月，唐丰州总管张长逊向宗罗睺发起攻击，薛举率大军来援，屯兵于高墌城外（今陕西长武北）；纵容士兵烧杀抢掠，游兵直达豳州（今陕西彬州市）、岐州（今陕西宝鸡市凤翔区）境内。情报传到李世民那里，他率军来到高墌城中。他估计薛举军粮不足，急于速决战，于是反其道而行之，下令军队加高壁垒，挖深壕沟，不和薛举部交锋。李世民正赶上得疟疾，就委事给长史纳言刘文静、司马殷开山，提醒他们注意，并说："薛举孤军深入，士卒疲惫，粮食不多，即使来挑战，我军也决不应战。待我的病痊愈后，定能够一举击败他。"退下后，殷开山对刘文静说道："王爷说这番话，就是担心您无力退敌。贼兵听到王爷有病，必定对我们不屑一顾，应该显示我军之威震慑他们。"于是在高墌西南列阵，显示拥军数量巨大而疏于防备。消息传到李世民那里，李世民立即写信阻止，可时间来不及了。作战中，唐军后部遭到薛举所率的精锐骑兵的突然袭击。初九，双方在浅水原展开攻势，唐八总管皆败，士卒死亡大半，大将军李安远、慕容罗睺、刘弘基都阵前被俘。李世民只得退兵长安，高墌城被薛举攻占。李渊追究战败的责任，撤消了刘文静、殷开山的官爵。李世民从太原起兵后，逢战必胜，从未经受过如此惨败，所以这次极深刻的教训使他在以后的历次战役的指挥中始终保持冷静心态。

（2）失道寡助

唐高祖武德元年（公元618年），八月，宁州受到薛仁杲的围攻，被唐宁州刺史胡演击退。郝瑗对薛举说："如今唐兵刚败，应当乘关中骚动之际直取长安。"薛举允诺，但由于生病没有实行。

巫师说作祟的是死去的唐兵。薛举为人残忍，每战胜就杀掉所有战俘，而杀时多用割鼻、断舌或用碓捶杀。这时听了巫师的话，病情加重，精神恍惚，于九日病亡。皇位由薛仁杲继承，居于折墌城（今甘肃泾川东北）。

由于薛仁杲对将领们也"苛虐寡恩"，和众将平常就矛盾重重，嗣位后，君臣更互相猜疑，离心离德。而郝瑗过于悲痛，一病不起。从此，西秦势力逐渐衰败。

这机会则被李唐利用，十七日，李渊命李世民统帅全军，再次西征薛仁杲。事前，害怕薛仁杲同李轨联合起来，还暗中派遣使者拉拢了李轨。

十二日，唐秦州总管窦轨进攻薛仁杲，不利。泾州由骠骑将军刘感镇守，被薛仁杲团团包围。泾州城中粮食吃尽了，刘感把自己骑的马杀了分给将士们，自己只用煮马骨汤拌木屑吃。城池几次濒临陷落；恰好李叔良途经泾州，薛仁杲借口粮食耗尽，带兵向南而去。十三日，薛仁杲又派高墌城人伪以城降。刘感受李叔良派遣率军前往高墌城。十七日，刘感到城外，要求进城，城中人却答道："贼已离去，可爬城进来。"刘感下令火烧城门，却被浇灭。这时，刘感知道城里人是诈降，命步兵先班师回朝，自己率精兵断后。一会儿，城上点燃三座烽火，薛仁杲的军队从南原大批涌下来，在百里细川大败唐军，擒获刘感。薛仁杲又包围了泾州，命令刘感向城中喊话说："我们援军已被挫败，不如尽早投降。"刘感假意答应，到城下却大声喊道："反贼无粮，灭之不久了，秦王从四面率几十万大军赶来，城里的人不要担心，努力守城！"恼怒的薛仁杲，捉住刘感，把他活埋到膝盖，骑马跑着用箭射死刘感。

十八日，薛仁杲在宜禄川被唐陇州刺史常达击败，部下被斩首千余级。薛仁杲不能战胜常达，就派部将仵士政带数百人去诈降，常达中计，厚加宽慰。二十三日，仵士政找到机会，趁机劫持了常达，以他为人质，胁迫要求城中所有人投降。常达见到薛仁杲，不屈不挠。薛仁杲这次却赞他铁骨铮铮而予以释放。敌将张贵对常达说："你知道我是谁吗？"常达答道："你只不过是一个逃死的贼罢了。"张贵大怒，要杀他，幸亏有人从旁相救，常达才得以保命。

李世民率军到高墌后，宗罗睺被薛仁杲派去阻击李世民，宗罗睺屡屡挑战，李世民坚守不出。诸将请战，李世民认为："我军刚败，士气沮丧，敌军持胜骄傲，必轻视于我。我们应等他们过于骄傲轻视我军之时，可以一鼓作气战败他们。"并严令全军："谁要是再要求出战就将他斩首！"

两军相持六十余日，西秦军粮消耗已尽，内史令翟长孙、将领梁胡郎等带部下来降，薛仁杲身边左仆射锺俱仇也以河州降唐。这时，李世民深知薛仁杲将士异心，军资已完，反攻时机已到，就在浅水原由行军总管梁实驻扎诱敌。宗罗睺自恃骁悍，早已气急败坏，率全部精锐猛攻，想以多胜少。可梁实守险不战，挫其兵锋。营中无水，人马几日不喝水，却仍顽强抵抗。李世民料敌军已疲惫，决战时机成熟，于是对众将说："我们现在可以反攻了。"次日早晨，李世民令右武侯大将军庞玉于浅水原南列阵，从敌阵右方相诱，宗罗睺又全力进击，双方展开激战，庞玉渐渐不敌。突然，李世民率领的主力从敌军后侧攻击，宗罗睺只得回师相拒。李世民率领几十名骁骑率先冲入敌阵，唐军齐心协力奋力厮杀，杀声震天，大败宗罗睺，唐军杀了几千人。李世民率领骑兵追击宗罗睺，窦轨拉住马苦苦地劝道："坚固的城池仍被薛仁杲占据，我们虽然打败了宗罗睺，但也不能草率行事，还是观察一下敌情再作打算。"李世民说："这个问题我也想了很久，现在机会来了，我军势如破竹，舅舅不要再说了！"于是进军。城外，薛仁杲布下阵式，李世民同他在泾河两岸对峙，薛仁杲手下的骁将浑干等人到唐军阵前投降。

唐军兵临城下，西秦危在旦夕，这激化了薛仁杲与众将平日不和的矛盾。薛仁杲固守不出，这天傍晚，唐军大队人马将折墌城团团围住。半夜里，守城将士争先恐后弃城而出，投降唐军。薛仁杲万般无奈，只得于次日早晨率文武百官开城门出降。李世民受降，获西秦精兵万余人，男女五万口。

战后众将向李世民祝贺，并问："大王一仗就取得了胜利，战前弃步兵不用，又没有攻城的用具，轻骑直到城下，为什么很快攻克众人认为很难攻克的城池呢？"李世民说："宗罗睺的部下都十分骁勇彪悍；我打败他纯属出其不意，杀伤不多。如果迟迟不追击，则都会返回城内，薛仁杲抚慰他们再作战，就不容易取胜了；我以骑兵尽力追赶，使之跑散回到陇山之西，造成折墌城的空虚，薛仁杲吓破了胆，无暇进行深谋远虑，这就是我取胜的原因。"众人都拍手称快。

归降的士卒让薛仁杲兄弟及宗罗睺、翟长孙等率领，李世民毫无疑忌地和他们一起狩猎，薛仁杲等降将感激不尽，都愿效犬马之劳。李世民早闻褚亮善于劝谏，而且知他曾劝薛举归唐，于是求访得见，以礼相待，引为秦王府学士。

高祖派遣使者对李世民说："薛举父子杀了我们很多士卒，务必杀光他们的余党来告慰死者。"李密进谏说："薛举之所以灭亡正是由于他残暴地杀害无辜，陛下岂可以其人之道治其人之身呢？应安抚心悦诚服的百姓！"于是只将主谋杀掉，其余的人都给予赦免。

李密被高祖派到豳州迎接秦王李世民，李密自己仗着功高，见皇上时还有傲慢之意，待见了李世民，不得不佩服，私下对殷开山说："不是这样的英主又怎能平定祸乱呢？"

二十二日，秦王回到长安，斩薛仁杲于闹市，赐三百段帛给常达，追谥刘感平原郡公，谥号忠壮，又在宫廷杀死了仵士政。张贵因荒淫暴虐而遭腰斩。高祖设宴犒劳将士，趁机对群臣说："我承蒙各位共同拥戴而成就帝王之业，假如天下安定祥和，就可以共同守富贵。假使王世充取得天下，各位还能有身家性命吗？如薛仁杲君臣，这样的前车之鉴我们必须牢记！"二十八日，以刘文静为户部尚书、领陕东道行台左仆射，殷开山恢复了原来的官爵，因为两人都随李世民参加这次战役而立了功。

薛举父子建西秦至被唐消灭，前后不到两年。唐平定了陇右，铲除了争夺关中的心腹大患，为以后的东进免去了后顾之忧。

6.唐平河西

武德二年（公元619年），唐朝使臣安兴贵联络一些势力起兵攻击李轨，李轨受捉后，被押到长安斩首，河西也告平定。

河西是多民族矛盾重重的杂居之地。河西五郡在薛举所据的陇右以西。隋末，李轨起兵自立为帝。为对付薛举，唐朝曾派人同他联络。

平定薛仁杲之后，唐军锋芒自然指向河西的李轨。除联络吐谷浑以孤立李轨外，为了瓦解李轨集团，李唐还采用了分化的手段。

（1）李轨称帝

李轨字处则，武威姑臧（今甘肃武威）人。嗜好读书，有谋略，富甲一方，乐善好施，因此受到家乡人的称赞。大业末年，任隋鹰扬府司马。

大业十三年（公元617年）四月，金城薛举起兵。七月，李轨和同郡关谨、曹珍、李赟、梁硕、安修仁等商议道："薛举为人残暴，他肯定会先来侵掠离他最近的我方城池。隋朝官员胆小平庸，必定无力抗拒，我们怎能束手就擒而妻离子散呢！与其如此，不如我们大家保据河西，看事态的变化行事。"

大家齐声赞同，想荐举一个人为首领，但都互相谦让。曹珍说："我久闻图谶上说李氏应当为王，天命所归，应尊李轨为王。"于是大家一同拜李轨为主。然后商定了起事的周密计划。

七月十三日，安修仁受命于李轨，在夜间率领居住在当地的各种少数民族人潜入内苑，举旗高喊；城外则聚集了响应李轨的当地豪强。就这样里应外合，逮捕了隋郡丞韦士政、虎贲郎将谢统师，控制了武威郡（今甘肃武威）。事成，李轨自称河西大凉王，并按照隋开皇时的官制设置官僚机构。

关谨等人想杀掉被抓的隋朝官吏，然后瓜分他们的钱财。李轨不赞成，说："你们既然奉我为主，我的号令你们就应该服从。现在兴义兵是为了拯救百姓，杀人劫货，与强盗有何区别！我们还怎么取得成功呢？"于是他任命韦士政为太府卿，谢统师为太仆卿。这时，西突厥阙度设也在会宁川自称可汗，拥有两千骑兵，被李轨降服。阙度设是西突厥曷娑那可汗的弟弟，大业八年（公元612年）随兄率众降隋，被令带病弱万余口留居在会宁川。

果然如李轨所料，不久，常仲兴被薛举派去渡黄河进攻河曲。李轨遣将李赟迎击，两军决战于昌松，结果常仲兴大获全胜。李轨要释放俘虏，李赟反对道："我们竭力苦战，才俘虏了这些敌人，如果你让他们回去，岂不是放虎归山又增加了敌人的力量吗？不如断绝后患，把他们全都杀了。"李轨说："上天如果保佑我成功，迟早会擒获薛举，这些战俘仍为我所用；如果大业不成，留他们又有什么用！"于是释放了所有俘虏。随后不久，又连连攻克张掖（今属甘肃）、西平、敦煌（今属甘肃）、枹罕四郡，将河西五郡全部纳入到自己的势力范围。

李渊打算和李轨一起谋取秦、陇的薛举父子，暗中派使节到凉州，致信招抚李轨，并称他为堂弟。李轨见信非常高兴，遣弟李懋到长安进贡，被李渊授予大将军，并命鸿胪少卿张俟德持册书，拜李轨为凉州总管，封爵凉王。还没有等张俟德到凉州，李轨在十一月初四已自称皇帝，改元安乐，立李伯玉为太子，左仆射由曹珍担任。

李轨的吏部尚书梁硕，谋略过人，李轨常靠他出谋划策，深为李轨信赖。梁硕曾暗中劝李轨要提防强大的势力。户部尚书安修仁本出自西域安国，他的先祖在北魏时迁居凉州，传到修仁历时四代百年，历代都在凉州任职，与当地人关系融洽。安修仁深恨梁硕的建议损害了以自己为代表的集团的利益。李轨的儿子仲琰曾拜访梁硕，梁硕会见时也不起身，仲琰认为他是轻视自己，也大为不满，于是同安修仁一起诬蔑梁硕，诬告他谋反。李轨信以为真，竟派人带毒酒到梁硕府中鸩杀了他。梁硕是举事元勋之一，这样无辜被杀，使故旧们惊恐万分。从此，李轨心腹们就不同为一心了。

有巫者对李轨说："有仙女被上天派来人间。"李轨信以为真，征百姓修建高台迎接玉女，耗费了巨大的人力财力。黄河以西闹饥荒，以至于人吃人，饥民们受到了李轨家产的救济仍然不够。李轨召群臣计议分发仓库粮食之事，曹珍等人都说："民以食为天，国以民为本，怎么可以眼看着百姓饿死而不知放粮呢？"谢统师等人都是隋朝旧吏，心里始终不服，私下里同诸民族人交好，排挤李轨的旧部下，于是骂曹珍说："老百姓因他自己瘦弱而饿死，健壮者不会饿死的。国家仓里的粮食是用来防备外敌进攻的，怎么可以用来养那些瘦弱的人！仆射如果为讨好人情而不为国家着想，怎能称为忠臣。"李轨认为谢统师说得对，从此百姓官员都更加离心离德了。

（2）内乱致命

武德二年（公元619年）二月，张俟德受命唐高祖来到凉州。李轨召集群臣廷议道："皇帝是我的堂兄，如今已在京邑称帝。一姓之人不应为天下相互争夺，我想去掉帝号，可以吗？"曹珍说："隋朝灭亡之后，天下人共争君位，难道只能有一人称帝！唐朝关中称帝，凉朝在河右称帝，相互本无妨碍。况且您已为天子，何必自我贬黜自己呢！如果您想侍奉唐朝，就请按照过去西梁的萧詧服从西魏那样吧。虽是附属国，但保有领土帝号。"李轨认为可取。二月二十八日，尚书左丞邓晓被派去长安，带去的书信中称"皇从弟大凉皇帝臣轨"，却不接受李渊所封。李渊勃然大怒，拘留了邓晓，谋议兴师伐李之事。

其实，唐于武德元年（公元618年）底击灭了薛仁杲，清除了京城西边的巨大压力后，就想进而攻取河西关陇地区一统天下。因此，李轨不仅已失去牵制薛氏东进力量的价值，而且成了阻碍统一的又一个对象。这就是为什么李渊拘禁李轨的使者并断绝与其来往的目的。至于李轨用曹珍的建议，仿效萧詧自称帝而向西魏称臣的故事，只不过是作为唐攻打李轨的托词而已。

由于李轨与突厥、吐谷浑联合，为了分化他们之间的联盟，孤立李轨，李渊就遣使去吐谷浑。吐谷浑可汗的儿子顺曾做隋朝的人质，这时留在长安。李渊提出两家联合攻李轨，唐就把顺放还。吐谷浑可汗伏允欣然同意，起兵攻打李轨，在库门与之展开激战。

安兴贵是李轨部将安修仁的哥哥，在长安作官，上表请求以利害关系说服李轨。高祖说："李轨依仗军队，凭借险要的地势，连结突厥、吐谷浑，凭借我的实力，还怕不能取胜，岂能以三寸不烂之舌劝动他？"安兴贵回答："我自己出身凉州，累世豪门贵族，各族百姓多加依附，弟弟修仁受李轨信任，族里子弟大多为李轨机密近要官员，臣前去说服李轨，李轨能听我的话当然好，如果不听，由我替你消灭他，不是更加容易吗？"于是安兴贵被派往凉州。

安兴贵行至武陵，被李轨任命为左右卫大将军。安兴贵趁机劝李轨说："凉的辖地不过千里，百姓贫困，土地瘠薄。如今唐从太原起兵，控制中原，百战不殆，这是天意，不是您能左右的。您不如带整个河西归附唐，那么像汉代窦融的功劳也不比你大！"李轨说："我凭着河山的牢固，纵然唐朝调兵百万，也对我无可奈何！你从唐朝来，是来劝服我的吧？"安兴贵连忙谢罪道："我听说富贵了而不还乡，就像穿着锦绣衣服于夜间行走一样，臣下我全家受陛下的荣禄，我的心又怎能偏向唐朝呢？只不过想呈上我的想法，决策全由陛下了。"

安兴贵明白无法令李轨就范，就和安修仁等暗中集结力量准备伺机而变。这时，大凉国的内部矛盾重重，积怨已久。薛举起兵时，凉州大受威胁，当地的各民族为了维护自己的利益，所以同心协力共抗敌军。薛仁杲败亡后，河西诸民族渴望恢复中亚、长安的贸易，但李轨的意图却只想占据河西，这就与河西安氏代表的集团发生利益冲突，现在他们也要举兵除掉李轨。此外，李轨初起时，其支柱一是河西领袖安修仁，一是曹珍等故旧。但事成后，诸民族与故旧互相倾轧，分为两党，而诸民族又与隋旧吏谢统师勾结为奸，排斥李轨元勋故旧，并离间君臣关系，导致李轨政权内部人心离散。

安氏兄弟准备好后，将凉州城围了个水泄不通，李轨率步骑千余出城迎战。先前，薛举原来的部将奚道宜率三万羌兵逃归李轨，李轨开始答应任以刺史之职，但后又反悔，而且不肯对其以厚礼相待，奚道宜怀恨在心。此时他与安修仁率部下齐攻李轨。李轨战败只好收缩防守，等待支援。安兴贵在城外大声宣告："李轨是大唐王朝讨逆的对象，谁胆敢帮助他顽抗，要诛及三族！"城中人听后纷纷出降。李轨见状叹道："大势已去，天亡我呀！"于是携妻子登上玉女台，相互告别。五月十三日，安兴贵捉住李轨上报唐朝，至此，平定了河西地区。李轨的使者邓晓在长安，行礼表示祝贺，高祖说："你身为人家的使臣，得知国家灭亡，心里没有丝毫难过，反而向朕献媚，你不能忠于李轨，能够为朕所用吗？"于是，将他废黜终身不用。

李轨被押送到长安，与他的儿子兄弟等全部伏法被诛。唐任命安兴贵为凉国公、右武侯大将军、上柱国，赐一万段帛，任命安修仁为申国公、左武侯大将军。

李轨建凉到灭亡共三年。河西被平定，唐朝完成了关陇地区的统一。

7.东都之争

武德四年（公元621年）五月，李世民俘虏窦建德，王世充随后率人投降，唐军进入洛阳。

（1）王世充称帝

武德元年（公元618年）五月，隋炀帝被杀，留守洛阳的隋官尊奉杨侗即皇帝位，改元皇泰。九月，李密瓦岗军被王世充击败，王世充被杨侗授以尚书令、太尉，总督内外诸军事，执掌一切军政大权。王世充独揽朝政，无论巨细，都要通过太尉府；省、台、署、监，都无事可做。太尉府的门外被王世充竖立三个牌子：一块牌子招求过人学识、足能救济时务的人；一块牌子招求智勇双全、能冲锋陷阵的人；一块牌子招求遭受到冤屈、郁愤而又无处诉说之人。这样一来，每天都有数百人上书陈事，王世充亲自阅读文章，并非常殷勤地询问，人人自喜，以为王世充会言听计从，然而最后这件事也没什么结果。王世充在武德二年（公元619年）四月又篡夺了杨侗的帝位，改元开明，建国号郑，成为中原地区最强大的势力。但王世充虚伪奸诈、为人刻薄猜忌，政权内部积怨颇深，派系斗争激烈。武德二年（公元619年），穀州受到王世充骚扰。王世充任命程咬金为将军，秦叔宝为龙骧大将军，表面上待他们很好。然而二人憎恨王世充多有欺诈之心，程咬金对秦叔宝说："王世充既无才识又无胆略，却爱乱说，喜好诅咒，这不过是老巫婆的作为，哪里配作什么君主！"王世充在九曲与唐军交战，程咬金、秦叔宝都带兵上阵。这时，二人和他们的几十名部下，向西骑马跑了一百多步，下马向王世充行礼，说道："我等身受您的特别礼遇，总想报恩效力，但你性情多猜忌，轻信谗言，不是我等托身之处，现在不能再侍奉您，请求从此分别。"于是上马前去降唐，王世充不敢追逼。高祖让他们侍奉秦王李世民，李世民很早就知道二人很了不起，以十分尊重的态度接待他们，任命程咬金为左三统军，秦叔宝为马军总管。当时王世充的手下部将还有征南将军临邑人田留安、骠骑武安人李君羡，也厌恶王世充的为人，带领部下前来投降。李世民任命田留安做右四统军，将李君羡留在身边。武德三年（公元620年）郑将领州县降唐的连续不断，对此王世充制定了酷刑：一人亡叛，全家斩首；兄弟、父子、夫妻相互告发的可以免罪。又让五家为保，有一家亡叛而四家不知也全部杀头。还以宫城为大狱，凡是王世充怀疑的人，连家属都囚禁起来；众将出征，他们的家属也作为人质关在里面。平日禁闭的人不下万口，每天都有数十人饿死。弄得官员百姓都惊慌害怕，民不聊生。

武德三年（公元620年）六月，群臣被唐高祖李渊召集起来谋议进击东都。王世充听到此消息丝毫不敢怠慢，连忙迅速地将所属各州镇的精兵良将集中到洛阳，并且设置了分守洛阳四城的四镇将军。七月初一，李渊下诏令秦王李世民挂帅，出潼关讨伐王世充。二十一日，唐军进至新安（今属河南）。这时，洛阳及周围战略要地已经被王世充的兄弟子侄宗族同姓固守：魏王王弘烈镇襄阳、宋王王泰镇怀州（今河南沁阳）、荆王王行本镇虎牢（今河南荥阳市汜水镇）、楚王王世伟守皇城、齐王王世恽守洛阳南城、太子王玄应守洛阳东城、鲁王王道徇守曜仪城、汉王王玄恕守含嘉仓城。王世充亲自率领众位将领：左龙骧二十八府骑兵由左辅大将军杨公卿率领，内军二十八府步兵由右游击大将军郭善才率领，外军二十八府步兵由左游击大将军跋野纲率领，总共三万人作为主力部队，严守阵地以防备唐军的到来。

（2）内部分化

唐军的先头部队由罗士信率领围住了慈涧，王世充亲领三万兵马救援慈涧。二十八日，秦王李世民亲自率领人马去侦察王世充的军情，途中与王世充的部队遭遇，双方人数相差悬殊，道路又很艰险，李世民部队人马被王世充军队所包围。李世民策马飞奔并左右开弓，敌人应声而倒，王世充的手下左建威将军燕琪被俘，王世充于是退兵。等李世民满面灰尘地返回营地，部下认不出来，要拒他于门外，李世民摘下头盔发话，才进了军门。第二天，五万步兵骑兵由李世民率领开赴慈涧；王世充撤除在慈涧的布防，返回洛阳。唐行军总管史万宝被派去自宜阳向南攻占伊阙龙门，将军刘德威被遣去向东包围郑河内郡，上谷公王君廓被派去切断郑军的粮草运输线，怀州总管黄君汉从河阴攻打回洛城；唐大军在洛阳北面的北邙驻扎，连营进逼洛阳。在唐军声势的威慑下，王世充的刺史崔枢和长史张公谨以洧川降唐。邓州土豪也捉住王世充所任命的刺史前来投降唐军。

八月十四日，按李世民命令，黄君汉派校尉张夜叉用水师袭取了回洛城，郑将达奚善定被俘，随后，唐军又拆断了河阳（今河南孟州市南）南桥，郑的二十余城堡被攻陷。王世充派太子玄应率杨公卿等反攻回洛城，没有能够成功，只得筑月牙形城于城西，留兵戍守。

王世充在青城宫列阵，秦王李世民也列阵相应。隔着河水，王世充对李世民说："隋朝灭亡，郑在河南称雄，唐在关中称帝，我王世充从来没有领兵西进去攻打你唐朝，而秦王您却忽然统军东来犯郑，这是为什么？"宇文士及答复道："普天下的百姓都仰慕皇上的声威教化，只有你阻止陛下的教化，我们专为此事而来！"王世充说："我们互相停止战争，不是很好吗？"宇文士及又回答："我们奉命攻打洛阳，没有让我们和好。"黄昏时分，双方人马纷纷回营。

九月十三日，辖二十五州的王世充的显州总管田瓒降唐，王世充与襄阳间的联系隔断了。李世民随即命令史万宝进军至甘棠宫。十七日，辕辕被李世民派右武卫将军王君廓攻下。王世充派魏隐等反击王君廓，王君廓假装逃跑，郑军追赶，中了埋伏，大败而逃。唐军乘胜直达管城。

王君廓本是并州石艾人，小时候家境贫寒。大业末年聚众反隋，先投降李密，不为重用，后来向唐投降。先前，王世充曾派将领许罗汉、郭士衡侵掠唐境，他以奇策击退敌军。李渊下诏称赞说："将军以十三人破贼一万，自古战争中以少胜多，从没有像您这样兵力相差殊远而又取胜的！"

王世充的尉州刺史时德叡率所辖夏、杞等七州来降。李世民叫这些归唐的郑官吏仍在各地留任原职，并不撤换，以分化瓦解王世充集团，于是河南郑所属州县纷纷降唐。

此时很多曾经降唐的原刘武周的将领又叛唐而去。唐军各位将领怀疑尉迟敬德也会背叛唐军，将他囚禁在军中。尚书殷开山、行台左仆射屈突通向李世民进言说："尉迟敬德勇猛善战，势不可当，现在被囚禁，心中一定会生积怨，留着恐怕会成为后患，干脆杀死他。"李世民说："不是这样，敬德如果真要叛离，为什么在有机会叛离时不逃呢？"马上下令释放尉迟敬德，赐给他黄金。又把他带入卧室之中，说："大丈夫相互之间讲的是义气，不要因为一点小仇怨而相互怨恨，我始终不会残害忠良而相信谗言，您应该明白我的苦心。如果您一定要走，这点金子就算作路费，以表示这一段时间共同领兵作战的情义。"

尉迟敬德善于躲避长矛，多次冲入敌阵，却始终没有被敌人密集的长矛所伤，他还能夺取敌人长矛返刺过去。齐王李元吉以自己善于骑马使长矛而骄傲，听说尉迟敬德的名声，要求各自去掉枪头相互较量。尉迟敬德说："敬德自然应该去枪头，您不必去。"可是李元吉始终刺不中他。秦王问尉迟敬德："夺矛和避矛哪个更难？"敬德回答："夺矛难。"于是，尉迟敬德又被秦王命令夺下李元吉手中的长矛。李元吉手持长矛跨上战马，一心要刺中尉迟敬德，但尉迟敬德一会儿就接连三次夺了李元吉手中长矛。李元吉虽然脸上一副诧异赞叹的样子，而心里却以此事为莫大的耻辱。

二十一日，五百护卫骑兵由李世民带领登上魏宣武陵观察阵地，王世充发现后亲率步骑万余突然将唐军包围。单雄信手持长槊跃马直刺秦王，尉迟敬德见状，飞骑而来，一枪将单雄信刺下马。王世充军惊惧，稍稍退却，尉迟敬德掩护李世民杀出重围。随后，两人合作以骑兵应战，在郑军阵中进出自如，如入无人之地。屈突通此时也赶来。郑军大败，王世充只单身逃脱。郑冠军大将军陈智略被唐军活捉，杀敌一千多人，俘虏六千余人。

战后，李世民对尉迟敬德说："没有想到你回报我这么快！"李世民赐金银一篚给敬德以奖赏他的战功，而且自此以后对他更加信任。

二十二日，原李密濮州刺史杜才干用诈降的手段杀死了郑滑州刺史邴元真，拿濮州来向唐投降。十月五日，郑国大将军张镇周又来投降。十五日，唐行军总管罗士信攻陷郑硖石堡后，千金堡又受到他的围攻。千金堡拒不投降，守堡军中还有人泼口大骂。罗士信大怒，趁着夜晚派一百多人抱着几十个婴儿，来到城下，并让婴儿们一起啼哭，并诈道："我们都是从东都来投罗总管的。"一会儿又互相吃惊地说："我们走错路了，这是千金堡，赶快离开。"堡中守军以为罗士信已经率兵撤退，千金堡外全是从洛阳逃离困难的老百姓，于是守护千金堡的军士们出兵追击逃亡的人们。罗士信暗中在堡旁埋伏，见城门一开，立即杀入堡中，并在城中进行残酷屠杀。

洛阳受到唐军进逼，王世充的管州总管杨庆降唐，李世民封他为上柱国、郇国公，李世勣（即徐世勣）被派去率兵进驻管州城。当时，镇守虎牢关的是王世充的太子王玄应，在荥泽与汴水之间驻扎，听说杨庆降唐，领兵开赴管城，被李世勣击退。李世勣让郭孝恪写书信劝说荥州刺史魏陆，魏陆偷偷地投降唐朝。王玄应派大将军张志到魏陆处征兵，二十七日，张志等四员将领被魏陆活捉，献出整个州来投降。郑阳城县令王雄率领各个城堡的将领来降唐。秦王李世民派李世勣带兵接应，嵩州刺史由王雄出任，这才打通了嵩山以南的道路。张志受命于魏陆，伪造王玄应的信，命令王玄应的东路军队停留待命，命令张慈宝先返回汴州，又暗中通知郑汴州刺史王要汉杀掉张慈宝，王要汉斩了张慈宝投降了唐。各州都已反叛的消息传到王玄应那里，他非常惊恐，逃回洛阳。李世民请李渊下诏任命王要汉为汴州总管，赐给爵号为郇国公。

（3）节节败退

十一月初一，王世充侄王弘烈管辖下的樊城镇等城栅十四座被唐安抚大使李大亮攻下。二十九日，唐朝军队又攻陷了华州、沮州。驻守襄阳的王弘烈原已经和洛阳隔绝不通，现在更成了瓮中之鳖。

在唐军进逼洛阳，王世充的地盘逐渐为唐所占，形势日渐不利之际，王世充决定向河北窦建德求援。从前，他们双方为争夺地盘而发生过冲突，但窦建德的中书侍郎刘彬认为，应把握战机，暂且不要顾及以前的矛盾，出兵应援。他分析说："现在各方割据，唐得关西，郑得河南，夏得河北，共成鼎足之势。唐朝发兵攻郑，从秋天打到冬天。唐兵日增，郑的土地越来越少，唐朝强而郑国弱，郑必定不能支持下去。郑灭亡，夏也不能独立存在，不如化解仇恨，发兵救郑。夏打其外，郑攻其内，唐必败。唐军退去，观察郑的动静，如果可攻下郑国，合并两国兵马，乘唐军疲乏之机，天下可得。"刘彬对形势的分析可谓切中要害、一针见血，而且切实可行。当时唐军势盛，夏、郑都无力与唐军对抗，只有维持三足鼎立，才可能生存。窦建德听从了他的话。

十二月初三，王世充的亳（今安徽亳州市）、许（今河南许昌）等十一州降唐。十三日，郑总管徐毅也以随州（今湖北随县）降唐。形势很快恶化。王世充见到窦建德回访的使者后，立即准备厚礼派兄子王琬及长孙安世带去，恳求窦建德马上出兵。

武德四年（公元621年）正月，李世民把黑衣黑甲分发给选拔出来的千余精锐骑兵，并让他们穿上，分为左右队，命猛将程咬金、秦叔宝、翟长孙、尉迟敬德分别统领。每次战斗，由身穿黑色铠甲的李世民亲率这支精骑为前锋，趁机突然发动攻击，所向披靡，敌军颇为恐惧。一次窦轨和屈突通率军扎下营盘，不料猝然遇到王世充军，唐军交战不利。正当这千钧一发的时刻，李世民闻讯率这支精骑驰来相救，猛冲郑军。王世充大败而逃，郑骑将葛彦璋也被唐军活捉，俘获和斩杀六千余人。

武德四年（公元621年）二月，太子王玄应被王世充派去率兵数千人从虎牢运粮入洛阳。中途遭遇唐军，王玄应大败而归。李世民见王世充军粮短缺，所属外围城镇纷纷降唐，便令宇文士及奏请围攻东都洛阳。李渊对宇文士及说："回去告诉秦王，我们攻打洛阳的目的在于安定天下，破城之日，法物、乘舆、器械、图籍等非私家应有的东西，你们要封存好，其余玉帛、子女全部分赐立功将士。"

十三日，李世民率军到青城宫。但壁垒尚未建好，王世充就从方诸门率领两万兵马鱼贯而出，以旧马坊的墙垣沟堑为凭借，靠近榖水抵御唐军，唐军众将官都很害怕。李世民让精骑在北邙山排列阵式，自己登上北魏宣武帝陵观察郑军，对身边的人说："贼子们的处境已经很困难了，全军出动，想侥幸打一次胜仗，今日打败他，以后他再也没有胆量作战了！"屈突通奉命率领五千步兵渡过谷水攻击王世充，李世民告诫屈突通道："军队一交锋立即放烟火。"等到烟火升起的时候，李世民率领骑兵向南冲击，不顾个人安危，与屈突通会合兵力奋力战斗。李世民想了解王世充兵力军阵分布情况，带几十精锐骑兵冲入敌阵，一直将敌阵冲散，不可阻拦，杀伤很多敌人。不久因为被长堤所阻拦，李世民和众骑兵走散，唯有将军丘行恭跟随。几名敌军骑兵追来，李世民的战马中箭死了，丘行恭调转马射击追赶的郑兵，箭箭中的，追兵不敢向前。于是丘行恭下马让李世民骑他的坐骑，自己在马前步行，手执长刀，英勇呐喊，多人被斩杀。凭借着丘行恭的英勇表现，李世民才冲出王世充的军阵，得以回归唐军部队。王世充也率领部下殊死战斗，军队屡次被冲散又重新聚合起来，战事从清晨一直延续到中午，王世充的军队才退兵。李世民乘胜追至城下，俘虏歼灭了七千人，将洛阳城包围起来。唐骠骑将军段志玄深入敌阵，与王世充的士卒奋力交战，坐骑被击毙，段志玄被王世充的士兵俘获。两名骑兵夹持并抓住他的发髻，准备过河，段志玄奋勇跳起，那两名骑兵都从马上掉下，段志玄上马奔回唐军，后面有几百名骑兵狠命地追赶，但不敢靠近。

十四日，王世充不甘心战败，又从洛阳城南的右掖门出兵，指挥军队临洛水列阵，想和唐军血战一场。不料，身边将领王怀文突然举槊便刺，由于铠甲厚重，槊仅透外衣而折断，左右将士因这意外事件惊得目瞪口呆，束手无措。王怀文见行刺不成，拨马逃奔唐营，在途中被杀。原来，王怀文是唐骠骑将军，此前曾在侦察敌情时被俘，王世充将他留在身边。但王怀文忠于唐室，这次就是想杀王世充立功。王世充回军营后，脱下上衣内铠甲，裸示群臣道："怀文小儿用槊行刺都无法动我分毫，这不正是上天在保佑我天命不亡吗？"

先前，御史大夫郑颋不愿侍奉王世充，总是以生病为辞，不参与政事。这时，他对王世充说："我听说佛有金刚不坏身，眼下您就是金刚不坏身。这真是很幸运，能够侍奉您的左右，我愿意放弃官爵削发做和尚，勤于修持佛道，以助您的神武。"王世充说："你是效忠我的大臣，一向德高望重，一旦进身佛门，一定会让世俗感到惊奇。等到战事过后，一定尊重您的志向。"郑颋一再请求，王世充不许。下朝后郑颋对他的妻子说："我从年轻时开始为官，一心向往名誉节操，不幸遭遇乱世，落到现在这种样子，身处这互相猜忌的朝廷，立足于面临灭亡之灾的国家，而能力有限，自身难保。人生在世总有一死，早死晚死又有什么区别，不如遂了我的心愿，死了也罢。"于是他剃发穿上了僧服。王世充闻讯，非常气愤，说："你认为我必然失败，想以此摆脱死亡吗？不杀了你，又怎么能服众！"于是王世充在闹市中杀了郑颋。郑颋临刑谈笑自如，周围的人都为他的胆量而佩服。郑土崩瓦解的趋势已不可避免了。二十二日，郑将王泰弃河阳逃走。

不久，李世民按照断敌粮草运输要道的部署派唐总管王君廓率军到洛口城下，与郑将领裴孝达、单雄信相持不下。李世民率步骑五千从洛阳来援，刚到辕辕，单雄信等便同惊弓之鸟一般闻讯逃去。王君廓又乘势追杀，洛口城被唐军占据。二十七日，郑刺史陆善宗以怀州降唐。

洛阳宫城被李世民包围。城中王世充戒备森严，投石机可以射五十斤重的石头，射程两百步远；有八个弓的弩，箭杆像车辐，箭头如同巨斧，射程达五百步远。李世民不分昼夜地从四面攻城，十几天未能攻克。城中先后有十三个人想献城归顺唐军，均没有来得及发动就被杀死。唐军将士都困乏倦怠，思乡心切，总管刘弘基等人请求班师回朝，李世民说："如今我们大兵压城，即将胜利，应当一劳永逸。洛阳以东的各州已见机而归顺了，唯有洛阳一座孤城，它不可能长时间坚持下去，马上就要成功了，怎么能放弃而回朝呢？"于是下令全军："只有攻破洛阳城才可以收兵，再有胆敢提班师的一律斩首。"众人才不敢再提班师一事。高祖听说后，发密诏让李世民撤兵，李世民上表说明洛阳必定可以攻克，又派参谋军事封德彝回朝当面奏报军事形势。封德彝对李渊说："王世充虽然占有大片地区，但郑属各州都是表面服从，只洛阳一城真正执行他的命令而已。况且世充现在已经黔驴技穷，攻克洛阳指日可待了。今日若回师，贼势复振，狼狈为奸互相勾结，以后一定很难铲除了。"李渊听罢连连点头。

三十日，王世充郑州司兵沈悦暗派使者向唐将李世勣请降，李世勣令驻守洛口的唐将军王君廓夜间发兵偷袭虎牢关，沈悦在城中开门接应，唐军遂攻陷该城，郑荆王王行本以及长史戴胄被唐军俘虏。唐占据军事要地虎牢关，对赢得这场战争有着重要的作用。

李世民给王世充写信，分析当前形势，劝他投降，王世充置之不理。三月，李世民已全部切断郑的粮道，于是改变强攻坚城的战术，兵围洛阳却不攻，而挖壕沟修堡垒，要把王世充困死在孤城中。果然，城中不久就缺乏食品。十匹布才值一升盐，一匹绢才值三升粟，服饰和珍玩，像黄土一般不值钱。百姓把草根树叶全吃光了，就吃由浮泥和米屑制成的饼，食后都得了病，身体肿胀脚跟发软，饿死的人横七竖八倒在路上。当初皇泰主迁百姓进宫城时，洛阳城有三万家，此时不足三千家。就是地位高贵的公卿也只能吃粗糠，而且吃不饱，尚书郎以下官吏需自己亲自参加劳动，还时常有饿死之事。窦建德命他的将领范愿守卫曹州，调集徐圆朗、孟海公的所有兵马，向西救援洛阳。他们到滑州，王世充的行台仆射韩洪开城门迎接。二十一日，窦建德进驻酸枣（今河南延津西）。

（4）夏败郑降

为了阻挠郑、夏两军会合，李世民随即把围困洛阳的唐军分成两支，分别完成战略任务：一支继续围困东都，由李元吉率领，屈突通辅佐；他亲自率精锐步骑三千五百迅速开进虎牢，阻止窦建德西进。

四月十五日，王世充听夏军来援，精神为之一振，派骑将单雄信、杨公卿领兵出击。李元吉吃了败仗，唐行军总管卢君谔战死。但郑军的将士又饥又乏，无力再战。不久，王世充的刺史周仲隐又以平州投降唐军。

五月初一，李世民率军在虎牢大破夏军，窦建德被唐军活捉。消息传开，郑的剩余州县又接连降唐。初七，巩县、偃师来降；王世充将领王德仁也放弃洛阳旧城而逃，副将赵季卿献城投降。

初八，李世民将囚禁的窦建德以及王世充原先派往夏请救兵的使者长孙安世、王琬等带到洛阳城下示众。王世充在城上望到，与窦建德相对而泣。长孙安世又被李世民释放进城叙述窦建德兵败被擒的经过。王世充听后，心中愈加忐忑不安。他召集众将商议弃城突围南奔侄儿王弘烈还驻守的襄阳，但是属下们早已斗志全无，都说："夏王是我们的依靠，如今夏王被擒，即使侥幸逃脱，也没有东山再起的希望了。"王世充见大势已去，已无回天之力，只好投降。

初九，王世充身穿素衣，太子、文武百官两千余人跟随他出城，步行到唐军营门前，俯伏请罪。秦王讽刺他说道："你过去常把我当作无知的孩童，如今我这个孩童在你面前，怎么这么恭敬？"王世充连连叩首，吓得大汗淋漓，恳求宽恕，李世民答应不杀他。

丁卯，秦王进入洛阳宫城，命令记室房玄龄先进入门下省和中书省，收集隋朝的制文诏书、地图户籍，但已经被王世充销毁，一无所获。又命令萧瑀、窦轨等人封存了隋的仓库，将钱财布匹全部没收，赏赐颁发给将士们。拘押了罪行特别大的十几名王世充的同党，有王隆、段达、崔洪丹、薛德音、孟孝义、杨汪、杨公卿、单雄信、郭什柱、董叡、郭士衡、王德仁、张童儿、朱粲、郭善才等，将他们全部在洛水岸边斩首。囚禁杨续、韦节、长孙安世等十余人，送往长安。然后，打开牢门，把无辜士民全部释放，还为那些蒙冤受死的人举行了祭祀。经此一番安置，洛阳的人心安定下来了。

秦王李世民观看隋朝宫殿时候，感慨道："穷奢极欲，能不亡国吗？"

他下令拆了端门楼，将乾阳殿焚毁，毁去则天门及其门前阙楼，废除诸佛寺，寺中的尼姑、和尚，只各留下三十名有德的人，剩下的重返俗世了。

唐败夏灭郑，攻取东都，震动天下，王世充残余州县纷纷降唐：二十一日，王世辩以宋州、徐州（今属江苏）等三十八州请降于河南道安抚大使任瑰；七月初五，王弘烈、豆卢行褒、王泰、苏世长以襄州降唐。至此，所有曾被王世充占领的地方全部被唐平定了。

甲子，秦王李世民返回京城长安。李世民身披黄金甲，后面跟着齐王李元吉、李世勣等二十五员战将和一万匹铁骑，前后奏响军乐，到太庙献出俘获的窦建德、王世充以及隋皇家车辆马匹御用之物，用"饮至礼"清点战利品祭祀祖先。李渊历数王世充罪状，王世充答道："臣虽罪恶深重，死不足惜，但秦王曾许臣不死。"于是二十一日，李渊下诏免王世充死罪，流放到蜀地，同时流放的还有他的兄弟子侄。不久，当停留在廨舍中的王世充准备起程时，唐定州刺史独孤修德带兄弟到此，骗他说赦免他的诏书到了。王世充和兄王世恽连忙跑出，在毫无准备的情况下，被独孤修德等杀死。原来独孤修德父名机，在隋皇泰帝手下为官。王世充篡权称帝时，独孤机谋划投靠唐室而被王世充杀害。这次独孤修德是特来报杀父之仇的。李渊并没有对此事进行深究，只免除了独孤修德的官职。随后，在留放途中，王世充的儿子王玄应、兄王世伟等兄弟子侄们谋反，也统统被处死。

从王世充篡权称帝到被唐消灭，前后共计三年。唐平定郑、夏两个主要敌人后，在统一全国的战争中已取得了决定性的胜利。

8.江淮烽火

武德七年（公元624年）三月，李靖率众进逼丹阳，辅公祏弃城逃走，结果被俘杀。江淮地区得告安定。

（1）杜伏威降唐

李渊于武德元年（公元618年）五月建唐时，江淮地区割据一方的武装力量林立，其中主要的有：占据海陵（今江苏泰州）的李子通；占据历阳（今安徽和县）的杜伏威；占据毗陵（今江苏常州）的沈法兴；占据江都的陈稜。

杜伏威本是一支重要的隋末农民起义军。但宇文化及发动江都政变后，隋皇泰帝杨侗招安他为东道大总管，封楚王。李子通原在山东齐郡，也是隋末的一支农民起义军，后南下占据海陵。宇文化及杀炀帝后引军北上，原为隋将的陈稜被召，守卫江都。沈法兴是湖州武康人，世代为本地望族名门。在隋大业末年任职吴兴郡太守，炀帝命他镇压东阳楼世干等反隋义军。宇文化及的政变发生，他用举兵讨逆之名，召兵买马，拥精兵六万余。攻占毗陵、余杭（今浙江杭州）、丹阳（今江苏南京）等十余郡，他上表皇泰帝自称大司马，录尚书事，天门公。后又以梁王自封，以毗陵为都城，改元延康，依陈旧制，建置百官。这些武装力量相互厮杀火并，都暗含着独占、窥伺江淮地区的野心。武德二年（公元619年）九月，李子通在江都围攻陈稜。为了向沈法兴和杜伏威寻求援助，陈稜送人质作为抵押，沈法兴让儿子沈纶带领几万军队与杜伏威一同援陈稜。沈纶驻扎在杨子，杜伏威驻扎在清流，相隔数十里。李子通的纳言毛文深献计，让招募的江南人伪装成沈纶的士兵，乘夜色偷袭杜伏威的军营，杜伏威很气愤，也派兵袭击沈纶。二人中了离间之计，谁也不敢先进军。李子通抓住战机攻打江都，无奈之下，陈稜投奔了杜伏威。李子通进入江都，乘势挥兵大败沈纶，杜伏威也带领军队撤走。李子通建立吴国，改年号为明政，自称皇帝。丹阳盗贼首领乐伯通统领一万多人马投降了李子通，李子通封他为左仆射。

面对争雄的劲敌，杜伏威派使者向唐请降，想借唐的声威；而李渊为防干扰唐在北方主战场上正在进行的统一战争，便对他采取了拉拢政策，利用杜伏威牵制江淮各支军力。九月十三日李渊封杜伏威为淮南和州总管、安抚大使。武德三年（公元620年）六月初一又升为使持节、扬州刺史、淮南安抚使、东南道行台尚书令，封吴王，赐姓李氏，总管江淮以南诸军事。并把行台左仆射的职位赐予杜伏威的副手辅公祏，封舒国公。

（2）江淮初属大唐

渡过长江的李子通攻沈法兴，夺得京口（今江苏镇江），沈法兴派部将薛元超迎战，战败被杀。沈法兴慌忙弃毗陵逃奔吴郡。于是李子通收降了丹阳、毗陵等郡。

杜伏威派行台左仆射辅公祏为主将，阚稜、王雄诞为副将带领数千士卒攻打李子通。辅公祏渡过长江攻打丹阳，在丹阳被攻下后驻扎在溧水，李子通率数万兵马拒敌。辅公祏挑选一千名精兵手持长刀作前锋，又命一千人跟随在后，对他们说："如果谁临阵脱逃，立即斩首。"自己统领其余的兵马，紧随其后。李子通列方阵前进，其前锋部队与之展开激战，辅公祏又以左右翼攻击李子通的方阵，李子通大败而逃，辅公祏追逐反吃了败仗，返回军营，坚壁不出战。王雄诞说："李子通初胜，又没有营寨壁垒，我们乘他没有防备袭击，可以打败他。"他不从。王雄诞便带自己的数百精兵夜晚偷袭，乘风势放火，李子通大败，王雄诞收降了数千名士兵。李子通粮草殆尽，舍江都守京口，于是江西地区全部为杜伏威所有，杜伏威迁居丹阳。李子通卷土重来，打算召余部两万人，东到太湖，突袭吴郡，大败沈法兴。只剩残余数百人的沈法兴，欲投奔割据在吴郡的另一支武装力量闻人遂安，部下叶孝辩代闻人遂安迎接，但中途沈法兴反悔，想杀叶孝辩后南逃会稽，被叶孝辩察觉，惊恐之下沈法兴跳江自尽。沈法兴自义宁二年（公元618年）三月起兵割据，于武德二年（公元619年）攻克毗陵称梁王后，认为夺取江、淮以南地区易如反掌，于是狂妄骄横，乱施权威，将士小有过失，立即斩杀，由此将士解体，终至败亡。

击败了沈法兴后，李子通军势复振，率领群臣迁都余杭，尽占沈法兴故地；南至五岭，北至太湖，东包会稽，西达宣城（今属安徽）。武德四年（公元621年）十一月，将领王雄诞领杜伏威之命攻打李子通。当时军事重地独松岭由李子通精兵把守。王雄诞派他的将领陈当带一千多人高据险要之处，打出很多旗帜，夜晚将火把绑在树上，布满山上山下。李子通胆小怕事，烧毁营寨逃走，退守杭州。王雄诞继续追讨，又在杭州城下打败了他。初七，走投无路的李子通被迫投降。杜伏威捉住李子通及其左仆射乐伯通押送长安，不过，后来他们被高祖释放了。但武德五年（公元622年）七月，李子通又想逃回江东，东山再起，当途经兰田关时被擒获杀死。王雄诞击灭李子通后，又将割据黟、歙两地称王十余年的汪华降服。随后，杜伏威又派王雄诞进击据守昆山的闻人遂安。昆山险隘，难以取胜，王雄诞遂单骑到该城下，陈述大唐威势，晓以祸福，说降了闻人遂安。这时，杜伏威尽有淮南、江东之地，东到海边，南至五岭，统一了江淮地区。

武德五年（公元622年）七月，李世民攻打徐圆朗，势如破竹，声势震动淮水、泗水地区，杜伏威恐惧，请求侍奉唐朝。李世民已基本安定了淮、济两地，让淮安王李神通、李世勣、行军总管任瓌攻打徐圆朗；初六，李世民班师回朝。初八，杜伏威入朝，官封太子太保，仍兼行台尚书令，留在长安，位居齐王李元吉之前，以示对他特别恩宠。阚稜被任命为左领军将军，江淮地区于是归属大唐。不料唐于武德六年（公元623年）二月平定山东半年后，江淮局势再次动荡。即八月初九，留守江淮的淮南道行台仆射辅公祏起兵反唐。

（3）辅公祏反唐

起初，辅公祏与杜伏威很要好，辅公祏年纪大，杜伏威待他如兄长，军中称辅公祏为伯父，如对杜伏威一样敬畏。后来辅公祏逐渐受到杜伏威的猜忌，杜伏威于是任命自己的养子阚稜为左将军，王雄诞为右将军，悄悄地夺取辅公祏的兵权。辅公祏知道后，非常生气。杜伏威入朝，留辅公祏守卫丹阳，王雄诞被任命为辅公祏的副手。杜伏威私下对王雄诞说："我到了长安，如果安然无恙，千万不要让公祏生出变故。"杜伏威走后，左游仙劝辅公祏反叛，但兵权在王雄诞手中，辅公祏无法起兵。于是他谎称收到杜伏威的来信，说王雄诞别有用心，王雄诞听后很不高兴，称病不出门，辅公祏趁机夺了王雄诞的兵权，将反叛的计划通过党羽告诉王雄诞。王雄诞才醒悟，说道："现在天下刚刚平定，吴王又在京师长安，大唐军队威力，所向披靡，为何无故自取灭族之祸？ 我王雄诞唯有一死，断难从命。现在跟着您倒行逆施，也不过是延长一百天的性命罢了，不能因不舍片刻之死而陷自己于不义？"辅公祏知道不能说服他，于是处死了王雄诞。王雄诞体恤部下，士兵也唯命是从，而且纪律严明，每次攻取城镇，从不侵扰百姓，江南军中的将士和民间百姓都为他的死失声痛哭。辅公祏宣称杜伏威被唐囚禁，不能回江南，寄书叫他起兵相救，于是大兴兵戈。不久，他在丹阳称帝，国号宋，任命百官；并联合原唐洪州总管张善安。张善安本兖州人，起兵于隋末，初转战淮南，后渡江占据洪州（今南昌）等地。武德五年（公元622年）二月，他举虔、洪、吉等五州降唐，官居洪州总管。但武德六年（公元623年）三月，他又谋反，辅公祏起兵后，二人联手，被辅公祏任命为西南道大行台。这样，与唐为敌的一支割据势力在江淮地区重又崛起。

　　李渊接报后，下诏命襄州道行台仆射赵郡王李孝恭率水军开赴江州，岭南道大使李靖带广、交、泉、桂等州兵力开赴宣州，怀州总管黄君汉取道谯州、亳州，齐州总管李世勣取道淮水、泗水，讨伐辅公祏。李孝恭出发前和众将士饯行，命人取水，突然水变成血，举座吓得变了脸色，李孝恭却面不改色地说道："这是辅公祏灭亡的征兆！"说罢一饮而尽，众将疑云也顿时消散。九月，辅公祏派部将徐绍宗攻海州（今江苏连云港西南），陈政道攻寿阳（今安徽寿县）。十一月，唐黄州总管周法明率兵进击辅公祏，张善安则在夏口进行阻挡，周法明不得不屯军荆州镇。初十这天周法明登舰饮酒，毫无防备，被张善安派来的假扮成渔夫的刺客杀死。十二日，唐舒州总管张镇周在猷州黄沙大败辅公祏部将陈当世。

　　十二月初二，唐安抚使李大亮捉住了张善安。李大亮在洪州攻打张善安，与张善安隔水列阵，遥相对峙。李大亮向张善安施展攻心战，张善安说："善安最初没有反叛之意，是部下逼反的，打算投降又担心仍然被治罪。"李大亮说："张总管有投降之心，咱们就是一家人。"于是骑马渡过河一个人进入张善安的阵地，和张善安拉着手交谈，以示真诚。张善安十分喜悦，于是答应投降李大亮。不久张善安带领几十名骑兵回访李大亮，李大亮让随行的骑兵停在营门之外，只让他一人进见。过了很长时间，张善安告辞，被李大亮捕捉，张善安随行的骑兵全部逃走。张善安的军队闻讯，异常愤怒，全部出动，誓要与李大亮决战。李大亮派人对他们说："不是我留住张总管，是总管效忠朝廷，对我说：'如果返回营地，恐怕会遭将士钳制。'因此自己留下来不走，你们为什么跟我生气呢？"张善安的部下又大声责骂道："张总管出卖我们，自己去讨好别人。"于是纷纷离他而去。李大亮出兵俘虏了许多人。张善安被李大亮押到长安，张善安声称自己没有同辅公祏来往，高祖赦免了他的罪过，以礼相待。待到辅公祏失败后，高祖得到了证据，于是将张善安杀死。

武德七年（公元624年）春，唐兵力集中对付辅公祏。李孝恭在枞阳先击败了辅公祏的一支偏师，东进攻克了鹊头镇。随后辅公祏在芜湖大败，唐军拔梁山等三镇，矛头直指丹阳。唐安抚使李大亮率另一支军队也大败辅公祏，辅公祏派军攻猷州，想从侧面牵制唐军进攻，但唐刺史左难当固守婴城，难以攻破。这时，援兵由唐行军副总管权文诞率领，不仅解了该城之围，而且攻克辅公祏的枚洄等四镇。

面对唐军的步步逼近，辅公祏令陈正通、徐绍宗率步骑三万屯驻青林山，派部将冯慧亮、陈当世率水师三万屯驻博望山，并在与博望山隔江相对的梁山拉起拦江铁索封锁江面，还修建了月牙形城墙，连绵十余里，又在长江西岸设置相接的壁垒，形成连环之势。冯慧亮、陈正通所率的两支部队互成掎角之势，横断长江护卫丹阳的防线正式形成。

（4）李靖计平江淮

这时，李靖、李孝恭率水军到达舒州，李世勣率步兵一万渡过淮河，将寿阳夺取，进驻硖石，对丹阳形成西、北两面夹攻之势。大敌当前，冯慧亮等将领坚守不战，李孝恭也不从正面向敌军硬冲，而暗派一支奇兵将宋军粮道切断。不久，宋军发生粮荒，冯慧亮等无法再长期固守，只得改变战术，于是，夜袭唐营。但李孝恭临变不乱，唐营无懈可击，宋军无功而返。

为了打破双方对峙的僵局，李孝恭召集众将商议作战方案。各位将领都说："冯慧亮拥重兵，占据险要地势，我军进攻不能马上奏效，不如直接进逼丹阳，对辅公祏的老巢进行奇袭，丹阳溃败后，冯慧亮等人自然就会投降！"李孝恭打算这样做，李靖说："辅公祏的精锐虽然在这里有水陆两支军队，但他自己的军马也不少，现在尚且不能攻克博望的各个敌营，辅公祏凭借石头城自保，又怎会是容易攻克的！进军攻打丹阳，久攻不下，冯慧亮等人紧随于我军背后，我军腹背受敌，这是很危险的。冯慧亮、陈正通都是经验丰富的老将，并非他们害怕作战，而是因为辅公祏定下的计谋让他们不动兵，打算以此拖垮我军罢了。我们现在主动挑战攻城，即可一举成功！"李孝恭仔细琢磨，最终采纳了李靖的作战策略。于是组织老弱残兵作为前锋佯攻宋军大营，而将精兵隐藏在后面，结阵以待。前锋军和宋军刚一接战就败下阵来，宋军浑然不知，加以粮尽又急于决战，便尾追不舍。但追赶数里后，就中了唐军精锐部队的埋伏。一场激战，宋军伤亡惨重。杜伏威的养子阚稜也随唐军南征，这时在阵前突然出现。他脱下头盔对宋军将士喊道："你们难道不认识我了吗，还敢和我作战？"宋军中将士多是阚稜的旧部下，一见阚稜都无心再战，纷纷伏身投降。李孝恭、李靖抓住宋军混乱溃散的战机，乘胜率大军追击猛攻，转战百余里，连克宋军青林山、博望山两个战略要地。冯慧亮、陈正道等弃城而逃，将士伤亡达万余人，整个防线被击垮了。

李靖率军直抵丹阳。辅公祏大为惊慌，放弃丹阳城，带着兵马逃跑了，打算到会稽投靠左游仙。李世勣在后面追击他，追至句容，辅公祏只有五百随从跟随。夜晚，在常州宿营，将领吴骚等人谋划要把他逮起来，被辅公祏觉察到，他丢下妻儿，带若干心腹破关西逃。最后在武康遭到地方武装力量的攻击，最终被俘。三月二十六日，丹阳被李孝恭占领。随后，辅公祏也由武康囚送到这里，被枭首示众。不投降的辅公祏余党也被李孝恭——击破。二十九日，李孝恭被任命为东南道行台右仆射，李靖为行台兵部尚书。不久，东南道行台被撤消，李孝恭为扬州大都督，李靖为大都督府长史。高祖很钦佩李靖，说道："李靖是辅公祏、萧铣的克星。"

杜伏威早在本年二月已于长安暴卒，原因是他修炼神仙长生之术，服食云母粉中毒。但由于辅公祏曾假借杜伏威的名声动员部众反唐，李孝恭平定江淮后得知这一情况，不知道其中的状况，随即上奏朝廷。李渊大怒，将杜伏威的官爵消除，并将其妻子处死，家产全部没收充公。直到李世民当上皇帝，这一冤案才得以昭雪。原杜伏威部将阚稜跟随李孝恭平定江淮，在破辅公祏战役中立功居多，颇有些扬扬自得之色，引起李孝恭的不满。加上李孝恭没收辅公祏及其部将家产时，连本不应该没收的阚稜及杜伏威、王雄诞在江淮的田宅也包括在内，阚稜认为不妥，找李孝恭当面辩理。正在气愤之余的李孝恭就利用辅公祏临死时曾诬陷阚稜和自己暗中勾结，以谋反的罪名将阚稜杀了。

唐消灭了辅公祏，江淮再次平定，不仅稳定了对江南的统治，也是唐统一全国的战役胜利完成的标志。

第二章 贞观之治

1.玄武门兵变

武德九年（公元626年）六月，秦王李世民与太子李建成、齐王李元吉为争夺皇位继承权，互相钩心斗角。后李世民等在玄武门诛杀太子李建成、齐王李元吉及其诸子，是为玄武门兵变。

（1）初露锋芒

李渊建唐时，按继承皇位的传统立嫡长子李建成为太子，封李世民为秦王、李元吉为齐王。随着削平割据势力的战争不断告捷，太子李建成与秦王李世民之间的明争暗斗逐渐显露出来。

李世民是唐高祖李渊的次子，隋开皇十八年（公元598年）十二月二十二日生于武功别馆。李世民生长在军事贵族家庭，从小就娴习武功，骑马射箭及诸武艺无所不能。他所用的箭比通常的箭要大一倍，能够在百步之外射穿门板。他也喜爱读书，写得一手好字。此外，他为人豪爽有见识，临危不乱，不拘小节，进取向上。

李世民生母是隋神武公窦毅的女儿，"文有雅体。又善书法，与高祖书相杂，人不辨也"。隋炀帝大业九年（公元613年），他的母亲仅四十五岁便去世了。李世民孩提时多受母亲教诲，也最受母亲喜爱。高祖称帝后，李世民每侍宴宫中，怀念母后之情常常溢于言表。

李世民兄弟二十二人，窦氏所生四人，依次为李建成、李世民、李玄霸、李元吉。李玄霸夭折，故晋阳起兵时只有李建成、李世民、李元吉三人参与其谋。

"世民"一名也有来历。四岁那年，在岐州有个书生自称善相面，说此子"不到二十岁便能济世安民"，李渊便"采'济世安民'之义以为名"。

李世民娶长孙氏为妻。长孙氏父病故后，长孙氏与兄长长孙无忌由舅父高士廉收养。高姓是渤海大族，从魏至隋俱为显官。高士廉颇涉文史，才望素高。长孙氏年少喜爱读书，做事通情达理，与李世民尚武喜好迥然相异。长孙氏与李世民的婚姻关系，又将渤海士族高姓牵连进来。

李世民初露锋芒是在十六岁那年，即隋炀帝大业十一年（公元615年）四月，李渊携家至河东赴任。八月，炀帝北巡，突厥始毕可汗围炀帝于雁门郡。李世民应募入伍勤王，是屯卫将军云定兴的手下。他使用疑兵之计迷惑始毕，东都及诸郡救援赶到，突厥之围即解。

大业十二年（公元616年），农民军甄翟儿与李渊在雀鼠谷作战，李世民率领骑兵冲破义军的包围，从而取得了胜利。这一仗使李世民善于领兵冲锋陷阵的才能得到充分体现。大业十三年（公元617年），在李渊由晋阳进军关中的过程中，李世民一直发挥着重要的作用。唐军占领长安，李渊以丞相辅政，李世民为京兆尹，受封秦国公一等爵。武德元年（公元618年），高祖建唐，李世民为尚书令、右翊卫大将军，晋封秦王。以击溃陇右的薛举集团的业绩又被封为右武侯大将军、太尉、使持节陕东道大行台尚书令。

（2）功高遭妒

从武德二年（公元619年）开始，李建成就嫉妒世民战绩卓著，加上他又渐渐宠幸小人，所以，礼部尚书领太子詹事李纲多次进谏，但李建成均不采纳。九月，李纲向李渊提出辞官，李渊予以挽留并提高李纲官衔，李纲再次上书谏太子，李建成依然拒而不听，仍然为所欲为。这是兄弟间争夺帝位继承权的先声。

武德三年（公元620年），刘武周被李世民平定；次年，李世民又消灭了窦建德、王世充两大势力，取得了决定性胜利。他谋取帝位继承权的欲望随着战功增高而滋长。还在讨伐王世充时，李世民就曾和房玄龄微服拜访一位著名道士王远知。王远知迎接两人时惊道："这位贤士，莫非是秦王吗？"李世民据实相告。王远知说："你将来要做太平天子，你要保重自己啊！"他听后一直牢记在心中。

李世民在率兵征战中，注意招贤纳士，将骁勇善战的李世勣、秦叔宝、尉迟敬德、程咬金、张公谨、段志玄、侯君集等都招在自己的帐下。武德四年（公元621年）七月，李世民灭掉郑、夏凯旋。十月，李渊因为前代官称都不足表彰李世民的伟大功绩，特创"天策上将"徽号，以李世民就任。并设"天策府"，置官员。设长史、司马各一人，从事中郎二人，军谘祭酒二人，主簿二人，典签四人，录事二人，记室参军事二人，功、兵、仓、铠、骑、士六曹参军事各二人，参军事六人。此外，李世民还兼任司徒、陕东道大行台尚书令，管辖潼关以东地区。

李世民又以天下太平为由，设立"文学馆"，延请各方文学名士。一时，麾下人才济济。有秦王府属杜如晦，记室房玄龄、虞世南，文学姚思廉、褚亮，主簿李玄道，参军蔡允恭、颜相时、薛元敬，谘议典签苏勖，天策府从事中郎于志宁，军谘祭酒苏世长，仓曹李守素，记室薛收，国子助教孔颖达、陆德明、盖文达，宋州总管府户曹许敬宗，他们都以本官兼文学馆学士。李世民叫褚亮为他们写赞词，阎立本为这些人画像，号称十八学士。当时士大夫们都以能选入文学馆为崇高荣誉，把文学馆吹嘘为东海三仙山的瀛洲，把入选文学馆称为"登瀛洲"。李世民把这些名士分为三组，每日轮流值班，恩礼优厚。他每日上朝后就到馆中，和众学士讨论文籍，谈论古今。文学馆实际是李世民政治上的顾问决策机构。这些僚佐们还煞费苦心地为他招贤纳士。洛阳被攻下时，曾依附王世充的杜淹投唐，他原想依附太子李建成。房玄龄知杜淹多权术，恐他为建成所用对秦王不利，于是禀告李世民，抢先引入天策府为官。李世民还在大臣中取得了萧瑀、陈叔达的鼎力相助。

对李世民有敌视之意的李建成也早已做着准备。他首先凭借在朝辅政的条件以及自己太子的特殊位置培植自己的势力。武德四年（公元621年），窦建德被擒后，魏征和裴矩入关降唐。魏征一到，他就恭敬拜访，引任太子洗马，将魏征收入帐下。裴矩也被重用为太子左庶子，不久又荣升太子詹事。太子中允王珪颇受建成礼遇，一直忠心不二，助他巩固太子地位。在大臣中，李建成争取了宰相裴寂、封德彝的支持。东宫太子集团从而形成。

齐王李元吉成为建成的得力助手之一，他是经过一番权衡才和长兄结成联盟的。李元吉作战英勇，屡次打得胜仗，在随李世民平定东都王世充讨伐刘黑闼时屡立战功。但是，他骄逸放纵，性好畋猎，自言："我宁愿三天不进食，也不能一天不打猎。"他狩猎时，随意践踏田野庄稼，放纵部下杀掠百姓牲畜；甚至在街上乱放箭，看行人们慌恐地躲避箭枝而放声大笑。加上他还有刘武周攻太原时弃城逃跑的不光彩历史，因此名声扫地。在东宫和秦王府剑拔弩张的斗争中，李元吉不能不考虑自己的地位和前途。长兄李建成喜欢酒色游猎，和李元吉性格相似；建成早被立为太子，太子继位又是名正言顺的事情；秦府手下虽然有很多精兵强将，但东宫和齐王府联合起来兵力也占优势；李世民战功显赫，胆略超群，而且执法很严，如果继承帝位，自己很难以自己意志行事，在李建成下面当齐王则要悠闲自在得多；特别是他也想争帝位，认为只要除掉秦王，取东宫则易如反掌。

（3）明争暗斗

东宫、秦府集团在后宫争取支持者的斗争也愈演愈烈。高祖晚年宠幸很多妃嫔，有近二十位小王子，妃嫔们为巩固自己的地位争相结交东宫太子李建成。李建成和李元吉都曲意侍奉各位妃嫔，贿赂、奉承献媚、馈赠，无所不用，以此得到皇上的宠爱。也有人说他们与尹德妃、张婕好私通，宫禁幽深神秘，无法找到确凿证据。当时，太子东宫、各王公和后宫妃嫔的亲属，在长安鱼肉百姓，为非作歹，主管部门却视而不见。李世民住在承乾殿，武德殿后院住的是李元吉，他们的住处与皇帝寝宫、太子东宫之间不再有所限制。太子李建成和秦、齐二王在皇帝寝宫出入时都身负兵器，他们之间相遇只按家人行礼。太子的令，秦、齐二王的教与皇帝的诏敕并行，有关部门不知如何对待，只好以收知令、教的先后为准。唯有李世民不去讨好诸位妃嫔，诸妃嫔争相吹嘘李建成、李元吉而诋毁李世民，挑拨李渊和李世民父子之间的关系。

武德五年（公元622年）十一月的事件又加深了李世民同李渊妃嫔的矛盾。那是在李世民平定洛阳后，李渊派贵妃数人到洛阳挑选隋朝的奴婢和府库珍宝。贵妃们私下向李世民要宝物并为亲属求官。李世民说："珍宝已登记入册上奏朝廷，官职赏有功的人或授贤德之人。"这些遭拒绝的妃嫔们更加不满。另外，李世民因淮安王李神通在平洛阳时有战功赐良田数十顷。张婕好的父亲也要这块地，李渊当时不知这块地已被李世民赐给了李神通，于是要赐予张婕好的父亲。李神通说这地秦王已先赐给了自己，坚决不给张婕好父亲。张婕好向李渊诬告说："陛下手敕赐给我父的土地，反而被秦王夺去给了李神通。"李渊闻后勃然大怒，训斥李世民道："难道我的手敕还不如你的令作用大吗？"随后对左仆射裴寂说："世民长期在外，被手下的一群人宠坏了，已不是过去听话的世民了。"

不久又出了一件事。尹德妃的父亲尹阿鼠飞扬跋扈，秦王府的官员杜如晦经过他门前时，被尹阿鼠的几名家童拽下马揍了一顿并打断了他的一根手指。尹阿鼠恶狠狠地说："你是个什么东西，敢骑马在我门前行走。"尹阿鼠担心李世民告诉皇上，先让尹德妃对皇上说："秦王的亲信仗势欺压我家人。"高祖又生气地责备李世民说："我妃嫔的家人都受到你身边人的欺凌，老百姓更不用说了。"李世民极力为自己辩解，但自始至终李渊都不听他的。

李世民每次在宫中侍奉高祖饮酒，面对诸位妃嫔，想起死得早的太穆皇后有时不免暗自流泪，高祖见后大为不满。各位妃嫔于是暗中一同诋毁李世民说："天下一片太平，而陛下年寿已高，正需要娱乐调养，而秦王总是暗自流泪。这实际是对我们的忌恨，陛下百年之后，我们一定不为秦王所留，都会被杀掉的！"说罢相互悲啼。又哭诉道："皇太子仁孝慈爱，陛下要把我们母子托付给他，才能保我们安全。"宠妃们的娇啼悲诉，使李渊黯然神伤。此后，待世民渐渐疏远，而渐渐亲近了李建成、李元吉。李世民也深知父亲的妃嫔是一股庞大的力量，也使尽手段对她们进行收买，以求得李渊和一些妃嫔的同情和谅解。

为使李建成在和李世民的角斗中充实党羽增加政治资本，太子洗马魏征、太子中允王珪劝他主动请求征讨再起河北的刘黑闼。他们说："秦王功盖天下，天下百姓都拥护他；而殿下不过是因为年长才被立为太子，没有卓越战功能够镇服天下。现在刘黑闼的兵力溃散鼠窜之后，不到一万人，又面临着资源缺乏，如果用大军进逼，势如破竹，殿下应当亲自去攻打以建立军功声望，乘机结交山东的豪杰。这可能会提高自己的威望。"于是太子向高祖请求带兵出征。高祖准奏，命太子统兵东讨，山东道行军元帅、陕东道大行台、河南河北诸州并受太子节制，并得以全权处理军政要务。一道东征的还有齐王李元吉，大约在此时他被太子拉拢。

这是李建成在统一全国战争中所建的唯一战功。他还借机外结了镇守幽州的燕王罗艺。后来，庐江王李瑗调任幽州大都督，也被建成所收买。建成在河北地区发展了自己的势力。

（4）李渊食言

武德六年（公元623年），双方斗争愈演愈烈。李世民后来回忆说："当时，我不为兄弟所容，虽然功勋卓越，但没有辅赏。"次年三月，辅公祏反唐失败，江南趋于安定，战乱较少。随着统一战争的完成，争夺皇位继承权的倾轧已公开。李元吉曾劝建成除掉李世民，并夸下海口要亲手为建成除去李世民。六月，李世民随李渊到齐王府第，李元吉竟将护军宇文宝埋伏在寝室内，要行刺李世民。这时李建成还不忍手足相残，由于他的制止，暗杀才没进行。李元吉对李建成说："我是为了你，对自己并没有什么好处！"随后，他又多次说以利害，终于使李建成点头。

李建成在全国招募了两千多名武士充当东宫卫士，让他们分别在东宫左右长林门驻扎下来。还在背后指使右虞候可达志从燕王罗艺那里调集来幽州骁勇精锐的骑兵三百人，将他们在东宫东面的各个坊市中安插下来，打算用他们补充在东宫担任警卫的低级军官，后因人告发而事败。于是，高祖把李建成叫去加以责备，并将可达志流放到巂州。

李建成一计不成，又生一计。曾宿卫东宫的庆州都督杨文干和太子关系亲密，李建成便暗中指使他私自在庆州（今甘肃庆阳）招募士兵进入长安。这时，李渊将要到宜君县新落成的仁智宫休养，让李建成留守长安，让李世民、李元吉前往。李建成认为良机已到，对李元吉说："生死存亡，就在此一举了。"他叫李元吉寻机暗杀世民，又派校尉桥公山、郎将尔朱焕到庆州送给杨文干铠甲，令他速速举兵和自己内外相应，力图政变篡位。尔朱焕、桥公山走到豳州觉得此事不可轻易尝试，因恐怕获罪而驰往仁智宫告密。又有宁州人杜凤举也到行宫揭发此事。李渊知道平素东宫、秦府有隔阂，但万没想到形势发展如此迅速而险恶，非常生气，假托他事，亲笔写诏令李建成速来仁智宫。

李建成见诏后心里非常害怕，不敢前去。太子舍人徐师暮劝他发兵起事，占据京城，以成其蓄谋已久的霸业；詹事主簿赵弘智劝他免去太子的礼制，摒除随从人员，去高祖面前承认罪责。于是，李建成决定前往仁智宫。还未到达，李建成便将所属官员，全留在北魏的毛鸿宾遗留下来的堡栅里，带领十余人骑马前去觐见皇帝，向皇帝承认罪责，猛力地伏地叩头，弄得几乎晕死过去。但是，高祖仍然怒气未消。这天夜里，高祖将他放在帐篷里，只给他麦饭吃，让殿中监陈福看守着他，司农卿宇文颖被派去传召杨文干。宇文颖急速来到庆州，将情况告诉了杨文干。当即，杨文干起兵反唐。高祖派遣左武卫将军钱九陇和灵州都督杨师道平息叛乱。

事态发展很快，二十六日，李渊召李世民商量对策。李世民说："杨文干造反，不用费太大力气，州府官员便可将他平息，若不行，也只需一名将领就足以擒获反贼。"李渊说："事情并不如你所想，文干的事牵连建成，恐怕会有不少人响应。你还是亲赴战场，事成之后，太子位我会让你坐。但我不能仿效隋文帝，要封建成为蜀王，蜀地兵弱，如果他日建成顺从，你要保全他的性命；反之，你除掉他也很容易。"这是李渊第一次正式答应立李世民为太子。

建造在山中的仁智宫，地形不太有利，高祖担忧盗兵突然发难，连夜出山。走了数十里地的时候，太子东宫所属的一些官员也相继赶来，高祖让大家以三十人为一队，派军队分别包围、看守着他们。第二天，高祖才又返回仁智宫。

李世民奉命后欣然前往，李元吉和倾向太子的妃嫔们则整日整夜地向李渊为李建成求情。

封德彝本是降唐的隋朝旧臣，为人智略过人却有阴险狡猾的一面。武德三年（公元620年）任中书令，执掌机要大权，曾多次随李世民征讨，李世民对他恩宠有加。在太子和秦王的倾轧中，他不时献策李世民，李世民以为忠于自己，前后赏赐以万计。但他也受到太子的重金收买。他表面脚踏两只船，骨子里实际倾向李建成。此时，封德彝在外暗中配合李元吉和妃嫔们活动。当李渊征求废立太子的意见时，他认为坚决不可。在内外两股势力的夹攻下，于是，高祖改变了原来的主意，又使李建成回去驻守京城。李渊只是轻描淡写地责备他兄弟不和，而归责任于太子中允王珪、天策兵曹参军杜淹以及左卫率韦挺三人身上。事后三人被流放到嶲州。

七月，宁州（今甘肃宁县）被杨文干攻陷。但李世民大军一到，其党羽便四处溃逃。五日，杨文干被部下所杀，宇文颖也被擒斩首。可是另立李世民为太子之事，李渊已不再提及。

一波未平，一波又起。初十，原州受突厥侵犯，高祖派遣宁州刺史鹿大师前去援救，杨师道被派去奔赴大木根山。十二日，突厥侵犯陇州，护军尉迟敬德前去迎击突厥。突厥十五日攻阴盘，二十一日攻并州，关中安全频频受到危胁。二十六日李渊忙回长安商议对策。有人劝李渊说："因为子女金帛都在长安，所以突厥才接连攻扰关中。若烧毁长安迁都远处，突厥之患自然就烟消云散。"李渊同意这一看法，中书侍郎宇文士及被派出逾南山至樊、邓等地寻找新都地点。李建成、李元吉、裴寂顺旨赞同，虽知不可，但萧瑀等人也不敢谏阻。

这时，秦王李世民劝谏说："戎狄造成的祸事，从古时起就经常发生。陛下凭着自己的圣明英武，开创大唐王朝，统辖着中国的领土，拥兵百万，所向无敌，怎么能够因有胡人搅扰边境，就想迁都躲避呢？这会在全国上下留下羞辱，使后世讥笑陛下。那霍去病不过是汉朝的一员将领，尚且决心消灭匈奴，何况您还封我为王呢！希望皇上给我几年时间，请让我把绳索套在颉利的脖子上，把他制服。假如不能获得成功，再迁徙都城，也为时不晚。"高祖说："好。"于是，高祖不再迁徙都城。李建成与妃嫔因而向高祖共同诬陷李世民说："虽然多次遭到突厥的进攻，但并无大碍，并且他们只要得到财物就会撤军。秦王表面上假托抵御突厥的名义，实际上是通过此事独掌军权，成就他篡夺帝位的阴谋罢了！"

（5）太子得势

李建成和李元吉加紧谋害李世民的活动。一次，李渊到城南打猎，李建成、李世民、李元吉随从。李渊令他们比赛射骑，李建成有匹胡马，体肥壮、性暴烈而喜蹶，他把这匹马牵给李世民说："此乃良马，能腾跃几丈。你技艺高超，骑骑看。"李世民明知太子心怀鬼胎，但身经百战的他，有何惧怕？闻听此言，一跃上马追逐野鹿。果然在奔驰中马突然扑地而卧；但在马扑地之前，李世民已腾身离鞍，跃立于数步之外；马刚站起，他又翻身而上。一连三次，没伤他一根毫毛。李世民对宇文士及说："想用这种手段害死我，可死生有命，暗算岂能左右。"李建成知后，心中暗恨，唆使妃嫔们向李渊诋毁道："秦王自称有天命，要称天下之主。"李渊听罢大怒，先召李建成、李元吉询问，然后召来李世民大肆训斥道："天子自有天命，靠智力强求是无力回天的，你谋取帝位的心也太急了吧！"李世民大惊，免冠叩头，连称冤枉，请求将这事交司法衙门审问清楚。李渊怒气冲冲，正巧此时突厥入侵，才改容安慰李世民，叫他冠带整齐，共商对策。闰七月二十五日，诏令李世民、李元吉率兵出幽州抵御突厥。此后，每有寇盗，就令李世民征讨；国家安定之后，对李世民的猜忌却总是更加严重了。

武德九年（公元626年）六月，李世民深知和东宫集团的斗争已到你死我活的地步。洛阳是形胜之地，必须牢固占有作为自己根基，以防政变时的不测事件。所以就让行台工部尚书温大雅镇守洛阳，派秦王手下车骑将军荥阳人张亮率五保等亲信一千多人前往洛阳，暗中结交山东的豪杰，等待时势的变化，拿出大量的金银布帛，任凭他们使用。李元吉告发张亮，张亮被交付法官考察验证。但是张亮始终不发一言，朝廷无奈便释放了他，让他返回了洛阳。

李建成召李世民夜宴，在酒里下了毒。李世民不知，饮酒中毒，吐血数升。李渊得信前来探望，试图采取平衡的办法使三子不至骨肉相残。于是写敕给李建成说："秦王素来不善于饮酒，以后不准与他饮酒。"高祖因此对李世民说："首先提出反隋策略，消灭国内的敌人，都是你的功劳。我准备将你立为继承人，你却不愿接受。李建成年纪最大，作为继承人，为时已久，我也不能将他废除。我看你们兄弟似乎难以相容，同处京城，必定要发生纷争，我决定派你返回行台，让你留居洛阳，陕州以东都由你主持。我还要让你设置天子的旌旗，仿效汉梁孝王。"李世民哭泣着，不愿意远离高祖，表示推辞。高祖说："天下一家。东都和西都两地，不算太远，只要我想念你，就可动身前去，你不用烦恼悲伤。"

李世民刚要走，李建成、李元吉商议道："秦王如到洛阳，有了土地军队，想控制就困难了。留他在长安，除掉很容易。"就密令数人上奏，说："秦王的谋臣都是山东人，让他们去洛阳他们肯定如鱼得水不愿再回来了。"又托近幸大臣从中劝阻。结果李渊又改变了主意，此事不再提及。

争夺皇位继承权使兄弟三人走到不共戴天的地步，宰相陈叔达为防止高祖贬黜李世民，力谏道："秦王对建立大唐天下有赫赫战功，不可贬黜。而且他的性格刚烈，若加压抑，恐怕他身体难以承受，一旦得了不治之疾，皇上悔之晚矣。"李渊觉得有理，打消原来的念头。李元吉还上奏请杀秦王，李渊问："他有平定天下战功，没有什么谋反罪证，以什么理由杀他？"李元吉道："他初平定东都时，观望不回。散钱帛网罗私人势力，这不是谋反吗！当你想要他死，理由是很轻易就可以找到的。"李渊难以勾销父子之情，没有答应。

李渊倾向东宫，形势对李世民愈来愈不利。秦王府所属的官员都忧心忡忡，不知如何是好。行台考功郎中房玄龄对长孙无忌说："事已至此，一旦发生祸患岂只是秦王府！实际上国家的存亡都成问题。应采取周公平定管叔与蔡叔的行动，以安定国家宗室。存亡的枢机，就在今天！"长孙无忌说："我有这一想法已经很久了，可一直没胆量说出来。你说的这一番话，正好符合我的心愿。我定会禀报秦王。"于是，长孙无忌进去告诉了李世民。李世民传召房玄龄计议此事，房玄龄说："大王神功盖世，应为天子。如今大王心怀忧虑戒惧，但不知现在正是天助您时。请您不要再举棋不定了！"于是，房玄龄与秦王府属杜如晦共同劝说李世民诛杀太子、齐王。但世民一时还下不了决心。

东宫集团也在紧张策划着。秦王府拥有许多勇猛的将领，李建成与李元吉准备诱为己用，便暗中赠送金银器物给左二副护军尉迟敬德，并且写书信招引他说："希望您能够屈驾眷顾，以便加深我们的交情。"尉迟敬德推辞说："我本来只是一介小民，遭遇了隋末的战乱，长期沦落在抗拒朝廷的逆境，罪大恶极，死有余辜。秦王赐我再生的恩泽，今为秦王府官，只能尽忠秦王，不敢对秦王怀有二心。如只因贪图财利而忘掉忠义，殿下要我这种人又有何用处呢！"李建成大怒，断绝同他的往来。尉迟敬德把此事告诉了李世民。不久，李元吉指使勇士想夜间杀死尉迟敬德，尉迟敬德得知以后，将所有的门户都层层打开，自己却泰然地躺在床上，刺客到他的院子多次，而最终还是未敢进屋动手刺杀。谋刺一招不行，李元吉又诬告尉迟敬德谋反。李渊令逮捕审讯，竟定成死罪，幸亏李世民据理力争，才使他逃过此劫。接着，李建成、李元吉又想收买秦王府右二护军段志玄，段志玄也不为之动心，暗将此事禀告了李世民。因此尽管太子集团不断对李世民手下重臣进行收买，却结果很难成功。

李建成为了瓦解秦王集团，剪除李世民的羽翼，诋毁秦王府左一马军总管程咬金，远调他为康州刺史。程咬金拒不赴任，劝李世民早做打算。

李建成、李元吉分析秦王府谋士中最厉害的是房玄龄和杜如晦，于是又加以诽谤。结果两人被革去官职。

秦王府党羽接连被调被逐，形势逼人。李世民只剩下亲信长孙无忌还在秦王府中，以及秦王府外的其舅父高士廉，右侯车骑将军侯君集及尉迟敬德等人。他们日夜地劝说李世民诛讨太子、齐王，李世民犹豫不决。后来，李世民向灵州大都督李靖以及行军总管李世勣问计，都得到严辞拒绝，不肯参与。两人都看到秦王集团处于劣势，难料事变结局。

（6）激战玄武门

在这关键时刻，关中又受突厥侵扰，数万骑兵入塞后围攻乌城，李建成立即推荐李元吉督帅诸军北征。李渊同意了他的建议，命李元吉率右武卫大将军罗艺、天纪将军张公瑾等救乌城。这正是削弱秦府势力的良机，李元吉还要求将尉迟敬德、程咬金、段志玄及秦府所有的军事力量归自己调遣。李建成与李元吉私下里商议：当他和李世民一起到昆明饯行时，要安排伏兵，将秦王刺杀，谎称秦王暴病而死；然后再坑杀尉迟敬德等秦府猛将。李建成还答应自己即帝位后，让李元吉做皇太弟。不料王晊得知此阴谋后秘密报告了李世民。

王晊是东宫的低级官员，任东宫率更丞，暗中已被李世民收买。玄武门之变中的另一个重要人物是常何，此人在武德五年（公元622年）随李建成平定刘黑闼第二次起兵，因此被李建成收为部下，武德七年（公元624年）调入京城守卫宫城北门即玄武门。玄武门是进入禁内的必经之路，是政变的必争之地。常何也被李世民收买了。此外，屯守玄武门的将领敬君弘、吕世衡也被收买，成为秦府死党。李世民主要收买李建成手下的次要人物，因为这些人既不是最重要的，也不是无足轻重的，所以一方面容易达到目的，另一方面也能够发挥内应的功用。特别是他精心收买的驻守玄武门的禁卫军将领，在政变中发挥了重要作用。在李世民的势力和地位处于劣势的情况下，最后能诛杀太子，这一策略起了关键作用。

听了王晊的密告，李世民忙召集长孙无忌和尉迟敬德商议。长孙无忌等人劝说李世民设法在事发以前对付他们。李世民叹息着说："骨肉兄弟相残，自古以来就是大逆不道的事。我诚然知道祸事就要来临，但我准备在祸事发动以后，再以正义的名义声讨二人，这不也是可以的吗！"尉迟敬德说："人之常情，又有谁愿意去死？但是大家都誓死拥护大王，这是天意。祸患就要发生，大王却仍旧安然处之，不为此事担忧。即使大王看轻自身，又如何对得起宗庙社稷呢！如果大王不肯接纳臣下的建议，我就打算隐居野外了。我是不能留在大王身边，任人宰割的！"长孙无忌说："假如大王不肯听从尉迟敬德的主张，事情便无法成功。尉迟敬德等人必定不会再追随大王，我也应离开大王，不能够再侍奉大王了！"李世民说："我讲的这些意见并不能完全舍弃，还是再商量一下，仔细考虑吧！"尉迟敬德说："现在大王处理事情摇摆不定，这是不明智的。面临危难，不能决断，这最终会坏事的。况且，大王平时蓄养的勇士全都整装以待，一触即发，怎么能制止得住呢？"

生死攸关，李世民又访问秦府其他幕僚的意见。大家都说："齐王生性暴虐，将来也决不会顺从他的长兄。听说，薛实曾对他讲，'大王之名，合起来恰成唐字，最终要成为天子'。齐王听后高兴地说：'只要能把秦王除掉，夺取江山易如反掌。'他和太子谋乱未成，就有取代之心，像这种狼子野心的人，没有什么下不了手的。若两人阴谋得逞，大唐的社稷就不保了。凭您的贤德才能，杀二人如拾草芥，为何要拘泥匹夫之节，而不顾江山社稷呢！"李世民仍然没有做出决定。大家说："大王认为虞舜如何？"李世民说："是圣人。"大家说："如果虞舜在疏浚水井的时候没有躲过父亲与弟弟在上面填土的毒手，如果他在涂饰粮仓的时候没有逃过父亲和弟弟在下面放火的毒手，又如何能够使自己恩泽遍及天下，法度流传后世呢！所以，虞舜忍受父亲用棍棒笞打时，虞舜心里所想的大事大概就是被父亲用大棍棒笞时逃走了。"李世民仍然感到没有把握取胜，就命人取来龟甲，以卜凶吉。正好幕僚张公谨进来，见此情景，抓起龟甲扔到地上，说："卜是用来解决疑惑的，而今天之事已不再令人迷惑，还用来卜什么呢！难道说卜后不吉利就罢手不成！"这时，李世民才终于下了立即政变的决心。

长孙无忌秘密地把房玄龄等人召来，房玄龄等人说："皇上下敕书是不允许我们大家再侍奉秦王。如果我们如今私下去谒见秦王，必定要因此而被降罪致死，因为如此我们不敢接受秦王的教令。"李世民生气地对尉迟敬德说："难道房玄龄与杜如晦要背叛我吗！"他交给尉迟敬德佩刀说："您去察看一下，如果他们不愿意来，您可以砍下他们的头颅。"尉迟敬德前去，与长孙无忌一起暗示房玄龄等人说："秦王已经决定采取行动，你们最好赶紧前去共同计议大事。"于是房玄龄与杜如晦和长孙无忌一同进入秦王府。尉迟敬德则绕道返回。房玄龄、杜如晦面见世民后，随即制订了周密的政变计划。

六月初三，李世民突然密奏李建成、李元吉淫乱后宫，并说："我没有做对不起他们的事，他们却要谋害我，我如含冤而死，永离君亲，魂归地下，实在死不瞑目。"李渊看罢奏章，大惊失色，半晌才说："明日朝会当面审问，你要来与建成、元吉对质。"

初四，李世民事先部署妥当，亲率长孙无忌、尉迟敬德、张公谨、侯君集、公孙武达、刘师立、杜君绰、独孤彦云、郑仁泰、李孟尝等十人，在玄武门内伏兵。不料，张婕妤暗中得知了李世民上表的大意，忙告诉了李建成。李元吉被李建成叫来商议此事，李元吉说："我们应当统率好各自的军队，假称有病，避免和李世民相见，以便见机行事。"李建成说："军队的防备已很严密了，你我应当亲自入朝看个究竟。"于是，二人一起入朝，向玄武门走来。当时，李渊召来了裴寂、萧瑀、封德彝、陈叔达、窦诞、宇文士及、颜师古等，准备会审，查清真假。

李建成、李元吉行至临湖殿，感觉情况不正常，立即拨马掉头，东归宫、府。李世民突然出现，在背后大声呼喊着追赶。李元吉回头张弓就射，情势危急之下总是无法拉满弓，连射三箭不中，李世民突发一箭先射死李建成。尉迟敬德率七十骑兵赶到，乱箭齐发，李元吉被射下马，逃入园林。李世民跃马向前，紧紧跟随，不料马被树枝所挂，人重重摔在地上，李元吉见状，夺过李世民手中弓要扼杀他。尉迟敬德飞马前来救李世民，李元吉慌忙弃了李世民，向宫内逃去。尉迟敬德纵马追杀，背后一箭将其射死。李建成死时三十八岁，李元吉仅二十四岁。东宫将军薛万彻、冯立和齐府亲将谢叔方闻听李建成死，要为他报仇，率东宫、齐府精兵两千急驰玄武门。力量超群的张公谨，独闭城门挡住来兵。东宫、齐府拼死猛攻。驻守玄武门的宿卫将领敬君弘也挺身而出，有的亲信制止道："事情结局如何尚不明朗，不如静观变化，等军队集中以后再战不迟。"敬君弘不从，与中朗将吕世衡大呼而进，寡难抵众，战死沙场，形势险恶。李世民在玄武门，急忙将秦府中的将士带入宫支援。李世民妻长孙氏亲自慰勉，将士们斗志高昂。高士廉甚至将狱中囚犯放出，授给兵甲，编入军队，迅速赶到芳林门，打算与秦王府兵联手。秦府兵、玄武门宿卫军和东宫、齐府兵激战多时，不分胜负。薛万彻要进攻秦王府。秦府空虚，临战的秦府将士大为惊恐。在这千钧一发之际，尉迟敬德持李建成、李元吉首级示众。宫、府兵全体将士都知主人已死，纷纷逃亡。薛万彻带数十骑逃入终南山。因为斩了敬君弘等，这时冯立对随从将士说："总算报了太子知遇之恩。"

玄武门刀兵相见，激战之时，李渊和应诏来会审的大臣们正在太极宫中的海池内泛舟。李世民让尉迟敬德入宫担任警卫，尉迟敬德手握长矛，身披铠甲径直来到高祖所在之处。高祖极为震惊，便问他："你为何这般打扮，出了什么事？"尉迟敬德回答说："由于太子和齐王作乱，秦王诛杀了他们。秦王恐怕惊动陛下，将我派来担任警卫。"高祖对裴寂等人说：

"怎么会这样呢？你们认为应当如何呢？"陈叔达和萧瑀说："李建成与李元吉原来就没有参与谋划反隋，又没有为天下立下功劳。他们对秦王功勋大、威望高十分嫉妒，才发生了今天的事情。如今，秦王已经声讨并诛杀了他们，他的功绩布满天下，人们都诚心归附于他。如果陛下能够决定立他为太子，交给他国家大事，就不会再发生事端了。"高祖说："好！这也是我的想法。"当时秦王府的兵马和宿卫军与东宫和齐王府的亲信交战还未停止，尉迟敬德请求高祖命令各军都接受秦王的处置，高祖接受了建议，妥善安置了人马。天策府司马宇文士及由东上阁门出来宣布敕令，战事才得以停止。高祖又让黄门侍郎裴矩开导东宫和各位将士，将士们便都纷纷溃散。

李渊召见李世民，安抚道："由于建成频频诋毁，我几乎像曾母投杼，不能分辨真假，实在委屈你了。"李世民跪地痛哭了许久。

接着，李世民把李建成、李元吉之后都以谋反者家属而坐诛，并除去皇室原籍。当时李世民未即位，他和李建成、李元吉相杀只是兄弟间的恩怨，不属谋反罪，但唐高祖坐视众孙以反律株连而不能相救，说明秦王威势之大，李渊也自身难保。

（7）李世民主政

当年，李建成同意李元吉在自己即位后封他为皇太弟，所以李元吉为李建成尽死效力。李世民手下打算把李建成和李元吉的一百多名亲信全部诛除，并且抄家，将他们所有家产充公。尉迟敬德再三争辩说："罪过都在两个元凶身上，他们的死已经是对他们的处罚。假如还要牵连他们的党羽，就不是要国家稳定的做法了！"于是各位将领停止追杀党羽。当天，高祖颁诏赦免天下罪囚，只是不肯放过李建成和李元吉两个人叛逆的罪名，对其余的党羽全部不加追究。同时把国家一般行政事务的处理权交给了秦王。

五日，冯立到李世民那里自首请罪。李世民责问他道："你在东宫挑拨离间，离析我们兄弟之间的感情，此罪一；昨日又出兵来战，杀伤我将士，此罪二。如此罪责，怎能饶你一死？"冯立答道："我侍奉主人，就应一片忠心。任职之日，无所畏惧。"李世民听其言后大为感动，表情由阴转晴，并安慰一番，令冯立大为感激，决心效忠李世民。谢叔方也到秦府请罪。经秦王数次派人晓谕，薛万彻才敢出来。李世民说这些人都忠于职守，对他们都不再追究。

初七，李世民被唐高祖立为皇太子，还颁布诏书说："自即日起国家的行政、军事等大权都交付太子处理。事后报告朕即可。"李世民实际开始执掌了国家大权。十二日，原秦王府重要文武官员加官晋级，组成新的东宫班子：宇文士及为太子詹事，杜如晦为左庶子，房玄龄、高士廉为右庶子，尉迟敬德为左卫率，程咬金为右卫率，褚亮为舍人，虞世南为中舍人，姚思廉为太子洗马。并赐给尉迟敬德齐王府所有的金玉器物。

李世民是个眼光长远、胸怀宽阔的政治家，在即太子位后，对原东宫集团的文武人才，尽力争取，为自己效力。太子洗马魏征经常劝告太子李建成趁早除掉秦王，李建成被诛杀以后，李世民便传召魏征说："你为什么挑拨我们兄弟之间的关系呢？"大家都为他担惊受怕，魏征却面不改色地回答说："如果已故去的太子早点听从我的进言，肯定不会有现在的情况。"李世民一向器重他的才能，于是态度大为转变，对他倍加礼遇，引荐他担任了詹事主簿。

李世民命令将宫苑的鹰犬放生，免除各地进献贡物，任凭百官陈述自己认为合适的治理国家的策略，行政措施与法令简单明晰、紧密严整，朝廷内外的人士大加赞赏。十六日，李渊赐裴寂手诏："朕当加尊号太上皇。"表示出想退位的意愿。李建成死后，幽州大都督李瑗被召归京城。李瑗本建成党羽，知道建成被诛杀，心中疑惧。部将王君廓想出卖李瑗取功，于是怂恿他起兵。李瑗十七日反叛，二十五日，李瑗被王君廓杀掉，并取得幽州都督一职。

七月初三，秦叔宝被任命为左卫大将军，程咬金被任命为右卫大将军，尉迟敬德为右武侯大将军。

初六，任命高士廉为侍中，萧瑀为左仆射，房玄龄为中书令，长孙无忌为吏部尚书，杜如晦为兵部尚书。初七，又任命宇文士及为中书令，封德彝为右仆射，杜淹为御史大夫，刘林甫、颜师古为中书侍郎，侯君集为左卫将军，薛万彻为右领军将军，段志玄为左骁卫将军，长孙安业为右监门将军，张公谨为右武候将军，李客师为领左右军将军。从而正式形成了李世民自己的"新内阁"。

太子李建成和李元吉的余党都溃败四散民间，尽管有连续颁布的赦令，仍有图利的人去告发捕捉他们，以此邀功请赏。在谏议大夫王珪进谏太子李世民后，李世民下令："六月初四以前与建成、元吉有牵连的人，同月十七日以前与李瑗有牵连的人，互相告发将被禁止，违反规定的人以诬告治罪。"

朝廷派谏议大夫魏征安抚山东，准许他见机行事。魏征到达磁州时，遇到州县枷送以前的齐王护军李思行、太子千牛李志安去长安。魏征说："我奉命出使的时候，太子已赦免了原来的东宫与齐王府的属官。如今又押送李思行等人，那么谁会相信赦令呢？虽然朝廷为此派遣了使者，又有谁不会怀疑他呢？我不能够因自身安危遭受嫌疑，便不为国家着急。"于是果断地将两人释放了。李世民听此消息，很是赏识。八月初八，李渊下诏传位给太子。初九李世民在东宫显德殿即皇帝位，时年二十七岁。他也就是成就"贞观之治"的唐太宗。十月，李世民下诏追封李建成为息王，李元吉为海陵郡王，他在千秋殿西宜秋门痛哭，还把自己第十三子李福作为建成的后嗣。同时答应原太子东宫王珪、魏征送葬到墓地的请求，并让所有宫、府旧僚都送葬到墓地。李世民赐李建成、李元吉带有贬意的谥号，前者为隐，后者为刺，目的在申明玄武门之变的正义性，其他做法则为表白自己博大胸襟，力图弥补以杀兄逼父获得帝位而在封建道德上留下的难以消除的罪孽。李渊退位后九年，病死，年七十岁，被葬于献陵。

玄武门事变的第二年正月，李世民改年号贞观，历史进入了"贞观之治"的年代。

2.知人善任

贞观三年（公元629年）二月，唐太宗以房玄龄为左仆射，杜如晦为右仆射，魏征为秘书监，参与朝政。这是其知人善任、选贤有方的典型例子。

（1）选人重品德

太宗能知人善任，首先由于他认识到除了施政方针的正确，官员也必须贤能，这是关系到国家治乱兴亡的大事。贞观元年（公元627年）他就对房玄龄说："致治的根本，在于选拔贤能，量才使用，设官要少而精。"还打比方说，"任官不得贤才，就如同画饼充饥，不能食用。"他对太子李治说："治国在于进贤退奸，赏善罚恶，不徇私情。"他对大臣褚遂良说："我要始终坚持做三件事：一要借鉴前朝的成败得失；二要进用善人，共同治理天下；三则不听信谗言，弃斥奸佞之人。"他晚年为教育李治，总结一生治国之道写成《帝范》一书，在《求贤》篇中写道："国家的辅弼大臣，必须选用忠良，只有这样，天下才能实现大治。"又说："人才济济，远远胜过黄金万两。"

选贤任能被作为唐太宗一生的治国之本，并且他要求宰相等大臣也要这样做。太宗即位不久，就叫宰相封德彝举荐贤能之人，但过了较长时间封德彝没有举荐一人。问及原因，封德彝说："臣并非不尽心此事，只因现今没有值得向陛下推荐的贤德之人。"太宗很不同意这种观点，他说："君主用人就像使用器具，各有所长。古代帝王治理天下而实现盛世太平，难道都是借用别的朝代的人才辅佐的吗？问题恐怕是自己不知人，怎么可以乱说成今世没有人才呢！"后来，太宗也为此事批评宰相房玄龄、杜如晦。他说："你们位列宰相之位，应替朕分忧，广纳贤才。但听说你们每日忙于处理诉讼等一般事务，这对于朕选拔贤才有什么帮助呢？"

为了能够让大臣没有顾虑地协助皇帝选举贤能，太宗在贞观初就对大臣们讲："朕现在迫切地访寻贤才，专心探求治国的道理。一旦得到你们推荐的贤能之士，会立刻提拔重用。但也有些人讨论说：'那些选拔重用的人都是宰相的亲朋故旧。'诸公只要出于公心，就不要顾忌这些流言蜚语，畏首畏尾。古人道：'外举不避仇，内举不避亲。'这是为了能举荐出真正的贤才呀！望诸公大胆举贤任能，即使是自己的子弟或和自己有仇怨的，也可以推荐。"

能否举荐贤才后来还被太宗作为赏罚大臣的重要依据。治书侍御史权万纪就因为任职很久，从不向太宗退一小人、进一贤者，而被削职为民。

唐太宗不仅深刻地认识了用人的重要性，而且提出要把品德放在选拔人才的首位。贞观三年（公元629年）他对杜如晦指出选人中存在的问题："朕最近见吏部选人，只注重华美言辞，而不了解品德行为。品德不好，任官数年后，暴露恶迹，那时虽以刑法严惩，但已经使百姓蒙受伤害了。这样选人怎能获得贤才！"后来，太宗和魏征又讨论这一问题。他说："君主必须小心谨慎地选人任官。现今天下人都仔细地观察仿效朕的一举一动。用一君子，则君子皆至；用一小人，则小人竞进。"魏征补充说："自古以来知人就很难，因此进行考绩，善恶察明，以定升降。今日欲求贤才，必须深入访察品行，只有访得品德高尚的君子，才能任用。即使这样的人办事不利，也只是才能不强，不会对国家造成大害。若误用了奸佞小人，越是强干，为害越大。在乱世时可以专取才能用人，不顾品行；但太平时必须任用品德高尚，又有才能的人。"

后来，在给太宗的上书中，魏征提出君主要能识别"六正""六邪"。他解释道："所谓六正，即一为圣臣。这类大臣有非凡的预见能力，能够洞察处于萌芽状态的事物的利弊得失，防患于未然，从而使君主立于荣显之位。二为良臣。这类大臣全心全意地劝导君主施行礼义仁政。君主做得对时能加以鼓励，做错时能够补救。三为忠臣。这类大臣废寝忘食，进贤不懈。并经常激励君主专心求治，谈古论今。四为智臣。这类大臣在事情刚一出现就能预测成败，对祸患能早做预防，杜绝祸根，转祸为福，使君无忧无虑。五为贞臣。这类大臣严守法令，做官清正廉洁，而且能辞禄让赐，饮食节俭。六为直臣。这类大臣在国家混乱时，不同流合污，能犯龙颜，面指君主的过失。所谓六邪：一为具臣。这类大臣安居官位，贪图钱财，不理公事，随波逐流，左右观望。二为谀臣。这类大臣对君主说的一切都说对，做的一切都赞好，千方百计奉迎君主，以讨取欢心，而不顾后患无穷。三为奸臣。这类大臣心存奸诈，外表谦恭，能言善辩，妒能嫉贤。他想进用的人，就大加粉饰，隐其罪恶；想黜退的人，则只讲过失，对他的美德则一概不提。使君主赏罚不当，号令不行。四为谗臣。这类大臣的智慧足以掩过饰非，口齿伶俐足以打动君主。内可离间君主骨肉，外可在朝廷制造混乱。五为贼臣。这类大臣独断专行，破坏法令，结党营私，损国害家，而且擅于假借君主旗号，自我吹嘘，狐假虎威。六为亡国之臣。这类大臣一方面以邪恶的手段引诱君主荒淫无度，一方面结成朋党，蒙蔽君主的视听，使君主是非不明，黑白不分，直至恶名无人不晓。"这里魏征实际上提出了识别官员的两大类十二条的具体标准。这十二条标准中，"六正"类大臣，只有"智臣"是从才能方面谈的，"圣臣"是才能与德行兼有的，其他的都是从德的角度提出的；而六种邪臣全部是由于无德，没有一种是由于无才。魏征认为，君主用这些标准去考察官员的实际行动，就能够做到知人善任。太宗对此很是赞同。

（2）尽知人心

知人难，难在不易尽知，奸佞、忠臣貌同心异。唐太宗知道，自己认为贤良的，未必尽善；众人纷纷斥责的，未必全恶。他对魏征说："朕近来读书，每见善事，立即就办。可是在用人方面，则善恶难别，因此可见难以知人。"特别是唐太宗清醒地知道自己地位特殊，更容易被臣下所蒙蔽。他曾感叹地对大臣们说："人主唯有一心，而攻之者甚众。或以勇力，或以谄谀，或以辩口，或以嗜欲，或以奸诈，无所不用其极，以求宠禄。"这就更增加了知人的难度。

唐太宗懂得知人难的道理，从而形成了自己辨别贤佞忠奸的原则和经验。有一次他来到一棵树下，随口说道："真是棵好树啊！"跟在身边的宇文士及便口若悬河地赞美起这棵树来。唐太宗这时表情严肃地批评说："魏征曾劝我远佞人，我不知佞人是谁，对于你我有所怀疑但不敢确定。今天见你所为，佞人果然是你。"唐太宗把对自己阿谀奉承的人视为佞人，而视魏征为代表的敢于为国事面折廷争的大臣为忠贤。他在《帝范》中也指出：谗佞之徒的重要特点，就是用阿谀奉承、甜言蜜语取悦君主。像唐太宗这样，居帝位之尊而能自觉抵制，在中国历代君王中并不多见。

唐太宗还从臣下是否能忠于事实，向他反映别人的善恶来识别忠奸。他对杜如晦、房玄龄说："朕所以广开言路，是想知天下冤屈之事和能听到直言谏净。无知小人却乘机挑拨离间君臣关系。而君臣相疑，则下情不能上达，这对于国家是有百害而无一益的。"因此，他要对这些奸邪小人治以谗人罪。

魏征在一次上书中指出："作为君主，要远小人近君子；而小人非无小善，君子非无小过；但君子小过，像微瑕白玉，小人小善，就像铅做成的刀一样，只是停留于表面。如果欣赏小人的小善而憎恶君子的小过，结果就会香臭不辨，玉石不分了。"唐太宗认为魏征此论颇有道理，认为必须注意抓住一个人的本质和主流来辨明贤佞，并为此赐绢三百匹以示奖励。

唐太宗为了知人，有时还让群臣互相评价。有一次在宰相的宴会上，他对王珪说："听说你很善于辨别奸佞、贤才，今日请你从房玄龄以下一一加以品评，而且比较一下你自己和众人。你意下如何？"王珪遂说道："操劳国事，孜孜不倦，知无不为，臣不如玄龄。出将入相，文武兼备，臣不如李靖。谈吐公允，陈奏详明，臣不如温彦博。处理繁杂的政务，事情处理恰当，臣不如戴胄。愿君成为尧、舜，以直言极谏为己任，臣不如魏征。至于好善嫉恶这一点，臣和众人相比，还不逊色。"太宗很是称道，被评众人也口服心服。

唐太宗作为明君，不仅有辨别贤佞忠奸的理论和标准，而且熟知每个大臣的优点与缺点。

知人难，用人更难，难在将其安置在恰当的位置，要使所任之人各得其所，并能充分发挥他们的作用。在善任方面唐太宗也做得相当成功。

唐太宗知道"金无足赤，人无完人"的道理，因此用人善于取长补短。在《帝范》一书中太宗对于用人就有精辟的议论："明君任人，就像巧匠使用木材：曲的用作车轮，直的用作车辕；长的用作栋梁，短的用作房椽。这样，无论长短曲直，都可以充分地发挥它的作用。明君用人也是这个道理：愚者取其力，智者取其谋，勇者取其威，怯者取其慎。这样，无论勇怯智愚，都能有恰当的用处。所以能工巧匠没有废弃的木料，明君也没有不可任用的人才。"唐太宗批评宰相萧瑀时也曾指出："人不可以求备，必须取长补短，相得益彰。"房玄龄、杜如晦的短处是不善于处置杂务琐事与理狱，长处是多谋善断。唐太宗遵循"舍短取长"原则，扬长避短，将其宰相的才能充分地发挥。结果，两人都成了辅助太宗，实现"贞观之治"的名相。戴胄的短处是不通经史，唐太宗不让他担任儒林学馆之职，基于他忠直、秉公办事的长处，曾任用他为大理少卿。戴胄办事利索、干练，案无滞留。并敢于执法犯颜，纠正唐太宗量刑过重的过失，使太宗发出"法有所失，公能正之，朕何忧也"的赞语。这既是表彰戴胄的才能，也说明了唐太宗舍短取长，用人得当。

（3）举贤无所忌讳

唐太宗用人尽量冲破地域、门第、民族、亲疏等关系的局限，努力地选拔出地主阶级中各阶层甚至出身于寒门的人才，为己所用。这就是他一再强调的"明君博访贤能，广求英才，不以卑而不用，不以辱而不尊"。他虽重用关陇集团的人物，如提拔杜如晦、长孙无忌、李靖、杜淹、杨师道、侯君集等为宰相，也兼用出身山东和江南士族中的人才为宰相，如房玄龄、王珪、高季辅、褚遂良、岑文本等。朝中文武大臣有出身原农民起义军的将领，如李世勣、秦叔宝、程咬金等；有的是他的政敌部下，如原是萧铣部下的刘洎，原是王世充部下的戴胄，原是刘武周大将的尉迟敬德，魏征最初是李密部下，后又投归太子李建成，还有李元吉部将谢叔方和李建成的亲信大将冯立等；也有一些少数民族人才为太宗所重用，如突厥族的阿史那思摩、阿史那社尔、铁勒人契苾何力、执失思力等，甚至还有奴仆出身的人，如樊兴、钱九陇、马三宝等。

唐太宗知人善任最为典型的是重用仇人魏征和从布衣平民中擢用马周。魏征早年落魄，隋末群雄纷纷起兵，曾数易其主，后被太子李建成收用。在帮助李建成争夺皇位的斗争中，他建议李建成先下手为强，杀掉李世民。魏征在玄武门之变后成了阶下囚。唐太宗知他才华出众，不以私仇为重，从治国的大局出发，反而日见亲重，数年间从仇家而提升为宰相，任期达十四年之久。对魏征信任不亚于自己原来的亲信杜如晦、房玄龄，经常召入寝宫，请教治国方略。魏征也不负厚望，频加忠谏，面折廷诤，劝行仁政，不许为非，个人的政治才能充分地发挥了出来。

唐太宗赞扬魏征"随时谏诤，多中朕失，如明镜鉴形，美恶必见"。在封建帝王中放弃前嫌能达到如此开明宽容的地步极为罕见。马周家贫好学，精通《诗》《传》，后辗转到长安，寄于武将常何檐下。贞观三年（公元629年），唐太宗令百官上书言政事得失。常何不懂经学，马周代笔撰写奏章，写了二十余件事。常何上奏后，竟然和太宗所想不谋而和。太宗觉得奇怪，因常何是一介武夫，舞文弄墨是其所不能，如何能有这般远见卓识？遂追问原委，常何如实相告。太宗感到这是一个可用之人，随即宣旨召见，由于急不可耐，求贤若渴，短短时间内竟四次派使者催促速来。接见交谈后，满意之情溢于言表，马上授门下省官职，后直至提升为宰相。马周精通治国之道，而且办事认真仔细，甚得时人赞誉。太宗也曾亲笔题十六字相赐："鸾凤凌云，必资羽翼。股肱之寄，诚在忠良。"这是高度地评价了马周辅政的才能。唐太宗就这样不拘一格选拔人才，形成了贤臣良将盈廷的贞观盛况。

为了使文人学士、谋臣勇将都能贡献自己的聪明才智，唐太宗在君臣关系中坚持用人不疑、真诚待下的原则。他对大臣们说："君臣一体，应同心协力。如果君臣互相猜疑，不能肝胆相照，是国家一大祸害。"他在《帝范》中也写道："治理国家，要靠大臣和君主同心同德。"这方面的例子举不胜举，唐太宗以诚信感动冯立是其中之一。

冯立在唐高祖朝是太子李建成的宿卫军将领，时任东宫率，很受李建成的信任和重用。

因此，当李建成在玄武门事变中被诛杀时，东宫官吏见大势已去，大都溃逃散去，他却慨然长叹："岂有生受其恩，而死逃其难。"遂率东宫兵进攻玄武门。经殊死博斗，杀了拥戴李世民的将领敬君弘后，对部下说："总算对太子有了一丝的报答。"才解散兵众离去。后来他向李世民自首，开始世民斥责他杀死秦王府战士太多，难逃死罪，当听到冯立说自己是为了忠于职守才这样做时，世民认为是位"义士"，随即转怒为喜，厚加抚慰，并授左屯卫中郎将，仍统兵掌管京城宿卫。冯立感动至深，对亲人说："我受到如此厚恩，一定以死相报！"

不久，李世民即帝位。乘唐室内乱，东突厥大军兵临城下，冯立率百余骑兵与突厥激战于咸阳，杀获甚众，所向披靡。太宗闻听，非常感动。

由于唐太宗知人善任，群臣办事的主观能动性得到了充分的发挥。群臣们无不竭尽其智，毕其力、尽其能。

房玄龄官居尚书省之首时，尽心竭力，不分昼夜，唯恐有一件事处理不当。甚至病危之际，还卧床作表谏征辽东。

唐太宗感动地说："他的身体这样虚弱，还忧虑国家之事。真是达到了鞠躬尽瘁的地步。"岑文本被唐太宗任为宰相后，日夜辛劳，笔不离手，直到耗尽全力，染病身死。唐太宗破格提拔的马周，欣逢明君，也是将所有才智都发挥出来。

魏征更是喜遇知己之主，成为千古直谏方面的名臣之首。这样，行政效率就大大提高了。

《旧唐书》作者这样评论唐太宗用人及其效果："看唐太宗一朝，建立了很多功绩，实在是聪明神武。他提拔人才不局限于私党，这些被重用的人都竭尽所能。屈突通、尉迟敬德由仇敌成为心腹；马周、刘洎，从疏远到委以重任。成就如此的功绩，都和他知人善任有深刻的联系。"他指出了"贞观之治"的形成和唐太宗知人善任有着必然联系,是有一定道理的。

3.重农恤民

贞观二年(公元628年),关内大旱,有很多百姓卖掉儿女以维持生计。唐太宗命以国库金帛,赎回卖出的孩子。其重农恤民之心可见一斑。

(1)治国先安民

隋末十余年的大混战,使唐初时的社会经济萧条。唐高祖在位的九年间,主要精力都投入到统一战争中,社会经济没能得到恢复,唐太宗即位时仍然是一片城乡残破、社会凋敝的景象。当时又逢灾荒连年,粮价飞涨,如何安定饱受战争之苦、挣扎在饥饿死亡线上的广大民众?这个问题关系到唐政权的生死存亡。其实,"为国之道,安静为务"的方针在太宗刚继位时就已提出。当时,突厥颉利可汗已把士兵移到渭水的北面,太宗智退颉利,订立"便桥之盟"。然后对大臣们说:"我不战的原因是因为即位的日子太短,为国之道,安静为务。""一与虏战,必有死伤""结怨于我,为患不细"。这时,太宗的"安静"主要指减少战事侵扰。经过"理政得失"的讨论,"安静"又被赋予新的含义,即"去除奢侈,节约俭省,减轻徭役,少收赋税,选用良臣,使百姓衣食无忧"。唐太宗从历代兴衰特别是隋亡的下场中吸取教训。他亲眼看到,一个既富且强的隋朝,由于暴虐的隋炀帝而激起全国农民大起义,很快被推翻了。这一事实让他认清了人民的力量是不可抗拒的。他懂得了古人所说"水可载舟,亦可覆舟"的道理,要巩固自己的统治,民心不可丧失,从而形成了"为君之道,必须先存百姓"的政治思想。早在武德九年(公元626年)十月,他就对大臣们说:"君主要依靠国家,而一个国家又得依靠老百姓。苛剥百姓来满足君主的欲望,就像自己吃自己的肉一样,结果是腹饱而身亡,君富而国亡。"贞观九年(公元635年),他又对大臣们说:"从前攻克长安时,看到院中充满了美女珍玩,可炀帝意犹不足,不断地东征西讨,穷兵黩武，致使民不聊生，遂致灭亡，这都是朕亲眼目睹。因此，只有君主徭役不兴，清净无为，五谷丰登，百姓安乐，国家才会保持稳定。治国就像栽树，只有不动摇其根本，枝叶才能茂盛。"这些生动比喻，形象地表明他治国必须安民的独到见解。

在封建社会里，农业是最基本的经济成分，绝大多数百姓是农民。因此，改善农民的经济状况、恢复发展农业是"存百姓"的关键。

唐太宗对这一点认识很深刻，他在反复强调民为国本的同时，也不断把"农为民本"提上日程。他对大臣们说："国以民为本，人以食为命，若禾黍不足，则百姓流失。"他在《帝范》一书的《务农》篇中写道："食物是人们的根本，是政治的根本；仓廪实则知礼节，衣食足则知廉耻。国无九年的储蓄，不足以抵御旱涝；家无一年的衣服，不足御寒暑。规劝人们耕地种田，就能免除饥寒的祸患。"唐太宗把谷粟看得重于珍珠玉璧。他叮嘱地方官员们说："天下百姓需要粮食；家给人足，全靠务农。纵使珠玉遍地，也不能解除饥寒。"唐太宗本人也表示自己每吃饭就想到耕田的艰难，每穿衣便想到纺织的辛苦。

唐太宗不仅认识到重农恤民的重要性，而且采取了一系列的具体措施。这主要表现在禁止王公奢靡、戒兴宫殿诸方面。

太宗即位后，所住的宫殿还是隋朝时建造的，已经破烂不堪。原打算建造一殿，"材木已具"，但一想起秦始皇四处营造宫室导致民反的恶果，便不准备兴建了。当时太宗患有"气疾"，不适应潮湿环境，因而公卿奏请建一所楼阁去居住。太宗说："朕有气疾，岂宜下湿？若遂来请，糜费良多""而所费过之，岂为人父母之道也？"虽然大臣们再三请求，太宗"竟不许"。

贞观四年（公元630年），他又对大臣们说："建造装饰高大的宫殿楼宇，游玩观赏池台，帝王是愿意干的，但百姓却不想呀！""劳弊之事，诚不可施于百姓。"贞观前期，太宗基本上没有大兴土木。贞观十一年（公元637年）洛阳大水，把百姓的房屋冲毁了，太宗还下令拆掉洛阳的一些宫殿，将木材分给百姓整修居室。

太宗曾两次释放宫女，一次在即位之初，放还宫女三千余人；一次在贞观二年（公元628年），又放还宫女数千。释放宫女，一为"省费"，二为"息人"，因此又立即下令让她们结婚，生男育女，增加人口数目。为了清除王公的奢侈行为，太宗在贞观元年便下令："自王公以下，第宅、车服、婚嫁、丧葬，其标准与其品秩不相符的，一律禁止。"限制王公贵戚过分奢侈。贞观十一年（公元637年），针对勋戚之家"以侈靡而伤风，以厚葬为奉终"的情况，还特地下发了一道《戒厚葬诏》的命令，违者"随状科罪"。由于太宗的提倡和限制，贞观年间的"风俗简朴，财帛富饶，衣无锦绣，无饥寒之弊"。

认真落实均田制，奖励垦荒是重农恤民政策的重要部分。隋末战乱后，大量无主荒地在一些地区出现。唐高祖武德七年（公元624年）虽颁布了均田令，力图劝民归田。但此后一段时间皇室内争权激烈，加上时间太短，均田令的贯彻效果不是很好，唐太宗即位后才切实地推行。唐太宗的影响使地方官认真落实均田令，并打击违令占田的恶霸官僚。贞观初，长孙顺德出任泽州刺史，发现前任刺史张长贵、赵士达非法占境内膏腴之田数十顷，他上奏并弹劾了这两人的罪状，并按均田令将这些土地全部分给缺少土地的农民。

贞观二年（公元628年），由于旱灾严重，关内饥荒肆虐，百姓大多卖儿卖女换取食物。为了帮百姓赎回他们的子女，太宗下令动用了皇室府库中的金银钱财，并将赎回的子女送到他们父母那里。并诏令说因为上年连绵大雨，今年又遇了旱灾和蝗灾，因此大赦天下。诏令还说："假如天下安定、五谷丰登，即使将百姓所受的灾害移到朕身上来也心甘情愿，决不后悔。"此时正好旱区降雨，百姓大为高兴。

夏季，四月初三，太宗下诏说："隋朝末年天下大乱，造成饥荒，白骨遍地，使人触目伤悲，命令各地官府将尸骨全部妥善安葬。"而六月，关中地区春旱之后又闹蝗灾。唐太宗心如火烧，走出玄武门来到宫城北的禁苑，立即捉了几个蝗虫，向苍天默默祷告后，对蝗虫说："人民靠谷子来维持生命，你将谷苗食掉，百姓还怎么活，与其如此，还不如让我的肺肠被你吃掉。"说罢就要生吞蝗虫。身边的随从连忙谏阻："陛下千万不可，吃这种脏东西可能要生重病。"太宗断然答道："朕要替百姓受灾这有什么可怕的！"遂将虫吞下。据记载，这一年关中蝗灾果然不严重。当然，蝗虫没有成大灾和唐太宗生吃蝗虫根本没有必然联系。从表面上看，雄才大略的唐太宗做这种事未免过于荒唐，他的真实意图或许是出于收买民心而做的政治表演，但不管怎么说，做为一个皇帝而能做到这一点，不能不说这的确是重农恤民了。

（2）屈己而不误农作

唐太宗重农恤民的重要表现是轻徭薄赋。轻徭薄赋，为的是"使民衣食有余"。太宗继位后切实地推行和落实了已经颁布的均田令和租庸调法。

贞观初，长孙顺德拜泽州刺史，发现前刺史张长贵、赵士达霸占境内肥沃的土地几十顷，长孙顺德将他们二人弹劾，并将追回的土地分给贫困的农民。贞观十一年（公元637年），河南暴雨成涝，太宗下诏"废明德宫及飞山宫之玄圃院，分给遭水之家"。就整个贞观年间看，推行和落实均田令的重点在宽乡，在奖励垦荒。贞观元年（公元627年），朝廷下令，凡是住户拥挤的地方，都得将部分农户迁徙到宽松的地方。同时，考课地方官，也以"安置客口""善相劝勉"者为最。直至贞观十八年（公元644年），在灵口太宗见丁男受田三十亩，仍没达到田令规定的一百亩，"夜里睡觉都不安稳，只怕农民没有土地"，下诏州府"录尤少田者，给复移之宽乡"。

"贞观之治"的主要内容在轻徭而不在薄赋，这主要是汲取隋炀帝徭役时不时征发，战事经常的教训而确定的。除去前面所说为的去奢省费，在限制役使民力方面，太宗还制定了法律。《唐律》中明确规定："修城郭、筑堤防、兴起人功，有所营造，依《营缮令》，计人功多少，申尚书省，听报如合役功。或不言上及不待报，各计所役人庸，坐赃论减一等。"

一面促进生产，一面去奢省费，使民衣食有余。其核心是与民休息，不违农时，这体现的正是用稳定环境而求得统治的施政总方针。贞观五年（公元631年）年底，与民休息被太宗提到治国方略的高度，他还用养病来作生动的比喻，说："治国如治病，病虽然好了，也还需好好护理，倘遽自放纵，疾病复发，就无药可救了。"经历了隋末丧乱而创建的政权，犹如久病初愈，只有全心全意地护养才能康复强盛起来。

唐初恢复发展农业生产，劳动力不足也成为重要的制约因素。隋代极盛时，全国户数近九百万，贞观初期突然下降到不到三百万。为了尽快使农业劳动力有所增加，唐太宗千方百计增加人口。首先，他招、赎隋末战乱时流落到边境的汉人。武德九年（公元626年）九月，突厥颉利汗送给刚即位的唐太宗羊万头、马三千匹，可他拒绝接受羊、马，想要回被他们掠去的汉族户口。贞观三年（公元629年）据户部统计，从塞外回归以及突厥前后内附等的汉人达一百二十万余口。贞观四年（公元630年）东突厥颉利汗降唐，次年，唐太宗从突厥那里用金帛赎回汉人男女八万口，全部归还了他们家人。直到贞观二十一年（公元647年），唐太宗还派使者用财物去赎被外族掠去边地的汉人。这在一定程度上缓解了中原地区劳动力缺乏问题。

唐太宗还大力奖励男女及时嫁娶，对于鳏寡婚配大力提倡，以达到人口增殖的目的。贞观元年（公元627年）所颁布的《令有司劝勉民间嫁娶诏》中规定："法定的婚龄是男年二十岁，女十五岁，应及时嫁娶；鳏夫、寡妇守丧期已过的，也要婚配。"为了及时保证男女嫁娶，诏令还责成乡里富有之家要对因贫困而不能嫁娶的用金钱来资助。还把婚姻及时与户口增加作为考核地方官的依据。刺史、县令以下官员，若能使民按时婚配，减少鳏寡，增多户口，考绩等级就可以提高；如劝导乖方，不能及时配偶，户口减少，降低考绩等级。这对于提高地方官执行诏书中各项政策的积极性当然有一定作用。唐太宗还特别以物质鼓励生育男口，如贞观三年（公元629年）下诏说："妇人在正月里生男孩的，赐粟一石。"

　　唐太宗还两次释放宫女。武德九年（公元626年）八月放宫女三千人。贞观二年（公元628年）九月，又派杜正伦、戴胄释放了一部分。唐太宗对大臣们说："妇女们被幽闭在深宫中，实在是可怜。隋朝末年，不停采选。连根本不去的离宫，也多聚宫人，朕绝不做这种竭人财力的事情。况且宫女除洒扫之外，并没有什么作用。现在放她们出宫，任由她们结婚嫁人，不仅能节省国家财力，而且还能增殖人口。"这番话道出了他如此而行的目的。唐太宗经常派遣使者巡视各地，对地方官吏进行考察，并劝说重农种桑养蚕。他告诫使者，当"遣官人就田陇间劝励，不得令有送迎，多废农时"。为了不误农时，唐太宗还这样在法律中规定，"诸非时兴造及杂徭役，十庸以上坐赃论"。以此防止非时调用民工，对季节性很强的农业生产是很有利的。唐太宗不违农时是因为他重视农业生产。《唐律》中惩办"非法兴造"的条文中既包括"法令无文"，也包括"虽然有理论根据，但不到时令而大规模兴造"。因为农忙动工，非时兴造，耽误农时。更难能可贵的是唐太宗能严于律己。贞观五年（公元631年），发生了皇家举行礼仪恰与农时冲突的巧合事件。当时礼官上奏，二月是皇太子行冠礼（古代男子成年时举行的礼仪）的黄道吉日，请征调作仪仗队的府兵。太宗道："现在正是春天耕种的农忙季节，怕防碍了农忙事情，可改在十月农闲举行。"太子少保萧瑀劝道，根据阴阳理论，还是在二月举行为好。太宗认为，凶与吉是因人而定，并非阴阳拘忌。只要行为合乎正道，自然就会大吉，并断然地说："农时很重要，千万不可以轻易错过！"皇太子冠礼在当时来说是皇家的一件大事，唐太宗宁愿委屈自己也不耽误农时，足见他对农业生产的重视。

　　唐太宗的重农恤民还表现在他不实行过头的储粮于官，而实行藏富于民的政策。贞观二年（公元628年），黄门侍郎王珪批评隋文帝不怜百姓而惜仓库的错误作法，太宗就说："开皇十四年（公元594年）大旱，人多饥乏，仓库中粮食堆积成山，但文帝竟然不许赈济，而令百姓到山东去流浪就食。到文帝晚年，仓库中存储了可供五六十年用的粮食，炀帝恃此富饶，奢侈腐化，遂致灭亡。由此可见，治理国家要藏富于民。古人曰：'百姓不足，君孰与足。'就算仓库中积累了可备多年使用的粮食，多余又有何用！后代若贤明，天下自然不会流失；如果是不肖，仓库多积，只会增加奢侈，反而会导致国家灭亡。"从隋文帝不怜百姓而惜仓库，到隋炀帝竭泽而渔，横征暴敛，转变为唐太宗轻徭薄赋，藏富于民，可见吸取了隋末农民大起义的经验教训后，唐初赋敛政策发生了很大的变化。

此外，兴修水利，设置"义仓"，救灾备荒，也是唐太宗重农恤民采取的具体措施。贞观二年（公元628年）春，尚书左丞戴胄建议参照隋朝的社仓制度，在各地设置"义仓"防备粮荒。唐太宗认为非常必要，下诏规定：自王公以下，每亩征税二升；商贾无田者，户分九等，纳粟分别自五石至五斗不等；义仓粮食，无灾则借贷民户作种子，有灾则可用于赈民。自此以后，州、县普遍设置义仓，专用于备荒，不可随意挪用。唐太宗还声明，义仓虽由官府掌管，但属于为百姓度荒年而作的储备，并非横征赋敛。

唐太宗从各方面推行重农恤民政策，隋末社会各方面凋零的现象不复存在，经济得到迅速的恢复和发展。首先恢复和发展的是京畿地区。贞观三年、四年（公元629、630年），关中丰收，流散人口纷纷回乡。但关东广大地区，还是人烟稀少、不闻鸡犬的凋敝景象。

到贞观六年、七年（公元632、633年）雨顺风调，"频致丰稔"，关东普遍恢复和发展起来，昔日凋残破乱的面貌荡然无存："行旅自京师至于岭表，自山东至于沧海，皆不赍粮，取给于路。入山东村落，经过行客者，必厚加供待，或发时有赠遗。都是古今未见的。"贞观八年、九年、十三年、十四年、十五年、十六年（公元634、635、639、640、641、642年），这些年粮食都获丰收。德宗时，宰相杜佑这样总结这段历史："自贞观以后，太宗励精图治。至八年、九年（公元634、635年），频至丰稔，米斗四、五钱，到处都是马牛，户门数月都不用关闭。至十五年（公元641年），米每斗值两钱。"

这些记载虽然存在夸张之辞，但家不闭户反映的是社会安定，米价不断下跌表明农业稳步健康地发展，"使民衣食有余"的目标大体实现了。

4.唐与吐蕃和亲

贞观十五年（公元641年）正月，唐太宗命礼部尚书江夏王李道宗送文成公主至吐蕃，实现了和亲。

（1）松赞干布改革

吐蕃人是现今藏族的祖先，其源头甚至可以追溯到古老的羌族。羌族最初散居在今青海一带，以游牧为业，随着水草的长势而不断迁移。其中发羌、唐旄、牦牛等部先后进入今西藏地区。到南北朝末期的时候，羌人在西藏高原的中部和北部建立了苏毗国，以逻些为中心。另外，牦牛部在苏毗的南面建立了吐蕃国。吐蕃王称赞普，意思是雄强的丈夫。贞观三年（公元629年），松赞干布继任第三十二世吐蕃王，吐蕃得到迅速发展。

松赞干布的父亲论赞弄囊在位时，南征北战，非常想把小邦林立、分裂割据的青藏高原统一成一个国家。为了培养自己的孩子，论赞弄囊让儿子接受了严格的要求和训练。松赞干布每天坚持骑射等各种训练，达到了训练要求才能休息。因此，在松赞干布十岁时，他的武功便在宫里出类拔萃了。到少年时期，他就敢骑马到山野间驰杀野牛野马以为娱乐。另外，松赞干布还接受了大量的文化教育，因为他父亲想把他培养成一个通晓工艺、历算和各种学问的接班人。

松赞干布的父王想统一西藏各部，树立起赞普的威信，这是符合历史发展的趋势的。但是王权的集中肯定会影响贵族们对权力的把持。旧贵族们为了保持特权，便策划了一场阴谋。也是在唐贞观三年（公元629年），年富力强的论赞弄囊被旧贵族设计用毒酒毒死了。于是，吐蕃内部的一些大臣和他们控制的部落纷纷起来造反，另外，羊同、苏毗等部的旧贵族们也起来把论赞弄囊任命的官吏赶走，举兵攻打吐蕃，一时吐蕃国家处于生死存亡的危急关头。

这时，年仅十三岁的松赞干布在国家处于危难之际时继位了。在宰相尚囊和他的叔父论科尔的协助下，松赞干布首先把毒死他父亲的一小撮阴谋家干掉，替他父亲报了仇，也稳定住宫廷所在地泽当一带的局势。接着，集中力量对付各地叛乱者。他还下令减少征取民间财物的数量，以达到争取民心的目的，同时他又建立起一支精锐强悍的军队，还充分利用各部落之间的矛盾把娘氏、韦氏等贵族也争取了过来。在两年内，他平定了叛乱，把原归大贵族所有的武器、土地和民众统统置于自己的手中。

叛乱平定后，松赞干布决定将都城迁往吉曲河谷下游的逻些。这里处于西藏高原的中心地区，向北是雄伟的念青唐古拉山脉，向南是宽阔的雅鲁藏布江，东连娘波、工布等地，西邻羊同。这里地广人众，进可攻，退可守，为更好地控制整个西藏创造了有利条件。松赞干布下令，在逻些的布达拉山修筑王宫，许多房屋、作坊、兵营、市场也纷纷建立了起来。很快，这里就得到了迅速发展，也奠定了以后拉萨作为西藏首府的基础。

这时，吐蕃人已经营农业，主要农作物有小麦、青稞麦、荞麦等。但主要的生产行业仍是畜牧业，家畜有牦牛、马、羊、猪等。吐蕃人取牛羊乳酪为食，用毛织衣，住毡帐中。另外，他们还能开矿，矿产有金、银、铜、锡。吐蕃人爱用赭色涂面以避风寒，妇人辫发盘于头上。民众都迷信鬼巫，信奉佛教。国家政事必参照宗教制度加以处理。以壮为贵，以弱为贱，母拜子，子傲父，出入时，小的走在前头，而老的跟在后面。重战死，几代都有人战死的人家被视为高门大族；怯阵脱逃的人的头上被挂一个狐狸尾巴以示羞辱。行礼时手据地，再作一下揖就可以了。在父母的丧期，要断发，以青黛涂面，衣服皆黑，但是下葬以后就可换丧服。赞普死，不仅将所用的衣服、珍宝及马匹弓剑都埋掉，还以人殉葬。

松赞干布继位后，受先进的唐文化的影响，创立中央集权制度。在中央政权中，最高统治者是赞普，赞普以下，设大相一人，称为大论，副相一人，称为小论。宰相之下，有一人掌管内务，称内大相，一人掌管刑法，称整事大相；另外还有掌管国外事务、外交、财政等各种官吏。管理被征服的国家和部落的人称都护。以大相为首的九位大臣称为"九政务大臣"，是赞普之下的最高统治者，实为一人之下、万人之上。九大臣以下是等级严格的各级官吏，以佩带在胸前的章饰作为区别标志，一等官员佩瑟，二等官员佩金，三等是金包银，四等为银，五等铜，六等铁。

在地方政权上，松赞干布基本上以部落为基础，将全国分为四个如，即藏如、约如、卫如和叶如。每如又分上、下二支如。设大将一人、副将一人、判官一人。支如以下是千户府，每个支如下辖四至五个都府，置千户长，千户以下有五百户长、百户长、十户长等。这些受封的千户大多为以前的贵族，不过这些头衔都是赞普加封的，赞普有权领导管理他们。

在军事制度方面，吐蕃的军事组织和地方行政组织基本一致，三十一个千户府和四个下千户府，就是在所有的行政基础上划分成的，它们是具有行政单位和军事单位的双重单位。总管军事的是都元帅和副都元帅。战时军队调动要有赞普金箭为令。为防元帅和各级将军权力过大，赞普经常派监军对这些元帅和将军们加以监督。另外为了便于镇压内乱，松赞干布还建立了一支精锐的禁军，自任统帅，驻扎在五宫附近，配备最好的武器装备，人数约五千人。这样，就可以更好地加强王权。

在法律方面，松赞干布即位后，把吐蕃陈旧传统的酷刑废除掉，并依据佛教的十善精神，制定了一整套成文法律，它由两部分内容组成，前半部分是"惩恶"，即对杀人、盗窃、淫乱、说谎者所处以的各种严刑；后半部分是"扬善"，即劝说民众不要违抗贵族加给他们的意志，要顺之而行；同时贵族也应施恩惠给民众，这实际上是试图用佛教大慈大悲因果报应的思想来稳定统治秩序，缓和矛盾。

在经济制度方面，类似于唐朝的均田制，松赞干布也将一些土地分配给平民，然后登记户册，并把各户的户口和大牲畜所应承担的赋税数额也确定了下来。

在文化方面，创建文学是松赞干布做出的突出贡献。松赞干布以前，吐蕃没有文字，人们用刻木或结绳记事，这样很不利于处理事情。松赞干布执政后，将吞米·桑布札等十三个年轻人派到克什米尔向婆罗门李敬学习声韵学。他们学成归国后，利用并简化了于田文，造成三十个字母，并编出几种文法歌诀，用以拼写吐蕃语。松赞干布亲自听桑布札等人讲授文字，他不仅自己认真学习，而且还发布诏令大力提倡推广学习吐蕃文，并让各地寺院传播这套文字，将佛经译成吐蕃文在民间颁布。此后，吐蕃文在吐蕃境内各地得到广泛使用。以后羌族和其他族融合成后来的藏族，吐蕃文也就成了后来形成的藏文的鼻祖。

松赞干布采用的制度和政策，巩固了吐蕃内部的统一。接着，他组织军队向西抗击羊同的侵犯。在北部，由于突厥和吐谷浑的衰弱，松赞干布强迫过去被突厥吐谷浑统治的党项、多弥、白兰、迷桑等部向自己纳贡称臣。吐蕃将现在的甘肃西部、青海南部及新疆的一部分，也变成了自己的领土。自此，吐蕃开始和唐朝接壤，也有了接触。

（2）实现和亲

唐太宗统治时期，国富民强，威震四海。松赞干布十分仰慕东方的大唐帝国。贞观八年（公元634年）十一月十六日，远在西南的吐蕃首次正式派官员到中原王朝朝见。太宗派冯德遐为使者前去抚慰。唐朝使者的到来，使松赞干布非常高兴。他在听说突厥、吐谷浑都娶了唐公主为妻之后，就于贞观十二年（公元638年）再派使者随德遐到唐朝。吐蕃使者把许多珠宝奉献出来，并表示想要娶唐朝公主，但没有得到太宗的允许。使者回吐蕃后觉得难以实言，就编造说："臣刚到唐时，天子待臣很好，亲口答应许配公主。谁料不巧吐谷浑王也到唐朝拜见，在他的挑唆下，唐天子待臣礼遇渐薄，连许婚事都反悔了。"松赞干布闻听大怒，发兵攻打吐谷浑。吐谷浑难以抵挡，逃到青海湖北，吐蕃军还不肯罢休，一路追击，又攻破党项、白兰等羌族部落，以二十万大军屯驻松州（今四川松潘）西。并再次派使者带着金帛到唐朝，并态度强硬地要求娶公主，还说如若不答应，就只有兵戈相见。随后又挥兵进攻松州。唐松州都督韩威轻敌，被吐蕃兵打败。一时间，引起唐边地的震动。

在这种情况下，太宗断然以侯君集为当弥道行军大总管，以执失思力为白兰道行军总管、牛进达为阔水道行军总管、刘简为洮河道行军总管，共率步骑五万反击。九月，唐军先锋部队在牛进达的率领下从松州出发在晚上偷袭敌营，杀死一千多人。

松赞干布对唐作战失败后，认识到只有诚心与唐和好，才能娶到唐朝公主。于是他派大臣禄东赞到唐朝道歉，并将黄金五千两，珍宝数百件献给唐朝，并再次表达求婚的愿望。松赞干布的诚意打动了唐太宗，太宗念及唐蕃友谊，便同意吐蕃的要求，决定将宗室女文成公主嫁给松赞干布。

唐太宗很欣赏禄东赞的聪明能干，要把琅琊公主的外甥女段氏嫁给他，不料却被禄东赞恭谦地婉言相拒。他说："陛下，我在吐蕃已有妻室，决不能抛弃。我是奉赞普之命来向大唐天子求婚的。现在赞普还没见到公主，我做臣子的更不能先娶了。"唐太宗觉得禄东赞是个德高睿智的人，就让他做了右卫大将军。

文成公主是唐太宗的侄女，为了唐朝和吐蕃的友好关系，她毅然辞别父母，离开长安，不辞路途遥远，甘愿嫁到青藏高原去。

唐贞观十五年（公元641年），唐朝和吐蕃双方为文成公主举行了隆重的送亲和迎亲仪式。太宗堂弟、江夏王李道宗奉太宗之命持节护送文成公主入吐蕃。文成公主还未出发，唐太宗先派人在青海南部的河源专为公主修建了一座行院。从长安到河源，竟用了一个多月的时间。一路上无数的官民都为公主举行隆重的送行仪式。

松赞干布极为重视迎娶唐朝公主这件事，亲自率兵进驻柏海边，然后到河源馆舍中迎接。他见李道宗后非常恭敬地行了子婿礼，当看到大唐的华美服饰、隆重的礼仪时，心里感觉十分惭愧。当时太宗给文成公主带去了丰厚的嫁妆：如佛像、珍宝、金鞍玉辔、金玉书橱，经卷三百六十部，各种各样的金玉饰物无数，以及许多精美的食品和饮品；狮子、凤凰树木、宝物等花纹饰着的绫罗绸缎；三百种卜筮经典；六十种营造和工艺书籍；治四百零四种病的医方以及五种诊断法和六种医疗器械。另外还有芜青种。这其中佛像用车载着，各类珍宝绸缎及生活用具用大队骡马驮着。

松赞干布陪着文成公主从北门进了逻些城，引来城内外百姓的一片欢腾。他们身披节日盛装，从帐篷里跑出来，争着去看文成公主。乐队高奏乐曲，在新建成的王宫里举行了盛大的婚礼。

松赞干布以前是住在帐篷里的，为了迎娶文成公主，他决定在逻些特意建造一座华美的宫殿，就是现在的布达拉宫。在这座新宫殿里，挤满了前来为松赞干布和文成公主道贺的吐蕃大臣、贵族、官吏和百姓。现在布达拉宫里还保存着松赞干布和文成公主结婚时洞房的遗迹，松赞干布和文成公主的塑像也被供奉在那儿。

（3）文成公主在吐蕃

文成公主还带去很多谷物的种子，并指导吐蕃人民种植。吐蕃原先也有农业，却是粗放式的经营方法。他们用石头围住一块地，在里面耕种，至于说如何整地和保持水土，他们还没有掌握这项技术。文成公主去后，教会他们如何整地和保持水土，并开垦出了小块农田。此后，由于吐蕃各地开始种植各种粮食和蔬菜，所以把原先以青稞和肉食为主的生活习惯也改变了。

文成公主还让随行的工匠给吐蕃人民安置水磨，利用水力碾磨青稞，作进一步精细加工。

那时吐蕃人民还不会加工牛羊奶，文成公主到吐蕃后，让随行的人员传授制造酥油、干酪和酸奶子的生产经验，自那以后，酥油、干酪和酸酪的制作方法也被吐蕃人民掌握了。

吐蕃人民多以肉食为主，文成公主等汉人进入后很难适应，因此文成公主用茶叶开胃。此后，茶叶就逐渐成为吐蕃全国上下必需的饮品。

文成公主到吐蕃后，在和松赞干布一起生活的日子里，时常介绍唐朝先进的生产技术给吐蕃人，松赞干布于是多次向唐朝皇帝上疏，从唐朝请来养蚕、酿酒、水磨、造纸、笔墨制造等工匠，用优厚的待遇供养他们，让他们传授给吐蕃人民。文成公主和她的侍女，还教先进的纺织技术给吐蕃妇女，还改进染色和图案设计，使吐蕃的氆氇成为有特色的纺织品。

吐蕃过去都住帐篷，文成公主赴藏以后，一些达官贵人也模仿汉人，改住房屋。在衣着方面，又笨又重的毡裘是吐蕃人的主要服装，自文成公主到来之后，一些上层人士也穿上了绫罗绸缎。

吐蕃原先的历法既不完整，也不准确，他们以麦熟的三月为一年的开始。文成公主把唐朝的天文历法带进吐蕃，并应用于当地，按十二属相和六十甲子计时，历法的改进有利于农业生产的发展。

文成公主也促进了吐蕃文字的发明和完善。文成公主劝松赞干布设法造字，来增强经济、文化的发展。松赞干布命人造出三十个字母和拼音造句的文法，并在宫殿的石崖上刻上这些字。吐蕃人用新创造的吐蕃文翻译唐朝的佛经和儒经，加强了唐蕃两地文化往来。

文成公主和亲时，还带去了一个乐队。这个乐队的乐器现在还遗留下来五十多件，珍藏在拉萨大昭寺里。其中绝大多数是弹拨乐器，制作精美，色泽鲜艳。平时这些乐器都在仓库里珍藏着，只有在亮宝会这天，即每年藏历二月三十日，才和寺内其他文物一起摆出来，供人瞻仰。汉族乐器的传入，丰富了吐蕃人的文化生活，这些珍贵文物已经保存了一千多年，成了唐蕃兄弟友好交往的历史见证。

文成公主入吐蕃后，实现了吐蕃人学习汉族先进文化的愿望。很多贵族子弟被松赞干布派到长安学习儒家经典，松赞干布还邀请了一些唐朝文士到吐蕃来替他用汉文拟写公文。文成公主入吐蕃时带去了一批诗集和经书。这使文化学术，尤其是儒学在吐蕃产生了积极的影响。

文成公主信奉佛教，松赞干布在她的影响下也信起了佛教。在他俩的主持下，逻些建起了一座大昭寺。大昭寺是吐蕃最大的佛教寺院之一。在吐蕃人中间，有很多和大昭寺有关的传说流行。大昭寺建筑在逻些的中心，原来这里有一个很大的湖，选择这湖作为寺址是文成公主的初衷，所以吐蕃人就把这湖给填平了。在填湖时，有一只通灵的山羊也来参加这件千载难逢的盛事，以后，人们在大昭寺的墙外都能看到羊头。大昭寺门内有几株柳树，叫作"唐柳"，也有的称为"公主柳"，人们说是文成公主亲手种植的。文成公主从长安城带去的释迦牟尼佛像被吐蕃人民世代虔诚地供奉在大昭寺内。

松赞干布和文成公主的联姻，巩固和发展了唐蕃之间的友好关系，从此吐蕃与唐朝成了甥舅，双方使节往来不绝。贞观十九年（公元645年）唐太宗东征回到长安，松赞干布特派禄东赞上书赞颂并冶黄金为鹅奉献。此金鹅高七尺，中可盛酒三斛。

贞观二十一年（公元647年），唐太宗派遣使臣王玄策出访中天竺，受到中天竺国国王尸罗逸多的热情接待，可是当王玄策归国之时，尸罗逸多不幸去世，大臣阿罗那顺趁机篡位当了国王。阿罗那顺贪得无厌，见王玄策带有各国进贡的物品和许多珍宝，便派兵拦截唐朝的使团。王玄策和使团成员尽管进行了坚决的抵抗，但终因寡不敌众，大部分成员被杀，财宝也被洗劫精光，王玄策只身逃回吐蕃。松赞干布知道后，马上派一支精锐部队一千二百人，将中天竺的军队击败，并且俘虏了阿罗那顺，夺回被抢去的贡品财物。松赞干布的这次行动，不但为唐伸张了正义，还惩罚了强盗，为维护唐蕃之间的友好往来做出了不可磨灭的贡献。

唐贞观二十三年（公元649年），唐太宗驾崩，松赞干布特派使者前往长安吊丧，并贡献出十五种金银珠宝，放在太宗灵座之前祭奠。唐高宗封松赞干布为"驸马都尉""西海郡王"，并赐给他织物两千段。松赞干布在写给唐宰相长孙无忌的信中说："天子刚刚登基，如果臣有不忠心的，我愿出兵为天子讨回公道。"这些都表明松赞干布非常重视与唐的友谊，把保卫大唐的安全作为自己义不容辞的责任。唐高宗进一步嘉奖他，晋封他为"宾王"，赐锦缎三千段，松赞干布的石像被立在太宗陵前，以供后人纪念。

松赞干布和文成公主的联姻，密切了吐蕃和内地的关系，促进了吐蕃与内地的经济文化交流，使唐蕃之间十分亲善，此后三十年没有动过干戈。

第三章 武周皇朝

1.武则天争后

永徽六年（公元655年）十月，高宗以王皇后无子，武昭仪有子，诏立昭仪武氏为皇后。

（1）安然渡劫难

据说武则天（又称武曌）还是婴孩的时候，精通相面之术的袁天纲到她家中给一家人看相。那个时候，她穿着男孩子的衣服，正抱在乳母的怀里。袁天纲走近看后，说此郎君神色不凡。又让她试着下来走几步，她昂着头目视远方，袁天纲非常吃惊地说："这个人有龙的眼睛、凤的眼神，肯定是大富大贵的人。"又在侧面仔细端详，愈发吃惊地说："这个小孩如果是女的，以后必定是高高在上，是为天下的主人。"不管这记载是不是毫无根据，这个襁褓中的孩子后来的确成了中国历史上绝无仅有的女皇帝。当然，在一个男人一统天下的社会里，武则天是在非常困难的情况下逐步登上宝座的，而夺得皇后之位是其中十分关键的一步。

武则天的父亲的先祖以务农为主，后来他做起木材生意才发家致富，李渊起兵的时候，他巴结贵人和官员，跟着部队进入了长安。唐建立后，武父作为开国功臣，在高祖朝做到三品工部尚书，成了唐朝的新贵。武则天母亲杨氏出身显赫，她的外祖父杨士达是隋朝的宰相。但杨士达去世以后，又加上隋朝被灭，其家族也渐渐衰落了。杨氏以年逾四十的老姑娘嫁入武家为继室，生下三个女儿。武则天排行第二，于武德七年（公元624

年）出生在长安。

贞观九年（公元635年）时，武父在任荆州都督时去世，他的前妻相里氏生的两个儿子元庆、元爽对继母杨氏很是刻薄，百般刁难。所以，杨氏母女在长安过了一段很不顺心、很压抑的日子。

贞观十年（公元636年）六月，贤惠的长孙皇后去世，太宗非常悲痛。第二年，太宗听说武则天貌美艳丽，要召进皇宫，封为才人（这是掌管皇帝食宿等事的侍妾）。那个时候，太宗年四十，武则天只有十四岁。临别的时候，母亲杨氏因为舍不得而痛哭不已，武则天虽只有十四岁，却非常有主见。她非常平静地对母亲说：“我今日有幸能见到皇上，谁知这不是福气呢？何必为此伤心！”杨氏听了女儿这一番有胆识的话，立刻停止了哭泣，心里异常高兴。

武则天入宫后，太宗赐号“武媚”。可是从十四岁到二十六岁，她一生中最好的一段青春年华被虚度在宫中，并没有得到太宗的宠幸，十多年既没有生下一男半女，地位也没有得到提高。而且在贞观二十二年（公元648年），她还差点遭杀身之祸。原来，左武卫将军连县公李君羡驻守玄武门，而太白星屡屡在白昼显现。太史对这一星相占卜的结果是“女主昌”。民间流传的一本名为《秘记》的书中也说：“唐三代之后，会有姓武的女人称王代替唐朝统治天下。”对于这一些说法，太宗心中非常忌讳。一次，太宗与众武将在宫中宴饮行酒令，让各武将言自己的小名，李君羡自己说小名为“五娘”。李世民听后非常吃惊，但又马上哈哈大笑掩饰心中的猜忌，问道：“你是什么样的女子，怎么这样的勇猛健壮？”李君羡是一员勇将，早年跟随李世民南征北战，屡立战功，所以身负重任。这件事后，君羡因官称、封爵都有武字，尤其小名又叫“五娘”，就成了第一位被怀疑的对象。没过多久，他被撤掉掌管北门禁军的职务，出任华州刺史。后来，李君羡与一位自称通晓佛法的人私下来往，被御史以结交妖人、图谋不轨的罪名弹劾。太宗于是在贞观二十二年（公元648年）七月下诏将其斩首。

可是太宗仍心存疑虑，暗中问太史令李淳风《秘记》所载是否可信？李淳风答道："我观看天象这么多年，依我看此人一定在宫中，还是皇上的亲属，从今天起不超过三十年，必定称王，将李姓皇族几乎杀尽，这样的征兆已经形成了。"太宗问："把类似《秘记》所说的全部杀掉如何？"李淳风道："这是上天注定的，人不可能违背，陛下还是不要滥杀无辜，况且三十年之后，那个人已经老了，可能会生慈悲之心，为祸也许会轻一些了。今日即使找到此人，将她斩首，上天还会派遣年轻体壮之人加倍肆虐以报怨仇。那么，陛下子孙将被灭绝了。"太宗这才消除对后宫大屠杀的念头。武则天于是安然地逃过了这场大劫难。

（2）谋夺后位

谁知一波刚平，一波又起。贞观二十三年（公元649年）五月二十六日，太宗驾崩，她和后宫没有子嗣的侍妾们一道剃度，被送到感业寺为尼，相伴青灯古佛。

高宗做太子的时候，曾经服侍过太宗，见到才人武氏便十分喜欢。太宗驾崩后，武氏跟随众位妃嫔到感业寺出家。等到了太宗的忌日，高宗到感业寺行香拜佛，见到了武氏，武氏哭泣，高宗也流泪。王皇后知道后，暗中让武氏蓄发，劝说高宗纳武氏入后宫，打算依靠武氏来减少高宗对萧妃的宠爱。武氏机智聪明，擅长权术，才进宫时，服侍皇后非常恭敬有礼；皇后十分喜欢她，屡次当着高宗的面夸奖她。不久她大得宠幸，拜为昭仪，皇后跟萧妃都失去了皇上对她们的恩宠，二人又一同诬告武氏，高宗都不予理睬。武昭仪想要追赐他的父亲的官爵，只是没有借口，于是便宣称要褒奖赏赐十三位功臣，这之中就包括她父亲。

武则天清楚自己在宫中的根基已很牢固，就开始密谋抢夺皇后的宝座。为此，她在后宫想尽办法拉拢女官、宫女，经常把自己得到的恩赐分给她们。这些人因为王皇后平时倨傲，对她们没有什么恩情，现在看见武则天如此亲近，自然很是感激，都乐意为她效命。武则天就利用这些受笼络的宫人私下打探王皇后和萧淑妃的一举一动，一旦抓住她们的短处，就添油加醋地说给高宗听。永徽四年（公元653年）正月，武则天生了男孩李弘，高宗愈发宠爱这个比自己大三岁的昭仪，而冷淡王皇后。但终因是十多年的结发夫妻，他尚没有废弃皇后的想法。武则天只得另想诡计。

王皇后虽然失宠，可是高宗并没有废掉王后的打算。恰逢这时候武昭仪生下一个女孩，王皇后喜欢她，所以逗她玩耍。皇后走出去后，武氏趁没人时将女孩掐死，然后把被子盖好。正好高宗来到，武氏假装欢笑，掀开被子一看，女婴已经死了，武则天大声哭叫着，问身边的人是什么缘故，身边的人都说："皇后才来过这里。"高宗十分震怒，说道："皇后杀了我的女儿！"武则天趁机哭嚷着说皇后的不是。皇后百口难辩，高宗因此有了废后立武氏为皇后的想法，又担心大臣们不服，于是便和武氏一道拜访长孙无忌，在其府第宴饮，非常酣畅欢乐，酒席上将无忌宠姬的三个儿子都拜为朝散大夫，又命令侍卫装运了金银珠宝、锦缎丝绸等共十车赐给无忌。高宗借机说及王皇后没有生儿育女，以此暗示无忌，无忌顾左右而言他，竟然没有顺从皇上的意思，高宗与武氏二人扫兴地结束了这场酒宴。武昭仪又让自己的母亲杨氏多次到无忌的宅第请求，无忌最后仍然不答应。礼部尚书许敬宗自不量力，也为武则天说好话，遭到长孙无忌的严厉训斥。

长孙无忌执意反对废王皇后是有很深的缘由的。太宗死后，他凭借自己是皇帝舅舅的亲戚关系，以及太宗生前对他委以重托，以他为中心形成了外朝执政的宰相班子，在这中间柳奭就是王皇后的亲舅舅。为了维持这一政治格局，他们还针对王皇后无子这一弱点，得到了王皇后的许可，把后宫刘氏所生的燕王李忠在永徽三年（公元652年）立为太子。李忠以微贱的庶子得到他们的拥戴而成为储君，跟王皇后自然而然十分亲近，对长孙无忌等重臣也会感激倚重，这样，他们至少在下一代皇帝时仍能享受权势。所以，长孙无忌等肯定不希望中宫地位有任何变化而使得自己的利益集团土崩瓦解。

对于这一点，武则天也完全明白。她知道自己要替代王皇后，没有办法得到以长孙无忌为首的执政元老重臣的支持，只有在朝外形成自己的势力集团，并除掉以长孙无忌为首的政敌。

王皇后的家族最先遭到打击。永徽六年（公元655年）六月，武则天诬陷王皇后和母亲魏国夫人柳氏请妖人做咒符谋害自己，高宗不容王皇后解释，下令柳氏不得再入宫中。王皇后的舅舅柳奭本来任中书令，去年因王皇后失宠而惴惴不安，请求免除他宰相的职务，遂被降为吏部尚书，而现在又远贬为荣州刺史。这样，支持王皇后的家族势力被铲除了。

与此同时，高宗为提高武则天的地位，封她为"宸妃"，立刻受到侍中韩瑗、中书令来济的反对。他们说后宫已设贵、淑、德、贤四妃，名位已满，不能违反规定而另立妃号，结果高宗只好作罢。武则天心中怨恨，却一点都没表现出来，而是加紧培植自己的亲信力量。她想到了被长孙无忌排斥的一批在朝政上不受宠的大臣。首先是李义府，他官居中书舍人。此人的文笔非常出名，可是生性阴险奸猾，逢人先笑，但谁只要稍不屈从于他，必然遭到陷害，当时人们都说他笑中有刀。又因他阴柔而能害人，得一外号为"李猫"。

长孙无忌憎恶李义府，要把他降为壁州司马。敕令过门下省这道最后手续就要下达，李义府获悉了这件机密，匆匆忙忙求助于同僚王德俭。王德俭是许敬宗的外甥。许敬宗写得一手好文章，曾当过秦王府学士，在太宗朝也曾经担任过一段时间的宰相。高宗嗣位，他任礼部尚书，可是由于嫁女受贿，被弹劾降职。这时，他担任无多大实权的卫尉卿，政治上很不得意。许敬宗、王德俭甥舅两人平时就对执掌大权的长孙无忌心有恨意，于是王德俭给李义府出主意道："高宗打算把武昭仪封为皇后，只是担心宰相们加以反对，所以又举棋不定的。你假如提议封武氏为皇后，就会转祸为福了。"李义府同意他的话，这一天，他代替王德俭值宿，叩门向高宗上表章，请求废掉王皇后，立武昭仪为后，以便满足天下苍生的心愿。高宗十分高兴，亲自召见李义府，与他谈话，赐给珍珠一斗，让他官居原职。武则天私下派人送东西施以恩赐，没过多久他就被破例提拔为中书侍郎。此后，卫尉卿许敬宗、卿史大夫崔义玄、御史中丞袁公瑜都私下向武则天表白他们的顺从之意。这样，在朝廷中形成了以武则天为核心的政治派别。有了这股力量的支持，而且有高宗作后盾，她再也不怕以长孙无忌为首的元老重臣了。

这年八月，长安令裴行俭听说要立武则天为皇后，认为国家的灾难从此开始了，非常着急，与长孙无忌、褚遂良暗中商议对策。此事被袁公瑜探知，并由武则天母亲杨氏转告宫中。裴行俭很快被贬官为西州都督府长史。随后，许敬宗就被高宗提升为礼部尚书。

从离间高宗和王皇后感情开始，又经过内外廷的一番精心准备，武则天自认为摊牌时机成熟了。这样，一场废立皇后的斗争终于公开爆发了。

（3）高宗决意废皇后

有一天高宗退朝后，把长孙无忌、李世勣、于志宁、褚遂良宣召入内殿。褚遂良说："今天皇上宣召，多半因为后宫之事，皇上既然已经下定决心，逆他之意肯定死。太尉是元舅，司空是功臣，不能让皇上承担杀元舅与功臣的恶名。我褚遂良乃是自平民起家，没有汗马功劳，有了今天的地位，而且接受先帝托孤，如果不以死相谏，无颜去见先帝！"李世勣假托有病没去内殿，长孙无忌等人到了内殿，高宗对他们说："皇后没有子嗣，武昭仪有，如今朕想立武昭仪为皇后，你们意下如何？"褚遂良答道："皇后出身于名门望族，是先帝为陛下娶的。先帝临死的时候，拉着陛下的手对我说：'朕的好儿子好儿媳，今天托付给你了。'这些话都是陛下亲耳听到的，没有听说皇后犯什么过错，怎么能够轻易废掉呢！我不敢违背先帝旨意而顺从陛下的意思！"高宗很不高兴，只好作罢。第二天又谈到此事，褚遂良说："陛下一定要更换皇后，我请求遴选全国的世家望族，为什么非得立武氏呢？武氏曾经侍奉过先帝，这人人皆知，天下人的耳目如何能遮掩呢？千秋万代之后，人们又将怎么评价陛下呢？希望陛下好好考虑再行事！我今日触怒陛下，应当处死。"说完将朝笏放在殿内台阶上，解下头巾磕头直至血流满面，说道："还给陛下朝笏，请求把我放回老家。"高宗十分愤怒，命人把他带出去。武昭仪在隔帘内大声嚷道："怎么不就地杀了这老东西！"长孙无忌说："褚遂良是先朝顾命大臣，即使有罪也不能施刑。"于志宁不敢说话。

韩瑗找个时机上奏疏，哭着全力劝阻废后，高宗没有听从。他第二天又劝谏，悲痛得不能控制，高宗命人把他带出去。韩瑗又上奏疏劝谏道："普通的夫妇还要互相选择后再结合，更别说是皇上了。皇后是天下女子的典范，善恶由她而生，因此说媒母辅佐黄帝，妲己使得商政权颠覆。《诗经》说：'大名鼎鼎的宗周，就毁在褒姒之手。'每回翻阅前朝史事，常大发感慨，没想到现在圣明之世也会遭到玷污。不按照法度行事，后代的人会如何评价呢？望皇上三思而后行，不要让后人讥笑。如果臣下我的话对国家有益处，即使被剁成肉酱也值得！从前吴王不听伍子胥的话，最后吴都姑苏破败，麋鹿都在那里出没。臣下我担忧陛下辜负天下人的期望，导致宫中布满祸患，宗庙不能继续享有祭祀的情况，不久就会到来了！"来济上表章劝谏说："君主册封皇后，应该遵循天地之理，一定要选择名门礼教之家的淑女，知书达礼，贤淑美好，才能够与大家的深切希望相一致，也才能称为神灵的意图。因此说周文王造船迎接太姒，这才有《关雎》的教化，百姓承受福祚；汉成帝为所欲为，将婢女立为皇后，让皇统断绝，国家政权不复存在。周代因为那样做而隆盛，汉代因为这样做而招致祸患，希望陛下明察！"高宗对这些谏言不理不睬。

又一天，李世勣进宫见高宗，高宗问他："朕准备立武昭仪为皇后，褚遂良坚执己见加以反对。褚遂良既是顾命大臣，他反对，难道这事就罢了吗？"李世勣答道："这是陛下的家事，为什么去问别人呢！"高宗改立皇后的决心就此坚定了下来。许敬宗在朝中到处宣扬道："庄稼汉多收了十斛麦子，还想着更换个老婆呢？更不用说皇上要换后，人们为什么要管那么多事而胡乱产生异议，妄加干涉呢？"武昭仪让身边的人把此话转告给高宗。

这样，高宗决意行动了。他先将褚遂良远远地贬为潭州都督，以警戒反对废立皇后的朝臣。随即，他又在十月十三日把王皇后、萧淑妃以阴谋毒死皇帝的莫须有罪名废为庶人，并将两人的亲属流放到岭南。迫于巨大的政治压力，十九日，百官上书请求册立新皇后，高宗随即下诏书封武则天为后。诏书中盛赞她是开国元勋之后，德才兼备。为了掩盖武则天与太宗的关系，说高宗尚为太子之时，太宗就已将武则天赐给了他。而且还用汉宣帝选后宫家人王政君为太子妃这件事为立武则天为皇后进行辩护。

十一月初一的册封皇后仪式，在高宗的主持下进行，武则天得到了由司空李勣奉献上的皇后玺绶。当天，更是头一次命百官和四夷酋长在肃义门朝拜新皇后，而内外贵族、高官的夫人要到宫中拜见。仪式非常隆重浩大，三十二岁的武则天终于登上了皇后的宝座。她也正是从当上皇后之日起，开始走上了唐朝的政治舞台。

2.武则天参政

显庆四年（公元659年）四月，武后杀长孙无忌等，自此唐政权归武后。

（1）打击政敌

武则天四岁没了父亲，幼时和寡母一同饱受同父异母兄武元庆、武元爽和叔伯兄弟武惟良、武怀远的冷眼和欺凌，因此性格非常刚毅、冷酷。武则天入宫做太宗才人时的一件事很能说明这一点。当时太宗有一匹名马叫狮子骢，十分暴烈，就连擅长骑烈马的太宗也无法驾驭。武则天正在旁边侍奉，忽然对太宗道："我能够使它降服。"太宗不相信地问："你有什么办法？"她回答说："我只须有三件东西。"太宗问："哪三件？"她说："一条铁鞭，一把铁锤，一支匕首。马不驯服，我起初用鞭子抽打；如果不驯服，就用铁锤锤；再不服，就用匕首割断这畜牲的喉咙！"太宗听后默不作声。

太宗朝，武则天在宫中生活十二年，却一直是地位卑微的侍妾才人，没有得到宠幸。太宗驾崩，她又被迫到感业寺出家。多亏她早已托身于高宗，又恰巧碰上王皇后与萧淑妃争夺宠幸的大好时机，才能够重返宫中。这之后便展开了争夺皇后的残酷斗争。这一系列惊心动魄的事件使武则天少女时就初步形成的刚强而冷酷的性格受到更深层的锻炼。而当武则天成为皇后并开始参政，她就用上述对付烈马的铁腕残忍地对付一切阻挡她夺取大权的政治敌人。首先是完全消除废后王氏和废妃萧氏这两个隐患。

原皇后王氏和原淑妃萧氏一道被囚禁在后宫别院，高宗曾经想念她们，暗中去囚禁她们的地方，看见囚室严密封闭，仅在墙壁上凿开小洞使饭菜能送入。高宗心中十分悲伤，呼喊道："皇后、淑妃在什么地方？"王氏哭泣回答说："我们有罪早已沦为宫里的奴婢，哪里还得再有后、妃等尊贵的称号！"又说："皇上假如念及以前的感情，让我等重见天日，请命名这个院子为回心院。"高宗说："我马上就办。"武后知道后很生气，派人将王氏和萧氏各杖打一百下，砍去手足，放到酒缸里，说："让这两个女人连骨头都喝醉！"几天后她们死去，又被砍掉了头。当皇后王氏听到处置她们的命令时，拜了两拜说："祝愿皇帝万岁！武则天受皇上恩宠，死自然是我的本分。"淑妃萧氏大骂道："武则天竟然邪恶狡诈到了这样的地步！愿来生我变为猫，她变为鼠，我活生生地扼住她的咽喉。"自这以后宫里再也见不到猫。没过多久又改王氏姓蟒氏，萧氏姓枭氏。武则天多次梦见王氏和萧氏的鬼魂出现，披头散发，浑身滴血，和死的时候一样。她后来移居蓬莱宫，还是看见这样情形，所以她多数时间居住在洛阳，不愿回到长安。

武则天除掉王皇后、萧淑妃后，深刻明白，要巩固自己的皇后地位，并且更多地参与国家大政，一定要除掉以长孙无忌为首的强大的敌对势力。因为褚遂良被远贬潭州，外朝大权仍被长孙无忌为首的元老重臣掌握着，他们能够随时打垮自己。在搞垮以长孙无忌为首的元老重臣这一问题上，高宗是非常赞同的。因为他尽管十分懦弱，可是当皇帝以后也并不愿受这些老臣的挟制。他一门心思地打算甩掉长孙无忌等元老重臣的包围控制，这一点使高宗和武则天有了共识，他们同心同德地攻击政治敌人。

（2）培植党羽

武则天第二个打击目标是长孙无忌等拥立的太子李忠。十一月初三，许敬宗在武则天的授意下面奏高宗道："皇太子是国家的根本，根本不正，没有办法获得天下的人心。何况如今的太子，是微贱之人所生，当今知道国家已有真正的嫡长子，心里肯定惴惴不安。窃居东宫之位而自己心里疑惑，恐怕不是宗庙之福，希望皇上三思而后行。"高宗说："太子李忠自己已经愿意让位。"许敬宗说："他能做周朝前人自愿让位的太伯，希望尽快准他所奏。"高宗当然答应。显庆元年（公元656年）正月初六，降皇太子李忠为梁王、梁州刺史，改立四岁李弘为皇太子。这样，武则天在宫里终于可以高枕无忧了。

武则天一边在铲除政敌，一边特别注意培植自己的党羽。为了网罗这些人替自己效命，甚至利用高宗包庇他们胡作非为。李义府凭借皇帝的宠信手握大权。洛州妇女淳于氏，容貌艳丽，关押在大理寺监狱，李义府让大理寺丞毕正义违反法令把她放出，计划纳她为妾，大理卿段宝玄对释放淳于氏心有疑问而将情况上奏。唐高宗派给事中刘仁轨等审问毕正义。李义府担心事情被发现，逼迫毕正义在狱中上吊自尽。高宗虽清楚这些情况，但还是宽容了李义府的罪行，不加以过问。

侍御史涟水人王义方准备上奏检举李义府，提前对母亲讲："我身为御史，发现奸臣不检举就是不忠，检举就危及自身，而让亲人担忧就是不孝，两者之间自己无法抉择，怎么办？"母亲说："从前王陵的母亲，自杀以便保存儿子的英名。你能忠心侍奉君主，我即使死了也无怨无悔！"王义方就上奏："李义府在京城私自杀害六品官大理寺丞毕正义，就算毕正义是自杀，也是因为害怕李义府的威势，自杀以灭口。这样，则生杀的大权不是出自皇帝，这种情况不应该继续下去，请求再进行审察！"于是为宣读检举的奏章，令仪仗和别的官员退下，并令李义府退下，李义府不动，王义方三次呼喊，高宗不说话，李义府才退出，王义方就宣读弹劾的奏章。李义府有罪，然而高宗却不过问，反而说王义方诬陷大臣，口气不礼貌，把他贬为莱州司户。没过多久，又将李义府提升为中书令。

当然，长孙无忌等元老重臣也不情愿退出政治舞台。十二月，韩瑗上奏，为褚遂良申诉冤屈说："褚遂良替国家打算而忘记自己的家，生命财产都愿意奉献，品德高尚，意志坚定，为社稷的功臣，是陛下德才兼备的助手。没有听说他犯罪，而被排除于朝廷，朝廷内外与黎民百姓都为这种处置叹息。我听说晋武帝仁德深厚，没有把刘毅处死；汉高祖宽宏大量，不怨恨周昌的耿直。而褚遂良被降职已经一年，违抗陛下的罪责，已被对于他的处罚所抵偿。希望陛下赦免他的罪行，同情他的赤胆忠心，来顺应民意。"高宗对韩瑗说："褚遂良的情况，朕很清楚。可是他粗暴犯上，所以才用这种办法责备他，你为什么把处罚他说得那么严重？"韩瑗回答说："褚遂良是国家的忠臣，为靠用谗言诽谤别人来谄媚上边的人诽谤。从前微子离去而殷国所以灭亡，张华留任而国家的法度不乱。皇上无缘无故把老臣排除朝中，这只怕不是国家之福。"高宗没有听从他的意见。韩瑗由于自己的话没有被重视请求辞官回家乡，高宗没有同意。

韩瑗的举动使武则天非常恼怒。以前高宗为提升武则天的地位要把她封为"宸妃"时，就因韩瑗等反对而没能实现。武则天立为皇后后，可能出于笼络韩瑗、来济的目的，专门对高宗关照，说韩瑗、来济对立宸妃一事敢于直言进谏，正是忠心为国的表现，并请皇上予以表扬。当时，韩瑗、来济也不明白这一招的真实意图，非常担心。可是两人并没有改变立场服从武则天。这时韩瑗居然还敢替褚遂良求情，让他卷土重来，重返朝廷，武后哪能忍受！于是在显庆二年（公元657年）七月，许敬宗、李义府在武则天的授意下，上奏诬陷侍中韩瑗、中书令来济与褚遂良意图不正。其借口是在该年三月褚遂良由潭州（今湖南长沙）调任为桂州（今广西桂林）都督，他们故意说是韩瑗和来济刻意策划的，意图在谋反时搞里外呼应，因为桂州向来是用武之地。高宗批准他们的奏折。八月，韩瑗被贬为振州刺史，来济被贬为台州刺史，并且一辈子不准返回京城朝觐见皇上。受韩瑗、来济案件的牵连，褚遂良又远贬为爱州刺史，柳奭也由荣州刺史远贬为象州刺史。

褚遂良到达爱州，上奏自表说："从前濮王、承乾明争暗斗的时候，我顾不上生死，一心为陛下效忠。那个时候岑文本、刘洎上奏说'承乾的罪状已经显露，已被关在别所，东宫不能有即使是一会儿空着，请先派遣濮王去东宫居住'。我又高声反对，此事皇上都是知道的。最后我又与长孙无忌等四人一同定下立陛下为皇太子的重大决策。直到太宗病得不行了，仅我和长孙无忌一道领受遗诏。陛下在守丧的时候，悲伤万分，我以国家为重安慰劝说，陛下还用手抱住我的脖子。我与长孙无忌各自处理许多的事情，让一切都非常正常，几日之间，内外安宁。我能力低微，责任重大，时常犯错误，微贱的余年，乞请陛下怜悯。"奏表上达后，唐高宗不予理会。褚遂良自武德初从薛举手下归唐，因为文章好，书法好而自傲。效忠太宗，担任了宰相这一重要职务，还成为顾命大臣，年已六十却再三遭到贬黜。哀告无效，心情非常颓丧，于是一病不起。第二年，在爱州死去。没过多长时间，韩瑗也在忧愤中死去。而与此截然不同的是，显庆三年（公元658年）十一月，许敬宗荣升为中书令。

（3）长孙无忌之死

武则天心中非常清楚，长孙无忌是妨碍自己获取更大权力的主要障碍。但此人是高宗的亲舅，不仅是建国的大功臣，又是佐命元勋，德高望重，根基深厚，所以不敢轻举妄动。可是她绝不愿使这人漏网。武则天忍耐数年，一面逐步剪除长孙无忌的势力，一面密令许敬宗寻找机会构造陷害长孙无忌的陷阱。当把韩瑗、来济赶出朝廷以后，她觉得是对长孙无忌下手的时候了。

这个时候恰逢洛阳人李奉节检举太子洗马韦季方、监察御史李巢拉帮结派的事情，高宗命令许敬宗跟辛茂将审问他们。许敬宗讯问紧迫，韦季方自刺求死，但是没有死。许敬宗于是上奏诬陷韦季方想与长孙无忌陷害忠臣与皇帝近亲，使长孙无忌独揽大权，以便伺机谋反，如今这事已曝光，所以打算自尽。高宗吃惊地说："怎么可能有这种事呢？舅舅被小人离间，产生小的猜疑隔阂是有的，怎么可能谋反？"许敬宗说："我从头到尾推敲研究，反叛的事实显而易见，陛下还以为可疑，这恐怕不是国家之福。"高宗流泪说："我家不幸，亲戚之间不停出现有叛变意图的人，以前高阳公主与房遗爱谋反，如今大舅亦如此，让朕没有脸见天下人。假如这事是真的，怎么办？"许敬宗回答说："房遗爱只是一个幼稚小子，与一个女子同谋，会有什么作为？长孙无忌同先帝谋划夺取天下，天下人佩服他的谋略；任宰相三十年，天下人害怕他的权威；要是有一天暗地发动，陛下能够派谁去抵挡他！现在多亏宗庙神灵，苍天厌恶反叛，因审问小事，而发现大恶人，这真是天下之福。臣个人担忧长孙无忌知道韦季方自刺将死，境遇困难，会发动反抗，领头作乱，纠集同党。他必将是国家的祸害。我从前看见过宇文化及的父亲宇文述为隋炀帝视作心腹，加以重用，结为姻亲，把政事交付给他。宇文述死后，宇文化及又统领皇帝的亲兵，一天晚上在江都作乱，首先除掉不投靠自己的人，我们家也惨遭迫害，于是大臣苏威、裴矩这样的人物，在马前舞蹈庆贺还唯恐不及，天才亮隋朝已不复存在。这不是很久前发生的事情，希望陛下尽快下定决心！"高宗命令许敬宗深入审查这件事。次日，许敬宗再次上奏并提供了供词和事实，请高宗按照法律逮捕长孙无忌。高宗又流泪说："假如舅舅真的这样，朕决不忍杀他，那样的话，天下人将说朕什么，后人将说朕什么！"许敬宗说回答："薄昭是汉文帝的舅父，将汉文帝从代地迎接回来即帝位，薄昭同样是大功臣，所犯的罪也只是杀人，汉文帝就令百官穿上丧服哭他使他自尽，一直到今天人们仍把汉文帝当作开明君主。如今长孙无忌忘掉两朝的深厚恩宠，妄图夺得政权，他罪大恶极同薄昭实在不能同日而语。幸好邪恶的情状暴露，叛变的人承认罪行，陛下不应该有什么疑虑，要早作决断！古人说：'当断不断，反受其乱。'平安与危险相距十分近，中间没有容下一根头发的间隔。长孙无忌是现当今善使权术、才能足以欺世的野心家，属于王莽、司马懿一流人物，皇上有丝毫耽搁，我恐怕事变即发生在身边，就后悔莫及了。"高宗认为他说得对，竟然没有召见长孙无忌加以审问。二十二日，高宗下令削掉长孙无忌太尉职务和封地，贬为扬州都督，在黔州安置，一切按一品官待遇实行。

许敬宗又上奏："长孙无忌阴谋叛乱，是由褚遂良、柳奭、韩瑗勾结鼓动才形成；柳奭多次暗通后宫，企图毒酒杀人，于志宁也投靠长孙无忌。"于是高宗下令削褚遂良、柳奭、韩瑗官爵，免去于志宁官职；派遣使者调集途中驻军协助押送长孙无忌到黔州。长孙无忌的儿子秘书监驸马都尉长孙冲等都被削除官爵，放逐到岭南。褚遂良的儿子褚彦甫、褚彦冲流放爱州，在路上惨遭杀害。益州长史高履行连续贬官为洪州都督。

凉州刺史赵持满力大无穷，擅长射箭，喜欢打抱不平。其姨母是韩瑗的内人，他的舅舅驸马都尉长孙铨是长孙无忌同族弟弟，长孙铨受长孙无忌牵连，流放巂州。许敬宗担心赵持满起事，就诬陷他与长孙无忌合谋造反，用驿车召回京师，囚禁入狱。他遭受残酷刑罚，自始至终不承认，说："身可杀，话不能更改！"监狱的官吏毫无办法，就代替他作供词结案上奏。二十二日，他被处死，陈尸城西，亲属都不敢看。他的朋友王方翼感慨地说："栾布哭彭越，是义；周文王埋葬枯骨，是仁。在下不失义，在上不失仁，不是也可以么！"于是收殓他的尸体加以埋葬。高宗知道后，没有定王方翼的罪。长孙铨到了流放地，当地县令遵从朝中的意思用杖刑杀死了他。

武则天还不罢手，她要斩草除根。该年七月，唐朝派遣李世勣、许敬宗、辛茂将与任雅相、卢承庆一同再次审核长孙无忌事件。许敬宗又命令中书舍人袁公瑜等到黔州，重新审察长孙无忌反叛的情况，刚到那里立刻胁迫长孙无忌上吊自尽。高宗命令将柳奭、韩瑗就地斩首。前去的人在象州杀死柳奭。韩瑗已经死去，使者开棺检尸后返回。抄没这三家的家产，他们的近亲都流放岭南为奴婢。常州刺史孙祥由于与长孙无忌互通音信而被定罪，绞刑处死。自高宗即位后，以长孙无忌为首的执政元老重臣及其亲属，有的被杀，有的被流放，至此已被完全除掉。野心勃勃的武则天开始公开出台参政了。

（4）李忠被赐死

历史也给武则天参政提供良机。显庆五年（公元660年）十月，高宗患了轻度中风，头痛，眼睛看不清。百官奏事，他有时就让武后代为处理。武则天十分聪慧，通晓文史，处理的事都能顺从其心愿。高宗大喜，于是把大量政事交给她。就这样，权力慢慢转移到她的手中，威势和皇帝一样。武后掌握了重权，就完全改变过去对高宗言听计从的作风，从而导致了宫中的一场风波。

以前高宗将武则天从感业寺接进皇宫封为昭仪，她为了实现自己的政治野心，忍辱柔顺，想尽办法迎合皇上。高宗认为武则天善解人意，体贴入微，所以排除大臣异议封她为皇后，并和她一道除掉了以长孙无忌为核心的元老执政集团。可是伴随着武则天权力的膨胀，她不像往日那样谦恭有礼，愈来愈骄横，大权独揽，就是高宗的行动都受到限制，其程度甚于过去遗老们尚在之日，使得高宗忍无可忍。麟德元年（公元664年），宦官王伏胜检举武后擅自把道士郭行真引入宫中蛊祝妖术，祈求非分之福。高宗勃然大怒，想乘势将武则天废掉，于是暗中招宰相上官仪商议。上官仪全力支持道："皇后专权跋扈，使得天下失望，理应废弃她以顺应民心。"高宗立刻令上官仪起草废后诏书。

他们怎么知道武则天早在宫中遍布眼线。当她安插在皇帝身边的心腹探听到此事后，急忙告诉了她。武则天迅速赶来。这时废皇后的诏书还在高宗手中。她一见就开始哭诉，模样十分动人。高宗爱恨交加，非常后悔，立刻回心转意，待她如从前一样。他还怕武后怨怒，竟然说："我原来并不打算如此，都是上官仪教我的。"就这样将上官仪出卖了。武后对他恨之入骨，一定要除掉他才痛快。

上官仪写诗著文都很好，与王伏胜一道侍奉过太子李忠。武则天将高宗哄得回心转意后，转过头来，马上指使许敬宗诬告上官仪、王伏胜勾结废太子李忠谋反。高宗对武后不加任何干预，上官仪和他的儿子上官庭芝死在狱中，家口籍没。此事结束后，武则天觉得废太子李忠也必须除掉。

李忠自显庆元年（公元656年）十四岁时被废，担任梁州都督，后转房州刺史。成年后由于惊吓后精神恍惚，有时穿妇人的衣服预防被暗杀，有时因噩梦而自己占卜。后来被人告发，被废为平民，放逐到黔州（今重庆彭水）关押。上官仪死后，李忠也被赐死，死时只有二十二岁。除此以外，王伏胜也被处死。郑钦泰等一批朝臣由于曾与上官仪交好而被免官。宰相刘祥道也由于与上官仪友善被贬官。

经历这次反复，武则天的政治权力愈发膨胀了。在这之后，每次高宗临朝，她都垂帘于后听政。大小政事，官员都要奏闻。而高宗自显庆五年（公元660年）以后身子渐渐衰弱，上元二年（公元675年）因头痛目眩严重，居然想下诏由武则天全权处理朝政，由于宰相郝处俊等人的上书阻拦才没实行。可是百官奏书，国政大事，高宗逐渐离不开武后。武后在高宗朝辅政数十年，威势跟皇上一模一样。那时朝廷内外都称朝中有两个皇帝。

（5）武氏屡参政

武则天在高宗朝参政主要做了这几件大事。第一是修定《姓氏录》，以便代替太宗朝的《氏族志》。魏晋以来形成的重视门第的观念，一直影响到唐代，而武则天、李义府家族并没被太宗时修定的《氏族志》列为门阀士族。显庆四年（公元659年）六月，也就是长孙无忌被赶出京城两个月，许敬宗就以《氏族志》没把武则天家族列到里面为由奏请修改。李义府非常支持。

八月初八，唐朝任命普州刺史李义府兼吏部尚书，同中书门下三品。李义府已经成为显贵，便声称自己的祖先是赵郡人，与皇族一同排列辈分；无赖之徒想倚仗他的权势，跪下拜他为自己的哥哥、叔父的人很多。给事中李崇德原来和李义府同一个家族谱系，到他出任普州刺史，即从族谱中把李义府删除。李义府知道后厌恶他，重新担任宰相后，便指使人诬陷他，将他逮捕入狱，最后逼其自杀。但他一直把自己不是门阀士族视为羞辱，羡慕高门的荣耀。许敬宗提出修改《氏族志》的主张恰合他的心怀。

这一建议武则天也非常赞同。武则天父亲武士彠尽管是开国元勋，当朝新贵，可是祖先仅仅是农民，直到他经营木材生意才逐渐富贵，所以出身不高，太宗朝修《氏族志》并没有把武则天父亲列入世族之列。后来，褚遂良反对立武则天为皇后，其中一条理由就是她不是出身世族名家。而修改《氏族志》，提高自己家族的门阀，也就彻底除去了这块心病。

在武则天、许敬宗、李义府的推动下，高宗当然下诏同意，遂命礼部郎中孔志以及杨仁卿、史玄道、吕才等修成《姓氏录》。高宗亲笔为此书作序。在这本姓族等级书中，共收录二百四十五姓，二百八十七家，第一等中自然包括武后家族，其余完全依据仕唐官品高低为准，分为九等。只要在唐居官五品以上的，一律列入门阀士族，连士卒中由于立了军功而获得五品官的也是这样。这就根本废除了以前划定姓族等级的限制，扩大了士族的范围，打破了旧贵族的堡垒，得到了以军功或其他途径获得高品的一般地主的欢迎。随后，李义府又上奏收天下《氏族志》全部焚毁。

原有的门阀士族把太宗命人编修的《姓氏录》视为赏军功的"勋格"，他们不情愿与这些人同列而加以抵制。十一月，李义府因为儿子求婚失败，所以憎恨他们，于是进一步发挥太宗上述旨意，规劝高宗加大对门阀观念的打击。壬戌（十九日），高宗命令后魏陇西人李宝，太原人王琼，荥阳人郑温，范阳人卢子迁、卢辅、卢浑，清河人崔宗伯、崔元孙、前燕博陵人崔懿，晋赵郡人李楷等人的子孙不能互相结婚；仍然规定天下嫁女接受财礼的数目，禁止接受女家由于出身卑微而支付出身豪门的男家的"陪门财"。但是家族声望为当时所崇尚，一直无法禁绝，有人装载着女儿暗中送去夫家，有些人的女儿到老也不嫁，最后也没有与外姓结婚。那些在士族中衰败、宗谱失载，被同族人小看的，往往反而自称是被禁止通婚的家族，更加多收"陪门财"。这种门阀观念直到五代才彻底变革，在那之后，任用官员不问出身家世，通婚也不管祖先门阀了。

武则天为达到雄心勃勃的政治抱负，参与政权后千方百计增强自己对官僚群的影响，不断培植自己的势力，为她一生政治专权奠定基础。历史为她创造了机遇。南北朝以来，伴随着门阀士族地主的衰落，普通地主势力的崛起，保护门阀士族特权的九品中正制在隋初被废除了，用科举制来替代原来的选择官吏方式，很多庶族出身的知识分子接踵而至地踏入官场，他们在政治上要求地位，在社会上要有所作为。武则天就顺应这一股无法阻挡的潮流大量招官和扩大科举取士。显庆二年（公元657年），主持官员选拔的刘祥道上书反映："现在吏部铨叙过滥过多。每年任命的品官超过一千四百多，而每年合适的任官人数五百人就足够了。并且，很多非科举出身的胥吏没有经过吏部考核精选也都成了国家的正式品官。"第二年，中书令杜正伦同样上奏谈道，每年选任的品官过多是政治上的缺陷。高宗让刘祥道和杜正伦详议改革，可是大臣们清楚这一现象的背后有武则天支持，很难实施，只得作罢。

在扩大科举取士方面，武则天参与政事以后首先增加了进士等经常举行科目录取的人数。唐太宗贞观时期，平均每年取进士、明经等科不超过十名，而武则天与高宗共同执政时，平均每年只进士一科就取二十多人。除此之外还大开制科，以显庆三年（公元658年）到仪凤二年（公元677年），制科种类多达二十一种，给士人当官提供了便利。武则天参政后为通过读书走上仕途的人提供了广阔的发展机遇，非常适应缺乏显赫门第的普通地主出身的读书人的要求。武则天开的仕途越广，这些人就越发拥护她。武则天不仅在官僚阶层中因为这个发展了很多自己的人，也奠定了比较广泛的社会基础。

（6）武氏称天后

麟德二年（公元665年），高宗要到泰山进行封禅。十月，武则天上奏说："封禅这样的大典不让皇后参与，是违背礼仪的。"并提出自己要率妃嫔、公主、国夫人等随同祭奠。高宗答应了。十一月，高宗从洛阳出发，护卫的文武仪仗队声势浩大，绵延数百里。诸国朝见的使者也率领部众跟随，场面盛大。在社首山祭皇帝祇，高宗初献之后，武后升坛亚献。然后给随同的官员加了官：文武官三品以上赐爵一级，四品以下加一阶。

武则天自大唐开国以来首次在封禅大典中得到了亚献的殊荣，自此增强了在朝内外的声势。

上元元年（公元674年）八月，武则天为提升自己的地位，提议高宗称天皇，自己称天后。十二月，她又上书，提出了治理国家的十二条建议："一、注重农桑，减轻赋徭；二、免除长安及其附近地区的徭役；三、停止征战，用道德来教育全国上下；四、禁止国家手工工场制造奢侈品；五、节省工费力役；六、广开言路；七、杜绝谗言；八、王公以下大臣全部学习《老子》；九、父在为母穿孝由一年延长为三年；十、上元年以前给当官委任状的不再罢免夺回；十一、京官八品以上增加俸禄；十二、百官任职很久，才能很高而职位很低的，应该给予升官。"这些建议是相当有针对性的。咸亨元年（公元670年），全国四十多个州受到干旱、风霜、害虫等多种灾害，百姓饥乏，关中地区最为严重，高宗只得下诏让受灾百姓到其他各州求生，并转运江南租米赈给灾民。而且多年来东征西伐，兵役不绝，徭役沉重。其中前五条是为了通过这些措施减轻社会中的各种矛盾。第五六条是为了改良行政作风。第九条是有目的地抬高以武则天为首的女子的地位。第十至十二条是特意拉拢官僚队伍。而第八条，则为了赢得高宗为首的皇室宗族的欢心，因为唐朝把老子当作自己的祖先。

高宗对武则天这些关系到国家经济、军事、政治、社会等多个方面的治国方案很是欣赏，下诏褒扬，都命令实施。不论这些建议实行效果怎么样，但是，从中可以清楚看出武则天很有政治才华，并已经全面地注意和处理国事了。

武则天以皇后的身份参与政事，却没有恰当的名分控制以宰相为首的外廷。这样她在上元二年（公元675年）以修撰的名义，在宫中召集一批文人学士，依靠这些人协助她修改审批诏书和大臣奏折，形成了以她为核心的内朝权力中心，以便渐渐抢夺宰相的大权。这些人有刘祎之、范履冰、元万顷、周思茂、苗楚客、韩楚宾等。因为他们被特许从宫城北门出入皇宫，那时候人们把他们称为"北门学士"。他们在帮助武则天参决政事，削弱宰相大权的同时，也撰成了《列女传》《百僚新诫》《臣轨》《乐书》等书，达千余卷。北门学士这个智囊班子的组成，对武则天掌握天下局势，并为她后来登基起了举足轻重的作用。

武则天自从永徽六年（公元655年）以皇后的身份登上政治舞台后，杀王皇后、萧淑妃，巩固自己的皇后地位；杀太子李忠，除掉自己的祸根；瓦解以长孙无忌为首的元老执政集团，从而有机会参与政治；杀上官仪等人后，进一步扩大了自己的权力；修定《姓氏录》，提高自己家族的社会地位；扩大科举、放手招官，在官僚群中培植自己的亲信；建言十二事，显露自己的政治才华；组织"北门学士"，逐渐有了以自己为首的领导集团。武则天在向最高权力顶峰迈进的过程中慎密安排，稳步向前，展现了一个政治家的深谋远虑。

3.武则天杀废亲子

上元二年（公元675年），武后方逞其志，不满太子李弘，用毒酒将其害死。

（1）毒杀太子李弘

武则天生性喜好权势，一朝得志，她的意图绝不是正位中宫，参与朝政，而是要登上皇帝的宝座。所以，她要及时除掉一切妨碍她实现这一目标的障碍。争夺最高权力，使武则天与儿子之间矛盾重重，而大儿子李弘最先被毒死。

武则天生了四个儿子：长子李弘，生于永徽四年（公元653年）正月；次子李贤，生于永徽五年（公元654年）十二月十七日；三子李显（又名哲）生于显庆元年（公元656年）十一月初五；四子李旦，生于龙朔二年（公元662年）六月初一。武则天害死王皇后、废弃太子李忠后，于显庆元年（公元656年）正月初六，把只有四岁的儿子李弘立为太子。龙朔三年（公元663年）十月，高宗就培养十一岁的李弘参与政事，下诏令太子每隔五天在光顺门朝听官臣的上书，一些小事统统由他处置。李弘的品性与武则天完全不同，他仁孝谦恭，对朝臣以礼相待，深得高宗欢心，并且很受大臣百姓拥护。

高宗遵从太宗遗愿，于乾封元年（公元666年）又发动大规模东征的战役。多年的战争使百姓的兵役与徭役负担加重，东征的兵士也出现逃亡现象。高宗下诏令这些逃亡的军人在规定时间内投案自首，要是在期限内不投案自首或再有逃亡的，要处以极刑，家口没官。太子李弘上书谏诤，指出这一诏令在执行中造成的一些冤案：有的士兵由于患病而无法远征从军；有的由于采集柴草被敌军俘虏，有些士兵由于渡海淹死或深入敌境作战身受重伤而无法归伍，像这样的事情，执行法令的人搞不清情况，全部按逃亡处理，将不该逮捕的关押狱中，把不该没官的家属大量没官。他请求高宗："像这样杀害无辜，不如修改诏令。希望陛下撤消逃亡士兵家属籍没入官的成命。"高宗奏准。

咸亨二年（公元671年），高宗到东都洛阳，叫李弘留守长安监理国政。这年大旱，关中粮食匮乏。李弘验察廊下守卫士兵所吃的干粮，发现有的竟然是榆树皮和蓬实，于是私下命令东宫太子家令寺给这些卫士提供米。

这时，他发现义阳、宣城两公主三十多了还没有嫁人。她们是萧淑妃的亲生女儿，因为萧淑妃的原因长期被囚禁在掖庭宫。李弘非常吃惊，又非常同情，立即上奏父皇，请选婿出嫁，高宗答应了。李弘还上奏请求将同州沙苑的国家土地分借给无地贫民。

李弘还能够纳谏。太子有些疏远东宫的属官，典膳丞全椒人邢文伟就削减他的膳食，而且上书劝说他。太子在给他的回信中认识到错误，说明接受他的建议，指出出现这种情况的原因是自己多病，并经常进宫侍奉皇上，空闲时间少。没过多久，右史这个位子空缺，唐高宗说："邢文伟侍奉我儿子，能用撤减膳食的方式进行规劝，这是耿直的人。"便将他提升为右史。

太子在一次宴会时，叫东宫的官吏表演"掷倒"的杂耍。按次序轮到左奉裕率王及善表演时，他说："表演'掷倒'，应该是乐官的职责，要是我执行您的命令，我怕没有辅助太子的资格了。"太子向他承认了错误。唐高宗知道后，赏赐给王及善一百匹缣，不久提拔他为左千牛卫将军。

咸亨四年（公元673年）八月，高宗染上疟疾，就让李弘代替自己在延福殿听取百官奏事，在实践中学习处理朝政。高宗还选择右卫将军裴居道的女儿做太子妃。送聘礼时，有关官员奏称"用白雁最为吉利"，碰巧在宫苑内捕获到罕见的白雁，高宗非常高兴。十月完婚后，裴氏非常贤惠。高宗曾对侍臣说："东宫的内政，我非常放心了。"还常说："太子仁孝，礼敬大臣，自古至今少有。"

在高宗对李弘精心培养满怀希望的时候，也恰好是武则天处心积虑扩大自己权力的时候。李弘的思想作为，尤其是其势力越来越大，对她以后登基非常不利。其实，武则天对李弘的举动早就加以防备。她发现亲生的长子李弘颇有心机，居然多次违背自己的旨意向皇帝上奏，尤其是连自己仇敌萧淑妃的女儿也奏请出嫁。她不仅恼怒，而且还给李弘点颜色瞧，把义阳、宣城两公主许配给权毅、王遂古，而这两人仅仅是守卫宫城的普通士兵。

上元二年（公元675年）三月，唐高宗风眩病非常严重，准备让天后武则天代为处理国家政事，中书侍郎、同三品郝处俊说："皇帝治理外朝，皇后治理后宫，是自古到今的常理。从前魏文帝曹丕曾经立下法令，即使皇帝幼小，太后也不许临朝听政，这是为了防止发生祸乱。陛下为什么不把高祖、太宗的天下传给子孙，反而交托给天后呢！"中书侍郎昌乐人李义琰说："郝处俊的话是最忠诚的，陛下应该听从他的建议！"唐高宗于是打消了这一念头，而想把帝位传给皇太子李弘。这就使野心勃勃的武则天一定要除掉自己的亲生儿子。

四月，李弘随高宗、武后到合璧宫，武则天在这月二十五日，用毒酒把只有二十四岁的李弘害死。高宗得知李弘的死，伤心欲绝。没办法，只得在五月下诏追封李弘为孝敬皇帝，帝子谥皇帝，这在中国历史上还是第一次。

（2）控制李贤

李弘死后，高宗寄希望于次子李贤身上，六月初五，下诏把二十三岁的李贤立为皇太子。李贤自幼聪明，举止端庄，很小就读了《尚书》《礼记》《论语》，一目十行，过目不忘。高宗十分喜欢他。为使李贤尽快熟悉政事，高宗在他成为皇太子之后，就让他处理政事。李贤处理政务精明果断，朝廷百官都称赞他。这使高宗异常开心，仪凤元年（公元676年）亲下手诏褒美道："皇太子贤自监国以来，关心政事，安抚百姓，运用刑罚非常小心。处理政事的空闲时间，攻读典籍，汲取精华，喜贤好善，可以担当国家重任，非常符合朕的心意。"并赐绢五百段。

李贤又招集一批学者，有太子左庶子张大安，太子洗马刘纳言，以及格希元、文藏诸、成玄一、许叔牙、周宝宁等，与他们一块注范晔《后汉书》。这些学者中为首的张大安是张公瑾之子，而张公瑾是玄武门政变中帮助李世民的关键人物之一，正是他力劝李世民先发制人，用不着占卜；后来又紧紧把守玄武门，成为太宗获得帝位的功臣。李贤以注书为名召集这批学士，实际上是在加强自己政治上的势力，在后党"北门学士"之外另外树立太子系的一派势力。而《后汉书》中有关于后汉政权旁落皇太后、外戚手中的记载，注《后汉书》似也包含有指出武后专权的只言片语。注书完成后，高宗赐绢三万段，并将书保存在秘阁。

仪凤四年（公元679年）五月，高宗又让李贤监理国政。这时，武则天不但看到次子李贤的政治势力超过长子李弘，而且高宗也非常希望培养这个儿子尽早继承大业。这使她面临高宗驾崩后大权会落到李贤手中的危险。武则天便千方百计地加紧控制李贤。

太子李贤听到的闲言碎语说，他是天后武则天的姐姐韩国夫人的儿子，心里就担心害怕。明崇俨依靠诅咒制胜的迷信法术获得天后武则天的信任。他时常暗中说："太子不应该继承帝位，英王李哲长得特别像唐太宗。"又说："相王李轮长得有显贵之相。"天后武则天曾命令北门学士撰《少阳正范》及《孝子传》赏赐给太子，并且多次写信责备他，太子心里愈为不安。李贤敏锐地警觉到母后要对自己不利了，就作《黄台瓜辞》，命令天下乐工们演唱。歌词是："种瓜黄台下，瓜熟子离离。一摘使瓜好，再摘令瓜稀，三摘犹尚可，四摘抱蔓归。"喻意武则天只有四个儿子，如果把他们都杀掉，不会给自己带来好处。希望母亲听闻后觉醒，产生恻隐之心。李贤此时作的乐曲《宝庆乐》曲调也非常哀伤。但武则天想做皇帝，必然要除掉李贤，因为他已年长，又有政治才能，要是李贤当了皇帝，不仅自己不可能当女皇帝，并且手中已有的权力也会被夺走。

　　武则天非常信任的明崇俨在去年五月一天的夜里被刺客杀死，司法部门没有能够找到凶手，天后武则天怀疑是太子所为。太子比较喜欢音乐、女色，同家奴赵道生等关系特别亲近，赏赐他们很多金帛，司议郎韦承庆给他提建议，太子听不进去。天后武则天暗中派人告发这些事。唐高宗命令薛元超、裴炎与御史大夫高智周等共同审问太子，在东宫马坊搜出数百件黑甲，作为反叛物证；赵道生又指证太子让他杀死明崇俨。唐高宗向来偏爱太子，十分踌躇，想赦免他，天后武则天说："作为人子却有谋权之心，天地所不容，应该依法惩处，怎么可以赦免！"二十二日，废太子李贤为平民，令右监门中郎将令狐智通等将李贤弄到京师，幽禁于别所，同伙的人都被处死了，查获的黑甲在洛阳天津桥南焚烧示众。这一案件株连了很多人，除李贤的一批亲信被处死以外，宰相兼左庶子张大安贬为普州刺史，太子洗马刘纳言等十多人被放逐。武则天仍然不死心，第二年十一月又把李贤流放到巴州。

（3）废黜中宗

　　李贤被废后的第二天，二十四岁的李显被立为太子。李显平庸无能，这样唐高宗想传位给比较有才能的儿子的愿望破灭了，心里不痛快，身体愈来愈坏。开耀元年（公元681年）七月，高宗由于服药治病，令李显监国，仍然想提高儿子的治国本领。尤其是在永淳元年（公元682年）二月，高宗破例立李显刚出生的儿子重润为皇太孙，并为其开府置师傅等官员，希望把太子、太孙的名义定下来，有官员下属，也许能够保持李氏的江山。

四月，高宗因关中闹饥荒，到东都洛阳，让李显暂掌国事，并让宰相刘仁轨、裴炎、薛元超辅政。但李显游手好闲，荒废政事。薛元超上书规劝。高宗闻讯，召赴洛阳。永淳二年（公元683年），高宗病势已十分严重，连本来定在十月封嵩山的祭典也无法举行。高宗头痛加重，无法视物，召侍医秦鸣鹤诊视。秦鸣鹤请求用针刺头使它出血，非常有效。天后武则天在帘中，不愿唐高宗病情痊愈，生气说："此人可以斩首！竟然妄图在天子头上刺出血。"秦鸣鹤叩头请求恕罪。唐高宗说："只管刺，说不定有效。"于是用针刺百会、脑户两个穴位。高宗说："我眼睛好像能够看见了。"天后武则天把手举在额上说："这是上天的恩赐！"亲自备着彩缎百匹赐予秦鸣鹤。

然而高宗终究病情严重。十一月十五日，下诏令李显在洛阳监国，让宰相裴炎、刘景先、郭正一和太子同理朝政，预防有什么不幸的事情发生。十二月初四，改年号为弘道。高宗想到则天门楼宣布大赦，可是因呼吸困难无法乘马。夜里，高宗召裴炎入宫，授予遗诏，让他辅佐李显。高宗在贞观殿驾崩。他于遗诏中命令太子在他灵柩前即帝位，遇有不能解决的军国大事，请武后帮助解决。

初七，裴炎上奏说太子还没有即帝位，最好不要由他直接颁布诏令，有急需处理的重要事情，希望发布天后的命令由中书省、门下省实施。十一日，唐中宗即帝位，尊天后武则天为皇太后，政事决定权在她之手。武则天获得了掌管国家的最高权力。

武则天的欲望越来越大，她要公开当女皇。所以在弘道二年（公元684年）二月，武则天找了个借口把继位还不到两个月的中宗废黜了。

中宗于弘道元年（公元683年）十二月十一日正式登基，在第二年正月初一改年号为嗣圣元年（公元684年），随即把原太子妃韦氏册立为皇后。与此同时将韦后的父亲韦玄贞从低级官员普州参军破格提升为高级官员豫州刺史。中宗想任命韦玄贞为侍中，又准备授给乳母的儿子五品官，裴炎极力反对，中宗非常恼怒，说："我将天下交给韦玄贞有什么不可以！难道还吝惜侍中职位！"裴炎心中惶恐，报告太后，并秘密商定废皇帝的事。二月，太后在乾元殿召集百官，裴炎和中书侍郎刘祎之、羽林将军程务挺、张虔勖率军入宫，执行太后命令，废中宗为庐陵王，扶他下殿。中宗说："我犯了什么罪？"太后说："你准备把天下交给韦玄贞，怎么会没有罪！"便把他幽禁起来。

废掉中宗的第二天，武则天把自己第四子李旦立为皇帝，称为睿宗，那时，李旦还不到二十二岁。可是她把睿宗安置在偏殿，全部国政都由自己决定，睿宗只是一个傀儡。在这之后，武则天常在洛阳宫的紫宸殿中垂下浅紫色的丝帐，临朝听政，独断专行。

这时，她对被流放在外地的李贤放心不下了。因为李贤在政治上颇有影响，她害怕有人打着李贤的旗号起兵造反。为了消除这种可能，于是以检查李贤住宅安全的名义派心腹左金吾卫将军丘神勖前往巴州，暗中令他除掉李贤。三月，丘神勖到巴州后，将李贤单独关押起来，并把其逼死，年仅三十二岁。为了掩饰自己的行为，武则天将丘神勖作为替罪羊，外贬为叠州刺史，还在显福门装模作样举哀哭泣，并将李贤追封为雍王，但是不久，又把丘神勖调回，恢复原职。

武则天在除掉李贤的时候，他的孩子同遭厄运。他的三个儿子李光顺、李守礼、李守义都被关在宫中，十几年不能走出庭院。李光顺后来被杀，李守义病死，李守礼在长期监禁中时常被毒打。玄宗掌朝时，玄宗弟李范向皇兄报告说："守礼能提前知道或晴或雨。"玄宗非常奇怪，召他来问。李守礼答："因为脊背被打得斑痕累累，要是下雨，臣脊背沉闷，要是晴天，就轻松，所以能预知晴雨。"说着眼泪沾湿了衣襟，玄宗也潸然泪下。

对废弃的中宗，武则天担心他留在都城对自己不利，于是在五月将他迁徙到均州，囚禁在原来李泰从前居住的府第。没过多久，又转移到房陵囚禁。幸好李显才能平庸又缺乏政治影响，才得以保全性命。

当亲生儿子妨碍自己登上皇帝宝座时，武则天残酷地毒死长子李弘，逼死次子李贤，剥夺了三子李显的帝位，并将他囚禁于外地，立为皇帝的小儿子李旦，实际也是软禁宫中，充当傀儡。这样，她向权力的顶峰又跨进了一大步。

4.宗室起兵

垂拱四年（公元688年）八月，武后谋夺李氏社稷，除唐宗室，诸王内心很是不安，遂起兵匡复。

（1）武后建明堂

武则天废掉中宗、又将睿宗软禁，临朝称制，于是徐敬业乘机以讨伐武氏恢复李唐为口号，在扬州叛乱。这一政治动荡虽在她心中留下深刻印象，但一点儿也没动摇她要成为女皇的决心。她果断地平息了这场叛乱，不断提高自己的地位和扩大手中的权力。为了达到这一目的，她用尽了各种手段。

垂拱四年（公元688年）春季，正月初五，唐朝在神都建立唐高祖、唐太宗、唐高宗三座庙，四季祭祀的礼仪全部按照西京的太庙。又奉立崇先庙来祭祀武氏祖先。武则天命令有关部门商量崇先庙的室数，司礼博士周悰请设七室，并且把李唐太庙减为五室。春官侍郎贾大隐上奏反驳说："依据礼制，天子七庙，诸侯五庙，这是从古到今不能改变的礼仪。如今周悰依照毫无根据的议论，广述异论，仅尊敬推崇太后临朝代理国事的威仪，却不遵守国家的常法。皇太后亲自担当先帝临终的托付，显扬帝王的大道，崇先庙的室数应该按照诸侯的数目，国家宗庙不可以任意改变。"于是太后就没有为崇先庙设立七室。

没能按天子之制建成武氏崇先庙使武则天有了经验。二月，她准备建造明堂以供宣明政教、朝会大典等用。太宗、高宗在位的时候，多次计划修建明堂，由于儒家学者们没能就它的制度达成共识而终止。到太后临朝执掌皇帝权力，单独和北门学士讨论关于它的制度，却没有听取学者们的建议。学者们认为明堂应该位于都城南郊居中之地，七里之内，三里之外。太后认为距皇宫太远。二月，把乾元殿拆毁，在其原地基建明堂，任命和尚薛怀义为监造明堂使者，参与修建的达数万人。

薛怀义是鄂县人，本来姓冯，名叫小宝，在洛阳街市卖药，后来因为千金公主的关系而进宫，博得太后的信任。太后为方便小宝出入宫禁，于是令他剃度为和尚，法名怀义。又因为他出身贫寒低微，便让他与驸马都尉薛绍互认为同族，命令薛绍以叔父之礼待他。他乘皇帝用的马出入，随行太监十多人；官民碰到他都得赶紧回避，要是靠近他，就会被打得血流满面，然后不管死活，扬长而去。他见到道士就是一阵毒打，还要把他们的头发剃光才离去。朝廷亲贵全都得趴在地上向他行礼，武承嗣、武三思都像奴仆一样侍奉他，出行时替他牵马，薛怀义丝毫不把他们放在眼里。他还招揽很多无赖少年，削发为僧，为非作歹，人们敢怒不敢言。右台御史冯思勖屡次将他们法办，后来薛怀义和他在途中碰到，就派随从殴打他，几乎把他打死。

武承嗣派人在白石上刻上文字："圣母临人，永昌帝业。"而后又将紫石捣成粉末掺上药物将字填平。又让雍州人唐同泰献石上表，声称这石头是在洛水中捞到的。武则天特别开心，将这石头命名为"宝图"，把唐同泰任命为游击将军。五月十一日，武则天下诏，要亲自祭拜洛水，领受"宝图"；在南郊祭祀，告谢昊天上帝；祭典完成后，驾临明堂，接受群臣朝见，命令各州都督、刺史以及外戚、皇族在祭拜洛水前十天集中到洛阳。十八日，太后加尊号为圣母神皇。

秋季，七月初一，唐朝大赦天下。"宝图"改名为"天授圣图"；洛水改名为永昌洛水，把洛水神封为显圣侯，并加为特进，在洛水上打鱼垂钓一律禁止，祭洛水的礼仪都按照四渎来进行。将天授圣图出现的地方取名为圣图泉，泉的旁边设置永昌县。又改称嵩山为神岳，封嵩山神为天中王，授给太师、使持节、神岳大都督的官衔，禁止在山上打柴放牧。又由于以前在汜水县得到瑞石，所以汜水县改为广武县。

太后背地里想办法取代唐朝，慢慢清除皇族。青州刺史霍王李元轨、绛州刺史韩王李元嘉、邢州刺史鲁王李灵夔、豫州刺史越王李贞及李元嘉的儿子通州刺史黄公李譔、虢王李凤的儿子申州刺史东莞公李融、李元轨的儿子金州刺史江都王李绪、李灵夔的儿子范阳王李蔼、李贞的儿子博州刺史琅玡王李冲，在皇族中都以才干和品行享有美名，武则天特别忌恨他们。李元嘉等焦虑不安，私下酝酿着挽救恢复李氏皇权。

（2）诸王起兵匡复

首先图谋起事的是韩王李元嘉，他的母亲宇文昭仪是隋左武卫大将军宇文述的女儿。李渊称帝时由于结发妻窦氏早已死去，想要册封宇文昭仪为皇后，可是她固执地推辞。李元嘉少年时，由于母亲受宠也被高祖宠爱。而且他自己也非常喜欢学习，藏书有万卷，又严于自律，威望很高。到睿宗为帝时，他身为太皇叔，辈分特别尊崇。高宗驾崩，武则天临朝摄政，担心李元嘉别生变故，为招揽他，升其为太尉，官居极品，可是依然在外担任刺史，不让在朝中掌有实权。徐敬业在扬州发动叛乱时，武承嗣因李元嘉和其弟李灵夔辈尊位重，屡次劝武则天找借口杀掉两人以除祸患。武则天亦有此意，但因为宰相裴炎全力阻止而没能杀掉二人。朝不保夕的处境使宗室诸王惶惶不可终日。四年后，武则天诛杀李唐宗室就在眼前，在大祸即将来临之际，他们只得拼死一搏先下手为强了。

韩王李元嘉与其子李譔密谋，举兵后以"迎还中宗"为名，号召天下一起响应。垂拱四年（公元688年）七月，开始联络宗室诸王公。李譔用暗语给李贞写信说："妻妾病情越来越重，应当迅速医治。如果拖延到今年冬天，恐怕会变成不治之症。必须赶快动手，并请速速回信！"

恰好，武则天由于明堂快要建成，举行宴享大典，召皇室众王公集中洛阳。李元嘉派使者通知诸王道："宴享大典的时候，武则天一定让人告密，诬陷宗室诸王叛乱，然后加以杀戮，那时皇家子孙无人能够幸免。"李譔又伪造皇帝玺书对李冲说："朕遭囚禁，诸王赶快发兵救我！"李冲也假传皇帝玺书道："武则天要颠覆李唐江山，把天下变成武氏天下。"

李冲命博州长史肖德琮等广召士兵，并分头通告霍王、韩王、越王、鲁王，以及贝州刺史纪王李慎等，共同举兵，相互照应，同心同德，杀进洛阳。

参加谋划反叛的王公当时都任州刺史，在洛阳周围分布，韩王李元嘉在洛阳西北的绛州；鲁王李灵夔、霍王李元轨、琅玡王李冲分别在洛阳东北方的邢州、青州、博州；越王李贞、虢王李凤之子东莞公李融分别在洛阳东南方的豫州和申州；霍王李元轨子江都王李绪、黄国公李譔分别在洛阳西南方的金州和通州。

参加宗室起兵的还有唐高祖的女儿常乐公主和她的丈夫寿州刺史赵瓌。李贞将要起兵时，派使者通知寿州刺史赵瓌，赵瓌的妻子常乐长公主对使者说："代我转告越王：隋文帝将要夺取北周帝位，尉迟迥是北周皇帝的外甥，还能起兵匡扶宗室拯救国家，虽然失败，但使国内震撼，可以称为忠诚壮烈之士。更不用说你们还是先帝的儿子，难道还能不把国家放在心上！现在李氏王朝的危险就像清晨的露水一样，你们诸王不拼死一搏，还徘徊着不发兵，想等什么呢！大祸就要来了，大丈夫应当作忠义的鬼魂，不应当坐以待毙。"

另外，越王李贞的女婿汝南县丞裴守德，唐高宗的女儿太平公主的丈夫驸马都尉薛绍及其两个哥哥——济州刺史薛顗以及薛绪也都积极地参与了宗室起兵活动。

像前边所说，皇亲国戚中为反对武则天篡唐而里应外合的人特别多，其中很多人在洛阳周围包围。但是，这些力量是分散的。韩王李元嘉非常了解这一点。当他见到琅玡王李冲派来催促起事的使者后，马上遣人回报越王李贞、李冲和琅玡王，叮嘱"只有同时发兵，四方同时进军，才能成功"。

就在这关键时刻，鲁王李灵夔子范阳王李蔼认为越王李贞在准备并不充分之时，贸然起兵，必然导致失败。为了自保，于是将起兵计划告诉了武则天。李冲获悉事情败露，便于八月十七日在博州仓促起兵。武则天马上令左金吾将军丘神勣为清平道行军大总管前往镇压。

李冲是越王李贞的长子，喜欢文学，擅长骑马射箭，担任过密、济、博三州刺史，都有所建树。

李冲招得五千兵马，准备渡过黄河占领济州；首先进攻武水，武水县令郭务悌到魏州求救。莘县县令马玄素率军一千七百人在半道攻击李冲，由于担心兵力不能抗敌，就退守武水县城坚守不出。李冲推草车堵塞该城南门，想借着风势放火焚烧城门，准备趁着火势冲入城中；不曾想起火后风向逆转，李冲的军队不能前进，于是士气低落。堂邑人董玄寂为李冲领兵进攻武水，对人说："琅玡王与国家打仗，这是造反。"李冲知道后，将董玄寂斩首示众，部下害怕都纷纷逃入荒野，李冲不能禁止，仅剩下自家的僮仆和左右一共几十个人。李冲往回逃奔博州，至博州城门，被守门的人杀死，发兵前后一共七天就失败了。

接着，丘神勣率军到博州。当时事件已经平息，博州官吏身穿素服出门谢罪。丘神勣二话不说，举刀便杀，共计处死一千多户人家。接着，将李冲首级传送洛阳，枭首于阙下示众。

李冲仓促举兵，而诸王还没准备好，没敢随意响应，结果只有李冲父亲越王李贞在豫州起兵响应。他派兵占领了上蔡县。九月初一，武则天命令左豹韬大将军麴崇裕为中军大总管，岑长倩为后军大总管，统领十万大军镇压，又命宰相张光辅为诸军节度。

朝廷削除李冲、李贞在皇族名册中的名字，改姓虺氏。李贞知道李冲战败后，原本准备到皇宫前负荆请罪，恰好碰上他所任命的新蔡县令傅延庆招集勇士两千多人，李贞于是告诉众人："琅玡王已攻破魏、相等好几州，有兵二十万，不用多久就会来到这里了。"又从豫州属下各县征兵共五千人，分为五营，让汝南县丞裴守德等统帅，任命九品以上官员五百余人。所任命之官吏都是被逼迫的，毫无斗志，仅裴守德与他同谋，李贞将女儿嫁给他，任命他为大将军，视为心腹。李贞让和尚、道士诵经祈福，兵士以及身边的仆人都佩带避免兵器伤害的神符。麴崇裕等军到达豫州城东四十里，李贞让小儿子李规及裴守德迎接战斗，结果大败而回。李贞大惊失色，闭门自守。麴崇裕等到达城下，手下的人对李贞说："您怎么能够等着被人辱杀呢！"于是李规、李贞、裴守德及他们的妻子全部自杀而死。他们和李冲全部在东都皇宫门前阙楼下被悬首示众。

（3）逼近女皇宝座

朝廷任命文昌左丞狄仁杰为豫州刺史。那时正在处罚越王李贞的党羽，有六七百家要判罪，撤消户籍而给官府充当奴婢的有五千人，司刑寺催促豫州执行判决。狄仁杰给武则天密奏说："他们全部是受牵连的，我想明白上奏，那又像是在为叛逆的人申辩；知道而不说，又担心违背了陛下仁爱怜悯的本意。"武则天因此特意原谅他们，统统放逐丰州。当他们经过宁州时，宁州父老迎接慰劳说："是我们的狄使君拯救你们的吧？"这些获救的人扶老携幼在宁州百姓从前为狄仁杰立的功德碑下痛哭，斋戒三天后才接着赶路。

那个时候张光辅还在豫州，其属下将士因有功绩，任意勒索，狄仁杰由此不理睬他。张光辅生气说："你怎么敢轻视全军主将？"狄仁杰说："河南作乱的仅一个越王李贞，如今李贞死了，却出现了一万个李贞！"张光辅责问他这话是什么意思，狄仁杰说："您领兵三十万，目的只限于越王李贞。城中人知道官军到来，越城出来归顺的人特别多，四面都践踏成道路了。您却纵容兵士残暴地抢掠，杀已归降的人用以报功，血流成河，这不是一万个李贞难道又是什么！我恨不能得到天子的尚方斩马剑加在您的脖子上，我即使死也无憾了！"张光辅理屈辞穷，回京之后，上奏说狄仁杰不恭顺，因此狄仁杰被贬为复州刺史。

越王李贞和琅珜王李冲的军事行动被镇压下去以后，武则天抓住时机铲除李姓宗室。她为了杀韩、鲁诸王，先派监察御史苏珦进行审讯来取得宗室诸王密谋造反的罪状。但苏珦没有找到证据，于是有人诬告他暗通韩王等，有心回护他们。武则天召苏珦当面质问，苏珦义正词严，表示不愿滥用刑罚。武则天只好说："卿是文雅的人，我另有重用。"于是把苏珦外调为河西监军，改换酷吏周兴审讯宗室诸王。周兴在武则天的授意下，很快将韩王李元嘉、鲁王李灵夔、常乐公主、黄国公李譔逮捕，逼迫他们全部在洛阳狱中自杀。

接着被杀的还有申州刺史东莞公李融。当武则天召宗室众王公到明堂朝会时，他暗中派人到洛阳，向在成均任助教官的心腹高子贡询问是否可以入朝？子贡回答道："来了一定会死！"李融因此装病不去朝会。越王李贞和黄国公李譔密谋宗室起兵，很依赖李融为外援，因为他小的时候就以勇猛而出名。可李融收到李贞起兵的书信后，由于过于仓促而不能响应。又受僚属逼迫，只得将李贞派来的信使绑起，并向武则天告密，获赐银青光禄大夫的官衔。可是没过多久，李融就被其他参与宗室起兵的人检举，十月，在洛阳市中斩首，家口籍没。高子贡也被杀死。

十一月，武则天杀薛绪、薛颢。薛绍由于是武则天亲生女儿太平公主的丈夫，得留全尸，打了一百大板，活活饿死狱中。十二月，霍王李元轨由于与越王李贞串通谋反被流放黔州，坐槛车行至陈仓时在半路中死了。殿中监郧公裴承先和江都王李绪也都在洛阳市中被杀。

这时，李唐宗室力量受到严重削弱。而武则天于十二月二十五日如期举行了拜谢洛水接受唐同泰所献"宝图"的仪式。皇帝李旦、皇太子李成器跟随在后，内外文武官员、蛮夷酋长各自按照方位站立，祭坛上摆满了奇兽、珍禽、珠宝。场面隆重的程度是建唐以来前所未有的。这是武则天和李唐宗室较量取得大胜后的一次庆典。

二十七日，明堂建成，高二百九十四尺，宽三百尺。总共三层：下层依据四季划分，四个方向各使用本方的颜色；中层依据十二时辰划分；上边是圆顶，由九条龙捧起，顶部安置铁凤，高达一丈，用黄金装饰。中间有十围粗的大木，上下贯通，斗栱斜柱屋檐都依靠它作基础。下面放有铁制水渠，如同太学中辟雍的样子，称为万象宫。武则天设宴赏赐群臣，大赦天下，允许人民入内参观。河南县改称为合宫县。又在明堂北面建立五层天堂用来存放大佛像；登上第三层便可以俯视整个明堂了。和尚怀义由于主持修造天堂和明堂有功被封为左威卫大将军、梁国公。第二年元旦，武则天在"万象神宫"进行了祭祀大典。她穿着帝王的衮服，头戴帝王的冠冕，腰带上插着皇帝的大圭，手中拿着天子的镇圭，正大光明地为初献。皇帝李旦跟在后面为亚献，太子李成器为终献。先祭昊天上帝；然后是唐高祖、太宗、高宗；接着是魏国先王武士彟；最后是五方帝座。

祭祀大典结束后，武则天又登临则天门城楼，大赦天下，将年号改为永昌元年（公元689年）。正月初三，她在明堂接受群臣朝贺。初四，在明堂发布政令，专门颁布了训戒百官的九条律令。初五，则在明堂大宴群臣。这些举动可称恩威并用、目标明确。武则天离正式登基成为女皇的日子已经不远了。

5.女皇建周

天授元年（公元690年）九月九日是重阳佳节。这一天，六十七岁的武则天经过了才人、昭仪、皇后、天后、太后、圣母神皇，经过三十六年，最后终于登上皇位，成为"圣神皇帝"，开创了周朝。武则天是中国封建社会中仅有的女皇帝，而她夺取权力的每一步，都通过激烈争斗和苦心经营。

（1）推行恐怖政策

在古老的中国封建社会里，武则天要打破常规做女皇，这和传统的封建政治原则及道德观点发生了尖锐的矛盾。尽管她以军事手段平灭了徐敬业的叛乱和宗室起兵，可是也非常清楚地知道，朝廷内外阻碍自己即帝位的势力依然十分强大。权欲熏心的武则天已经登上了"临朝称制"的政治高度，这时的她已经不能罢手，改朝换代成了武则天必然要实现的目标。为此，她在直接派遣军队镇压武装反抗的同时，还使用大开制狱、奖励告密、滥刑杀戮的手段，消灭一切敢于反抗她的人。

在中宗被废、武则天独揽大权的时候，这些无情的手段就广泛地运用了。光宅元年（公元684年）二月，中宗被废后好几天，有十多个禁卫军飞骑聚在一起饮酒。其中一个禁卫军抱怨说："要早知废中宗后没有一点勋赏，还不如拥戴中宗呢。"这时，另外一个人毫无异状地走了，他居然是去玄武门告密。武则天知道后，马上派人前来，这些飞骑还在痛饮，就被全部抓入羽林军狱中。发牢骚的人斩首，剩下的以知情不报的罪名绞刑处死，仅那个告密的由于立了功而被封为五品官。告密风气在武则天的推崇下开始盛行。

光宅元年（公元684年）九月，徐敬业打着讨伐武则天的旗号在扬州起兵叛乱，让武则天震动很大，她相信有很多人反对自己临朝称制，尤其是宗室、大臣心中怨恨。武则天为了巩固手中的权力并进而称帝，便大肆鼓励告密的风气。垂拱元年（公元685年）二月，她撤消西朝堂"登闻鼓"和东朝堂"肺石"的看守人，给击鼓、立石的告密者提供方便。而且，命令御史一接到状纸马上告诉她。

垂拱二年（公元686年）三月初八，武则天下令铸造铜匦：东边的称做"延恩"，进献赋颂文字和想要做官的人可以把奏表投入；南边的称作"招谏"，讨论朝政得失的人可将奏表投入其中；西边的叫作"伸冤"，遭受冤屈之人可将奏表投入；北边的名叫"通玄"，讲天象自然灾害和军机秘计的人可将奏表投入。命令补缺、正谏、拾遗各一人管理，要有熟识的官员担保，才能将表疏投入。

武则天制定这一制度后，给告密者提供了一条方便而又合法的途径，大量告密表疏不断涌来，所以人们的好事、坏事没有她不知道的。更重要的是，她能随时掌握政治局势，以加强打击和钳制。令人啼笑皆非的是，铸造铜匦建议的鱼保家曾经参加徐敬业谋反，教他制造刀车和弩。徐敬业失败后，鱼保家本来幸运地没有被处死，可有了铜匦告密制度，没过多久，他就遭受冤家投匦告密，结果得了个伏诛的结局。

武则天为了除掉政敌，鼓励告密而绞尽脑汁。她下令规定，只要是地方上来京告密的，官员不许询问，并一律为之准备驿站马匹骑乘，依照五品官员待遇款待他们，让这些人迅速而安全到达。告密的人就算是农人樵夫，武则天全都一一召见，并将他们安排在国家的客馆里居住。召见时只要说的话博得武则天的欢心，就破格赐给官职；就算说得不真实也不惩罚。如此一来，各地告密者风起云涌，形成了人人自危的恐怖局面。

武则天依靠奖励告密的制度，没过多久就网罗到一批专门依靠告密诬陷升官发财的酷吏无赖。有一个胡人叫索元礼，知道武则天的心意后，因告密被召见，提升为游击将军，武则天让他查办依照诏令特别设立的监狱里的囚犯。索元礼凶暴残忍，审讯一个人一定使得他牵扯到几十人或者上百人。武则天屡次召见、赏赐他，以扩大自己的权威。这样尚书都事长安人周兴、万年人来俊臣这一类人争着学索元礼，纷纷获得重用。周兴连续升官至秋官侍郎，来俊臣连续升官至御史中丞。他们手下都私自养着无赖好几百人，专从事告密活动。当他们准备诬告一个人时，便会让这些无赖从好几个地方一起告发，所告的内容全部相同。来俊臣与司刑评事洛阳人万国俊一同编撰《罗织经》好几千句话，指导他们的门徒怎样搜罗无罪人的言行，写成谋反罪状，捏造组织得像真的一样。武则天抓到被告密的人，就命令索元礼等审讯被告，他们争先恐后制定审讯囚徒的残酷方法，制作出好多种大枷，有"突地吼""定百脉""反是实""求破家"等。或者用椽子将人的手脚串连而进行旋转，叫作"凤凰晒翅"；或者用东西拉住人的腰部，将脖子上的枷向前拉，称为"驴驹拔撅"；或让人跪着用手捧着枷，往枷上垒砖叫作"仙人献果"；或让人在高木桩上站着，将脖子上的枷向后拉，叫作"玉女登梯"；或者把人倒悬起来，在脑袋上挂石头；或用醋灌鼻孔；或用铁圈将头罩住，在脑袋与铁圈之间加楔子，致使有的人脑袋裂开，脑浆外流。一旦抓来囚犯，就先摆列刑具让他们观看，他们没有不颤抖流汗的，一看到便无罪也承认有罪。要是有赦免令，来俊臣总是命令狱卒先处死罪犯，然后宣布赦令。武则天认为他们忠诚，愈发信任宠爱。朝廷内外害怕这几人，都超过了害怕老虎和狼。

（2）铲除政敌

武则天推行的恐怖政策受到正直官员的谏诤。麟台正字陈子昂上书道："相关部门的管事人痛恨徐敬业起兵反叛，欲铲尽邪恶的根源，捕尽徐敬业的余党，便促使陛下设置特种监狱，大量设立严酷刑罚，有行为稍有嫌疑的，口供相牵连的，没有不全力追捕审讯，甚至于有奸人迷惑人，趁机进行诬陷，举报没有证据的事情，想得到赏赐和官职，这应该不是陛下惩罚罪人、慰问百姓的本意。我私下观察现在的天下，百姓渴求时局安定已经很长时间了。因此扬州叛乱大约五十天，而天下依旧安定，一点也没有出现动乱。陛下不追求清静无为以休养疲惫的人民，反而滥用重刑使他们失望，我很愚昧，心中疑惑。我看见四处告密，关押千百人，刨根问底的结果，一百人之中没有一个是真的。陛下仁爱宽恕，又枉法放纵诬谄的人，使奸恶之徒肆意打击他们的仇人，有一点仇怨便声称需要密告，一人被告，一百多个人被捕入狱，使者出外抓人，车马多得如同闹市一般。有人说陛下爱一人而使百人受害，天下人焦虑盼望，不清楚哪里才是安乐之土。我听说隋朝后期，天下还算太平，杨玄感作乱，没坚持到一个月就失败。天下的弊端，还没有到土崩瓦解的地步，百姓的心里依旧盼望安居乐业。隋炀帝不清楚这一点，就派遣兵部尚书樊子盖任意屠戮，全力追究杨玄感党羽，天下的侠义人士没有不遭殃的；以致杀人如麻，血流成河，天下大乱，人们开始被迫作乱，这样，群雄并起而隋朝便灭亡了。大狱一兴，不能保证没有滥判的，受冤屈的人忧伤哀叹，感触和伤害了阴阳调和之气，使得瘟疫流行，水旱灾害随之而来，致使人民失业，则令人恐惧地祸乱之心便产生了。古代贤明的帝王对于刑罚十分小心，原因就是害怕这样的结果。以前汉武帝时有以巫术害人的案件，使太子逃走，在宫阙之内，发生武装冲突，无罪被害的人非常多，国家差点灭亡；还好，汉武帝得到壶关三老的上书，醒悟过来，诛灭祸首江充三族，别的受这案件牵连的人不予追究，天下这才获得安宁。古人说：'前事不忘，后事之师。'诚恳希望陛下考虑！"武则天没有理会他的意见。

从嗣圣元年（公元684年）二月武则天提倡告密的风气杀掉十几个飞骑后，到天授元年（公元690年）建立周朝，她以残忍的手段除掉了大批的政敌。

首先是文明元年（公元684年）她临朝称制后，为了防止有人利用废太子李贤与自己作对，派丘神勣到巴州逼死李贤。同年九月，徐敬业在扬州打出讨伐武氏匡扶李唐的旗号起兵后，她在朝廷中制造裴炎谋反案，将一批以裴炎为首的拥唐派文武官员清除掉。又利用徐敬业叛乱案，广泛诛连，使朝廷内外弥漫恐怖气氛。

垂拱三年（公元687年）五月，武则天杀死宰相刘祎之。刘祎之原籍常州晋陵，十几岁就以文学享有盛名，又因为孝友被当时士族称颂。他从前是武则天"北门学士"的重要成员，长期受到武则天的重用。但他心里想着唐室，有一次他私下里对凤阁舍人贾大隐说："太后既然废昏庸立贤明，根本不用临朝行使皇帝权力，不如归权给皇帝，以安定天下人心。"贾大隐向武则天密奏这件事，武则天心中不快，对左右的人说："刘祎之是我一手提拔的，竟然背叛我！"有人诬告刘祎之收了归诚州都督孙万荣的黄金，并且和许敬宗妾私通，武则天命肃州刺史王本立审讯他。王本立向他宣布并出示武则天的敕令，刘祎之说："没有经过凤阁鸾台，如何能称为敕令！"武则天非常生气，认为这是抵制君主的使者。初七命令他在家里自杀。

刘祎之最初入狱时，睿宗曾经为他上书辩护，亲友都替他高兴。刘祎之却道："这只是让我死得更快。"临刑前，他先沐浴，神色泰然自若，自己书写给武则天的谢恩表，没用多长时间就写出几张纸。太子文学周思钧、麟台郎郭翰赞赏他的文章。武则天得知后，将郭翰贬职为巫州司法，周思钧贬职为播州司仓。

在这一年九月，虢州人杨初成欺骗别人说自己是郎将，假传圣旨在都市招募人才，要把中宗李显从房州接入京师。事情败露后被杀。

曾经平息徐敬业叛乱的主将李孝逸也没有能躲过厄运。由于他出征扬州大捷，得胜而回，声望非常高，并且是李唐宗室，武承嗣等觉得他将是武氏篡权的重大障碍，于是多次暗地里向武则天进谗言，于垂拱三年（公元

687年）二月，将李孝逸贬为施州刺史。武承嗣等仍不放心，不肯收手，次年九月，又使人奏本诬告他，说李孝逸曾自己解释自己的名字中的"逸"字说："名中有兔，兔，月中之物，月近天，应当是做天子的命运。"给他加上谋反大罪。武则天表面念他平定徐敬业叛乱有功，于十一月下诏李孝逸减死除名，将其流放儋州，没过多久就死在那里。他的心腹崔知贤、裴安期、董元昉等被杀死。

垂拱三年（公元687年），武则天还铲除了长期阻碍她称帝的冯元常。冯元常是相州安阳人，高宗时做官非常有建树。高宗晚年多病，冯元常担任尚书左丞，十分受宠。高宗常对朝臣说："朕身体不好，有事可与元常商议后再告诉我。"冯元常察觉武则天的野心，曾经密奏高宗说："中宫的权力太大了，应该稍为削弱一些。"高宗没有采纳，可是深知他说得非常正确。武则天听到心中愤恨。到她以太后身份临朝称制时，各地官员为了获取宠信争着献给武则天表示吉祥的符瑞。崇阳令樊文献的是瑞石，武则天命令将瑞石摆放在朝堂让群臣观看，以证明自己主政符合天意，可是冯元常却奏道："樊文献瑞石纯属于欺骗，不可用这个来欺骗天下。"这使武则天非常扫兴，一怒之下将冯元常贬为陇州刺史，后又改任眉州刺史、广州都督，虽在各地都很有功绩，武则天既不予以奖赏，也不许入朝。于是，酷吏周兴按照她的意愿，最终把冯元常诬谄逮捕，在洛阳狱中害死。

垂拱四年（公元688年），武则天又无情地制造了郝象贤冤案。郝象贤是郝处俊的孙子。上元二年（公元675年）三月，高宗由于头痛目眩非常严重，和宰相们商议想让位，让武则天摄理国政。当时主要由于郝处俊上谏阻拦，让武则天提前独掌大权的一个良机化为泡影。她怀恨在心，寻找机会报复。可是郝处俊在高宗朝时的开耀元年（公元681年）已病逝，武则天移恨到郝象贤身上。永昌元年（公元689年）四月，有个家奴诬告当时担任太子通事舍人的郝象贤阴谋造反，武则天抓住时机，命周兴审讯，并告诉周兴要陷害郝象贤以灭族之罪。郝象贤家里的人去了朝堂，向监察御史乐安人任玄殖鸣冤。任玄殖上奏武则天说郝象贤谋反并无证据，因而获罪而被免除了官职。郝象贤临刑前，破口大骂武则天，揭发宫中隐秘的丑事，抢夺街市上的人用的木柴打行刑人，金吾卫士兵一同把他打死。武则天命令肢解他的尸体，挖开他父亲、祖父的坟墓，毁坏棺材焚毁尸体。从那以后武则天在位时期，法官每次执行死刑，都先用木丸塞住犯人的嘴。这一制度到武则天死才停止执行。

杀郝象贤后只有三个多月，面对武则天残忍的屠刀，琅琊王李冲、越王李贞起兵叛乱。武则天用武力镇压下去后，趁此机会清除参与起兵的一批李唐宗室王公。

垂拱四年（公元688年）十二月，宰相骞味道和儿子骞辞玉也被杀死。骞味道由于依照武则天心意办理裴炎案有功，从御史大夫提升为宰相。可是没过多久，有个官员被贬职，心怀不满，找骞味道诉冤，骞味道说："这是太后所做的决定。"武则天知道后，以为他将坏事推在自己身上，好事都是他自己的。于垂拱元年（公元685年）四月将他贬为青州刺史，一直到垂拱四年（公元688年）九月才重任宰相职务。不曾想又受到告密者诬陷被捕入狱。武则天让侍御史周矩审理这件案子。骞味道任宰相时小看周矩，常说他没什么事办得好。周矩这时掌握大权，公报私仇，对骞味道说："你常教训我不会办事，我今日帮你把这件事做好。"就用谋反罪将骞味道父子通通处死。

（3）排斥李唐宗室

永昌元年（公元689年），武则天继续清除阻碍自己改朝称帝的李唐宗室王公。四月，利用鄱阳公案件大肆屠杀。他是唐高祖的孙子，道王李元庆的儿子，那时担任连州别驾，他想接回中宗复位。案发后，武则天不光杀了他，还乘机株连处死了太宗子蒋王李恽的长子辰州别驾汝南王李炜等宗室王公统共十二人，还把这些人的家属放逐到嶲州。接着，天官侍郎邓玄挺也受到株连被杀。邓玄挺是鄱阳公岳父，和李炜关系很好。鄱阳公谋迎中宗复位时，征求他的意见，他拒绝回答。李炜也曾向他请教谋略，他依然没有回答。即使这样，仍犯了知反不告的死罪。

同年，纪王李慎也被处死。李慎是太宗的第十个儿子，小时候喜欢学习，擅长文史。武则天临朝称制时升为太子太师，担任贝州刺史。唐朝诸王起兵发难时，只有贝州刺史纪王李慎不曾参与谋划，可是也遭到牵连入狱。秋季，七月初七，被用囚车移送到巴州，改姓虺氏，走到蒲州就死去了。他的八个儿子如徐州刺史东平王李续等陆续被处死，家属被迁移到了岭南。

李慎的女儿东光县主李楚媛，小的时候因孝顺恭谨而闻名，嫁给了司议郎裴仲将，夫妻举案齐眉；婆婆生病，所用药物食品她都亲口先尝；善待妯娌，得到她们所有人的喜欢。那时皇族女子都把骄横奢侈相互争胜作为时尚，她们讥笑李楚媛勤俭节约，说："人们之所以喜欢富贵，是因为能满足欲望；如今你一人独自勤劳艰苦，追求的是什么呢？"李楚媛说："小时候爱好礼，今天按之行事，不是满足欲望吗！从古至今的女子都把恭顺节俭视为美德，把放纵奢侈视为丑恶。让父母觉得耻辱是我所害怕的，别的还有什么追求啊；富贵是无心得到的东西，有什么值得向别人炫耀的！"大家听后既佩服又惭愧。后来听到李慎的死讯，李楚媛十分悲痛，吐了好几口血，守丧期满后，不用润头发的油脂有二十年。

八月，徐敬真的案子让武则天又趁机杀贬一批大臣。徐敬真是徐敬业的弟弟。徐敬业在扬州叛乱兵败后，徐敬真被放逐到绣州。后来逃回去，想投靠突厥。他路过洛阳时，洛州司马弓嗣业、洛阳令张嗣明为他提供财物送他离开。到达定州，被官吏捉获。弓嗣业上吊自杀身亡。张嗣明、徐敬真诬陷牵连相互认识了解的人，说他们图谋不轨，希望能逃脱死罪。于是朝中的很多官员被牵连判死罪。张嗣明诬告内史张光辅，说："征讨豫州时，他私下里讨论王者受命的征验、天象变化，在叛逆者和朝廷间左右摇摆。"

八月初四，徐敬真、张光辅、张嗣明等全部被处死，并被查抄家产。还杀了相州刺史弓志元、陕州参军弓嗣古、蒲州刺史弓彭祖、尚方监王令基。彭州长史刘从易也被徐敬真诬告。刘从易为官两袖清风，临刑时，彭州百姓同情他无辜遭此横祸，纷纷赶到刑场，争相脱下衣服扔在地上，说"为长史祈求冥福"。这些衣物价值居然达十余万。

十五日，被徐敬真诬陷与徐敬业串通造反的秋官尚书太原人张楚金、凤阁侍郎元万顷、陕州刺史郭正一、洛阳令魏元忠，都赦免死罪，放逐到岭南。张楚金等都遭到徐敬真的诬告，被指控与徐敬业合谋造反。就要执行死刑时，武则天派凤阁舍人王隐客骑快马传话赦免他们。赦免的喊声传到刑场，将受刑的人都兴奋得跳了起来，欢呼雀跃；只有魏元忠镇定自若，毫无异状，有人让他起来，他说："真假还不知道。"王隐客来到，又让他起来，他说："等宣读了赦令后再起来。"听完赦令后，他才慢慢起来，以跪拜的礼节拜了两拜，脸上一直没有忧愁和喜悦的表情。那天，天空布满阴云，释免张楚金等人之后，云散天晴。

（4）诛戮贤臣

闰九月，宰相魏玄同被武则天在家中赐死。魏玄同是高宗朝老臣，上官仪起草敕令废武则天没有成功时，魏玄同因为和上官仪有文章交往而发配岭外，后遇大赦回京重新担任官职。高宗朝后期升任宰相手握大权，但酷吏周兴极恨魏玄同。

高宗在位时，周兴任河阳县令被召见，准备提升他的官职，有人上奏说他不是清流官，于是取消提升。周兴不清楚，还多次在朝堂等待任命。几位宰相全都没与他说，地官尚书、检校纳言魏玄同当时任同平章事的职务，对他说："周县令你可以回去了。"周兴认为魏玄同妨碍自己升官，所以忌恨他。魏玄同一直与裴炎很要好，那时人们由于他们的友情生死不渝，称赞为"耐久朋"。周兴因此上奏武则天诬陷魏玄同，说他曾经说："太后老了，不如事奉皇帝。"武则天勃然大怒，十五日，赐他在家里自杀。死前监刑御史房济对魏玄同说："您老为什么不告密，而得到太后召见，就能够为自己申诉。"魏玄同叹息说："被鬼杀死和被人杀死，没有什么不同，如何能当告密人呢！"于是自尽。武则天在隐蔽地方将夏官侍郎崔詧杀死，别的朝廷内外大臣因为这件事被处死和放逐的很多。

没过多久，周兴又诬陷右武卫大将军黑齿常之与右鹰扬将军赵怀节等怀有异心，武则天下令将黑齿常之逮捕入狱。这位原籍百济的大将，智勇双全，屡次领兵征战边疆沙场，战功累累，令吐蕃、突厥军感到畏惧。而且他体恤将士。有一次，士兵弄伤他的坐骑，他不让鞭打，说："哪里有因为损伤私马就惩罚官兵的道理呢？"黑齿常之因功所得赏赐都分给部下将士，很受将士们爱戴。可是这时有冤难申，十月初九，在狱中自缢而死。当时人们没有不为这员名将感到可惜的。初十，武则天杀高祖第十三子郑王李元懿的长子鄂州刺史嗣郑王李璥等六人。那时，高祖第二十二子滕王李元婴的儿子嗣滕王李脩琦兄弟六个也被捕入狱，幸运地逃脱死罪，在十一月被放逐到岭南。

右卫胄参军陈子昂上奏认为："周朝称赞成王、康王，汉朝歌颂文帝、景帝，是由于他们能够放弃刑罚而不用。如今陛下的政治，虽然尽善了，可是太平的朝代，上下都喜欢教化，不应当有乱臣贼子每天触犯帝王的刑律被处死。最近大案越来越多，叛逆的人越来越多，我本愚昧，原来以为他们都铁证如山，而上月十五日，陛下特意查明囚犯李珍等无罪，百官都非常高兴，都庆贺陛下的圣明，我于是知道也有无罪的人落入宽大的法网。陛下您致力于宽厚的刑法，狱官却在追求苛刑，以损害陛下的仁德，以诬蔑太平，我心里痛恨这些人。此外，九月二十一日下令赦免张楚金等人的死罪，天气从有风有雨变为出现了五色云彩。我听说天阴暗惨淡表示刑罚过分，晴朗则为德政；圣人仿效上天，上天也帮助圣人，天意既然如此，陛下怎么能不顺着天意呢！现在又出现阴雨天气，我担心是执掌刑狱的官吏的过失。只要是入狱的犯人，大多以最重的刑罚处治，旁人有的肯定有的否定，陛下为什么不全部召见罪犯，亲自责问他们的罪行呢？确实有罪的公开加上应得的刑罚，滥施刑罚的则严厉惩办掌管刑狱的官吏，让人民全都心服口服，人们都知道政事和刑罚，那样最高尚的道德就能发扬光大了！"这次与垂拱二年（公元686年）上书一样，没有一丝成效。

本月三十日，武则天下诏，命令高祖的太穆神皇后，太宗的文德圣皇后应配皇地祇享受祭祀。与此同时，把过世的生母尊为忠孝太后，同样享受祭祀。十一月初一，武则天驾临万象神宫，大赦天下，开始改用以十一月为一年开头的周代历法，改永昌元年（公元689年）十一月为载初元年（公元690年）正月，以十二月为腊月，以夏正月为一日。而且修改唐朝的"宾恪"制度（古代建国要封前代帝王的后代为宾恪，加以礼敬，目的在笼络前朝遗老遗少）。唐本来把宇文氏的后周和隋的后代当作宾恪，武则天改为把周、汉的后代封为二王，把舜、禹、成汤的后代作为三恪。那时，武则天堂姐的儿子凤阁侍郎宗秦客独树一帜地改造十二个字进献，武则天颁布命令推行这一改革，还自取名为"曌"。在这之后，周兴也借机进言提议除去唐亲属的宗室属籍。很明显，这都是在为改朝换代提前做准备。

（5）重用武氏宗族

武则天这时非常倚重自己的武姓亲族，侄子武承嗣、武攸宁担任宰相，武三思是兵部尚书。这些人无才无德，只不过他们全力协助武则天取代李唐罢了。因为武承嗣、武三思专横霸道，大部分宰相都对他们畏惧三分，但韦方质不同。载初元年（公元690年）一月，韦方质因为生病请假在家，武承嗣、武三思到府中看望。韦方质卧床不起，身边的人都劝他说："你见了权贵还这样不恭，恐怕会招来祸害的。"韦方质道："死生自有天命，大丈夫怎能卑躬屈膝讨好外戚呢！"没过多久，韦方质就被酷吏周兴、来子珣诬陷，放逐儋州，家口籍没入官。

四月，宰相范履冰下狱并死在狱中。范履冰早期因为"北门学士"而不断受到重用，在宫中为武则天效命二十余年，最为武则天信任，参与政事，帮助武则天侵夺宰相的权力。武则天临朝称制后升他为宰相。这次只是因为以前举荐的人犯了阴谋叛逆之罪株连而死。

七月，舒王李元名和儿子豫章王李亶被武则天杀死。李元名是高祖第十八子，品行高尚，并不好钱财。李元名曾告诫李亶说："我们这些藩王缺乏的不是钱财官职，而是多行善举，以忠孝为本。"父子俩历任外州刺史，都有善政。元名在石州二十多年，游览林泉，居然有脱离凡尘之意，可是也没有逃得性命。诬陷他们的人名叫侯思止，原来是醴泉县的一个狡诈无赖，开始靠卖饼为生，后到游击将军高元礼家当仆从。恒州刺史裴贞杖罚部下的一个参军，这个参军怀恨在心，就指使侯思止告密，说裴贞勾结舒王李元名反叛。这恰合武则天铲除宗室心意，李元名父子就这样含冤而死，裴贞也被灭族。当时只要告密有功的就可得到五品官位，武则天把侯思止提升为游击将军，可是他要求当御史。武则天问，"你不认识字，怎么能够担任御史的职务？"侯思止道："獬豸难道认识字，可是却能分辨奸邪。"獬豸是传说中的猛兽，生一支角，生性忠直。看见打架，就触那个没理的人；听见人争吵，就咬那个胡搅的人。武则天听了侯思止的诡辩，非常高兴，马上赐侯思止侍御史的职务。没过多久，武则天又赏他以前没收过来的一座住宅。侯思止辞让，说："我最讨厌叛逆谋反的人，不愿意住他的房子。"武则天更加欣赏侯思止。实际上这都是高元礼教的。

王弘义是衡水人，他的品行一贯不好，曾向邻居要西瓜吃，可邻居不给，他便向县官假报说，瓜田中有白兔，县官让人来抓，结果瓜田都被踩坏了。他到了赵州、贝州后，又见这里的百姓举行拜佛活动，便诬告他们谋反，使二百余人被杀。王弘义被任命为游击将军，没过多久又升任殿中侍御史。太后听人密告说王安仁谋反，立刻命令王弘义来审讯他。王安仁不服，王弘义就在他戴着枷锁的时候割下他的脑袋；又下令捉拿他的儿子，他的儿子正好来到，就也被砍下脑袋，用盒子盛着带回。经过汾州，汾州司马毛公和王弘义一道吃饭，突然间，他怒喝毛公下台阶，并砍下他的脑袋，用枪挑着进入洛阳，看见的人全部吓得发抖。

还是这年七月，武承嗣让周兴诬告隋州刺史泽王李上金、舒州刺史许王李素节密谋反叛。而李上金是高宗的第三个儿子，杨氏所生，很早就被武则天视为眼中钉。李素节是高宗第四个儿子，萧淑妃所生，更被武则天讨厌。二人被诬陷后，奉命返回了洛阳。李素节从潜山起程时，听到有哭丧的声音，长叹一口气道："能够病死真是幸运的事情啊，为何还要悲伤流泪呢！"已经预感到自己将被杀死。果然走到洛阳城南龙门驿的时候，被缢死。儿子李瑛、李玑、李琬、李玚等九人被武则天杀掉，只有李琳、李璆、李瑾、李钦古因年纪还小，被免除死罪而长期关押在雷州。李上金被关押在御史台，听到李素节一家情况，害怕得上吊而死。儿子李义珍、李义璋、李义玫、李义瑾、李义环、李义璲等七人放逐到显州而死。仅李珣逃到岭外，隐藏在佣保之间，才幸免一死。两王党羽也受牵连被杀害。

同年八月十一日，武则天杀了原太子李弘的岳父，当朝宰相裴居道。二十日，杀尚书左丞张行廉。二十八日，杀高祖第二十一子李元晓的儿子南安王李颖、鄅国公李昭以及李直、李敞、李勋、李然、李策、李黯、李越、李玄、李志业、李英、李知言、李玄贞等宗室十几人。到这时李唐宗族已被杀得所剩无几，剩下幼小的孩子也被流放到边远荒凉的地方，另外还杀害了王公亲戚、党羽数百家。

武则天大批杀戮李唐宗亲，特别是那些受宠而德高望重的皇子。因为这些人是她登基称帝的最大障碍。这三代皇子除了武则天亲生的李显、李旦外，在世的无一幸存。李唐宗室后裔中只有恭顺归附，能力平庸或宗支较远的才得逃脱。如唐高祖的女儿千金公主，就因为谄媚而保全了性命。她曾经给武则天推荐了僧人薛怀义，她和武则天的姑姑平辈，却甘愿做武则天的女儿，改姓武来换取武则天的喜爱，还被赐号"延安大长公主"。再如太宗第三子吴王李恪长子李仁，不但性格急躁而且平庸无才，但因为他会讨武则天的欢心，才保全了自己的性命。

由于朝中的拥唐派是武则天夺取皇位的一大障碍，所以武则天大力打击大臣中的拥唐派。武则天对大臣中有匡救李唐江山的或被诬告有这样企图的人绝不手软，不是立即杀死，就是贬为平民。当时武则天在丽景门内特设制狱，由酷吏来俊臣等负责。凡入此狱的无一生还，因此丽景门被称为"例竟门"。朝中大臣人人都感到自己很危险，见面时连话都不敢说。有些大臣刚上朝就被抓了起来，从此以后再无消息。这样，官员每次上朝，常与家中人诀别道："不知我们是否还能见面？"

那时执法的官吏都非常残酷，竞相使用严厉的刑法，只有司刑丞徐有功、杜景俭保持公平宽恕，被告发的人都说："遇到来俊臣、侯思止肯定死路一条，而遇到徐有功、杜景俭就一定能够生还。"

徐有功是徐文远的孙子，名叫弘敏，字有功，人们习惯称呼他的字。他担任蒲州司法参军，以宽宏大量、不动刑杖为治狱的原则。属吏互相约定，凡被徐有功用刑杖罚过的，众人都叱责他。直到他任职期满，也没有杖责过一名犯人，任内的事务也得到治理。他一直升至司刑丞。徐有功前后救活被残酷官吏诬陷的人数十上百家，并且都给他们平反。徐有功曾在朝廷争辩有关刑狱的事，太后严厉责备他，左右都替他担心，而他却从容镇定，面不改色，而且争辩更加坚决。太后虽然好杀人，可知道他刚正不阿，对他很是恭敬也很畏惧。

司刑丞荥阳人李日知也推崇公平宽恕。司刑少卿胡元礼想杀一名囚犯，李日知认为不能那样做，于是多次与胡元礼争议，胡元礼生气说："只要我不离开司刑寺，这个囚犯就一定死。"李日知也说："只要我在司刑寺，这个囚犯就一定不会死！"最后将两人的不同意见上报，李日知的意见果然有理。

武则天在临朝称制的六年多时间里，废黜中宗并将其囚禁外地，软禁睿宗在宫内；用军事手段平息了徐敬业叛乱和宗室中李贞父子起兵；使用严刑酷法，不但杀戮干净了李唐宗室中的主要政敌，并且让相臣中再也没有能和她对抗的强大势力集团。在这之外她还得在理论上做准备。

（6）"劝进"闹剧

武则天要成为女皇的行为无法在儒家经典中找到让人信服的理论，因此只能假借佛教符谶。武则天母亲杨氏笃信佛教，所以武则天很小时就深受佛教影响。东魏国寺僧法明和僧怀义明白了武则天的心意，将四卷《大云经》按照武则天的心思做了注解，于载初元年（公元690年）七月献给了她。其中说："武太后乃弥勒佛降生，当代唐为人世之主。"《大云经》原来是天竺的经文，在这一经中有菩萨转化为女身当国王的经文，这一理论的借鉴就为武则天提供了抗衡儒家男尊女卑的思想武器，也论证了她当女皇帝是合情合理的事。武则天十分高兴，立即下令，将《大云经》颁行天下。接着又让两京、诸州分别置大云寺一区，专门收藏《大云经》，还度僧千人，让他们广为讲法。一下子，大云寺遍布全国，女皇应该登基统治天下之说也广为宣传。佛教经典为武则天披上了神秘的灵光。

　　武则天改朝换代的准备完全充分了。载初元年（公元690年），她及时地导演了一场有声有色的"劝进"闹剧。九月初三，侍御史傅游艺带着九百余关中百姓到皇宫前上奏表，请求改国号为周，赐皇帝姓武氏。太后并不应允，可是将傅游艺提升为给事中。这样百官还有帝室的同宗亲属、远近人民、四夷酋长、和尚、道士共六万人，全部上表提出和傅游艺相同的请求，皇帝自己也上书请求赐姓武氏。初五，大臣们上奏说：有凤凰从明堂飞入上阳宫，又飞回停在左台的梧桐树上，过了很长时间，才向东南飞去；而且还有数万只赤雀飞集朝堂。初七，武太后这才恩准皇帝及群臣的请愿，并于九月初九重阳节这天登临则天门城楼，大赦天下，宣布周朝正式建立，改年号为"天授"，普天同庆七日。十二日，群臣上尊号称"圣神皇帝"。于是降睿宗李旦为皇嗣，赐姓武氏，降皇太子李成器为皇孙。

　　十三日，太后在神都洛阳立武氏七庙，追尊周文王为始祖文皇帝，周文王逝世的妻子姒氏为文定皇后；周平王小儿子姬武为睿祖康皇帝，姬武已逝世的妻子姜氏为康惠皇后；太原靖王为严祖成皇帝，他的妻子为成庄皇后；赵肃恭王为肃祖章敬皇帝，魏义康王为烈祖安皇帝，周安成王为显祖文穆皇帝，忠孝太皇为太祖孝明高皇帝，先妣的谥号均同原来所定的，称为皇后。封武承嗣为魏王，武三思为梁王，武攸宁为建昌王，武士彟哥哥的孙子武攸归、武重规、武载德、武懿宗、武攸暨、武攸宜、武嗣宗、武攸望、武攸绪、武攸止都封为郡王，所有的姑姊都封为长公主。武则天将遥远姬姓周文王攀附为自己始祖，并谎称武氏出自姬姓，实在荒唐得很，这主要是自己先世没有门第封爵，只得胡乱攀附，为自己的出身制造高贵的社会出身背景。

同时，女皇大大提升了一批对她称帝有功的官员：宗秦客曾私下劝武则天做皇帝，所以从凤阁侍郎升为中书令，傅游艺则从给事中破格提为门下侍郎、同平章事，两人都登上丞相位。傅游艺和酷吏丘神勣、来子珣等还赐姓武。天下姓武之人也获得了一些好处，女皇在十月命各地免除武氏杂税徭役。

天授二年（公元691年）正月初一，在万象神宫、女皇武则天隆重地接受了群臣所上的尊号，并把旗帜改为赤色。初二下达诏命，周定都洛阳。初九，武氏神主在太庙中安排好了，同时把唐室长安的太庙降为享德庙，并只祭礼高祖、太宗、高宗三位亡灵。把武氏在长安的崇先庙升为崇尊庙。十三日，武则天在明堂举行庄严的祭礼：顺序是昊天上帝在上，百神从祀，武氏祖宗配享，唐高祖、太宗、高宗放在最后。到这时，这位女皇登基大典的种种礼仪进行完毕，并且和一个新王朝建立的规矩完全相同。

女皇建国这段历史，《新唐书·则天后传》这样概括说："武则天要改朝换代，但是害怕民心不肯归附，于是阴险残忍，肆意屠杀，使天下一片恐怖。对内纵使酷吏周兴、来俊臣等数十人为爪牙，对不恭顺或素常疑惮的人，一定会加以陷害。于是，宗室王公以及不愿屈服的忠直大臣连遭斩首，血流牢狱，家家都害怕被残害。如此武太后稳坐深宫而国命已移。"

6.黜周复唐

神龙元年（公元705年）正月，武则天病重，张柬之等人逼武则天传位于太子，中宗复位。

武则天处死大酷吏来俊臣，不再使用严酷刑罚，并把废弃的中宗从房州接回洛阳接任储位，朝中的环境相对宽松多了。可是出乎意料的是在她老病垂危、唐中宗马上要登基复位的时候，拥唐派大臣却急不可待地发动政变把她赶下台。原因就是她所恩宠的两个大臣。

（1）男宠权盛

内宠薛怀义被杀死后，御医沈南璆也身患绝症。万岁通天二年（公元697年），太平公主推荐了男宠张昌宗入宫侍奉不甘寂寞的母亲，张昌宗把兄长张易之引献给女皇。当时女皇七十四岁，姓张的两兄弟才二十多岁。

张易之是定州义丰人，他的族祖张行成曾经在太宗、高宗两朝担任过宰相。父张希臧，以前担任过雍州司户。入宫时，兄弟俩人都是青春少年，长得很英俊，而且擅长音律。女皇非常高兴，兴致极高地与他们一起游玩赏乐，张氏兄弟获得女皇的恩宠，时常刻意打扮，身穿锦衣绣服。

女皇十分宠爱张易之、张昌宗，入宫不久，就把张易之升为四品司卫少卿，把张昌宗升为三品散骑常侍，并且还赏赐府第、奴婢、绢帛等等。二张在很短的时间就成为显耀的达官贵族。武承嗣、武三思、武懿宗和惯于溜须拍马的大臣宗楚客、宗晋卿全都等候在他们的府门前讨好奉承他们。女皇还把二张的两个母亲藏氏、韦氏封为太夫人，并命凤阁侍郎李迥秀为藏氏私夫。

圣历二年（公元699年）正月，女皇为张氏兄弟专门置办了控鹤府，设立监、丞、主簿等官。任命张易之为控鹤监，张昌宗和御史丞吉顼、殿中监田归道、夏官侍郎李迥秀、凤阁舍人薛稷、正谏大夫员半千都在控鹤府内担任供奉。控鹤府内全是讨好迎合女皇的人，也参用一些擅长文学才能出众的人士。文学家员半千以为古代并未有过这一官职，而且这些人大多轻薄浮华，上表奏请罢废，由于违背女皇意思而被贬。内史王及善尽管学问不深，可是为官清正廉洁，素有气节。张易之兄弟每次侍奉女皇在宫内宴饮，根本不遵守君臣礼规，王及善反复上奏认为不应那样。女皇不悦，对王及善说："你年纪已经大了，不适合再陪侍游乐宴饮，只要检查所掌管的官署就行了。"王及善于是假托生病，请假一个多月，女皇连问都不问。王及善感叹说："哪里有天子可以一日不见中书令的呢！别的事就别说了！"于是上疏请求辞官回乡，女皇没有批准，就这样把这个不识趣的宰相挂了起来。

控鹤府在久视元年（公元700年）六月改名奉宸府，张易之仍为奉宸令，引辞人阎朝隐、薛稷等任奉宸府供奉。女皇只要在内殿歌舞宴饮，总是令武姓子侄、张易之、张昌宗相陪，不是一道赌博嬉戏，就是以嘲讽朝臣们来取乐。武三思说张昌宗是神仙王子女皇下凡，女皇就让昌宗在宫中穿羽衣、吹笙、乘木鹤，一大批读书人写诗称赞，其中崔融诗道："昔遇浮丘伯，今同丁令威，中郎才貌是，藏史姓名非。"

女皇还不满足，下令选取更多的美少年担当奉宸内供奉。右补阙朱敬则上奏进谏："嗜欲之情，聪明和愚笨的人都一样，可是贤能的人能够加以节约不超过度。陛下内宠有张易之、张昌宗应该满足了。最近听说尚舍奉御柳模说自己儿子柳良宾洁白美须，左监门卫长史侯瑞自称阳道壮伟，比薛怀义强，公开宣称请求作奉宸内供奉。像这种荒淫无耻的言语，早已在朝廷里流传开来。臣职任谏诤，不敢不奏。"女皇假装安慰道："要不是爱卿直言进谏，我还不知道这件事。"为了便于掩饰自己的糜烂生活，女皇让张易之、张昌宗主持，在宫中修《三教珠英》，召集李峤、宋之问、张说、富嘉谟、徐彦伯等二十六名文人参加。

由于深受女皇宠爱，张易之兄弟两人的势力越来越大。奉宸府官员之中有他们一批党羽，修《三教珠英》的文人中有的成了他们的心腹，如李迥秀、阎朝隐、李峤、沈佺期、宋之问等。此外，朝臣中还有不少政治投机分子依附，想靠这两个内宠升官发财，如崔融、王绍宗、苏味道、杨再思、郑愔、韦承庆、崔神庆等。宰相杨再思是其中的典型。司礼少卿张同体是张易之的兄长，有一次他请一些官员在家中吃饭，酒醉时，戏耍杨再思道："杨宰相长得不似汉人。"这个专门溜须拍马的奸臣不仅没有生气，反而做出受宠若惊的样子，马上化装打扮，反披紫袍跳舞，如同小丑，引得众人哈哈大笑。那时有人称赞张昌宗美貌，说："长得面似莲花。"杨再思却不同意，当张昌宗询问时，他笑容满面地回答："应当说莲花长得像您呀！"二张集团就这样形成了。由于他们有权有势，连四川人宋霸子等大商人也攀附他们。

（2）魏元忠案

张易之、张昌宗依权仗势，荒淫奢侈，胡作非为。久视元年（公元700年）闰七月，尚食奉御杨元嬉得罪了张易之，张易之以杨元嬉的祖先与隋杨素同族作为理由上书女皇"杨素父子是隋朝的逆臣，其子孙不能在朝廷任官"。女皇居然听从其言，下达诏书："杨元嬉及其兄弟子孙全部不能担任京官。"杨元嬉因此被逐出京城当了贝州刺史，他的哥哥杨元亨被下放当了睦州刺史。张易之、张昌宗常相互比较富贵权力。他们的弟弟张昌仪任洛阳县令，那些暗中行贿求他办事的他全都答应。一次早上入宫朝见女皇的途中，有一名姓薛的候选官员拦住他的坐骑，递上要求任职的文书，并拿着五十两金子贿赂他。张昌仪收下金子，到朝廷后把文书交给天官侍郎张锡。几天之后，张锡却找不到文书了，便问张昌仪，张昌仪骂他，说："你真是糊涂，我也记不清了。凡是姓薛的人都要给他封官。"张锡畏惧他，退朝后，找出姓薛的候选官员共有六十多人，统统留下注授官职。

久视元年（公元700年）九月，女皇执政后期最获信任的宰相狄仁杰死后，由于年老体弱，女皇便让张易之兄弟代为处理政事。二张势力膨胀到代女皇发号施令的地步，这使得王公贵戚十分不满。太子李显的长子邵王李重润和妹妹永泰公主、驸马魏王武延基暗中议论此事，张易之知道后，向女皇告状，女皇非常生气，下令李重润、永泰公主和武延基自尽。太子李显、相王李旦、太平公主看到母亲这般宠爱张易之、张昌宗，为保全自身，讨好二张，一道请求女皇封张易之、张昌宗为王。女皇尽管没有应允，但封张昌宗为邺国公，张易之为恒国公。

张昌宗兄弟权倾朝野，许多正直朝臣心中不满，他们要群起反击二张集团，而二张便时常打击违抗自己的大臣，终于导致了长安三年（公元703年）九月的魏元忠大案。

魏元忠刚直不阿，对二张集团非常痛恨。

以前，左台大夫、同凤阁鸾台三品魏元忠曾经担任洛州长史职务。在魏元忠尚未到任时，洛阳县令张昌仪仗恃几个兄长有权有势，每次到洛州长史衙门参拜，都不遵照规定在庭下站立而径直走上长史办公的大厅；魏元忠到任后，斥责喝令他下去。张易之的家奴在神都的街市上也不遵守法规，横行霸道，魏元忠下令把他乱棍打死。在魏元忠进入朝中担任宰相以后，女皇征召张易之的弟弟岐州刺史张昌期入朝，准备把他任命为雍州长史。百官上朝奏事时，女皇向诸位宰相问道："谁能够胜任雍州长史的职务？"魏元忠说："如今这么多的朝臣之中薛季昶是适合的了。"女皇说："薛季昶这么长时间以来一直在京府任职，朕准备另外任命他一个职务。你们觉得张昌期这个人怎么样？"宰相们争先恐后地回答说："陛下可算是真正找到了合适的人选了。"只有魏元忠提出异议："张昌期胜任不了这一职务！"女皇问其原因，魏元忠回答说："张昌期还年轻，不懂治理国家的方法。从前他在岐州任官时，岐州的百姓逃亡严重，人口没剩下多少。雍州地处京城，事情繁多、担子沉重，张昌期当然不如薛季昶精明强干、熟悉事务。"女皇没有再说什么。魏元忠以前还当面向女皇说："从先帝在位直到现在，臣蒙受朝廷大恩，现在我当了宰相，不能为国家效忠而死，使得小人在您身边掌权，这是我的错误呀！"女皇听后心中十分不悦。张易之兄弟也因此对魏元忠怀恨在心。

司礼丞高戬，是太平公主所宠信的人。恰好女皇生病，张昌宗担心女皇死了，魏元忠会杀掉自己，就诬陷魏元忠曾和高戬暗中商议说："陛下年事已高，我们不如倚仗太子，这样才是长久之计。"女皇非常愤怒，将魏元忠和高戬逮捕入狱，并准备让他们两人与张昌宗在朝廷上当场对质。张昌宗悄悄找来凤阁舍人张说，许以高官厚禄，让他出面证明魏元忠的确说过那样的话，张说答应了。第二天，女皇召来太子李显、相王李旦以及诸位宰相，让魏元忠与张昌宗当着大家的面互相对质，双方针锋相对，所以无法作出判断。张昌宗说："张说听见了魏元忠说的话，请陛下召见张说询问。"

张说进入朝堂，女皇问他，他没有立刻回答。魏元忠害怕了，对张说说："你也要和张昌宗一起捏造罪名陷害我吗？"张说高声训斥他说："你魏元忠身为宰相，怎么也说出了这种陋巷小人的语言呢！"张昌宗在旁边不停催促张说，让他赶紧作证。张说说："陛下都看到了，张昌宗在您眼前就这样威胁逼迫我，更何况在朝堂外面呢，臣现在当着诸位朝臣的面，不敢向陛下隐瞒真实情况。臣确实没有听到过魏元忠说这样的话，只不过是张昌宗威逼我作假证罢了！"张易之和张昌宗急忙高声道："张说与魏元忠一起阴谋叛逆！"女皇赶忙追问详细情况，张易之和张昌宗回答说："张说从前说过魏元忠是当今的伊尹和周公，而伊尹放逐了太甲而周公作了周朝的摄政王，这难道不是想造反吗？"张说说："张易之兄弟是才疏德浅的小人，仅仅听说过有关伊尹、周公的只言片语，又怎么会明白伊尹、周公的德行！那时魏元忠才穿上紫色朝服，当上宰相，我以郎官的身份前往道贺，元忠对前去祝贺的客人说：'没有功劳就受到宠爱，感到惭愧和惶恐。'我是对他说过：'您要行使伊尹、周公的权力同时要承担他们的责任，只拿三品的奉禄，有什么惭愧呢！'那伊尹和周公全都是人臣中最为忠诚的，古往今来一直受到人们的仰慕。陛下任命宰相，不让他们效法伊尹和周公，那要让他们效法谁呢？而今天我怎么会不明白如果我依附张昌宗就会立即当上宰相，而如果靠近魏元忠就会马上被抄家，全家被斩的道理呢？只是我害怕日后魏元忠的冤魂向我索命，所以不敢诬陷人罢了。"女皇说："张说说话反复无常，应当和魏元忠一起押来治罪。"后来，女皇再一次召见张说追问这事，张说的回答仍然与上一次一样。武则天勃然大怒，指派宰相与河内王武懿宗共同审讯他，张说仍然坚持最初的说法。

朱敬则对女皇直言道："魏元忠的忠诚正直是天下都知道的，张说入狱又没有什么理由，如果就这样判他们有罪会失掉天下百姓的心。"苏安恒也为此上表，以为："陛下登基之初，臣民们都认为您是善于纳谏的皇帝，年纪大了以后，都认为您是喜欢阿谀奉承的皇帝。在魏元忠被捕后，百姓不安，大街小巷纷纷议论而士民百姓们都认为您信用小人，而不信用忠诚正直的好人。那些忠臣志士，都在自己家中拍着大腿唉声叹气，而在朝堂上却不敢说话，恐怕不小心违反了张易之等人的意图而徒劳送死。如今朝廷征发的赋税劳役都很繁重，百姓生活困苦，再加上小人放纵专横，刑罚与赏赐失当，我真害怕民心不稳招来其他变故，使得朱雀门内动起刀兵，有人前来大明殿夺取帝位，陛下将用什么来解释，又靠什么来抵御他们？" 张易之等人见到他的奏疏之后，非常愤怒，想要杀死他，全靠凤阁舍人恒彦范、著作郎陆泽县人魏知古的多方保护才逃脱。

初九，女皇将魏元忠贬为高要县尉，把高戬和张说二人放逐到岭南。魏元忠临别的时候对女皇说："臣年老体衰，这次前去岭南，很可能会死在那里，今后陛下肯定会有想起我的时候。"女皇问他为什么会这样说，那时张易之、张昌宗都在武则天身边侍奉，魏元忠用手指着他俩回答道："这两个小人，将是祸乱产生的原因。"张易之等人急忙走下殿堂，呼天抢地、捶胸顿足地声称魏元忠冤枉了他们。女皇叹道："魏元忠去吧！"

殿中侍御史景城县人王晙又上奏为魏元忠诉冤，宋璟对他说："魏元忠侥幸没有死，现在您又来惹女皇生气，能不倒霉吗？"王晙说："魏公忠正无私却遭到处罚，我出于正义才这样做，即使因此而流离失所，也不觉得遗憾。"宋璟慨叹道："我不能帮助魏元忠申冤，实在有负国家的托负。"

太子仆崔贞慎等八人在郊外替魏元忠饯行，张易之冒充告密人柴明递交一份状纸，告崔贞慎等人与魏元忠合谋反叛。女皇派监察御史丹徒县人马怀素负责审理此案，并对他说："状子上指控的全都是事实，你大概地审问一下，就迅速将处理意见报上来。"没过多久，奉命前来催马怀素审理此案的太监就有好几批了，并且对他说："魏元忠和崔贞慎等人谋反的情节清清楚楚，你怎么还要这样拖延不决？"马怀素要求让柴明与崔贞慎等人当面对质，女皇说："我也不知道柴明在何处，你只要依据状子上检举的事实审问，还要找那个告状的人干什么？"马怀素按照实际情况上报，女皇大怒地问他："你想祖护谋反的人吗？"马怀素回答说："我不敢放纵叛逆的罪犯！可魏元忠以宰相的身份遭到贬黜。崔贞慎等人因为是魏元忠的亲戚朋友而为魏元忠送行，要是诬陷他们在一起造反，我实在不敢认同此事。以前梁王彭越谋反，被斩首示众，梁大夫栾布出使归来，对着他的头奏事，汉高祖也并不认为栾布有罪，何况如今魏元忠所受的处罚远远比不上彭越，难道陛下却要杀掉为他饯行的人吗！再说陛下您掌握着让人生死的权力，如果要治这些人的罪，您自己判断治罪就可以了。既然陛下派臣负责审理此案，我就只得根据实情上报。"女皇问："这么说对这些人你是一个也不准备治罪了？"马怀素回答说："能力低微，才识粗浅，实在是找不出他们有什么罪过。"女皇这才放弃了先前的打算，崔贞慎等人也得以逃脱死罪。魏元忠一案至此才算完结。

（3）宋璟审张昌宗未遂

对二张派不满的大臣们开始一起反击张易之他们了。张易之、张昌宗、张同休、张昌期、张昌仪兄弟五人不仅生活奢侈，专横不法，而且他们贪污受贿。长安四年（公元704年）七月，司礼少卿张同休、汴州刺史张昌期、尚方少监张昌仪贪污犯法的事被别人揭露因而被捕坐牢，交由御史台审问。接着，有人告发张易之、张昌宗为非作歹，女皇只好让人审理张易之和张昌宗。司刑正贾敬言明白女皇仅是走个形式，于是十分宽松地奏道："张宗昌强买民田，应罚铜二十斤。"女皇马上批准。御史大夫李承嘉、御史中丞桓彦范则上奏："张同休兄弟贪污受贿总计四千多贯，按照法律办事，张昌宗应该被削职罢官。"张昌宗忙奏："臣对国家有功劳，不应该被罢官。"女皇问宰相张昌宗有什么功劳，杨再思立刻说："昌宗合神药，陛下服后灵验。这是非常大的功劳。"女皇听后非常满意，就以此为由赦免张昌宗，官复原职，仅把张同休贬为岐山丞，张昌仪贬为博望丞。鸾台侍郎、知纳言事、同凤阁鸾台三品韦安石上奏揭发张易之等人所犯下的罪行，女皇下令将张易之等人交给韦安石及右庶子、同凤阁鸾台三品唐休璟审问，但这一案件尚未审理完毕，事情就出现新变化。八月初一，女皇任韦安石兼任检校扬州长史；初七，又任命唐休璟兼任幽州、营州都督、安东都护。唐休璟临上任时，悄悄地对太子说："如今张易之和张昌宗凭着天子的宠爱而不尽臣子的责任，以后一定会谋反，殿下您应该对他们进行防范。"

十二月，反二张的官员再一次群起进攻。

武则天卧病在床，一直住在长生院里，仅张易之和张昌宗二人侍奉左右，宰相们已经几个月无法见着她了。当女皇的病情略微好转的时候，崔玄暐上奏说："皇太子与相王仁义明理，孝顺母亲，爱护兄弟，可以在您身边侍奉，而皇宫是重地，事关重大，愿您不要让外族人随便出入。"女皇说："我十分感激您的厚意。"张易之、张昌宗见女皇病情十分严重，害怕她死后自己性命难保，就找到自己的同伙，暗中紧锣密鼓地做着准备。不停有人写匿名信和将匿名信张贴于通衢闹市，说"张易之兄弟密谋造反"，女皇对这些消息全都不理不睬。

二十日，许州人杨元嗣指控"张昌宗曾经让一个名叫李弘泰的江湖术士为他占卜看相，李弘泰说张昌宗具备天子之相，劝他在定州修建佛寺，并认为那样做能够使天下百姓倾心归附于他"。女皇指派凤阁侍郎、同平章事韦承庆及司刑卿崔神庆和御史中丞宋璟一同审理此案。崔神庆是崔神基的弟弟。韦承庆和崔神庆上奏道："张昌宗供认，'李弘泰说过的话，我马上都对天子说明了'，依照法律的规定，张昌宗主动自首理应免予惩罚；李弘泰用谣言来迷惑大家，应当逮捕治罪。"宋璟与大理丞封全祯上奏道："张昌宗深受陛下恩宠，还要召见术士看相占卦，他到底还想得到什么！李弘泰说他为张昌宗占卜，占的是纯《乾》卦，说张昌宗可以当上天子。如果张昌宗认为李弘泰的作为是妖言妄行，那么他怎么不把李弘泰捆送有关部门治罪！尽管他说已经将此事奏明天子，但终究还是包藏祸心，应该依照法律将他杀死，并抄没家产。请将张昌宗逮捕入狱，彻底处治他的罪！"隔了好长时间，武则天仍然不予理会。宋璟又说："要是不马上把他囚禁，恐怕会造成天下百姓慌乱，失去人心。"女皇道："你们先暂停审理这个案子，待我详细阅览有关的文书诉状再说。"宋璟退出长生殿，左拾遗江都县人李邕上前进言道："适才听了宋璟的话，我认为他完全是为了安定国家，并没有考虑到自己本身的生死荣辱，希望陛下可以同意按照他的意见办理此案。"女皇没有采纳他们的建议。一会儿就敕令宋璟到扬州审理案件，接着敕命宋璟去审理幽州都督屈突仲翔的贪污案，接下来又任命宋璟为李峤的副职去安抚陇、蜀的百姓。宋璟没有接受这些新的任命，他不肯外出，并上奏道："按照以前的例子：州、县官吏要是犯罪，官品高的由侍御史审理，官品低的由监察御史审理，如若没有关系军国大事的重大案件发生，御史中丞都不该出使地方。如今在陇、蜀二地毫无变故发生，我不知道陛下为什么一定要派我出去，因此我不敢遵从陛下的命令。"

司刑少卿桓彦范上疏认为："张昌宗未有寸功而受到陛下恩宠，却图谋不轨，这是他咎由自取，也是上天发怒想要降罪于他，陛下不愿处死张昌宗，就违背了天意。更何况张昌宗既然说他已经把李弘泰的反逆言论禀报陛下，就不应该再和李弘泰交往，让他用法术为自己求福消灾，这都表明他实际上没有一点悔改。张昌宗把这件事上表给您的目的，是准备一旦事情败露就说事先已经告诉过您，如若无人发觉便等待时机作乱。这是奸臣们的计策，要是说他还能够逃脱惩处的话，那么什么样的人才该遭受处罚呢？再说这样的事情已是第二次发生，您都不追查，会使张昌宗更加狂妄，自以为是，天下臣民也会因此而误以为是上天不让他死，陛下您这是纵容他作乱犯上呀！如果对谋逆之臣也不加以铲除，这江山社稷就会覆亡。请陛下批准将张昌宗交给鸾台凤阁及中台秋官和司刑寺、御史台三司处理，使得可以完全查清和惩处他全部的罪行！"这篇奏疏呈上去以后，毫无音信。

崔玄暐也反复向女皇提起此事，女皇就下令司法部门议定张昌宗的罪行。崔玄暐的弟弟司刑少卿崔昇认为依法应将张昌宗处死。宋璟又奏请将张昌宗逮捕入狱。女皇说："张昌宗自己已经把那件事告诉了我。"宋璟回答说："张昌宗是由于被匿名信揭发没有办法才被迫说出，实际上这不是出于张昌宗自己的意思。况且他所犯下的是谋反大逆之罪，不可以因自首而免刑。要是张昌宗能够逃脱死罪，还要那国法干什么！"武则天和颜悦色地为张昌宗辩解开脱。宋璟越来越激动，措词严厉地说："张昌宗享受着不应得的恩泽，臣深知此言一出便会招来大祸，但是这样的话是因为正义才说的，所以我是死而无憾！"杨再思担心宋璟忤犯天子旨意，赶紧宣敕让他退出，宋璟高声道："圣明天子就在眼前，不用劳烦你这个做宰相的自作主张宣布敕命。"

女皇为了让大家不难看，就批准了宋璟的请求，下命让张昌宗到御史台受审问。

宋璟性情刚正不阿，女皇平时就知道得很情楚，连张易之兄弟都畏惧三分。女皇曾经宴请过朝中的大臣们。张易之兄弟的官职本来全在宋璟之上，但是张易之向来害怕宋璟，为了讨好宋璟，于是请宋璟上坐，说道："您是当今第一人，怎么在下位落坐呀？"宋璟说："我才疏学浅，职位低微，张卿反而把我说是当今第一人，这是为什么呀？"天官侍郎郑杲对宋璟说："中丞怎么称五郎为张卿呢？"宋璟说："依照他的职位，张卿是他最合适的称呼。您本人不是张易之家的仆人，为什么要管他叫郎呢？"所有在座的人听说这话心中都十分惶恐。那时朝中大臣自武三思以下都小心地奉承张易之兄弟，只有宋璟对他们不给予礼遇。张易之兄弟早已怀恨在心，经常想恶意诬陷宋璟。女皇知道这一点，宋璟才因此而得以幸免。这次宋璟奉命审讯张昌宗，由于十分愤怒，居然站在大堂上问案。但是刚刚审理到一半的时候，女皇就派太监下命特别赦免了张昌宗，召他回宫。宋璟非常后悔，叹道："没及时先把这小子脑袋砸裂，真是一辈子的遗憾。"女皇为了调解他们之间的矛盾，让张昌宗到御史台谢罪，宋璟拒绝不见。

（4）张柬之策划政变

女皇宠幸二张，为他们杀了孙子、孙女、孙女婿，贬走魏元忠、韦安石、唐休璟等长期倚重的大臣，将部分政务交给张易之、张昌宗这两个品行恶劣的人，在朝臣群起攻之的形势下，始终偏袒张易之、张昌宗两人。这位八十多岁的女皇除了满足私生活的需要外，也许在政治上需要以这两个内宠为核心，形成一派抗衡外朝大臣的心腹，作为自己的统治工具。可是，这在统治集团内部造成了新的矛盾冲突，张易之兄弟一派所造成的问题成了武则天末年政治斗争的焦点，反对张易之、张昌宗一派的文武官员最终联合利用武力发动政变。

政变集团的形成应该追溯到狄仁杰。他在死前曾经推举姚元崇、敬晖、桓彦范、崔玄暐、张柬之、袁恕己等，他们都成为后来政变的核心人物。尽管不能说狄仁杰那时就已经有了政变的打算，但他的行动实际上起了最初的组织作用。

政变的主要领导人是张柬之，他在久视元年（公元700年）前接替杨元琰为荆州长史，后来女皇叫狄仁杰举将相，狄仁杰说："荆州长史张柬之，这个人虽然年龄已大，却有宰相的才能。"女皇将张柬之提为洛州司马。过了几天，又要让狄仁杰保举人才，答道："前些时举荐的张柬之，陛下还没重用呢！"女皇说，已经提拔了。狄仁杰道："臣推荐的是宰相，不是司马。"于是又提为秋官侍郎。长安四年（公元704年）九月，宰相姚元崇被任命为灵武道安抚大使，临行时女皇让他推举能够胜任宰相一职的人选，姚元崇又大力举荐张柬之，说："此人深谋远虑，能断大事。他已年老，望陛下尽快起用。"十月，时年八十岁的张柬之升任宰相。

神龙元年（公元705年）正月，武则天病危，麟台监张易之和春官侍郎张昌宗居宫中执政，张柬之、崔玄暐与中台右丞敬晖、司刑少卿桓彦范以及相王府司马袁恕己暗中计划除掉张易之和张昌宗。张柬之问羽林卫大将军李多祚："将军今日的荣华富贵，是什么人赐予的。"李多祚感激地流着泪说："是高宗大帝给的。"张柬之道："如今大帝的儿子遭受张易之与张昌宗这两个小子的威胁，将军难道不想回报大帝的厚恩吗！"李多祚答道："只要有利于国家，我一切听从相公安排，自身及妻儿的安危全都置之度外。"于是自己对天盟誓，还与张柬之、崔玄暐等人共同制定了铲除张易之和张昌宗的计谋。

以前，张柬之接替荆州督府长史杨元琰的职务后与他一道在长江中泛舟。小船漂到江心时，谈及武则天改朝换代之事，杨义正词严，慷慨激昂，大有光复唐之伟业的雄心壮志。张柬之入朝当上宰相后，推举杨元琰出任右羽林将军，并且提醒他说："您不会忘记我们江心一聚时您对我所说的话吧？如今的这一职务不是随意给你的呀！"张柬之还起用了桓彦范、敬晖以及右散骑侍郎李湛，让他们担任左、右羽林将军，指军禁军。由于这件事引起张易之等人怀疑，张柬之又把他的同党武攸宜任用为右羽林大将军，使张易之等人放了心。

没过多久，姚元崇从灵武回朝，张柬之和桓彦范商议说："大事即成。"于是把定好的计谋告诉姚元崇。桓彦范的母亲知道此事后，十分赞赏，勉励他说："忠孝不能两全，应当以国家大事为重，然后再考虑自家的小事。"当时太子李显从北门入宫向天子问安，桓彦范和敬晖前往拜见，悄悄地把他们的计策禀报了太子，太子准许他们这样去做。

（5）中宗复位

二十二日，张柬之、崔玄晖、桓彦范与左威卫将军薛思行等人带领五百多左右羽林兵来到玄武门，派李多祚、李湛及内直郎、驸马都尉安阳人王同皎到东宫去迎接太子李显。太子心存疑虑，不肯出来，王同皎说："先帝传位于殿下，殿下毫无缘由遭到幽禁废黜，皇天后土、士民百姓都愤愤不平，已经有二十三年了。现在上天诱导人心，北门的羽林将士与南衙朝臣能够同心同德，誓要诛灭凶恶的小人，恢复李氏的江山社稷，希望殿下先到玄武门去以满足大家的期望。"太子回答："凶恶的小人的确应该铲除，可是天子圣体欠安，你们这样做能不使天子受惊吗！请诸位日后再不要如此行事。"李湛说："诸位将帅宰相为国家不顾生死，殿下怎么能让他们面临鼎镬的酷刑呢！请殿下自己去阻止他们好了。"太子这才出来。

太子被王同皎抱到马上，并在他的陪同下来到玄武门，砍断门栓一道进入宫中。那时女皇在迎仙宫，张柬之等人在迎仙宫的走廊里将张易之和张昌宗斩首，接着进入武则天居住的长生殿，下命将她包围。武则天惊讶地坐起来，问道："是什么人作乱？"张柬之回答说："张易之、张昌宗阴谋造反，臣等已奉太子的命令将他们铲除，由于害怕走漏消息，所以没有来向您禀告。在皇宫禁地举兵诛杀逆贼，惊扰天子，臣等罪该万死！"武则天看见太子李显也在人群当中，就对他说："这件事是你让干的吗？反臣逆子已被诛杀，你还留在这里干什么！"桓彦范上前说道："太子怎么还可以到东宫里去呢？先皇曾把心爱的太子托付给陛下，如今太子年纪已大，却仍在东宫当太子，天意民心，早已思念李家。群臣不敢忘记太宗、先皇的恩德，故此尊奉太子处死犯上作乱的逆臣。希望陛下传帝位给太子，以顺从上天与下民的心愿！"武则天发现李义府之子李湛后对他说："你也参与了杀张易之的事吗？我平时对你们父子那么恩宠，却不曾想竟然有今日的变故！"李湛满面羞惭，哑口无言。武则天又对崔玄暐说："别的人都是经他人推荐之后提拔的，而你是朕亲手提拔的，你为什么在这里呢？"崔玄暐说："我是为了回报陛下的恩宠才如此。"

张易之、张昌宗被杀后，张昌期、张同休、张昌仪等也被抓获，并将所有人犯于神都天津桥之南一起枭首示众。在这一日，为了防止突生变故，袁恕己随从相王李旦统率南牙兵马，他们将韦承庆、房融及司礼卿崔神庆等逮捕下狱，这些人全部是张易之的党羽。

张柬之等发动政变的第二天，女皇实在没有办法，只得命令太子去监理国家。

二十四日传位太子。二十五日中宗李显重登帝位。原来被周兴等酷吏所冤枉的都命令洗清他们的罪名，子女籍没入官的也都被释放；只有张易之党羽除外。加相王李旦号"安国相王"，官拜太尉兼宰相，加太平公主号"镇国太平公主"。皇族中以前被开除皇籍流放的现在全部恢复属籍，并加官封爵。对以张柬之为首发动政变的有功人员更是大加封赏。

二十六日，女皇被迁徙到洛阳宫城西南的上阳宫，中宗派李湛守卫，实际加以软禁。

第二天，中宗命令百官到上阳宫，给被废黜的女皇加上了"则天大圣皇帝"的尊号，以在名义上仍保持尊荣。二月初一，中宗又统领百官到上阳宫觐见，以后每十天一往。二月初四，中宗恢复"唐"国号，郊庙、社稷、陵寝、百官、旗帜、服色、文字也全部沿袭永淳年以前的旧制。五月，又把周庙的七祖迁出，太庙被安放到长安的崇尊庙，然后改名为尊恩庙。并且在东都洛阳又设立唐太庙、社稷。

对于武则天这样一个为获取最高权力而绞尽脑汁的政治人物，失掉皇位而被软禁，痛苦是无法忍受的。本来就已年老体弱，又受到这样沉重的打击，身体更加差劲。

当年十一月二十六日，八十二岁的武则天在上阳宫的仙居殿郁郁而终。留下的遗制是：去掉帝号，改称为则天大圣皇后。王皇后、萧淑妃二族及褚遂良、韩瑗、柳奭子孙亲属全部赦免。

去帝号重新改称皇后，表示武则天又成了李家的媳妇。下台前夕，她听从李峤、桓彦范、崔玄晔的奏请，于神龙元年（公元705年）正月初一大赦时，除了直接用武力反对她的徐敬业、宗室李贞、李冲父子以及反逆魁首，那些遭酷吏陷害的人们已经全都得到赦免。而中宗登基后，立即为李氏宗族的子孙平反，这样武则天杀死的冤魂最后就剩下这次所赦免了的人了。她这样做，也许是为了使自己良心能安吧！

神龙二年（公元706年）五月十八日，武则天的灵柩和唐高宗合葬乾陵，陵前立的是一座高高的无字碑。

这位中国历史上唯一一个掌国权并建立国号的女皇帝生命结束后，人们对她的评价没有定论，甚至迥然相异，就像那座无字碑之谜一样，成了一个永远吸引人们的历史研究课题。

第四章 开元盛世

1.韦后乱政

景龙四年（公元710年）六月，韦后杀中宗，开始效仿武则天知政事。

（1）韦武集团

神龙元年（公元705年），以宰相张柬之为首的一些大臣联合羽林兵将武则天的宠臣张昌宗、张易之两兄弟斩杀，并且逼迫武则天退位。中宗李显得以再登帝位，唐朝的国号也随之恢复。张柬之、崔玄暐、袁恕己、敬晖、桓彦范拜为相，并赐爵郡公。

中宗即位后，立他的妃子韦氏为皇后，大赦天下；后来又把皇后韦氏的父亲韦玄贞封为上洛王，把她的母亲崔氏封为上洛王妃。左拾遗贾虚己上疏认为："异姓之人不能够封为王，是自古就有的定制。如今中兴伊始，黎民百姓全都钦慕向往，静观陛下怎样管理这个国家。可皇上您先封皇后的父亲为王，这不利于在全国树立皇上您贤德的形象呀。何况高宗时期追赠皇后的父亲武士彟为太原王，这个教训离如今还很近，陛下应该从细微之处着手进行预防。要是认为无法收回已经发布的命令，陛下应该让皇后坚决推辞，这样更能显示出皇后的谦虚守礼。"唐中宗没采纳他的建议。

韦氏是京兆万年人，中宗做太子时，纳她为妃。嗣圣元年（公元684年），中宗、韦后分别被武则天宣封为皇帝和皇后。这一年，韦氏跟随被废的中宗一同到房州居住。中宗懦弱胆小，非常害怕武则天，惶惶不可终日。每看到武则天的使臣一到，他害怕得就要自杀。韦后十分镇静，安慰他说："祸福无常，最多不过一死，为什么要如此惊恐地折磨自己呢？"中宗依靠韦后的陪伴与支撑得以渡过难关，所以对她的行为非常感动，二人感情很深。中宗对韦后许诺说："如果有一天能够重登大宝，我一定满足你的所有要求，让你随心所欲。"中宗后来当上皇帝后履行了当年的约定，而韦皇后也仗着中宗的宠爱而干涉朝政，就像武则天当年一样。朝臣对此非常担忧。继贾虚己之后，桓彦范又上疏说："《周易》说：'妇女没有什么过失，在家中主持家务，就是吉利。'《尚书》说：'要是母鸡司晨打鸣，这个家庭就要败落了。'我发现陛下每次临朝处理政事，皇后就坐在帷帐后面参与对军国大事的处理。我看了以前朝代的历史总结出，无论哪个君主，只要与女人共同执政就会导致国家破灭，自己也没有好下场。何况阴驾凌于阳之上，是不符合自然法则的；女人欺侮凌辱自己的丈夫，这是违背伦理道德的。望陛下观察古今治乱兴衰的经验教训，勿忘社稷百姓，让皇后只住在中宫里，专心于女子的教化，不要到外朝来参与国家政事。"

在这以前，慧范依靠虚妄的邪说结交权贵，与张易之、张昌宗兄弟等人关系不错，韦后对他也另眼相看。到了后来张易之等被杀之后，韦后又说张易之被杀这件事慧范是参与了的，因此有功。于是慧范被授银青光禄大夫，并且赐给他上庸县公的官爵，以便让他可以自由进出宫禁，唐中宗也很多次身着便衣到他的住所。桓彦范又上表指控慧范用邪门歪道紊乱朝政，请求将他处死。唐中宗没有采纳这些建议。

张易之、张昌宗被铲除后，洛州长史薛季昶对张柬之和敬晖说："张易之、张昌宗这两个元凶虽然已被铲除，可是吕产、吕禄那样的人还在朝中为官，如果不把这些人一起铲除的话，他们一定还会卷土重来。"张柬之、敬晖回答说："如今大局已定，你说的那些人全都是案板上的肉，他们还能做什么！现在杀的人实在是够多的了，不能再动刀兵了。"薛季昶叹口气说："如果他们不被杀的话，那我就有可能被他们杀掉了。"朝邑尉武强人刘幽求也对桓彦范和敬晖说："武三思还没有受到惩处，你们这些人最终会死无葬身之地，还是早做准备吧！等到大祸临头就后悔莫及了。"桓彦范和敬晖也没有理会他的建议。

正如薛季昶等人所料，中宗刚复位，武三思就又与韦后、安乐公主、上官婉儿等人勾结在一起，形成韦武集团，使李氏皇室又一次受到了严重威胁。

武三思对文史稍有涉猎，溜须拍马是他的长处，从前武则天非常宠信他，位至宰辅。中宗复位后，他依然权势冲天。唐中宗将女儿安乐公主嫁给了武三思的儿子武崇训为妻。上官婉儿是上官仪的孙女，在上官仪被杀后，没入后宫。上官婉儿十分聪慧，能言善辩，文笔出众，又了解官府事务，所以很受武则天宠爱，从圣历年间开始，武则天经常让她和大臣们一起参加处理各个衙门所上报的文件。唐中宗即位后，愈发信任她，将她封为婕妤专门负责书写皇帝的命令，并让她执掌宫中事务。上官婉儿私通武三思，故而袒护武氏，她又将武三思举荐给韦后，把武三思领进宫中，武三思很快在唐中宗面前受宠，张柬之等人也因此受到了武三思的遏制。唐中宗让韦后与武三思一起玩一种叫作双陆的游戏，自己则坐于一旁为他们数筹码，这样武氏与韦氏私通。有了韦氏的支撑，武氏的势力日渐壮大。没过多久，武三思就被任命为司空，同中书门下三品。由于中宗纵容他们，韦后等人更加张狂，有恃无恐地干涉内政，并掌握了很大的权力。

（2）韦武集团专权

韦武集团势力越来越大，朝臣为此很是担忧。

张柬之等人反复请求唐中宗诛灭武氏集团，唐中宗都不听从。张柬之等人说："武则天改唐为周的时候，唐王朝皇家的李氏子孙几乎全部被杀了。如今幸赖天地神灵的庇佑，陛下再登大宝，但武氏却仍然安稳地享受着他们所窃取的官爵职位，这种情况难道是天下有识之士愿意看到的吗？希望皇上您把他们撤职，以告慰天下之人！"唐中宗置若罔闻。张柬之等人有的拍着几案叹息，有的弹击手指直到出血，纷纷说："皇上以前还是英王时，在人们的眼里是一个勇武刚烈的人，我们当初没有杀死武氏全部的人是想让皇上亲手杀死他们以壮大皇上的威望。如今皇上却反而重用武氏集团成员，大势已去，谁知以后还会怎么样呢！"

唐中宗很多次换装到武三思的家里去，监察御史清河人崔皎悄悄上疏说："陛下的权力恢复不久，则天皇帝仍然在西边的上阳宫里居住，还有人希望依靠她。武周时期之旧臣，还在朝廷为官，面对这么严峻的形势，皇上您怎么能这么轻易地外出游玩呢？没看到白龙身着鱼服而被打鱼的豫且射中的祸患吗？"唐中宗没把密疏的内容保守住，武三思和他的党羽们知道后，对崔皎切齿痛恨。

唐中宗将张柬之等人及武攸暨、武三思、郑晋思等十六人全部视为国家的功臣，赐给他们铁券，并规定只要这些人不是造反叛逆之罪，每个人都可以宽恕十次死罪。

敬晖等人带着文武百官上表唐中宗，认为："五德之运轮流兴起，从未有过两德同时盛大的事情。天授年间改朝换代之际，李唐宗室几乎全被处死流放迁徙，武氏怎能有与之同殿受封的权利！如今上天又再度眷顾李姓，可是武氏却还是像从前一般受封为王，与李姓宗室一道居住在京师，开天辟地以来未曾有过这般的道理。希望皇上能顺应民意，更要为大唐江山着想，把他们撤职以安定民心。"唐中宗没有听从这一建议。

敬晖等人担心武三思的谗言陷害，便让考功员外郎崔湜充当耳目，以便时刻掌握武三思的动向。谁知道崔湜是个见风使舵的小人，他看武三思比较受宠而敬晖等人受猜忌，便把这件事告诉了武三思，反而为武三思效劳。武三思推荐崔湜做了中书舍人。

此前，殿中侍御史南皮县人郑愔投靠张易之和张昌宗，张易之、张昌宗被杀之后，被贬为宣州司士参军，又因贪赃获罪，逃到东都，暗中求见武三思。郑愔见到武三思时痛哭流涕，一会儿又放声大笑。武三思对郑愔在他这样位尊权重的人面前悲喜无常，十分奇怪。郑愔解释道："我在刚刚见到大王时所以痛哭失声，是在为大王就要被戮尸灭族而感到悲哀。悲哀之后又放声大笑，是在为大王能够得到郑愔的帮助从而免除祸患而感到高兴。大王您虽然深得皇上宠信，但您有没有想过张柬之、敬晖、桓彦范、崔玄暐和袁恕己五人掌握将相大权，他们个个胆识过人，即便是他们要废掉太后的帝位都易如反掌。和太后武则天当年贵为皇帝时相比，您现在的地位，对于他们五个人来说又算什么呢？那五个人对您十分痛恨，日夜都想吃下您的肉，要是不把大王灭族，他们是不会放心的。大王您要是不迅速杀死这五个人，您就会很快被他们杀掉，可是您还是怡然自乐，自认为高枕无忧，这就是我郑愔为大王您感到痛心的缘由。"武三思非常开心，与郑愔一道上楼，并且询问自己怎样才可以保住性命和官职，并荐举他做了中书舍人，与崔湜一块成为自己的谋士。

（3）屠戮功臣

武三思与韦后天天在唐中宗面前诬陷敬晖等人，说他们"依仗着自己曾经立下的功劳专横地干涉朝政，这将很不利于大唐江山的稳定"。中宗听信了他们两人的谗言。武三思等人趁机向中宗建议："不如封敬晖等人为王，同时罢免他们所担任的职务，这样的话，表面上是对他们的宠爱和赏赐，而实际上他们的权力受到了很大的削弱。"唐中宗很赞同这个办法。随后，唐中宗封侍中、齐公敬晖为平阳王，谯公桓彦范为扶阳王，中书令、汉阳公张柬之为汉阳王，南阳公袁恕己为南阳王，特进、同中书门下三品、博陵公崔玄暐为博陵王，并且免去他们的宰相职务，赏赐上述五人金帛鞍马，只要求他们于每月初一、十五朝拜天子；又赐桓彦范姓韦氏，让他与韦后同族。没过多久，唐中宗又任命崔玄暐为检校益州长史、知都督事，以后又改任他为梁州刺史。在武三思的命令与操纵下，武则天时期的政策又在这个时期重新恢复执行，只要是拒不趋附武氏集团的人都会遭到排斥，那些被张柬之、桓彦范等人贬逐的人重新起用，武三思大权独揽。

张柬之等五人请求中宗削去武氏集团成员的王爵时，曾找人帮他们草拟奏表，众多的朝臣中没有一个敢站出来帮他们。中书舍人岑羲代他们草拟了表章，措辞严厉；中书舍人偃师人毕构正轮到负责宣读这一表章，言语和神态显得十分严厉。武三思得志后，岑羲就因为当年的那份表章被改任为秘书少监，毕构也被贬谪为润州刺史。

　　武三思暗中遣人将韦后的肮脏行为分条列出，并把这些文字张贴在东都洛阳的天津桥上，文字中还请求中宗诏告天下废除皇后。唐中宗雷霆震怒，下令御史大夫李承嘉将此事追查到底。李承嘉上奏说："这些文字是敬晖、桓彦范、张柬之、袁恕己和崔玄暐派人书写和张贴的，尽管上面所写的只是请求废黜皇后，可是他们实际上是阴谋叛乱，请陛下下旨将这五个人灭族。"武三思还让安乐公主在宫中制造不利于五人的舆论，并命侍御史郑愔在外朝对五人进行了弹劾，不分是非黑白的中宗让刑部对五人结案判刑。大理丞三原人李朝隐上奏说："敬晖等人尚未受到详细讯问，不应这么快就将他们处死。"大理丞裴谈上奏说："对敬晖等人的案子可以依照皇帝的制命直接处以斩刑，没收财产，不必再审讯了。"唐中宗想到以前赐给敬晖等人铁券，答应过不对他们处以死刑，于是下旨将他们长期流放，将敬晖流放到琼州，将桓彦范流放到瀼州，将张柬之流放到泷州，将袁恕己流放到环州，将崔玄暐流放到古州，这五个人的后代中凡是超过十六岁的都被流放到岭外。中宗提拔李承嘉为金紫光禄大夫，将其爵位晋升为襄武郡公，大理丞裴谈也被提拔为刑部尚书，又将李朝隐外放为闻喜令。

　　武三思示意太子李重俊奏请中宗灭敬晖等人的三族，唐中宗没有同意。

　　中书舍人崔湜对武三思说："以后要是敬晖等人又回到朝中，仍然要成为祸患，您最好派使者过去以皇帝的名义把他们全部杀掉。"武三思问他可以派谁去，崔湜把大理正周利用推荐给他。在这以前，周利用由于遭到敬晖等人的憎恶，被贬为嘉州司马。武三思于是让周利用代理右台侍御史职务，奉命出使岭外。等到周利用到达岭外时，张柬之和崔玄暐已经死去，周利用在贵州遇到桓彦范，便令人将桓彦范捆绑起来，放倒在竹筏子上拖着走，一直到身上的肉被磨掉露出骨头时才将他用杖打死；在抓住敬晖后，便将他剐死；袁恕己平常服食丹药，周利用硬逼着他喝有毒的野葛汁，袁恕己喝下好几升之后还没有被毒死，毒性发作，袁恕己难以忍受，用手去扒土，几乎所有的指甲都被磨掉后，周利用才让人用棒子把他活活打死。周利用回到洛阳后，被提升为御史中丞。薛季昶屡遭贬黜，在被贬为儋州司马时服毒自杀。

武三思杀死张柬之、敬晖、桓彦范等五人之后，权势比唐中宗还大，他经常说："善人恶人是什么我不知道，我只知道对我好的人就是善人，对我不好的人就是恶人罢了。"

那个时候，兵部尚书宗楚客、将作大匠宗晋卿、太府卿纪处讷和鸿胪卿甘元柬都是武三思的同党。御史中丞周利用、侍御史冉祖雍、太仆丞李俊、光禄丞宋之逊、监察御史姚绍之五人都是武三思的耳目，这五人被人们称为五狗。

（4）太子兵变

韦后有着极大的政治野心，干预朝政只是她的一个短期目标，她最终是希望能像武则天一样位至九尊。上官婉儿心如明镜，了解她的心思，就总是劝韦后起事。中宗复位没过多久，她就劝韦后上表，令天下士庶为出母（指被父休弃的生母）服丧三年；又请百姓二十三岁为丁，五十九岁免役。依照那时规定，仅为父服丧三年，一般不为出母服丧；男二十一岁成丁，即要服役，六十为老。上官婉儿非常清楚怎样才能做好官，怎样才能有权力，她让皇后通过改变制度获得名誉，增加威望。而韦后对此也十分明白，抓住时机为当女皇捞取资本。

安乐公主很像她的母亲，她面貌俏丽，又能说会道，被父母视为掌上明珠。在父母溺爱中长大起来的安乐公主变得霸道专横。中宗再登帝位后依然宠着她，任由她做自己想做的事情，凡是安乐公主奏请的事全都答允。安乐公主也恃宠而骄，目无长上。有时自草制敕，还故意用手掩住内容，让父皇署名，中宗居然也微笑地从命，根本不看内容。安乐公主的野心日渐膨胀，请求中宗立其为皇太女而废掉太子李重俊。宰相魏元忠认为，皇太子是将来的一国之主，本身没有什么过错，不可以随便废除。得知这一消息后，安乐公主轻蔑地讥嘲魏元忠乃一介农民，没有资格对国家大事说三道四，狂妄地认为武则天可以做天子，自己堂堂一个公主，做皇帝也是可以的。中宗这次虽然没有听她的，但对于这种大事却也没有责怪她。

韦、武阴谋篡权，皇太子李重俊是他们的头号仇敌。因为太子并非韦后自己亲生，认为他会成为自己当皇帝的障碍，因此特别恨太子。武三思也疑忌太子，因武三思的缘故上官婉儿在下制敕时，推尊武氏而排抑皇室。安乐公主与丈夫武崇训时常毫无因由地凌侮太子，有时竟呼太子为奴。在韦皇后和武三思两大集团的轮番攻击下，太子的地位已经很危险了。

景龙元年（公元707年）七月初六日，太子李重俊与左羽林大将军李多祚、将军李思冲、李承况、独孤祎、沙吒忠义等人一道，假借皇帝的名义调集了三百余羽林骑兵，把武三思、武崇训父子及他们的十余名亲属杀死在武三思家中。同时，派遣左金吾大将军成王李千里与他的儿子天水王李禧分别领兵把守宫城各门，太子李重俊和李多祚领兵从肃章门冲入宫中，到处寻找上官婉儿。上官婉儿高声呼喊："看起来他们是想先抓住我上官婉儿，接着抓住皇后，最后是要抓住皇帝。"唐中宗就和韦氏、安乐公主、上官婉儿一道爬上玄武门门楼躲避，还命令右羽林大将军刘景仁在门楼下聚集了一百多羽林飞骑保护自己。杨再思、苏瑰、李峤与兵部尚书宗楚客、左卫将军纪处讷统领兵马两千余人聚集在太极殿前闭门坚守。李多祚率先来到玄武楼下，想要上楼，被警卫士兵拦阻。李多祚与太子都有些迟疑，勒住兵马，没有马上攻打玄武楼，而是希望唐中宗能问一下他们之所以这样做的原因。宫闱令石城县人杨思勖站在唐中宗身旁，请求皇帝让他带兵迎敌。李多祚的女婿羽林中郎将野呼利那时是前锋总管，杨思勖拔剑杀了他，使得其手下将士当时就吓得乱了军心。唐中宗手扶玄武门上的栏杆，俯身对楼下李多祚所率的几千骑兵们说："你们这些人都是朕的卫士，怎么会跟着李多祚谋反呢！要是你们能除去造反的人，我保证你们有享受不尽的荣华富贵。"于是这些骑兵将李多祚、李承况、沙吒忠义、独孤祎杀死，其他起兵的人看到这种情况吓得四处逃散了。成王李千里、天水王李禧父子攻打太极宫右延明门，本想杀死宗楚客和纪处讷，可是攻门未成反而战死。太子李重俊仓皇逃奔终南山，到达鄠西时，原来随他的一百多骑兵已变得寥寥无几了，手下人趁他在树林休息时将其杀死。唐中宗把太子李重俊的首级献到太庙，随后又以它祭奠武三思和武崇训的灵柩，最后在朝堂悬首示众。皇上把在叛乱中帮助太子的成王李千里的姓氏改为蝮氏，太子的同党都没有逃脱责任，在叛乱平息后都被斩首。

东宫的僚属中无人敢接近太子的尸体。仅永和县丞宁嘉勖用衣服将太子的头颅裹住失声痛哭，他于是也被贬为兴平丞。

太子起兵时所通过的各个部门的守卫者都被以流刑论处，可是韦后集团的成员还不罢休，甚至奏请皇上将这些人全部处死。唐中宗下旨令司法部门再次审理推问此案。大理卿郑惟忠说："如今这件大案才判决，人心还没有稳定，要是又重新改判的话，那么就会更加人心惶惶了。"唐中宗这才打消了这个念头。

这次兵变虽然杀死了武三思和武崇训父子，但没有能改变韦武集团控制朝政的局面。

（5）权势熏天

安乐公主、长宁公主及韦皇后的妹妹郕国夫人、上官婕妤、上官婕妤的母亲沛国夫人郑氏、尚宫柴氏、贺娄氏、陇西夫人赵氏等人全部依仗权势干涉朝政，疯狂收受贿赂，为行贿者请托授官。不管你以前是什么职业，屠夫也好，酒鬼也罢，即使你斗大的字不认识一个，只要你向这些人行贿三十万钱就可以从她们那里取得由皇帝亲笔敕书任命的官位，因为这种敕书是斜封着交付中书省的，所以人称这种官员为"斜封官"；要是行贿数为三万钱，就可以享受被剃度为僧尼的待遇。她们受贿之后所任命的员外官、员外同正官、试官、摄官、检校官、判某官事、知某官事多达数千人。在西京和东都两地分别设置两员吏部侍郎，每年有四次选授官员的机会，可选任官员数万人。

上官婕妤及宫中的妃嫔姬妾们大部分都在宫外私修宅第，这些人任意出入宫禁，朝臣们为了能青云直上，就经常与这些人交往。在这些人中间，安乐公主尤为骄傲专横，宰相以下为官的人，几乎都是由于巴结她、和她靠上关系才上任的。安乐公主还与中宗的另一个女儿长宁公主竞相修建豪宅，并在建筑的奢侈豪华方面互相攀比，在建筑规模和精巧的程度方面与皇宫相比可谓是有过之而无不及。安乐公主请求唐中宗把昆明池赏赐给她，唐中宗以昆明池是百姓用来养鱼的地方为由加以拒绝。安乐公主十分不悦，就强占百姓田宅修建定昆池，南北长达几里，模仿华山的样子堆石建造假山，又依照天河的样子引水入池。因为安乐公主想让此湖胜过昆明池，故而将它定名为定昆池。安乐公主还有一条价值一亿钱的裙子，这条裙子上面有着大小如谷粒一般的花卉和鸟兽的图案。从不同的方向看，在不同的光线下看，图案的色彩都有不同。唐中宗爱好用杖击毬的游戏，于是朝野上下以击毬为乐。

唐中宗和韦皇后以及各位公主修建了很多佛寺。左拾遗京兆人辛替否上疏谏阻，疏文大意是："臣听闻古时候帝王设置官署，人员不一定要求齐备，但是要求当官的人一定有好的德行，并且清正廉明，这样，朝廷发的俸禄就一定会有节余，百姓也不用担忧生计了。但是现在陛下颁发给臣下的赏赐百倍于先代，增设的官吏数目也十倍于先代，使得没有足够的金银来铸造官印，府库中的绢帛等财物的储备都无法满足陛下赏赐臣下的需要，从而造成有些富有的大商人用钱买高官的现象，也使得有些凭借装神弄鬼代人祈祷或者以卖艺为生的人得以占有肥沃的良田。"他又说："公主是陛下疼爱的女儿，可是她日常生活的花费已经超出了早就订立好的标准，她的行为不符合老百姓的期望，不注意影响，我担心这样下去会使喜爱变成憎恶，同时，原来你对她的疼爱与关心也会变成对公主的危害。这是为什么呢？因为这样做耗尽民力，浪费百姓钱财，强取百姓家资。陛下为怜爱几个子女而招致三种怨恨，那些戍边的将士不会再全力效忠朝廷，朝臣对陛下也不再是忠贞不二，人心尽失，仅余几个自己所宠爱的人，陛下还能够凭借什么来治理国家呢！君主的统治是以百姓的拥戴支持为基础的，如果这个基础牢固，君主深受百姓爱戴，那么国家就会安宁，社会就会稳定，陛下的家族也就会得到长久的保全，也就能够长久地享受天伦之乐。"他还说："如果以为修建佛寺是治理国家的根本，休养士民不能够治理好国家，那么殷、周之前就全都是昏暗混乱的时代，而汉、魏以后就全是圣明之世了；殷，周以前的朝代存续的时间很短，而汉魏以后的朝代存续的时间则很长了。陛下把管理国家的最紧要的事作为可以从缓的事，又把可以缓办的事作为治理国家的最紧急的事；应当亲近信任的人才还没有出现，而那些不学无术之人却在朝廷中占据了要职；陛下不去脚踏实地地做一些有利于百姓和社会的事，而寄希望于营建佛寺来维护统治；陛下重视凡夫俗子才做的事情，而对九五之尊应做的事情却漠然处之。就算陛下能够以阴阳二气为炭，如同工匠在火炉中冶铜那般创造出万物，奴役那些用不着吃饭穿衣的人，只怕也供应不起奢侈靡费所需的支出，更何况陛下所依仗的仅仅是那些天生地养、经过风雨滋润之后才能生产的自然之物呢？要是爆发战争，或者发生自然灾害，那些出家的和尚不能拿起武器来保护陛下，那些林立在寺院中的石塔更不能缓解天灾造成的饥荒。臣对陛下这种广建佛寺的行为感到十分痛惜。"唐中宗根本不审阅这篇奏疏。

　　景龙二年（公元708年）二月，宫中向中宗禀告说看见五色云在韦后衣箱里的裙子上升起，很长时间才散去。韦后党羽中书令韦巨源说这是非常罕见的佳瑞，请中宗诏告天下。中宗命画工绘出五色祥云，展示给百官，并因为这个大赦天下。没过多长时间，迦叶志忠上奏道："回想从前我大唐高祖神尧皇帝还没有领受天命之时，天下传唱的歌谣是《桃李子》；在太宗文武皇帝还没有登基之时，天下流行的乐曲是《秦王破阵乐》；在高宗天皇大帝继位之前，天下流传的歌谣是《堂堂》；在则天大圣皇后登基前，天下流行的乐曲是《武媚娘》；在应天皇帝陛下您继位以前，天下流行传唱的歌曲是《英王石州》；在顺天皇后接受天命之前的永徽末年，就已经有人开始传唱《桑条韦》之歌，那么顺天皇后成为国母并主持蚕桑之事就应是上天的旨意。臣故而献上《桑韦歌》共十二篇，恳请陛下准许将这首歌编入乐府诗歌，以便在皇后祭祀先蚕神时演奏。"接着，太常卿郑愔又接着更进一步地引申这一话题。唐中宗听罢龙颜大悦，厚赏迦叶志忠和郑愔。

右补阙赵延禧进言道："周、唐二代一脉相承，受命的征兆都一样，因此，高宗皇帝封陛下为周王；则天太后主政时，唐同泰进献了《洛水图》。孔子说过：'要是有沿袭周朝制度的，即便是传一百代，也是能够预见的。'陛下继承则天太后的周朝而执掌天下，后世肯定将沿续百代而仍然保有天下。"唐中宗听了十分高兴，提升赵禧为谏议大夫。

韦后阴谋篡位的野心已经十分地明显了。景龙三年（公元709年）四月，定州人郎岌上言："韦后、宗楚客将要兴兵作乱。"韦后下令用杖刑把郎岌打死。五月，许州司兵参军燕钦融又上言："皇后荒淫无度，破坏了礼仪章法，干预国家政治；安乐公主、武延秀、宗楚客阴谋叛乱已威胁到了国家生存。"唐中宗召见并当面质询他，燕钦融镇定自若，慷慨激昂地阐明了他的观点，唐中宗听后，若有所悟。宗楚客却假传圣旨让飞骑士兵将燕钦融摔死在殿庭石上，并非常得意。唐中宗看见宗楚客根本不把自己放在眼里，心里觉得十分不舒服，而且中宗不满韦后及安乐公主迫害自己胞弟相王李旦。这些让韦后及其党羽十分担心。景龙四年（公元710年）六月初二，韦后和安乐公主与经常出入宫廷的散骑常侍马秦客、光禄少卿杨均秘密筹划，在皇帝饭菜中下了剧毒，结果唐中宗被毒死在神龙殿。六月二十日，当韦后一党匆忙准备夺权之时，临淄王李隆基及时起兵，将韦后、安乐公主等人全部斩杀。韦武集团得告消灭。

2.铲除诸韦

景云元年（公元710年）六月，李隆基起兵入宫，杀诸韦及其亲信。

（1）李隆基兵变

李隆基，唐睿宗李旦的儿子，受封为临淄王。他就是后来的唐玄宗，又称唐明皇。曾任卫尉少卿、潞州别驾等职。李隆基从小就有远大的志向，在宫中的时候，他自己称呼自己时用的都是曹操的小名阿瞒。他命运多舛，先有武后称帝，后有韦后乱政，他发誓要兴复李唐江山。

景云元年（公元710年）六月初二，韦后和她的女儿安乐公主在神龙殿里毒死了懦弱无能的中宗。韦后隐瞒中宗驾崩的消息，自己总揽了朝廷的大小事务。

初三，韦后把各位宰相都传到了宫中，并且在长安城中驻扎了五万兵马，指派驸马都尉韦捷、韦灌、卫尉卿韦璿、左千牛中郎将韦锜、长安令韦播、郎将高嵩分头统领这些兵马。韦璿是韦温族弟；韦播是韦温之侄；高嵩是韦温的外甥。韦后又命令中书舍人韦元负责巡察城中六街，为防备均州刺史谯王李重福，韦后还命令左监门大将军兼内侍薛思简等人带领五百名士兵快速赶到均州防守。韦后任命刑部尚书裴谈、工部尚书张锡为同中书门下三品，留任东都留守。韦后又任命吏部尚书张嘉福、中书侍郎岑羲、吏部侍郎崔湜为同平章事。

太平公主与上官婉儿商议起草唐中宗遗诏，把温王李重茂立为太子，政事由韦后主持，参谋政事的还有相王李旦。宗楚客说："由相王辅政在道理上有些讲不通，再说相王和韦后乃是叔嫂关系，不应互相问候，两个人在一起处理朝廷事务的时候，又如何执行礼的规定呢？"于是宗楚客率领宰相们一同上表，请求由韦后一个人去临朝持政，免去相王李旦为参谋政事的官职。苏瑰质问道："怎么可以违背先帝的遗诏命令呢？"韦温和宗楚客大怒，苏瑰非常害怕，便顺从了他们，于是任命相王李旦为太子太师。

万事俱备后，初四，韦氏集团才公开发表，并把持朝政，大赦天下，改元唐隆。

初七，年仅十六岁的李重茂登基，即为少帝。

韦后的子弟和亲信同党手中掌握了南北卫军的兵权，还控制了很多要塞，势力几乎覆盖了全国的各个地方，宗楚客与太常卿武延秀、司农卿赵履温、国子祭酒叶静能及诸韦聚集在韦后周围，劝她像武则天一样当皇帝。宗楚客还秘密上书引征图谶，说韦后应该废唐另立新朝。当时京城中传说韦后图谋杀害少帝李重茂以夺得大权，搞得人心惶惶。韦后集团还想铲除相王李旦和太平公主，因为他们二人很可能会成为韦后集团夺权路上的障碍。

相王李旦的儿子临淄王李隆基在此之前已被免去潞州别驾的职务，他在京师私下招募智勇双全之士，密谋光复唐室。

当初唐太宗选拔官户和蕃口中骁勇善战的人员，让他们身穿绘有虎皮花纹的衣服，使用绘有豹皮花纹的马鞍，他们在太宗巡游狩猎时，跟在太宗的鞍前马后，和太宗一起射杀飞禽走兽。这些人被称为百骑；武则天时期逐渐增为千骑，隶属于左右羽林军；唐中宗把这支部队称为万骑，并设置官员统率。李隆基结识和笼络了很多万骑兵中的豪杰之士。

兵部侍郎崔日用平常一向依附韦后及武氏集团，与宗楚客交情也很好，他得知宗楚客的阴谋以后，害怕自己也会身遭不测，就派宝昌寺僧人普润秘密地去向李隆基报告这件事情，同时，还告诉李隆基尽快地发兵以抢得先机。

李隆基于是与太平公主及其卫尉卿薛崇暕、西京苑总监赣县人钟绍京、尚衣奉御王崇晔、前任朝邑尉刘幽求、利仁府折冲麻嗣宗等人策划先行兴兵发难，铲除韦氏集团。韦播、高嵩二人多次毫不留情用鞭抽打万骑兵，以此树立二人在万骑兵中的威严，这样做的后果却导致了万骑兵对他们的深深怨恨。果毅葛福顺和陈玄礼向李隆基诉说此事，李隆基暗示他们应当铲除韦后集团，两人听后都信誓旦旦地表示愿意效忠。参与了具体谋划的还有万骑果毅李仙凫。

有人建议李隆基应当把这件事告诉他的父亲相王李旦，李隆基回答说："我们这些人是为了大唐的江山社稷才干这种事的。如果事情成功了，对相王来说也是一件好事，但是万一失利了，我们为了国家牺牲自己就行了。如果告诉相王，让他也陪着我们牺牲，这是非常不值得的。若父亲不同意，则难免会坏了大事。"于是，李隆基把这件事瞒了下来。

二十日，李隆基身穿便服与刘幽求等人进入禁宫之中，到钟绍京的住所集合。此时钟绍京已颇有悔意，便想退出行动，他的妻子许氏对他说：

"那些为了国家大事而不计较个人安危的人一定会得到上天的帮助，再说你平时就一直与他们一起谋划这件事，就是你现在不参加了，也不能没有牵连。"钟绍京听完后赶忙开门出来拜见李隆基，李隆基拉着他的手与他一起坐下。这时左右羽林军将士都驻扎在玄武门，等到夜暮降临之际，葛福顺和李仙凫都来到李隆基处，询问开始行动的信号好方便行动。二更时，夜空的流星像雪一般散落，刘幽求说道："这是上天的意愿，要我们这样做，这样的时机一错过就再也不会有了。"葛福顺拔剑直闯羽林营，将韦璿、韦播、高嵩三人斩首示众，高声说道："韦后毒死先帝，图谋不轨，今天晚上我们要通力合作，铲除韦氏家族，所有的人都格杀勿论;拥立相王为帝以安定天下。假如有人胆敢当奸细，帮助叛军，给他判的罪要诛连三族。"羽林军将士全都表示服从。钟绍京率领着二百多工匠，拿着斧子锯子跟在后面。李隆基派葛福顺率领左万骑攻打玄德门，派遣李仙凫率领右万骑攻打白兽门，双方约定在凌烟阁前会师后，就发出大声的叫喊故意制造出混乱的声势。葛福顺等人分别杀掉守门的兵将，攻入宫中。

三更时分，李隆基率兵守在玄武门外，听到营中的叫喊声之后，即带领总监及羽林兵进入宫中，在太极殿负责守卫中宗灵柩的南牙卫兵们听到喧杂声之后，全副武装地响应李隆基等人。韦后慌慌张张，惊惶失措中逃到飞骑营，有一个飞骑兵将韦后斩首，并把首级献给李隆基。安乐公主正对着镜子画眉，被士兵杀死。此外，还将武延秀斩首于肃章门外，将内将军贺娄氏斩首于太极殿西。

一开始，上官婉儿推荐她姨母的儿子王昱任左拾遗，王昱劝上官婉儿的母亲郑氏说："武则天已经背逆了天意，不可能东山再起，现在婕妤巴结武三思，是把自己和整个家族往火坑里推，希望姨母慎重考虑一下！"郑氏于是用这些道理来告诫上官婉儿，但上官婉儿根本不听这一套。太子李重俊起兵讨伐武三思的时候，曾四处搜捕上官婉儿，她这才感到害怕，想起了王昱的告诫。在这以后，上官婉儿才尽力跟随唐中宗，与安乐公主各自形成自己的势力。中宗驾崩后，上官婉儿起草遗诏，将温王李重茂立为太子，由相王李旦辅佐；宗楚客、韦后却篡改了遗诏。

在李隆基率军攻入宫中时，上官婉儿亲自拿着灯笼，带领宫中从人迎接；并把她起草的中宗遗诏的底稿拿出让刘幽求看。刘幽求替她向李隆基求情，李隆基没有答应，下令将上官婉儿在旗下斩首。

（2）李旦登基

这时少帝住在太极殿，刘幽求对大家说道："大家约好了今天晚上拥立相王为帝，现在为什么不早一点儿定下来呢！"李隆基急忙制止了他，命令将宫中和把守宫门的韦氏家族的人及韦后的宠臣一并杀死。天快亮的时候，兵变基本完成。

二十一日，李隆基出宫拜见其父相王李旦，向相王磕头，请求相王原谅他行动之前没有事先通告相王的过错。相王李旦流着眼泪抱住李隆基说："大唐的天下得以保全，这全都是依赖于你的功劳啊！"李隆基于是率军迎接相王李旦入宫辅佐少帝。

李隆基下令将京城各门及所有宫门关闭，然后又派遣万骑兵分头搜捕韦家的亲属和党羽。太子少保、同中书门下三品韦温被斩首于东市之北。中书令宗楚客身着丧服骑驴逃跑，到通化门时被守门的兵士认出。兵士对他说："您就是宗尚书吧！"话毕即去掉宗楚客的孝帽，将其杀死，其弟宗晋卿也没有幸免。少帝由相王陪着来到安福门，让百姓安心。

当初，赵履温不惜花费国家钱财以讨安乐公主的欢心，没完没了地为安乐公主大兴土木。安乐公主被杀后，赵履温又急忙跑到安福门下山呼万岁，还没说完，就被李旦下令处死。赵履温总是鱼肉百姓，老百姓对他恨之入骨，所以他刚一死，尸体上的肉就被割光，只剩下一具骷髅。秘书监汴王李邕的妻子是韦后的妹妹崇国夫人，于是，他和御史大夫窦从一分别砍下他们自己妻子的头进献给相王李旦，以表示自己的忠心。左仆射、同中书门下三品韦巨源听到李隆基起兵的消息后，家里人劝他到外面避避风头，他回答说："我作为朝廷大臣，怎么能在国家有难的时候逃避责任，苟且偷生呢？"说完便走出家门，来到大街上，被乱兵所杀，当时有八十岁。这时李隆基已经派人把马秦客、杨均、叶静能砍头示众，并且把韦后的尸体丢在街头。崔日用带兵到京城南边的杜曲诛杀韦氏家族的其他成员，连吃奶的孩子也不能幸免。在杜曲居住的杜氏家族也被连累，冤杀了许多人。

刘幽求对李成器和李隆基说："以前相王就曾当过皇帝，是广大百姓所真心拥戴的。现在民心尚未平定，皇位乃国家之事，极为重要，相王怎么可以因拘小节而不称帝以利天下呢！"李隆基答道："相王生性淡泊名利，不注重俗务，即使他已经当了皇帝，也要把帝位让给别人，何况现在的皇帝是相王兄长的儿子，他又怎么忍心取代他呢！"刘幽求说："民意不可违，相王虽愿独善其身，但大唐江山不能不保！"李成器和李隆基入内拜见相王李旦，对相王极尽劝说之能事，相王才同意重登帝位。

二十四日，少帝在太极殿内东边面向西坐着，相王李旦站在唐中宗的灵柩旁边，太平公主道："皇帝想把帝位让给他的叔父，可以吗？"刘幽求跪在地上回答说："在国家处于危难的时候，皇帝仁义孝顺，开明有德，学习尧舜禅位贤人的传统，的确是为了国家着想，这是至德至公的心境啊！相王替代皇帝挑起治理天下的重担，乃是叔父对侄儿关心爱护的表现。"接着便根据少帝诏书旨意把帝位让给了相王李旦。这时少帝还坐在皇帝的宝座上，太平公主上前对他说道："天下所有的老百姓都已经拥戴相王，这个宝座现在你不能再坐了！"说完便将他从宝座上拉了下来。李旦即皇帝位，是为唐睿宗，并且亲临承天门，颁布诏书，大赦天下，同时又恢复了少帝李重茂的温王爵位。

睿宗当政时期（公元710~712年）任用姚崇、宋璟为相，姚、宋两位丞相，齐心协力，革除中宗时期施政中的诸多弊端，提拔任用忠良贤才，罢免不学无术的人，奖励和惩罚措施公平公正，严禁徇私舞弊、包庇纵容。这些举措令朝纲为之一振，颇有贞观、永徽之风。但严峻的宫廷斗争依然没有停息。

3.诛灭太平

开元元年（公元713年）唐玄宗把太平公主集团给诛灭了，从唐中宗时期屡次发生的宫闱之乱也告结束，李唐王朝由此进入了全面发展的新时期。

（1）太平结党

太平公主遇事机敏沉稳，聪明过人，富于权变，武则天认为她与自己很相像，因而在众多的子女中对她尤为喜爱，经常让她参与国家重大事情的筹备策划，但她还是很怕武则天的威严，因而不敢拉帮结派，壮大自己的势力。张柬之等人诛杀张易之、张昌宗兄弟时，太平公主助了一臂之力。唐中宗时期，韦后和安乐公主都害怕她，后来她又和太子李隆基一起铲除了韦氏集团。功勋卓著的太平公主势力如日中天，每项大政方针，睿宗都要与太平公主商议，在上朝时，她总是和睿宗在一起谈话。有时她没有上朝，睿宗就会派宰相到她的家中询问她对一些国家大事的看法。每当宰相们奏事的时候，睿宗就要询问："这件事曾经与太平公主商量过了吗？"接下来还要问道："与三郎商议过吗？"只有宰相们做了肯定答复后，睿宗才会允准他们的建议。三郎指的是皇太子李隆基。凡是太平公主想干的事，睿宗没有不同意的，朝廷中文武百官，除了宰相外，她都可以决定是提拔还是降职，而其余的那些因为她的推荐而不断获得高官职位的更是多得都数不清了。由于太平公主的权势甚至超过了睿宗皇帝，所以对她俯首帖耳、阿谀奉承的人数不胜数。太平公主的儿子薛崇行、薛崇敏、薛崇简三人全都受封为王。长安城郊外各地都有太平公主的田产园林，她家在收买或制造各种珍宝器物时，最远到过南岭和巴蜀地区，为她运送这类物品的人络绎不绝。太平公主在日常衣食住行的各方面也和宫里的一样。

太平公主野心极大，她想效仿武则天，临朝执政。她对懦弱不理政事的睿宗不屑一顾，但太子李隆基让她感到头痛。开始的时候，她认为李隆基乳臭未干，控制他易如反掌。没想到李隆基英武有才，断不是她所想象的那般无能，她又不愿听命于李隆基，就打算废掉李隆基，而代之以一个懦弱易于控制的太子，从而达到自己的专权目的。她在李隆基非长子身份上大做文章，认为既非长子，就不该立为储君，还指使心腹打入李隆基阵营监视太子，并在睿宗面前说太子的坏话。对此，李隆基心里十分焦虑。

太平公主和益州长史窦怀贞等人结为一派，想置太子李隆基于死地，就暗中指使她的女婿唐晙邀请韦安石到自己的家中来，韦安石坚决推辞，没有前往。唐睿宗曾经秘密地召见韦安石，对他说："听说朝廷文武百官全都表示愿意归附太子，替太子效力，您应当多注意一下这方面的情况。"韦安石答道："陛下从哪里听到这种亡国之言呢！这一定是太平公主的主意。太子为李唐王室做出了很大的贡献，而且一向非常仁慈明智，对父母孝顺，对兄弟友爱，这可是全天下都知道的事实，希望陛下不要听信谗言而受蒙蔽。"唐睿宗听说过这话之后十分惊异地说："朕明白了，您不要再提这件事了。"当时太平公主正在帘后偷听他们君臣之间的谈话，事后便散布各种流言蜚语对韦安石横加迫害，想把他逮捕起来，在监狱里严刑审讯，幸亏有郭元振的救助韦安石才得以逃脱。

太平公主还曾乘辇车在光范门内拦住宰相，暗示他们应当改立皇太子，宰相们当时全都非常吃惊。宋璟大声质问道："太子为大唐社稷立下这么大的功劳，理应是大唐未来的皇帝，公主为什么突然提出这样的建议呢？"

宋璟与姚崇私下向唐睿宗进言道："宋王李成器是陛下的嫡长子，豳王李守礼是高宗皇帝的长孙，太平公主在他俩和太子之间挑拨离间，故意制造矛盾，将会使宫廷里发生混乱，这样太子的地位也就不保了。请陛下将宋王和豳王两人外放为刺史；免去岐王李隆范和薛王李隆业所担任的职务，任命他们为太子左、右卫率以侍奉太子；将太平公主和武攸暨安置到东都洛阳。"唐睿宗说："朕现在除了太平公主这个妹妹之外已没有其他的兄弟姐妹了，怎么可以把她安置到偏远的东都去呢？至于诸王则任凭你们的安排。"于是先颁布制命说："以后诸王、驸马都不能统领禁军，现在担任禁军官职的必须调离到其他职位。"

没过多长时间，睿宗忽然对诸臣说："有一个弄术作法的人告诉我说最近五天内可能会发生兵变，你们要做好应付的计划。"很多大臣都觉得很奇怪，只有宰相张说看出了这是一些人为了动摇太子之位而使出的诡计，就说："这是奸佞之人故意放出来的话，他们就是想制造您与太子之间的矛盾，陛下若让太子监国，便可证明这些话是假的。"姚崇等人也这样说。睿宗开始清醒，景云二年（公元711年）二月初一，下制以宋王为同州刺史，幽王为豳州刺史，岐王为左卫率，薛王为右卫率，太平公主安置在蒲州。第二天，睿宗又命太子李隆基监国，凡属六品以下官员的任免和徒罪以下的案件的判决，全部由太子一个人负责。

太平公主得知这些建议是姚崇、宋璟出的，很是生气，仗着自己是太子李隆基的姑姑，责问李隆基。李隆基没有办法，只得上奏弹劾姚、宋离间姑兄之罪。初九，姚、宋二人分别被贬为申州、楚州刺史。而韦安石和李日知则被任命为宰相，此后朝政再度无序，有中宗朝弊政之象。

（2）睿宗禅位

睿宗懦弱无能，控制不了局面，他召集三品以上的官员，对他们说："我一直向往平淡、恬静的生活，生来就没有太多的欲望，并没有因为我是皇上而感到自己是多么的尊贵。当初任皇嗣以及中宗时做皇太弟，都坚决地推辞掉了。现在我准备把皇位传给皇太子。你们认为怎么样？"在场的大臣们都没有回答。太子李隆基让右庶李景伯出面坚决推辞，唐睿宗没有答应。向来依附太平公主的殿中侍御史和逢尧对睿宗说："陛下年纪还不很老，正是统治天下的时候，怎能急急忙忙地禅位于皇太子呢？"唐睿宗这才放弃了这个想法，但是下诏让太子放手处理更多的政事。

太子李隆基主持朝政之后，依然与太平公主进行着激烈的势力斗争。太子李隆基在这次斗争中很聪明，他不动声色，以退为进，请求让位于宋王李成器，睿宗不准。他又主动请把太平公主召回京师，这使睿宗增加了对太子的好感与信任。

太平公主回到京师后，变本加厉地反对太子。七月，天空出现彗星，一个懂天文历法的人向唐睿宗进言说："彗星的出现标志着将要除旧布新，再说位于天市垣内的帝座以及心前星都有变化，这种现象预兆的是皇太子应该登基，而您应该退位了。"唐睿宗说："将帝位传给有德之人，以避免灾祸，我的决心已定。"太平公主与她的亲信们都极力谏阻，认为这样做不行，唐睿宗说："中宗皇帝在位时，一帮奸邪之臣专权擅政，上天多次用灾异来表示警告。朕当时请求中宗选择贤明的儿子立为皇帝以避免灾祸，但中宗很不高兴，朕也因此而担心害怕以至于几天吃不下饭。我既然能够在当时的情况下劝诫中宗把皇位让给贤明的儿子，就能够在现在做到把皇位让给有才华的人。"太子李隆基知道这个消息后，赶忙入宫朝见，跪在地上连连叩首道："臣因尺寸之功，就被破格立为皇嗣，即使是做太子还担心无法胜任，陛下又突然要将帝位传给臣，不知这究竟是为何？"唐睿宗对太子说："大唐的宗庙社稷之所以再次安然无恙，我之所以能够君临天下，全靠你立下的功劳。现在帝座星有灾异出现，所以我将帝位禅让给你，以便能转祸为福，你还有什么可怀疑的呢？"太子李隆基还是不肯答应。唐睿宗说："你是一个孝子，就不应该等到我死了之后站在我的灵位前才当皇帝。"太子只好流泪走出。

二十五日，唐睿宗颁发制命，决定将帝位传给太子李隆基，太子上书，坚辞不受。太平公主劝说睿宗，最好在禅让之后，还要亲自执掌朝政大事。于是，睿宗对太子说："你是不是觉得国家事务太过繁重，要让朕帮你处理一些事务呢？想当初唐尧将帝位禅让给虞舜后，还要亲自到各地去巡视，现在我虽然把皇帝的位子让给了你，但是江山还是我们李家的，我怎么能对自己的江山不闻不问呢！此后凡有军国大事，朕还是要参与处理的。"

李隆基上表推辞不准后，于景云三年（公元712年）八月初三即皇帝位，是为玄宗，改年号为先天，尊睿宗为太上皇。太上皇自称为朕，下命令时称诰，每五天在太极殿受一次朝拜，李隆基自称为予，下命令称为制、敕，每天在武德殿受朝。三品以上官员升降及大刑政由太上皇决断，其余由李隆基决定。

李隆基当上皇帝之后，与太平公主之间的矛盾更加尖锐，斗争也更加激烈。有睿宗偏袒迁就的太平公主有恃无恐，专权结派。那时的七个宰相中，有四个是她的死党，即窦怀贞、岑羲、萧至忠、崔湜。依附于她的文武大臣也不可胜数，这些人都占据军队和朝廷中的要职，握有实权，他们对太平公主前呼后拥，企图废掉李隆基。一时间，李隆基处在四面楚歌之中。宰相刘幽求与右羽林将军张暐密谋利用禁军尽诛太平势力，密谋完毕，由张暐密告李隆基说："太平公主那一伙人成天在那里计划怎么害您，如果您不再早些准备应付，一旦他们先发难，连太上皇都有可能被杀，请您准许我们把他们杀了，臣已与幽求安排好了，只等陛下的命令。"李隆基认为很对。谁知道张暐口风不紧，让侍御史邓光宾知道了这件事。李隆基害怕自己初登大宝，准备不足，若打草惊蛇，就会前功尽弃，只好将刘幽求和张暐流放以息此事。

（3）玄宗诛太平

当初王琚参加了王同皎等人谋杀武三思的计划，事情败露后逃命出走，在江都替他人抄书谋生。

唐玄宗被册立为太子以后，王琚回到了长安，被选拔任命为诸暨县主簿，上东宫去拜谢李隆基。王琚上殿后，故意慢慢地走，抬头挺胸一副目中无人的样子，宦官说："殿下在帘子里面。"王琚说："什么殿下不殿下的？现在我眼中只有一个太平公主！"太子听到后马上召见他，并与他谈话。王琚说："以前韦庶人下毒弑君，发动叛乱，百姓都不支持她，不服从她的统治，因此，杀掉她是件很容易的事。太平公主是武后的女儿，再加上她智谋过人，专断跋扈，依附她的大臣也很多，我对此非常担忧。"太子便拉着王琚要他和自己坐在一起，流着眼泪对他说："现在父皇的兄弟姊妹中，就只剩一位太平公主了，如果把这些事禀告父皇的话，恐怕会让他老人家伤心，但是如果不向父皇禀报这些事情，又担心她所造成的危害将会越来越大，这可怎么办呢？"王琚答道："天子所讲究的孝道与平民百姓不同，应以江山社稷为重。盖主是汉昭帝的姐姐，将昭帝从小养大，有了罪也还是要杀掉。身负治国重任的人怎能拘于小节呢？"太子很高兴地问他："您有什么本事可以和寡人在一起呢？"王琚回答说："我既善于炼制丹药，又善于言辞。"于是太子奏请唐睿宗将王琚任命为詹事府司直，每天与他交往相处，并渐渐将他提拔为太子中舍人；太子即位以后，让他做了中书侍郎。

王琚见太平公主加紧行动，李隆基的地位已岌岌可危，于是对唐玄宗进言道："现在情势已非常紧急，请陛下迅速行动。"

尚书左丞张说从东都洛阳派人给唐玄宗送来了一把佩刀，意思是请玄宗尽早决断，清除太平公主一党。荆州长史崔日用入朝奏事，对唐玄宗说："太平公主意图谋夺帝位由来已久。当初陛下在东宫做太子时，在名分上还是臣子，如果那时想铲除太平公主，需要施用计谋。现在陛下是一国之君，只需要颁布一份诏书，又有谁敢抵抗，不服从您的旨意？倘若仍优柔寡断，不下定决心，万一让那些叛逆者的阴谋实现了，到时候追悔莫及了！"唐玄宗说："你说得太对了，只是我怕会惊动太上皇。"崔日用又说道："天子的大孝在于使国家安定，四海太平。如果奸党的阴谋得逞，那么国家的统治将瓦解，国家也会灭亡，这时陛下的孝心又怎么能够体现出来呢？请陛下首先控制住左右羽林军和左右万骑军，然后再把太平公主和她的势力全部消灭干净，这样就不会惊动太上皇了。"唐玄宗认为他说得很正确，便任命他做吏部侍郎。

秋季，七月，魏知古向玄宗报告太平公主准备在本月初四发动叛乱的消息，指使常元楷、李慈率领羽林军突入武德殿，还派窦怀贞、萧至忠、岑羲等人在南牙举兵响应。

唐玄宗于是与岐王李范、薛王李业、郭元振以及武将军王毛仲、殿中少监姜皎、太仆少卿李令问、尚乘奉御王守一、内给事高力士、果毅李守德等人决定先发制人，诛灭太平集团。

初三，唐玄宗命令王毛仲征调在马厩中不用的马匹和三百余名禁兵，从武德殿进入虔化门，召见常元楷和李慈二人，先将他们斩首，在内客省逮捕了贾膺福和李猷并将他们带出，又在朝堂上拘捕了萧至忠和岑羲，下令将四人一起斩首。窦怀贞逃到城堡里上吊自杀，唐玄宗还是不放过他，下令把他的尸体拖出来砍剁了，并改其姓为毒。太上皇听到事变发生后，登上了承天门的门楼。郭元振上奏太上皇道："皇上只是遵从太上皇的命令把窦怀贞那些奸臣叛党给杀了，没发生其他的事。"随后玄宗皇帝也来到门楼之上，太上皇于是颁发诰命列举窦怀贞等人的罪状，并大赦天下，只有叛变大臣的亲信族人不在被赦免的范围之内。万年县狱中薛稷被赐死。

初四，太上皇发布诰命："从现在起，国家的一切军事政治事务和刑罚奖赏、礼仪教育都由皇帝负责处理。我也正好可以放下俗务休心养性，这也是我一生最大的愿望。"在这一天，太上皇迁移到百福殿居住。

太平公主逃进山寺，直到事发三天以后才出来，唐玄宗下诏将她赐死在家中，她的儿子以及党羽被处死的有好几十人。薛崇简因为平时经常劝阻他母亲太平公主而被责骂挨打，所以，被破例免予处死，唐玄宗还让其改姓为李，并且允许他保留原任职务。

唐玄宗还下令将太平公主的全部财产没收充公，在抄家时发现公主家中的财物堆积如山，珍珠宝贝器皿玩物跟皇家府库里的差不多，牧养的羊马、拥有的田地园林和放债应得的利息，几年也没收完。

十一月，玄宗加尊号为"开元神武皇帝"。十二月初一，改年号为"开元"，预示着"开元盛世"的到来。

4.姚崇、宋璟相继为相

唐玄宗统治前期，非常注意宰相的任用，姚崇和宋璟就是其中最著名的两位。开元四年（公元716年）闰十二月，宋璟继姚崇为相。

（1）姚崇十事疏

姚崇（公元650~721年），陕西居中人，他才智过人，气节高尚，历任武后、睿宗李旦及玄宗李隆基三朝宰相。他本名元崇，武后时改名为元之。睿宗时，因奏请将太平公主迁居在东都被贬职。开元初玄宗即位后，恢复宰相职务，为避讳开元尊号，更名姚崇。李隆基在军机大事等方面多询问于姚崇。姚崇独当重任，办事果断得体，体恤百姓，当时没有人能够相比，深得百姓和皇帝赏识，有"救时宰相"的美称。

姚崇为宰相之前，曾向玄宗上了十事疏，要玄宗答应，以作为他任相的条件，不然他不敢奉诏做相。玄宗说："卿先说出来，朕当量力而行。"姚崇便说："自垂拱年间以来，朝廷治理天下采用严刑酷法，臣请求为政先施行仁义，可以吗？"玄宗答道："朕在这一点上对卿寄予厚望。"姚崇又说："朝廷自仪凤三年（公元678年）在青海与吐蕃战中失败以来，没有追悔之意，臣请陛下在三四十年内不在边疆打仗，可以吗？"玄宗点头答应。姚崇接着说："自太后执掌朝政以来，常让宦官传诏，臣请不让宦官干预朝政，可以吗？"玄宗说："朕早有此意。"姚崇又说："自武氏外戚位居要职以来，继之以韦后、安乐公主、太平公主专权擅事，朝纲大乱，臣请求不让皇亲国戚任台、省官，凡是斜封、待阙、员外等闲职冗官，一概罢免，可以吗？"玄宗回答："这也是朕所希望的。"姚崇又说："近来一些奸佞小人得宠，犯法后常常因受宠而免罪，臣请求对此秉公办理，可以吗？"玄宗说："朕对此也是深恶痛绝。"姚崇又说："常有豪门贵戚向上进献取媚，一些公卿大臣和地方也纷纷效仿，臣请求从今以后除租、庸等赋税以外杜绝行贿之路，可以吗？"玄宗同意实行。姚崇又说："太后造福先寺，中宗造圣善寺，太上皇（睿宗）造金仙、玉真观，皆耗费百万钱财，老百姓苦不堪言。臣请求今后停止营建寺观宫殿，可以吗？"玄宗答："本应如此，朕每次见到这些寺观，心中总觉得有些不安，怎么还能再造呢？"姚崇又说："先朝对大臣轻慢，颇失君之敬，臣请求陛下待大臣以礼可以吗？"玄宗说："原应如此，有什么不可以的。"姚崇又说："自中宗朝韦月将、燕钦融因为上谏直言不讳，反被赐死之后，很多谏臣再也不敢多言，臣请求凡是作臣子的，都可以上谏，向陛下直言，可以吗？"玄宗说："朕不仅能够容忍，还可以采纳。"姚崇又说："吕产、吕禄差点倾覆西汉，窦宪、阎显、梁冀又乱东汉，外戚干预朝政使朝政混乱，人心思变，我朝更是这样，臣请求陛下把这些写入史书让子孙吸取教训，可以吗？"玄宗默然许久，才说："朕对此深有同感啊！"姚崇见玄宗一一答应，非常高兴，再拜说："这就是陛下施行仁政的开始。"十事疏成为姚崇施政的纲领。

姚崇为政特点是"尚通"，他处理军国大政时明察秋毫，机敏过人，善于分析和掌握时机，善于应变，能很好地处理国家大事。玄宗对他非常器重与信任。玄宗向他征询军国要政，单独于便殿接见他时，每次都起身迎接，商议完便走到平台上相送。有一回，玄宗召姚崇入宫议事，正遇天降大雨，道路泥泞，就命人抬轿接他入宫。玄宗对姚崇放手使用。一次，姚崇向玄宗奏陈有关低级官吏的任命问题，问询玄宗意见，但问了好多次，玄宗都充耳不闻，置之不理。姚崇惶恐而退。事后，受宠的宦官高力士上谏道："陛下总理万机，宰相向您奏报政事，应该当面就给予批复，陛下为什么沉默不语呢？"玄宗说："朕任命姚崇治理政务，是要与他共商大事的，这些小事我还用管吗？"高力士将玄宗之言转告姚崇，姚崇大喜，放手管理政事，尽心辅佐。

姚崇刚拜相时，左拾遗张九龄看到他众望所归，皇上又很器重他，就劝他远离佞臣小人，任命纯厚忠实君子，还说："选才用人，是为政要务，治理国家就应该这样。以前用人并非不懂得知人善任，失误在于用人时凭借私情。自从君居相位，有用人之权以来，一些奸佞小人已经在下活动，阿谀奉承，极尽其所能，这些人中也有有才之人，但是少德无耻。君用人一定要非常慎重。"姚崇很欣赏张九龄的才干，采纳了他的建议。

唐中宗以来，崇尚佛教，贵戚王公争营佛寺，让很多人为僧，僧侣享有免役特权，富户强丁有很多通过当僧侣来避徭役。开元二年（公元714年）姚崇上疏请淘汰僧尼，列举了历史上一些君主信佛却不能使国家长久的事实，说："但使天下百姓安居乐业，就是国家的福祉，何用妄度奸人，坏了正法。"玄宗采纳他的建议，下诏淘汰天下僧尼，计有一万两千多人还俗。又禁止民间铸佛、写经和营造佛寺。这场由姚崇发起的抑佛运动增加了劳动力，节省了大量不必要的花费，有利于社会经济的发展。

玄宗之弟薛王李业的舅舅王仙童，盘剥百姓，遭御史弹劾，李业为他求情，玄宗让中书、门下省复审。姚崇和另一宰相卢怀慎上奏："王仙童罪名累累，御史判案有充分证据，并没有冤枉他，不可赦免。"玄宗依法治王仙童之罪，从此很多贵戚都收敛锋芒，不敢再倚仗权势破坏法纪了。

玄宗的哥哥申王李成义请求玄宗提升其亲王府录事阎楚珪为参军。录事为从九品，是流外官，参军为正七品，为流内官。玄宗应允。姚崇卢怀慎却上言："先前圣旨规定，王公、驸马有奏请时，没有陛下亲自批示不能生效，而我们认为任用官吏应该根据他的能力，由上级主管部门决定。若是因为亲戚故旧之恩就任意封赏爵位和官职，这和前朝的弊政一样，会重蹈覆辙，败坏纲纪。"玄宗再次采纳建议，没有提拔阎楚珪，从此贵戚们也很少再张口要官了。

姚崇的儿子去世，他告假十天处理丧事，所以政事堆积，宰相卢怀慎不能处理，很是惶恐，向玄宗谢罪。玄宗说："朕把天下大事委托给姚崇，以卿来坐镇雅俗。"卢怀慎节俭廉洁，两袖清风，虽贵为宰相，却不营资产，常常把俸赐送给亲戚朋友，使得妻子也免不了贫苦，所居院宅也非常简陋，甚至不蔽风雨。姚崇回来后，很快处理完政务，颇为得意。便问中书舍人齐瀚："我为相，可与谁相提并论？"齐瀚还未答话，姚崇又问："可以和管仲、晏婴相比吗？"齐瀚答："管、晏虽不能对后世施行他们的办法，但在当时很实用，您所施政，则随时可变，从这一点比，您不如他们。"姚崇问："那我到底如何呢？""公可称是救时之相。"齐瀚答道。姚崇大悦，挥笔书下："救时之相，岂易得乎！"

（2）姚崇治蝗

开元三年（公元715年），山东发生蝗灾，老百姓受迷信思想影响不敢捕杀蝗虫，只会烧香拜佛请老天来帮忙赶走蝗虫。唐玄宗和很多官吏也以为蝗灾是为天灾，是由"不德"造成，想以"修德"来治虫害。宰相姚崇坚持己见，提出用"篝火"诱杀和"开沟陷杀"相结合的方法消灭蝗虫，并派出大批御史赶往各地治蝗。但这一举措立刻遭到汴州刺史倪若水的反对。他鼓吹"德化"之说，还用史书上治蝗失败的例子证明不应灭蝗，抗拒御史的治蝗督促。姚崇警告倪若水不捕蝗，将依法治罪，最后倪若水无奈从命，捕蝗十四万石，成绩显著。姚崇的治虫主张还遭到满朝文武的反对，但他力排众议，坚持治蝗，利用昆虫的趋光特性诱杀蝗虫，终于战胜了虫害，从而使得那年没有发生饥荒。

第二年，山东蝗灾再起，姚崇又命人捕杀。倪若水又出面阻拦，说蝗虫是天灾，不是人所能捕完的，应当多修仁德，就可以避免灾祸。姚崇据理力争，组织人捕蝗。玄宗也下敕派使臣到州县调查捕蝗的情况。因此，这两次蝗灾都因姚崇措施得力而没有造成大荒之年。

开元四年（公元716年）十一月初七，宰相卢怀慎病势沉重，卢怀慎自知才不及姚崇，遇事谦让退后，被称为"伴食宰相"。但他儒雅清廉，潜移默化地净化了豪奢之风。临终前，他推荐了广州都督宋璟等人给玄宗。二十四日，以尚书左丞源乾曜为黄门侍郎、同平章事，代卢怀慎为相。

此时，姚崇也染上疟疾，在大宁坊罔极寺养病。玄宗不断派人去询问姚崇的病情。每当源乾曜奏事合自己心意时，玄宗就说："这一定是姚崇的主张。"而有不合自己心意时，玄宗就让源乾曜去问询姚崇。源乾曜建议让姚崇在中书省四方馆宰臣议事的地方养病，并使家里人到里面侍奉，玄宗允准。姚崇认为四方馆内有簿书，病人不宜入住，玄宗说："设置四方馆，为的是让官员议事，现在让卿居住，是为了社稷。朕恨不能让卿搬到禁中来住，别再推辞了。"此后每有大事，玄宗依然征求姚崇的意见。

姚崇为政精明干练，但对其子光禄少卿姚彝、宗正少卿姚异却疏于管教。二子交游四海，接受贿赂，招人非议。姚崇又亲信主书赵诲。赵诲品德恶劣，受人贿赂事发，玄宗亲自审问，判下狱当死。姚崇为其说情，玄宗对此很不满；姚崇意识到问题严重，多次让相位，并推荐宋璟取代自己。十二月，姚崇辞去相位，改任为开府仪同三司，源乾曜转任京兆尹、西京留守，宋璟和中书侍郎苏颋被任命为相，玄宗让姚崇五日一朝，遇有重大事务仍向他请教，对他宠爱有加。开元九年（公元721年），姚崇病逝。

（3）"有脚阳春"

宋璟（公元663~737年），邢州南和人，调露年间中进士。他为人耿直，有节气，而且通古博今，文章出色，为官口碑甚佳。武后执政时很是器重他；睿宗时，他被擢升为吏部尚书、同中书门下三品。后因与姚崇一起奏请太平公主出居东都而被贬。

宋璟为相之前，玄宗曾召他到长安，特派内侍、将军杨思勖迎接他。杨思勖虽是宦官，却得玄宗宠爱，地位仅次于高力士。宋璟对这个受皇上宠爱的宦官冷淡对之，路上竟不与他说一句话。杨思勖返京后，向玄宗诉苦，玄宗听后却更加敬重宋璟的为人。

开元五年（公元717年）正月初十，玄宗到东都洛阳巡察。经崤谷，由于道路不好走，归罪河南尹和负责皇帝行幸知顿使官，想免去他们的官职。宋璟进谏说："陛下刚刚巡察，就因为道路窄要惩罚官员，臣恐怕以后百姓也会遭殃。"玄宗听后立即下令把两个官员放了。宋璟又说："陛下要治他们的罪，却因为臣进谏而释放他们，臣代陛下受德，这不太好。还是仍旧将他们先行扣押然后再由陛下赦免他们。"玄宗欣然采纳。

开元六年（公元718年），广州官民要为宋璟立遗爱碑，宋璟上谏阻止："臣对广州百姓并没有做出什么了不起的功绩，如今为相后，人们却恭维奉承到立碑的地步，这种风气不能助长，就请自臣而始，望陛下下诏禁止这种行为。"宋璟这种以身作则的行为令其他各州都不敢再有类似的行为。

有人把隐士范知璿推荐给宋璟，说他文采出众，还献上范的文章《良宰论》。宋璟看到满纸尽是赞美当朝宰相之辞，就批示道："隐士当直谏忠言，怎么能曲意逢迎，文章如果确实出众，自应参加选官考试，不可特殊任命。"

开元七年（公元719年）四月二十四日，王皇后的父亲开府仪同三司祁公王仁皎去世，他的儿子上奏玄宗，想依照玄宗外祖父之例修筑高五丈二尺的坟基，玄宗允准。宋璟、苏颋对此坚决反对，上疏说："依照法律，一品官坟高一丈九尺，陪陵高三丈而已，窦太尉坟因其高大过制，已遭人非议，只是当时没有人敢直言他的过错，今天怎么可以重复那时的错误呢？当初唐太宗嫁长乐公主，陪嫁的财物超过长公主（皇帝之姑为长公主），魏征上言直谏，太宗接受意见，长孙皇后还特别赏赐魏征。韦后愚蠢狂妄，修筑她父亲的坟墓时超出旧制，高大气派，称为酆陵，结果不久后就造灭门之祸！居于皇后之父的尊位，想修筑高坟，那有何难，臣等之所以再三劝阻，是想让中宫皇后留取美名给世人。今天的事，要世代传颂为后人效仿，因此必须慎重行事啊！"一席话说得玄宗很高兴，说："朕一向想正身为表率，不因自己是君皇而徇私包庇妻儿。卿能直言进谏，言他人所不敢言，固守礼法，让朕能留美名于青史，万世流传，这正是为朕所愿啊！"于是赐帛四百匹奖励宋璟、苏颋。

玄宗想要提拔他当藩王时的旧部岐王令王仁琛为五品官。宋璟奏说："照顾亲戚故旧，任命官吏，都有固定的制度，仁琛已经凭借他是陛下亲故的缘由而受到优厚的待遇，倘若皇上您还要加以丰厚赏赐，破格擢升，就有悖常理了。何况仁琛又是皇后的族人，更应当避讳一些，以防遭人非议。请交吏部考核，若无严重过失，可依照常规稍加照顾。"玄宗表示赞同。

开元七年（公元719年），吏部铨选，候选人之中有一位自称是宋璟叔父的人宋元超，他希望借此得到优于他人的对待。宋璟知道以后给吏部回信说："元超的确是我远房叔父，常居洛阳，来往很少。他是长辈我不敢不举荐他，但是又不愿因为是我的亲戚而徇私，破坏律法。如果他没有要求得到照顾，自当按规定授官。既然有这样的行为，只好矫枉过正，取消他入选为官员的资格。"

　　与此同时，宁王李宪向玄宗要求赐予另一名候选人薛嗣先级别较低的官位，事下中书、门下省讨论，宋璟上奏："嗣先曾连任斋郎，虽非明显应留任，但因为他有皇亲的身份，本该让他做一个小官。景龙年间，中宗常常随意授人官位叫作'斜封'。陛下登基以来，这件事情不再发生了，必须根据功绩与才能，通过中书、门下论功行赏，任命官职。只有圣朝才能实行至公之道。嗣先是皇亲，不应违反常规。请容许臣等商议之后，再下到吏部，陛下不要下敕命。"玄宗采纳了宋璟的意见。

　　当时，候选人来京师铨选时，常常携带丰厚礼品给有关的官吏，以求应选时得到特殊关照，这一招往往行之有效，送礼之人回到本地后，大多数都会被升迁。为了扭转送礼行贿的不良风气，宋璟奏请玄宗让接受馈赠的官员将礼物一律退还。

　　宋璟鞠躬尽瘁，尽心竭力，爱民如子，深受朝内外众人的敬重与爱戴，当时被称为"有脚阳春"，意为只要是宋璟所到之处，就会带去和煦的阳光。

　　为表彰宋璟刚直忠正，玄宗在一次御宴上赐给他一双自己用过的金筷子。宋璟不明白玄宗用意，不敢接受。玄宗说："朕无意赐卿金银。今天所赐金箸，是表彰卿正直！"宋璟赶紧下殿拜谢。

　　开元八年（公元720年），宋璟因严禁恶钱流通，遭到别人的怨恨，遭人非议，授开府仪同三司。后又任京兆留守、吏部尚书。

　　开元二十一年（公元733年），姚崇因为年老而不再任官员，居住在洛阳，开元二十五年（公元737年）去世，享年七十五岁。

　　姚崇、宋璟相继为相。姚崇善于随机应变，宋璟善于公正执法。二人为政风格虽然不同但都尽心尽力地辅佐玄宗，使开元年间赋役宽平，刑罚清省，天下一片太平，百姓安居乐业，对于玄宗时期开创唐朝极盛期"开元盛世"的局面功不可没。姚崇和宋璟并称为贤相，号"姚、宋"。

5.开元盛世出现

开元二十九年（公元741年），由于唐玄宗的开明统治，使唐王朝在各方面都达到了前所未有的太平盛世局面，史称"开元盛世"。

（1）知人善任

在长期的宫廷斗争中，玄宗李隆基培养出了敏锐的政治洞察力和超乎常人的政治才能。景龙四年（公元710年），他果断诛杀了准备谋反的韦后和安乐公主。先天二年（公元713年），他又清除了预谋发动宫廷政变的太平公主。一连串的宫廷事变促使他下定决心革故鼎新，整顿王族。从开元三年（公元715年）起，他陆续把诸王派往偏远的州任刺史，州务实权则由长史、司马掌管。另一方面又对诸王不加斥责，而维系同枝连叶的亲属间的紧密关系。在抑制权贵势力方面，玄宗更是秉公行事，严格执法，极少宽贷，以致皇后妹夫长孙昕因殴人也被立即处决。上行下效，许多地方官吏也勇于抗争权贵的不法行为，保护百姓利益。玄宗及其臣下抑制不法权贵的行为对于稳定社会秩序，加强中央集权产生了积极的影响。

玄宗认识到用人是否适当直接关系到国家的兴衰成败，因此他十分重视人才的选拔与任用。他知人善任，把很多有才干的人都吸收到政权中来，放手让他们处理军政大事，如姚崇、宋璟、张嘉贞、张说、李元纮、杜暹、韩休、张九龄等都是开元时期的名相，他们不负众望，各有所长，尽心尽力地辅佐玄宗。像姚崇，在被玄宗任用之前，曾上"十事疏"，大意是让玄宗抑权贵、爱爵赏、纳谏诤、绝贡献、不贪边功等，让玄宗答应以作为他任相的条件。玄宗对于十事疏的内容几乎全部采纳，成为开元时期施政方针的基础。继其为相的宋璟则执法公允，扭转时弊，使开元初期的朝政渐渐迈上正轨。玄宗也广开言路，虚心纳谏，韩休秉性刚正，经常冒死进谏玄宗。有时玄宗在宫中宴乐或在后苑玩打猎，稍稍放纵一下自己，就赶紧问周围的人："韩休知道吗？"每每这时，韩休的谏疏就已呈上。有一回，玄宗心情郁闷，持镜自顾，左右人劝道："自从韩休为相，皇上清瘦了许多，为何不免去他的相位呢？"玄宗感慨道："朕虽然瘦了，天下却富庶了。萧嵩奏事常顺从朕意，事后朕却常常忧心忡忡，睡不安枕。韩休直言力谏，朕反而睡得踏实。朕用韩休，不是为自己，而是为了大唐江山啊！"玄宗有这样的见识，大臣才敢尽心竭力，补偏救弊，使施政较少出现失误。

针对中宗以来吏治的种种弊病，玄宗进行了大力整顿。中宗时，吏治腐败，官员任命途径混乱不堪，朝廷甚至卖官鬻爵，官僚机构臃肿，国家行政开支巨大。玄宗初登位时，就立即着手整饬吏治，精简官僚机构，裁减冗员。开元二年（公元714年）二月，申王李成义请求把王府录事阎楚珪提拔为王府参军。宰相姚崇和卢怀慎上疏表示反对，认为授予官职应根据本人的才能，由专门机构掌管，若因为是亲朋故友，就授以官爵，势必扰乱朝纲。玄宗采纳二人奏议，拒绝了申王的请托，从此以后，请谒之风顿消。五月，又下令免去员外、试官、检授官，规定若不是有战功及诏敕特别录用的，分掌文武铨选的吏部与兵部不能轻易授官。以后又停废闲置的诸司、监、署府十余所，减免冗官三百余员。玄宗对吏治大刀阔斧地进行整顿后，国家机构大为精简，办事效率大大提高，同时减轻了国家的财政负担。

玄宗力图扭转重京官、轻外任的风气，以改善地方吏治。中宗时，常由被贬出京的官员或声望不高的人充任地方最高行政长官刺史，县令也大多为年迈或碌碌无能之辈。玄宗下制，选京官有才识的授都督、刺史；都督、刺史有政绩的授京官，这就使在京留任或出京任职的官员数目相近。这样既可提高地方官的素质，又逐渐消除了人们轻外任的偏见。

玄宗对地方官吏的素质十分重视。开元四年（公元716年）五月，有人反映说今年选官太滥，一些县令名不副实，只是庸才。玄宗利用新官入谢的机会，宣召所有新任县令至宜改殿庭，亲自考核。结果只有鄄城令韦济一人合格。玄宗立即提升他为礼泉令，其余二百多人一律退任原职，不得入第。另外，最差的四十五人，退回原地重新学习。这次的主考官也因此被贬。

当时有些高官子弟依靠祖上的功绩而步入仕途，在地方为官，依仗权势，作威作福，为所欲为，不顾律法，成为为害一方的害群之马。有鉴于此，玄宗下诏，不可授予少不更事、不通世务的朝官子弟为县官等地方官职。玄宗还建立了对刺史、县令的考核制，颁发了《整饬吏治诏》，每年由各道按察使考察刺史、县令的施政情况，按政绩的优劣分为五等，作为地方官升降的依据。玄宗即位两个月后，就召见京畿县令，勉励他们恪尽本分，爱护百姓。他又对有政绩的地方官破格提拔。开元十三年（公元725年），玄宗自泰山封禅返京，沿途留心察看地方官施政表现。有些地方官的嘉言懿行给玄宗留下了很深的印象，事后他感慨地对丞相说道："从前多次派遣使臣到各处巡察，考察官员们的优劣与政绩，这次封禅经过诸州，亲眼所见，才知道使臣们有很多情况不能完全告诉我。怀州刺史王丘只献上几头牲畜，别无旁物。魏州刺史崔沔恭迎时不用贵重的锦绣之物，这很是俭朴。济州刺史裴耀卿上书数百言，忧国忧民，都是忠谏之语，朕将把奏书带在身边，用来告诫自己和他人。这三个人不用国财民力媚上邀宠，真是我朝的良吏啊。"于是提升王丘为尚书左丞，崔沔为散骑侍郎，裴耀卿为定州刺史。

（2）抑欲而昌

从武则天统治晚期到中宗、睿宗以来，统治阶级只知享受，腐化堕落，社会风气日趋于下。玄宗痛下决心要扭转这股奢侈浮华之风，于是特地颁下几道敕令，禁止奢侈，提倡俭朴。

开元二年（公元714年）四月，玄宗首先下令销毁武则天在洛阳建的"天枢"，以示与铺张浪费的风气一刀两断。天枢用铜铁制成，很是劳民伤财，当时建造时铜铁不足，还收缴了很多民间农具熔毁，耗费了数以百万计的钱财。工匠们这次用了一个多月才把天枢熔毁，之后用这些铜铁铸了钱。同时，韦后在长安城朱雀建的有数丈高的"石台"也被拆毁了。三个月后，玄宗又下诏让有关部门将宫中多余的乘舆销毁，集中金银器玩以备军国之需；并在殿前焚毁珠玉、锦绣，以后妃以下不许再穿戴；还限定百官服饰，即三品官以上，可以用玉器装饰，四品官用金，五品官用银，其余官都不可以使用。妇女的服饰视丈夫或孩子的品级而定。将过去织成的锦绣服装一律染成黑色，禁止天下再采珠玉、织锦绣等，违令者罚杖刑一百，同时罢废了专供宫廷用的两京织锦坊。玄宗不仅雷厉风行地禁奢倡俭，还以身作则。这年八月，社会上风传皇帝要在民间选美，充实后宫。玄宗一听说后，马上下了一道《出宫人诏》，向天下表示要改变以往纳女入宫的做法，还要精简妃嫔以下的宫女，让其回家。下诏后就将部分宫女集中到大明宫崇明门，派人用牛车将她们送回家去。九月，玄宗又下诏禁止厚葬。诏书中说："自古帝王皆以厚葬为诚，因这对于死者没有好处，对生者也更是灾祸。但是近代以来，奢靡成为风气，很多人实行厚葬，大家纷纷仿效，以至于有些人倾家荡产，实在不能让这种行为流行下去了。从今以后，丧葬之家，应当有准则可以依照，有关部门根据品位高低，做出明文规定：冥器等物，制定出色数及长短大小；坟墓茔域，务必遵照简单俭朴的原则；送终的器物，不得使用金银装饰，如有违犯者，先杖打一百；州县长官不能举察的，并贬为远官。"而且玄宗亲自对棺椁及殉葬品等物作了非常详尽的规定，还率先停废了皇陵供奉鹰犬。

玄宗改革了皇帝的食封制，对诸王公主的封户数进行限制。有的公主要求增加封户，他说："百姓上交国家的租赋并不是我个人私有。将士们在沙场上浴血奋战，不过赏赐一些绢帛，你们有什么功劳白白享受这么多封户呢？你们要懂得节俭才是。"由于玄宗身体力行提倡节俭，宫廷奢靡的风气颇有改观。

为了扭转社会风气，玄宗提拔了许多清廉之士，这些人身居要职，却两袖清风，成为天下人的榜样。宰相李元纮、杜暹皆以恭身节俭闻名。与姚崇同时任相的卢怀慎，才能不如姚崇，遇事不敢决断，当时人戏称他是"伴食宰相"。但是他为官清廉，不谋私利，一生清廉节俭，所穿所用都是一般物品。他当了宰相后，妻子儿女们生活很清苦，房子也很简陋。玄宗正是用他的清廉以镇雅俗，净化社会风气。玄宗尤为痛恨暴殄天物的行为。一次，玄宗在宫中复道中看见卫士随手倒掉吃剩的饭菜，龙颜震怒，下令要杖杀这个卫士。周围的人见玄宗为此小事动大刑，都觉得不合适，但没人敢劝阻。这时，宁王李宪从容劝道："陛下从复道中看到这个人的错误行为而想杀了他，今后恐怕人人都惴惴不安了，陛下志在节俭，反对浪费，但也不可为一点剩饭就杀人呀。"玄宗听后从震怒中清醒过来，就释放了卫士，对兄长说："如果不是兄长您及时点拨，我差点就滥用刑法了。"这件事从一个方面反映了玄宗尚俭的精神。

玄宗向天下倡俭戒奢，作为帝王，他也有七情六欲，有时难免纵情声色。但大臣们一提醒他就马上改正，真是从谏如流。

开元元年（公元713年）二月十五日，为了庆贺自己登基即位，玄宗下令打开皇城门，点上无数灯火，赐天下聚会饮酒，并奏乐歌舞，非常热闹。玄宗与太上皇（睿宗）通宵达旦登城门楼观看，很是兴奋，庆贺活动足足进行了一个多月。谏官左拾遗严挺之上疏谏说："与天下同庆应当适可而止，量力而行，现在已经损耗了这么多劳力，又花费了这么多钱财，这于陛下显示仁德是相悖的，为了净化风气，请您停止这次庆贺吧。"玄宗采纳了他的意见，并在百官中宣扬严挺之的忠直，还给了严挺之丰厚的赏赐。

有一次，玄宗派宦官去江南捕捉名贵水鸟，养在宫中以供观赏。而这些宦官在沿途骚扰各州百姓。路过汴州时，刺史倪若水向玄宗进言："现在正值农忙时节，陛下为了宫中观赏下令捕捉禽鸟，而且远至江、岭，水陆传送，喂以粱肉，沿途百姓看到这些，会认为陛下爱鸟而轻视人。"玄宗听后马上赞扬了倪若水，赐帛四十段，把所捕到的鸟尽数放掉。

开元四年（公元716年）五月，有人告诉玄宗，说海南诸国有很多奇珍异宝，可派人去寻找；又说师子国灵药很多，而且还有老妇善于医术，可放在宫中以供使用。受这些言辞蛊惑，玄宗马上就派监察御史杨范臣与胡人一起去寻找。杨范臣劝阻道："陛下前年焚珠玉、锦绣，向天下宣示不用奢侈的物品，但是今天陛下所求取的东西与前年焚毁的不是一样吗？臣是御史，就是您的耳目，若有军国大事，臣赴汤蹈火，万死不辞。今日这事却是有人迷惑陛下而曲意逢迎，求得恩宠，对于您实行仁德一点好处也没有，臣认为也不是陛下本来的意思，望陛下三思而行。"玄宗引咎自责，慰谕杨范臣，收回成命。玄宗克制私欲，身体力行地奉行节俭，对禁抑奢靡、促进社会风气的好转产生了一定的作用。

（3）发展经济

玄宗极为重视农业生产，为恢复社会经济，把农业当作一件大事来抓。玄宗派人修建大明宫，到农忙季节后，工程仍未完成，于是玄宗下诏先停止修建，等农忙之后再行修建。开元三年、四年（公元715、716年）间，山东发生特大蝗灾，姚崇建议捕杀。玄宗开始非常犹豫，后认为姚崇建议可行，便大力支持捕蝗，并派遣监侍御史分赴各道，捕蝗救灾，又派使者到各州县了解官吏捕蝗情况，一一呈报朝廷，以敦促他们全力救灾。由于组织及时，措施得力，虽然连年闹灾，百姓还是没有受饥荒之苦，更没有流亡之人。玄宗多次下诏减免租税，减轻人民负担。开元年间在全国兴修了五十六项水利工程，著名的蔡州新息县的玉梁渠、蓟州三河县的孤山陂、晋州文水县的甘泉渠、买长渠等都是这时修建的。唐代共修水利工程二百六十四项，玄宗执政期间修建的占总数的百分之二十以上，大大促进了农业生产的发展。为了扩大税收收入，玄宗刚刚即位就注意抑制豪强大族，和他们展开争夺土地和劳动人口的斗争。开元九年（公元721年）至十二年（公元724年），由宇文融主持，在全国范围内开展检田括户运动，共搜括客户八十余万和大量隐瞒土地。又在姚崇为相期间，打击佛教势力。开元初年，下诏淘汰天下僧尼，各地还俗僧尼达到一万两千余人。又严禁再造佛寺，禁铸佛像，禁止官员与僧尼交往。佛教势力受到沉重打击，这就节约了国家资财，增加了劳动力。

此外，玄宗还巩固边防，增加屯田，调整布局，发展学术文化。总之，玄宗于开元期间对朝廷弊政进行了全面整顿。

　　农业的繁荣，带动了手工业、商业、交通及城市经济的繁荣。丝织业、陶瓷业、造船等传统手工业在原有的基础上有了突破性的飞跃。像唐三彩已成为唐代繁盛的典型代表。全国大中小城市星罗棋布，长安、洛阳、扬州、成都、广州颇为富庶，各地经济互通有无，贸易频繁，交通便利。当时以长安为中心，形成四通八达的几条重要交通干线，要道上设立了一千六百三十九所驿站。陆驿备马，水驿备船。这是专供官方所用，招待商旅则另有私人开设的客店。杜佑记述当时情况说："东至宋汴，西至岐州，沿路设店肆待客，酒食丰盛。每店均有驴赁客乘，倏忽数十里，谓之驿驴。南至荆襄，北达太原、范阳，西抵蜀川、凉府，皆备店肆，以供商旅，远出数千里，不持寸刀。"可见道路通畅，交通发达，社会秩序稳定，一片太平。

　　文化事业欣欣向荣。著名诗人高适、岑参、王维、李白、杜甫都生活在这个时期，盛唐诗歌流派众多，争相辉映。音乐、绘画、雕刻等艺术也有突出成就，颇有盛唐气势。

　　开元期间国力也十分强盛。先后击退契丹、吐蕃等周边少数民族的侵扰，收复了东北营州等十三州土地，重新打通"丝绸之路"，巩固了边疆，也保证了唐朝和中亚、西亚的交通通畅，使唐朝声名远播。

第五章 天宝危机

1.玄宗崇道

开元二十九年（公元741年），志得意满的玄宗开始厌倦政事，在全国各地广设道观，是其崇道的最主要表现。

（1）道士皇帝

东汉末年的张陵创造了五斗米道，这是中国道教形成的标志。老子被奉为道教鼻祖。唐朝建立后，李氏统治者为了提高皇室的门第，将老子强称为李氏皇室的远祖，并追谥为玄元皇帝，使得唐代对道教甚为尊奉。

唐玄宗未做皇帝前受个人好恶及社会风尚的影响，对道教就产生了兴趣。他与不少僧道人物交往，后来在铲除太平公主势力的斗争时，这些人给了他不少的支持与帮助。

玄宗即位后，决心改变中宗以来的弊政，兴贞观之风。为了实现他天下大治的宏愿，他将儒家学说确立为他治国的基本思想。与此同时，老子无为而治、清静为本等思想与玄宗崇尚节俭、与民休息的政策重合在一起。因此作为一种手段与补充，道教对治理国家还是有好处的。玄宗亲自为《道德经》做注释，总结其旨是理身理国，也就是用老子的无为、无欲、清静的思想去印合他的求治、求朴和正身的政策。玄宗对以道术邀宠的人或灾祥符瑞之事并不欣赏赞同，因为他崇道是为了政治。开元十三年（公元725年），玄宗即帝位前曾任别驾的潞州献祥瑞，玄宗对臣下说："朕在潞州，但靖以恭职。"并且对全国下诏说："不得献上祥瑞。"他还把皇宫内的"集仙殿"改为"集贤殿",因为他认为成仙得道是虚谈怪论,不足为信。

"开元之治"后,玄宗开始厌烦政事,贪图享乐。他很担忧人生的短暂使其不能尽享人生之乐,于是他又开始迷信仙道之说,信奉玄虚之术。

玄宗对神仙方术产生兴趣是从接触张果开始的。

张果自称会长生不老的法术,说他在尧的时代就居住侍中,写过《阴符经玄解》一书,到唐朝时他已有数千岁。他在中条山隐居,经常在汾、晋之间出现。武则天曾派人召他入朝,他假装死去不肯入朝。玄宗时期有人在恒山见到他。开元二十一年(公元733年),恒州刺史韦济向朝廷奏闻,玄宗派通事舍人裴晤接他入宫,被他推辞,玄宗又派中书舍人徐峤持玺书邀请,这才随徐峤来到东京洛阳,坐着一种叫肩舆的工具进入宫殿,随后受到玄宗的热情款待。

一开始玄宗半信半疑,为了验证张果的身世,召来善算命知夭寿善恶的邢和璞,让其估算张果的岁数,却不料邢和璞在见到了张果后却无法算出他的年龄。玄宗又召来善鬼神的师夜光,他与张果对面而坐,却说他不知道张果身在何处。玄宗对高力士说:"听说只有奇才才能喝堇汁这种有毒的饮料而不死。"于是命人为其斟上,张果连饮三碗,醉醺醺的样子好像是醉了,喃喃道:"这可不是好酒。"取镜子照时,牙齿已变焦黑,他泰然自若,将黑牙敲下,藏于袋中,又从怀里取出一包仙药涂在断齿上,然后昏然睡去。一觉醒来,嘴里已有一口洁白的新牙。玄宗被张果荒谬的"道法"折服了,竟然一度想把张果招为他的驸马。后张果请归恒山,玄宗封他为"银青光禄大夫",号"道玄先生"。

玄宗从此迷恋于炼丹制药、神仙方术。他在宫中设道坛,又在高崇山等地立灶炼丹,令道士、宦官祭祀天下名山,同时他又向术士们学习隐形术,进而在皇宫中亲自向道士们传授步法声韵,俨然一位道士皇帝。

开元二十九年(公元741年),玄宗下制在两京(长安和洛阳)、诸州各置玄元皇帝庙,后来又改称为太上玄元宗皇宫,西京和东京以及天下诸县的分别称为太清宫、太微宫和紫极宫。朝廷祭祀，必先到太清宫行"事生之礼"，一切礼仪如同宫廷中的制度。玄宗亲制霓裳羽衣曲、紫微八卦舞作为祭礼之乐。在建庙的同时，又设置崇玄学，博士、助教各一个，学生一百名，并让他们学习《老子》《庄子》《文子》和《列子》。每年准明经例考试，道举从此成为科举中的一科，玄宗曾经亲自策试。后来又把崇玄学、博士和助教分别改称为崇玄馆、学士、直学士。置大学士一名，由宰相兼任，并领两京玄元宫和道院。

玄宗曾梦见玄元皇帝对他说："我有图放在京城西南百余里的地方，如果你能派人把它拿过来，就能在兴庆宫见到我。"于是玄宗到周至县的楼观山找到了玄元皇帝的画像，并且把它迎到兴庆宫；又命画工复制许多，分置各地的道观，享祭礼。

（2）借道争宠

天宝元年（公元742年）正月，陈王府参军田同秀上奏说："在丹凤门上空我看见了玄元皇帝，他对我说他的灵符放在尹喜的旧宅里。"玄宗异常兴奋，立即派人去找，果然在函谷关尹喜的旧宅发现了"灵符"。玄宗于是在大宁坊造玄元庙。众位大臣也纷纷表示："函谷发现了灵符，这正潜合了年号，上天的意旨不可违抗，请皇上在您的尊号加上'天宝'二字。"玄宗高兴地接纳了。二月，玄宗亲自驾临新落成的玄元皇帝庙，称庄子为南华真人、文子为通玄真人、列子为冲虚真人、庚桑子为洞虚真人，将四个人所写的书都改为真经。尹喜旧宅所在的桃林县，因得到"灵符"而改名为灵宝县。田同秀也因之提升为朝散大夫。

田同秀明显是在伪造灵符以投皇帝所好，在当时好多人都怀疑他的所为，但因为没有证据，只好不了了之了。一年后，清河人崔以清也效法田同秀，说在洛阳天津桥北看见玄元皇帝，告知在武城紫微山藏有灵符。玄宗命人去取，果然找到。东都留守王倕认为这肯定是个骗局。于是对崔以清进行了审问，崔以清果然露馅。玄宗得知后并不深究，只将他定了流放罪。

唐玄宗整天沉溺于仙道之术而不能自拔，众多奸臣为了讨好他，纷纷说自己见过神仙，发现了符瑞。天宝七载（公元748年），有人说在华清宫的朝元阁看见玄元皇帝。于是玄宗颁下敕文，改朝元阁为降圣阁，其所在地会昌县为昭应县，会昌山为昭应山，封山神为玄德公，立祠庙。

天宝八载（公元749年），称号为太白山人的李浑上书说他看到了神仙，说在金星洞里有一块玉板石上记载了皇上福寿的文字。玄宗派御史中丞王铁寻找，当然也找到了。第二年，王玄翼又谎称见到玄元皇帝，说宝仙洞有妙宝真符。一时间老子处处显灵，皆呈符瑞，群臣不断上表庆贺、吹捧，李林甫等人还请皇上到舍宅来观看，以表示对皇帝万寿无疆的祝贺。玄宗被弄得飘飘欲仙，还以为自己真会得道成仙，永享富贵。

喜爱神仙的玄宗总是任用那些自称是奇异之士的人。太常博士王玙曾攻读礼学，后来他看见玄宗醉心神仙道术，于是专习祭祀之礼以迎合玄宗。开元二十五年（公元737年），他上书请求设立青帝坛来迎接春日，玄宗很高兴，任命他为侍御史、领祠祭使。王玙又恢复了汉代以来丧葬烧纸钱的做法。他自己虽然是朝廷的重臣，但他的所作所为却和巫师并无两样。

精通玄学的宰相陈希烈总是在宫中为玄宗讲解《老子》《周易》，深受器重，累升为中书舍人。田同秀谎称看见老子赐下灵符，陈希烈借机献媚说："臣给陛下讲《南华真经》第七篇时，陛下曾经说过：'此经文为养生之道，我已经领悟了其中的道理，然而《德充符》没有感应吗？'臣当时回答：'陛下在内修德在外有祥瑞之兆。'现在果然降下灵符，正合陛下的心意，请告诉史官，记下祥瑞，将总是荫泽大唐。"玄宗非常喜欢听，不久即命陈希烈兼崇玄馆大学士，封临颖侯。

天宝十三载（公元754年），太清宫有人上奏，说道士李琪看见玄宗皇帝乘着一片紫云，飘然往来，还告诉他国运昌盛。但是，第二年，在这一片崇道求仙声中安史之乱爆发了，这真是一个莫大的讽刺！

玄宗在安史之乱爆发后，对崇道求仙仍坚信不疑。他在仓皇逃奔成都时，再次看到玄元皇帝显灵，于是马上令人赶修兴唐观、福唐观，亲自去拜谒祈祷，以求战乱平息。战乱平息后他回到长安，仍炼丹服药，旧习不改。

综观玄宗崇道的一生，前期他成功地将道家思想作为以儒学治国的补充，后期则沉溺于道术，祈求长生不老，希望永享人间快乐，最终导致荒废治国。崇道由最初的治国安民走向了反面，随之而来的自然是国家的衰败。

2.专宠杨贵妃

天宝四载（公元745年）八月，玄宗册封杨太真为贵妃，从而开始了杨贵妃专宠的时代，这也就成为唐朝没落的先声。

（1）受封贵妃

杨贵妃，名玉环，弘农华阴人，父亲杨玄琰，官任蜀州司户。杨玉环出生在四川，在她小的时候父亲就去世了，于是被她的叔父杨玄珪收养，杨玄珪在河南府做士曹，所以杨玉环的童年和少女时期是在洛阳度过的。

杨玉环前族都是做官的，其祖先是隋朝宗室的后裔，这给杨家留下了高贵的身份；不用担心生活上的问题，使得杨玉环有足够的时间接受良好的艺术教育。在她十七岁时，即开元二十三年（公元735年）十二月，她因为自己倾城的容貌被立为当朝皇帝唐玄宗十八子寿王李瑁的妃子，开始了五年的王妃生活。

寿王李瑁的生身母亲是武惠妃，她聪明貌美，深得唐玄宗宠爱。玄宗甚至曾经想废王皇后为庶民，立武惠妃为皇后，只是遭到大臣的反对，武惠妃才没当上皇后，但是她实际上享受着皇后的待遇，而且以后唐玄宗再也没有册封皇后。开元二十五年（公元737年）十二月，武惠妃得暴病而死，赠谥贞顺皇后。玄宗对她怀念不已，为这常常闷闷不乐。玄宗每年十月都要到骊山华清池避寒，每当这时候，他便让一同前往的妃嫔宫女在温泉沐浴以此作为奖赏。秋风微起，池波荡漾，佳丽们个个妩媚动人，但在玄宗看来，却粉色如土。他认为她们没有一个人能取代武惠妃在自己心中的地位，寂寞无聊的玄宗命心腹宦官高力士去寻觅佳人。

高力士在寿王府里看到了貌美绝世的杨玉环，于是就推荐给唐玄宗。开元二十八年（公元740年）十月，玄宗照例行幸华清宫时，派人召来了杨妃，玄宗觉得杨玉环的一举一动就好像古代的美女汉武帝的李夫人转世。玄宗非常欢喜，赐她洗浴温泉。洗浴过的杨玉环格外动人，使人看了不免心旌摇荡，凝脂般雪白的肌肤，顾盼生辉的双眸，加上那娇羞不胜罗绮的妩媚，令玄宗当晚即将杨妃留下，赐她金钗钿盒，还亲自在梳妆台前为她戴上金步摇（耳环），并欣喜若狂地说："杨妃对我来说，实是无价之宝啊！"为此还专门作了一首《得宝子》之曲。

然而杨妃毕竟是玄宗的儿媳，将其直接地明媒正娶，他的脸上难免不光彩，也不合伦理纲常。为了避丑遮羞，唐玄宗要杨玉环自己出家入道。做了女道士的杨妃得到玄宗的宠爱，礼遇犹如皇后一般，宫中的人也称玉环为"娘子"。

天宝四载（公元745年）七月，太真"出家"已近五年，唐玄宗认为时候到了，该对杨玉环的假"出家"做个了断，便于这月先为寿王李瑁正式娶韦昭训的女儿为王妃，以示安慰，在八月就正式立玉环为贵妃，仅次于皇后，杨玉环名正言顺地成了贵妃娘娘。此后，杨家的很多人都加官晋爵。

（2）三千宠爱于一身

"回眸一笑百媚生，六宫粉黛无颜色。"杨玉环被封为贵妃后，就集后宫三千宠爱于一身了。玄宗与她整日厮守，如胶似漆。二人形影不离。白居易在《长恨歌》里，描绘出了玄宗对杨贵妃的这种宠爱。诗中写道："春宵苦短日高起，从此君王不早朝。承欢侍宴无闲暇，春从春游夜专夜。后宫佳丽三千人，三千宠爱在一身。"贵妃每每乘马巡游，当时权倾朝野的高力士须亲自为贵妃牵马送鞭；在穿衣方面，更是奢华，为贵妃做一件衣服，得有千余人参与；过生日时，若送来的礼能取悦贵妃，则送礼的人一定升官发财。唐玄宗年年去骊山华清宫躲避寒冷，杨贵妃都一同前往，玄宗就特为其在华清宫造梳洗之所端正楼和沐浴之室莲花汤；杨贵妃爱吃荔枝，这种水果只生长在岭南、四川一带，且很容易失鲜，玄宗不惜劳民伤财，命岭南驿站快马传送到长安，到杨贵妃手里的荔枝依然是新鲜的。"一骑红尘妃子笑，无人知是荔枝来"指的就是这个事情。

贵妃有两绝，一是她的倾城美貌，二是她极高的音乐造诣。这使得玄宗更为迷狂，将其视为自己的知音。贵妃擅长歌舞，通晓音律。她跳起舞来婆娑多姿，常常使玄宗禁不住在旁击节叹赏，似乎永远也看不够。贵妃弹琵琶也十分在行，当时诸王及贵妃姊妹都拜她为师。贵妃的击磬才艺甚至超过皇家梨园弟子。唐玄宗生就风流潇洒的性格，对音乐歌舞无一不精。志趣的相投使得贵妃在玄宗心中占据着别人无法撼动的地位。同时，贵妃总是用她的聪明灵气、善解人意，去为玄宗解忧去难，玄宗很是喜欢。玄宗做皇帝的三十余年都是太平盛世，因此他在治理国家方面早就无所追求了，杨贵妃的出现，给他无所事事的晚年生活带来无限的乐趣与慰藉。他俩难舍难分的缠绵之情在历史上帝王妃嫔之间是罕见的。据说一年七月初七乞巧节深夜，两人在长生殿凭栏相依，久久遥望着耿耿银河，最后双双跪下，发出"在天愿作比翼鸟，在地愿为连理枝"的海誓山盟。但是，两人在一起缠绵久了，就不免要有分歧，曾产生两次矛盾。

第一次在天宝五载（公元746年）七月，杨贵妃因傲慢嫉妒不听劝诫被送到了她哥哥杨铦的府上。此事与梅妃有关。在杨贵妃入宫之前，玄宗曾宠幸过梅妃。梅妃本姓江，名采苹，福建莆田人。祖上世代行医。江采苹从小聪明伶俐喜爱学习，有很高的文化修养。长大后出落得亭亭玉立，又长于作诗。开元时，高力士把她召到宫里，玄宗甚是喜爱。江采苹在自己居室外亲种数枝梅花，玄宗亲题"梅亭"二字，亲昵地称她为"梅妃"。杨贵妃入宫后，与她争风吃醋，梅妃终究不是贵妃的对手，从此寂寞度日。一次玄宗又想起了她，召她进见，二人难舍难分。杨贵妃知道此事后，气冲冲地赶来，对玄宗颇为无理，触怒了玄宗，被赶出了宫外。

玄宗赶走贵妃后很是后悔和懊恼。他茶饭不思，坐卧不安，烦躁渐渐变为暴怒，使周围的人惶惶不可终日，只有高力士明白玄宗的烦恼。他小心翼翼地建议将贵妃平日用的器物分出些给她送去，玄宗果然表示同意，还让把御膳也捎去，共拉了百余车之多。到了夜间，高力士又适时地提出把贵妃接回宫里，玄宗正在想这件事，遂下令开禁门接回贵妃。贵妃一入门即伏地谢罪，玄宗赶紧好言安慰，从此对贵妃更加宠爱。

第二次贵妃被遣是在天宝九载（公元750年）二月，据说是拿了玄宗兄长宁王李宪的紫玉笛来吹。唐玄宗与其兄弟间互敬互爱，曾经在兴庆宫设五王帐，放上长枕大被与兄弟同寝共处。一次，贵妃来到这里，无意间看见紫玉笛，信手拿起吹了起来。此事本来没什么，玄宗却认为伤了他帝王的尊严，再次把贵妃遣送回家。很快就懊悔的唐玄宗却不便表示出来。户部郎中吉温这时正巴结依附贵妃族兄杨国忠，便通过宦官向玄宗使激将法，说："杨贵妃作为妇道人家，见识短浅，违背了圣上的心意，但陛下为何爱惜宫中一席之地，不让她死在宫中，而要让她在宫外丢陛下的人呢？"玄宗听后，十分后悔，就派太监把自己的御膳赏给杨贵妃。杨贵妃非常感动，痛哭流涕地对宦官说："我得罪了陛下，罪该万死，而陛下宽宏大量不杀我，还让我回家。现在要永远离开宫中，不得与陛下相见，金玉等珍宝玩物，都是陛下赐给我的，难以献给陛下，唯有头发是受之父母的，献给陛下表示我的真挚之心。"于是就剪下一撮自己的头发让人献给玄宗。玄宗见后马上派高力士把贵妃召回宫中，从此更加宠爱。

（3）一人得道，鸡犬升天

杨贵妃被皇上宠幸，杨氏家族也跟着沾光。杨贵妃有三个姐姐，姿色出众，被封为"国夫人"之号。大姐封为韩国夫人，三姐封为虢国夫人，八姐封为秦国夫人。玄宗月月都赏给她们为数不少的钱买化妆品。三姐妹并承恩泽，出入宫室，权势很大。特别是虢国夫人，生性轻佻，常与玄宗谑浪调情，依恃貌美，素面入朝。贵妃的族兄杨铦擢为殿中监，杨锜为侍御史，并娶武惠妃的女儿太华公主为妻。唐玄宗在京城赏给杨家姐妹五处住宅，而且时常分给她们稀有宝物。她们也极尽奢侈之能事，在吃穿住行方面都奢靡无度。若见到有比自己家还宏伟的宅院，就把自己的拆了，重新建造，一定要超过别人。那些给杨家姐妹进献各地物品的中使从不间断。玄宗每年去华清宫避寒，杨家姐妹一定随同前往，每人穿一种颜色的衣服，自成一队，可谓五彩缤纷，煞是好看。人马走后，地上却遗留了很多珠翠手饰。当时，长安城有这样的歌谣："生女勿悲酸，生男勿喜欢。男不封侯女作妃，看女却为门上楣。"杨贵妃受到宠幸好像使人们改变了重男轻女的观念，人们对杨氏一门既羡慕又不满。

杨家不但与人斗富，极度追求奢侈浮华，而且为所欲为，很是霸道。天宝十载（公元751年）正月十五上元节，杨家姐妹夜游，行至西市门时与广平公主相遇，为争先出门，杨氏家奴斥赶公主等人，挥鞭触到公主身上，公主从马上惊坠落地。驸马程昌裔立刻去扶，于是也被打了几鞭子。事后公主向父皇泣诉，玄宗虽下令杀了打人的家奴，却也将程昌裔停官。公主无缘无故被杨氏欺负，而驸马却被惩罚，可见杨家骄横到什么地步了。

一天，虢国夫人带人来到前宰相韦嗣立宅前，笑问韦嗣立的儿子："听说这宅院要卖，出价多少啊？"韦嗣立闻听赶紧走下台阶，恭敬地答道："这是祖上传下来的，不忍出卖。"但未等韦嗣立说完，后边跟来的工匠早已围住韦宅，七手八脚开始拆屋撤瓦，韦嗣立和他的儿子及家奴只能目睹这一切而毫无办法，最后只好把琴书之类器物搬到屋外。虢国夫人仅给韦家十亩空地而已。中堂建成后，只给工匠二百万钱，工匠提出要赏钱，虢国夫人答应给五百段绛罗，但又故意刁难耍弄工匠，要他们提来一些蝼蚁、蜥蜴放在屋中，记下数量，走失一个，则赏钱分文不给。

在封建社会，君主宠爱一个妃子是正常的，但像玄宗这样无节制地宠爱贵妃，在历史上是罕见的。他对杨氏频封厚赏，栽培了一个新权贵集团，因此就助长了奢华浮靡的风气，也败坏了社会风尚。特别是对贵妃远房兄弟杨国忠的宠信重用，更加深了政治的黑暗与腐败，激化了统治阶级内部的矛盾，成为安史之乱的导火索；对杨贵妃的格外宠幸使得玄宗沉溺于声色，无法自拔，结果导致了荒淫误国的下场。因此，尽管杨贵妃本人并没有干政乱权的行为，但她依然对玄宗晚年失政有一定的影响。

3.李林甫倾陷异己

李林甫任宰相后权倾朝野，把持朝政很长时间。他嫉妒别人的才能，不容许他人才望功名超过自己。凡是玄宗亲信的大臣，他都要想尽办法将其除掉，而表面上却装出一副亲近的样子。世人都说他"口有蜜，腹有剑"。

（1）李林甫拜相

李林甫小字哥奴，是宗室子弟，曾祖父李叔良是唐高祖李渊的从父弟。李林甫以家世入仕，为千牛直长，很得其舅楚国公姜蛟的疼爱。姜蛟常常为他在朝廷上说好话。姜蛟的妹妹嫁给侍中源乾曜的侄孙源光乘。一天，源乾曜的儿子源洁对父亲说："李林甫求作司门郎中。"源乾曜回答："郎官应该由有才华名望高的人担任，哥奴怎么能做郎官？"虽然如此，李林甫还是凭借姻亲的帮忙，升为太子谕德和国子司业。

开元十四年（公元726年），御史中丞宇文融推荐李林甫为御史中丞，二人同列。李林甫又任刑、吏部二侍郎。他为人狡猾难测，工于心计，善于钻营，谙熟宫廷内的事和做官的学问，用尽心思在自己周围编织一张巨大的关系网，巩固在朝中的势力。为了解皇帝的好恶与意图以便迎合取媚，他广交宦官和妃嫔，对玄宗的一举一动了如指掌，所以奏事时往往称旨，很得玄宗的喜欢。那时，武惠妃集后宫三千宠爱于一身，于是李林甫对其极尽巴结之能事。武惠妃想立自己的儿子寿王李瑁做太子，与太子李瑛之间产生了矛盾。李林甫认为投靠武惠妃的机会来了，便通过和他关系密切的宦官把愿意帮助寿王做太子的意思传达给武惠妃。武惠妃正需要外廷士大夫的支持，自然十分高兴，因此一有机会就在玄宗面前盛赞李林甫，使玄宗越来越信任他。

李林甫与侍中裴光庭之妻、武三思之女有私情，裴光庭死后，武氏请求玄宗亲信的宦官高力士在皇帝面前为李林甫说情，代替其夫的职位。高力士的养父高延福和武三思是好朋友，高力士与武三思家的关系也很密切，但在任用宰相的大事上，高力士没有草率应允。中书令萧嵩举荐右丞韩休为相，玄宗同意了。正在起草诏书时，高力士将消息透露给武氏，建议李林甫转告韩休。韩休做相后很感激李林甫，向上推荐他有任相之才，武惠妃也暗地里帮他说好话，使原就对李林甫印象颇好的玄宗动了心，拜李林甫为黄门侍郎，其官位仅次于宰相。

开元二十二年（公元734年），玄宗以黄门侍郎平章事裴耀卿担任侍中，中书侍郎平章事张九龄担任中书令，李林甫也同时登上相位，拜官礼部尚书、同中书门下三品，并加银青光禄大夫散阶。李林甫官居宰相手握重权后，就开始颠倒黑白、结交朋党、欺蒙圣上，使唐王朝的政治更趋于黑暗。

李林甫做相后仍在废立太子问题上固执己见，为其阴暗的政治目的积累政治资本。而唐玄宗最后还是因为张九龄的坚决反对而没有废掉太子。开元二十四年（公元736年），张九龄因屡屡直谏被罢相，杨洄再次诬谮太子等人与太子妃兄薛锈阴谋勾结，很有可能会谋反。玄宗又召集宰相讨论。李林甫说："这是皇族内部事务，不是外臣应该议论的。"这对玄宗废太子作了实际上的支持。于是，宦官奉命到宫中宣制，废太子李瑛、李瑶、李琚贬为庶人，薛锈流放瀼州。过了不久，李瑛、李瑶、李琚在城东驿被赐死，薛锈在蓝田被赐死，太子舅家赵氏、妃家薛氏，李瑶舅家皇甫氏受牵连被流贬的有数十人。李瑶、李琚皆好学有才干，平白被诬至死，人们都觉得惋惜。

（2）大兴冤狱

开元二十六年（公元738年），太子李瑛死后，玄宗在设立太子的问题上踌躇不定。寿王李瑁在玄宗诸子中排行十八，又无特殊才华，特别是武惠妃在开元二十五年（公元737年）死后，玄宗对他不再偏袒。忠王李玙年长，且又仁孝恭谨，按理应立为太子。李林甫多次劝谏立寿王李瑁为太子，其目的是想成为新太子的鼎力支持者而巩固权势。最后玄宗在高力士的劝说下把李玙立为太子，致使李林甫的打算落空。由于太子不是自己所立，为此李林甫围绕太子李玙（后改名李亨）阴谋制造了一场殃及范围极广的冤狱。

有一次，玄宗在勤政楼垂帘观看乐舞，兵部侍郎卢绚不知道，便提鞭按辔从楼下穿过。卢绚风度翩翩，玄宗目送其远去，感叹卢绚含蓄不露的风度。李林甫时常用金钱贿赂玄宗左右的人，玄宗的每一个想法和行动李林甫全部了解得很清楚。于是李林甫召来卢绚的儿子说："你父亲名望很高，如今交州、广州需要才能高的人去治理，皇上想令你父亲去，不知他愿不愿意去？倘若恐惧远行，就会被降官，否则，只有以太子宾客或詹事的身份在东都任官。这也算是优惠贤者的任命，不知如何？"卢绚听后，心里很害怕，于是就主动奏请改任太子宾客或詹事。李林甫又恐怕违背众望，就任命卢绚为华州刺史。卢绚到官时间不长，李林甫又造谣说他有病，不理州事，任命他为詹事、员外同正。

玄宗曾问李林甫："严挺之现在哪里，这个人还是有才能的。"严挺之曾任中书侍郎，与张九龄关系很好，张九龄罢相时受牵连贬为洛州刺史，后改绛州刺史。李林甫害怕严挺之再次入朝为言官，私下里叫来严挺之的弟弟严损之说："皇上对尊兄印象很好，何不上奏有疾，请求回京师就医，也好能让圣上看到。"严挺之不知事情经过，便按照李林甫旨意上奏，李林甫拿着严挺之的奏文启禀玄宗："挺之衰老得风疾，为使其安心养病，只宜授给散秩。"玄宗很感惋惜，只好授严挺之为詹事。汴州刺史、河南采访使齐澣也因是朝廷有名望的老臣，被李林甫排挤为少詹事、员外同正。当时公卿的任用，若不是走李林甫关系上来的，他都想法加罪除去，弄得人人都怕他。右赞善大夫杨慎矜被升为知御史中丞事，但是他畏惧李林甫而不敢接受，玄宗只好改授谏议大夫。

户部尚书裴宽素来受玄宗赏识，李林甫恐怕裴宽被任命为宰相，因此对其十分嫉妒。这时刑部尚书裴敦复讨伐海盗吴令光回朝，李林甫接受请托，帮人吹嘘战功，裴宽私下向玄宗奏报此事。李林甫知道后，告诉了裴敦复，裴敦复就告诉李林甫说裴宽过去也把他的亲故托属过自己，于是李林甫说："你马上上奏皇上，不要让别人先告了你。"裴敦复就用黄金五百两贿赂女道士杨太真的姐姐，让她告诉玄宗。裴宽因此被贬为睢阳太守。

（3）流放韦坚

陕郡太守、江淮租庸转运使韦坚之妻是李林甫之舅姜蛟的女儿，基于这层关系，李林甫提拔韦坚任居要职，以示对舅舅感恩戴德。韦坚通漕有功，得到玄宗宠信，他本人也觉得自己了不起，有入相之志，为此而遭到李林甫嫉妒，韦坚开始受到他的疏远。九月二十三日，玄宗根据李林甫的提议，罢去韦坚转运使，官刑部尚书，名为升官，实则把他的实权夺去了。

宗室子弟李适之与李林甫同居相位，二人争利有了矛盾。李林甫利用李适之疏阔马虎的弱点而加以陷害。他告诉李适之："华山有金矿，发掘出来，可以富国，皇上还不知道此事。"过了几天，李适之借奏事之机向玄宗说了这件事。玄宗又问李林甫，李林甫回答说："这事我得知很久了，但华山是陛下的本命，王气就在这里，不应当开凿，所以我不敢说。"这样玄宗就认为李林甫对自己尽心，而怪李适之考虑事情太疏忽了，所以就对李适之说："以后奏事，应该先与李林甫商量，不要随便建议。"从此李适之不敢多论政事。李适之失去了皇上的信任。

为了铲除异己，李林甫搜罗狱吏。萧炅向他推荐了曹吉温。曹吉温为人残忍好杀，曾说："若遇到了能用我的人，即使是南山白额虎也不足缚。"宰相李适之兼任兵部尚书，驸马张垍为侍郎，李林甫欲排挤二人，令手下人揭发兵部铨曹主簿事令史六十余人弄虚作假之事，交御史审问，因毫无结果，后由曹吉温接案。曹吉温将兵部吏员引至厅外，找来两名重囚在厅内严刑拷问，囚徒惨叫之声不断传过来。吏员素知曹吉温残酷，又亲闻囚徒号呼，不禁吓得魂飞魄散，于是均按曹吉温之意自诬服罪。李林甫很喜欢他这种做法。又有杭州人罗希奭，以治狱严苛而闻名，李林甫将他从御史台主簿提拔为殿中侍御史。两人感激李林甫的知遇之恩，人为"罗钳吉网"。

起初，李亨被立为太子，李林甫就不同意。他担心以后没有自己的好处，所以常常想动摇太子的地位。而韦坚又是太子韦妃的哥哥。皇甫惟明在太子为忠王时曾与太子关系很好，这时因打败了吐蕃入朝奏捷献俘，见到李林甫专权，心中很气愤，见到玄宗时，就劝玄宗罢免李林甫。李林甫清楚这件事后，就让杨慎矜暗中偷偷侦察皇甫惟明的行为。逢正月十五日夜，太子出游，见到了韦坚，韦坚又与皇甫惟明在景龙观道士房中见了一面，杨慎矜就揭发此事，说韦坚是皇戚，不应当和边将的关系那么密切。李林甫乘机上奏说韦坚与皇甫惟明有立太子为皇帝的企图。韦坚与皇甫惟明因此被抓起来，李林甫就让杨慎矜和御史中丞王铁、京兆府法曹吉温共同审问。玄宗对韦坚与皇甫惟明有疑心，但是没有确凿的证据，二十一日，下制书责备说韦坚因谋求官职地位，存有野心，贬为缙云太守；皇甫惟明由于挑拨离间君臣之间的关系，被贬为播川太守。又另颁布制书，以使百官警戒。

李适之素与韦坚交好，见韦坚等人受到贬斥，颇不自安，预感自己早晚也要被李林甫倾倒，于是干脆提出辞职，后改任太子少保。其子卫尉少卿李霅摆下丰盛的酒宴请客，但是由于大家都害怕李林甫的权势，竟无人敢到他家赴宴。

玄宗任命门下侍郎、玄宗馆大学士陈希烈同平章事。陈希烈由于善于讲《老子》《庄子》而受到重用，又专门用神仙符瑞等道法求得玄宗的欣赏。李林甫看到陈希烈受到玄宗的信赖，并且柔顺奸佞，容易控制，因此就推举他为宰相。从此，一切政事都由李林甫决定，陈希烈从来都不反对。依照过去的习惯，宰相在午后六刻退朝回家；李林甫上奏说现在天下太平，处理的都只是小事，宰相巳时就可回家，军国大事全可以在自己家里决定。于是管理文书的官吏只是把已办成的方案拿去让陈希烈署名而已。

半年多后，将作少匠韦兰与兵部员外郎韦芝为他们的哥哥韦坚诉冤，并让太子为他哥哥作证，玄宗更加愤怒。太子感到害怕了，向皇帝请求与韦妃离婚，并且请求不要因为袒护亲戚而改变法律。二十六日，韦坚又被降为江夏别驾，韦兰和韦芝都被贬往岭南。但是玄宗知道太子孝顺谨慎，所以没有责怪他。李林甫又趁机在皇帝面前说坏话，故意说韦坚已经和李适之等人暗地里结成了派系。过了数天，韦坚被流放到临封，李适之降官为宜春太守，太常少卿韦斌为巴陵太守，嗣薛王李琄降官夷陵别驾，睢阳太守裴宽为安陆别驾，河南尹李齐物为竟陵太守，韦坚的亲戚和拥护者因为这件事而被流放、降职的有几十人。韦斌是韦安石的儿子。李琄是李业的儿子、韦坚的外甥。李琄的母亲也被强迫命令和李琄一起到夷陵去。但是，李林甫围绕太子兴起的案狱还远没有完结。

（4）杖杀杜有邻

李林甫又奏请分别派遣御史往贬所把皇甫惟明与韦坚兄弟等赐死。罗希奭从青州出发到岭南，把所到地方被降职的官员都杀死了，以至于各地方的官员都十分害怕，唯恐罗希奭来到自己的地方。安排驿马的文书到了宜春，李适之忧伤恐惧，服毒自杀。到了江华，王琚先服毒自杀未遂，听说罗希奭来了，吓得又上吊自杀了。罗希奭又绕道来到安陆，想让裴宽恐怖而死，裴宽向罗希奭叩头求生，罗希奭没有住下就又走了，裴宽才免于一死。李适之的儿子李霅护送父亲的尸体到了东京，李林甫又让人诽谤李霅，于是李霅也被杖死于河南府。给事中房琯由于与李适之关系亲密，被降官为宜春太守。房琯是房融的儿子。

李林甫对韦坚还是非常痛恨，于是就派遣使者沿着黄河和江淮地区的州县搜求韦坚的罪行，逮捕了很多管理漕运的官吏和船夫，以至于监狱人满为患。又严厉地追究拖欠赋税的人，并且牵连到街坊邻里，这些人全都被脱光衣服，活活打死在官府里。此恐怖政策直到李林甫死后才停止。

赞善大夫杜有邻的女儿是太子的杜良娣，她的姐姐是左骁卫兵曹柳勣的妻子。曹柳勣性格狂放、傲慢、豪爽、大方，喜欢追逐功利和名声，并且喜欢与有成就有势力的人交朋友。淄川太守裴敦复把曹柳勣推荐给北海太守李邕，于是二人成为好朋友。曹柳勋回到京师，与著作郎王曾等结为朋友，他们都是当时比较出名的人物。

曹柳勋与他妻子家里的人关系不好，想陷害他们，于是就散布谣言说杜有邻妄称有谶书，并且暗地里与太子联系，批评皇上，说皇上的坏话。李林甫命令曹吉温与御史一起审问，才弄清楚原来都是曹柳勋搞的阴谋。曹吉温又令曹柳勋牵连王曾等人到御史台。十二月二十七日，杜有邻、曹柳勋与王曾等人都被庭杖致死，尸体放在大理寺，其妻子、儿子被流放到远方，所有在朝廷的人都震惊了。嗣虢王李巨被贬为义阳司马，李巨是李邕的儿子。另外，派监察御史去审问处置李邕，太子也把杜良娣给贬为普通老百姓。

二十八日，邺郡太守王琚由于贪污贬为江华司马。王琚不拘小节，生活奢侈，与北海太守李邕都以为自己资格老，却长久在地方做官，心中抑郁不乐。李林甫讨厌他自以为是、做事冲动，所以也趁这个机会把他一起处置了。

天宝六载（公元747年）春季，正月初五，李邕与裴敦复都被杖杀而死。李邕非常有才华，卢藏用经常对他说："你就好像是春秋时代吴王所铸的宝剑干将与莫邪一样，别人很难比得上你，但最终恐怕要被折坏。"但李邕从来不把他的话放在心上。

玄宗想要广求天下有才能的人，就下令凡精通一项技艺的人都要到京师参加选拔。李林甫恐怕朝外的贤士在对策中揭发他的奸恶，就建议说："被推荐的人大多都卑贱愚蠢，恐怕不雅观的言语玷污圣上的听觉。"于是就下令郡县长官严加考试，十分出众的，才把姓名报到尚书省，再委托尚书省考二次，并命令御史中丞监试，取那些名副其实的上奏。接着对来应试的人进行诗、赋、论等方面考试，最后竟没有一个及第的。于是李林甫就上书祝贺说朝外已没有未被任用的贤人。

陇右、河西节度使王忠嗣御边很有办法，功名日盛，李林甫唯恐他以功名拜相，不断找碴儿打击他。玄宗命王忠嗣攻打吐蕃石堡城，王忠嗣认为石堡城不宜硬攻。将军董延光自告奋勇带兵攻打，却逾期攻克不下，便诬王忠嗣阻挠军计。玄宗大怒，李林甫趁火打劫，指使济阳别驾魏林诬告王忠嗣曾说过"我自幼在宫中长大，与太子要好，欲拥兵尊奉太子"之语。玄宗将信将疑，命司法部门鞫问。

御史台和中书省、门下省审问王忠嗣。玄宗说："我儿子一直待在深宫，怎么能和外人通谋呢！这肯定不是真的，只能说王忠嗣有阴扰军计的罪。"哥舒翰上奏时，有人劝他多拿一些金帛去救王忠嗣，哥舒翰说："倘若天下还有公道，王公必不会因为受到冤枉而死；如果公道快要丧尽，拿金帛行贿也没有什么用。"于是就只身背了一个包裹入朝。御史台与中书省、门下省上奏说王忠嗣应定死罪。正受玄宗器重的哥舒翰坚持说王忠嗣冤枉，并且请求用自己的官爵来赎王忠嗣的罪。玄宗走入宫中，哥舒翰随后叩头，声泪俱下，说王忠嗣无罪。玄宗也感到王忠嗣冤枉，二十七日，贬王忠嗣为汉阳太守。

（5）猜忌杨慎矜

户部侍郎兼御史中丞杨慎矜由于受到玄宗的赏识遭到李林甫的忌恨。杨慎矜和王鉷的父亲王晋是表兄弟，所以少年时代与王鉷十分友好。王鉷之所以能进入御史台任职是因为杨慎矜的推荐、提拔。及至王鉷为御史中丞，杨慎矜与他说话，仍然直呼他的姓名。王鉷自恃与李林甫关系密切，心中略感不快；后来杨慎矜又夺了王鉷的职田；还有，王鉷之母出身卑微，杨慎矜曾把此事对别人讲过。由于这些，王鉷对杨慎矜怀恨在心。而杨慎矜还像过去那样对待王鉷，曾与王鉷私下里谈论预卜吉凶的谶书。

杨慎矜和懂得星象占卜之术的史敬忠过丛甚密，史敬忠预言天下大乱，劝说杨慎矜在临汝山里买田置地来躲避战乱。适逢杨慎矜父亲墓地中的草木流血，杨慎矜特别惊诧，就问史敬忠怎么办。史敬忠请他祈祷以避免灾祸，于是杨慎矜就在家里的后园中设立了道场，退朝以后，总是戴着脚镣手铐裸体坐在道场中。十日后，墓地中的草木不流血了，因此杨慎矜非常感谢史敬忠。杨慎矜有个奴婢名叫明珠，美貌漂亮，史敬忠盯着她看，杨慎矜就把明珠赠给了史敬忠，史敬忠同明珠同车经过杨贵妃姐姐柳氏楼下，柳氏请史敬忠上楼，并索要明珠。史敬忠不敢拒绝。第二天，柳氏让明珠跟着她一起入宫。玄宗看到后非常诧异，便问起明珠的来历，明珠据实相告。玄宗以为杨慎矜作为朝官不应和方术之士来往，心中十分厌烦，但含怒未发。

杨钊告诉了王鉷这件事，王鉷听后心中大喜，借机侮辱杨慎矜，杨慎矜十分愤怒。李林甫深知王鉷和杨慎矜不和，私下诱使王鉷陷害杨慎矜。于是王鉷就让手下人造谣说："杨慎矜是隋炀帝的玄孙，常常与坏人来往，家中还藏有预卜吉凶的谶书，阴谋复辟祖先的帝业。"玄宗听后非常生气，下令逮捕了杨慎矜，并命刑部、大理寺和侍御史杨钊、殿中侍御史卢铉共同审问。太府少卿张瑄本是杨慎矜的门生，因此卢铉就诬告张瑄曾与杨慎矜议论过谶书，并严刑拷打张瑄，张瑄不承认这件事。卢铉又把张瑄的双脚捆绑在木头上，让人抓住他所戴的枷柄向前猛拉，身体被拉长数尺，腰都快要被拉断了，眼鼻流血，但是张瑄还是不肯回答。

朝廷再派曹吉温去汝州抓捕术士史敬忠。史敬忠和曹吉温的父亲关系很好，曹吉温年幼时，史敬忠常常抱着他玩耍。等到捕获了史敬忠，曹吉温不肯和他说话，只是让人用枷锁住他的脖子，头用布蒙上，走在马前。待到了戏水，曹吉温才让官吏劝诱史敬忠说："假如你能够按我们的要求去做就能保全生命，杨慎矜已经认罪，你只需证明就可以了，否则的话，就没命了。前面已快到了温汤，到了那里你就是想自首也不行了。"史敬忠看着曹吉温说："吉七郎，请给我一张纸。"曹吉温不答应。待离温汤十余里时，史敬忠苦苦哀求，曹吉温才让他在一棵桑树下写了供词，内容与曹吉温所求吻合。曹吉温这才对史敬忠说："请大人不要怪罪我！"然后起身行礼。

等到了会昌县，官吏才审问杨慎矜，且以史敬忠供词为证。杨慎矜只好全部认罪，只是没有搜到预卜吉凶的谶书。李林甫很着急，就令卢铉去长安搜查杨慎矜的家，卢铉事先就把谶书藏在衣袖里，故意走进黑暗的地方，然后假装骂骂咧咧地很气愤地说："这个叛贼，把谶书藏得真隐密。"到了会昌县，把谶书拿出来让杨慎矜看。杨慎矜哀叹说："我根本没藏匿过什么谶书，怎么可能在我家里搜出来呢？我就等死算了。"二十五日，玄宗赐杨慎矜和他的哥哥少府少监杨慎余、洛阳令杨慎名自杀；史敬忠被打了一百杖，与妻子同时被流放到岭南去了；张瑄被杖打六十，流放到临封，死在了会昌县。嗣虢王李巨虽然不是同谋，但和史敬忠相识，被免去官职，安置南宾郡。其他还有数十人受到牵连，被治了罪。杨慎名知道了皇帝赐他自杀的敕书，神色不变，写信和姐姐诀别；杨慎余则合掌指天上吊而死。

（6）献媚玄宗

李林甫不择手段地排斥异己，对玄宗却绞尽脑汁地献媚取宠。每次奏事，他都贿赂玄宗周围的人，探听皇上喜欢听什么，因而上奏无不中玄宗之意。玄宗由于在位时间久了，渐渐不理政事，开始放纵私欲，对大臣的直谏已听不进耳了。李林甫对玄宗百般逢迎，对玄宗的任意淫乐听之任之，因而受到玄宗的宠遇。早在天宝三载（公元744年），玄宗就征询高力士意见说："近来天下太平，朕想放手不做事，把政事委托给林甫，如何？"虽然高力士表示反对，而玄宗却没有采纳其意见。李林甫不断加官封爵，天宝六载（公元747年），加开府仪同三司，赐坐食三百户租赋，兼领陇右、河西节度。十二月，玄宗命百官在尚书省挑选天下贡物，用车拉到林甫家去；平时也常让宦官把各地进贡的珍味佳肴给李林甫送去。薛王在城东有一座别墅，林亭幽邃，在京师很有名。玄宗把这地方额外恩赏给了李林甫。玄宗前后赐其的珍玩不可胜数。

李林甫屡兴冤狱，四方树敌，李林甫的儿子李岫为将作监，对父亲的权势过大特别畏惧，有一次和李林甫游览后园，指着那些做工的民夫对李林甫说："你居宰相之位时日已久，仇敌不计其数，如果有一天大祸临头，想做个民夫都做不成了！"李林甫听后不高兴地说："大势已经这样了，有什么办法呢！"

先前，宰相以德行处世，不炫耀威权，随从不过几个人，所经过的地方，百姓也不用回避。李林甫认为自己结怨太多，经常怕有刺客来杀他，所以出门时有步骑百余人在左右两边保护，并让金吾卫的士兵赶走街上的人，并走在前面数百步保护，王公卿士都要回避。所居住的地方不但重门复壁，而且用石头砌地，墙中置木板，如临大敌，一天晚上竟然多次转移住处，就是他的家人也不知道他住在什么地方。大唐宰相的随从人员数量越来越多，是从李林甫这里兴起的。

李林甫为了自己独得玄宗恩宠以巩固自己的地位，就着力改变了边将入朝为宰相的惯例。唐兴以来，朝廷多用一些忠厚名臣做御边将帅。他们任期一般不长，且只把守一地，不兼统遥领，往往因为功绩显著提升做宰相，像唐初的李靖、李世勣、刘仁轨和玄宗时的郭元振、张嘉贞、张说、萧嵩、李适之等人皆是自边帅入相。尽管一些少数民族将领颇有统兵打仗的方略，唐朝却总是派亲信大臣做大元帅对他们进行牵制，使他们难以执掌大将之权。开元期间，唐玄宗有吞四夷之志，喜好边功，自此边将开始久任遥领。李林甫为了堵死将帅入相的道路，想到少数族将帅文化不高，便于控制，于是向玄宗进言："让文人做将军，他们胆子小害怕打仗，比不上用凶悍的少数民族。他们勇敢善战，寒族则不会拉帮结派，陛下若推诚对待他们，这些人必然为朝廷尽力效命。"玄宗认为很有道理，采纳了他的建议。从此诸道节度使多用少数民族将领。安禄山就是在这种政策下不断受到玄宗的重用握有精兵的。最后造成强兵武将皆聚集在西北、东北边境上，内地却疏于防范，形成了外重内轻的格局，为安禄山起兵创造了条件。这一切都是和李林甫专权分不开的。

4.杨国忠拜相

玄宗后期，不问朝政，声色犬马，李林甫当道，粉饰太平，本来强盛的大唐已逐渐滑向衰败的深渊。天宝十一载（公元752年），李林甫病死，杨国忠成为宰相，依然媚事左右，迎合玄宗，杜绝言路，掩蔽聪明，唐朝腐败黑暗达到极点。

（1）李林甫之帮凶

杨国忠，唐蒲州永乐人，杨贵妃堂兄，本名钊，天宝九载（公元750年）玄宗赐改名国忠。

杨国忠早年一直被人歧视，过着穷困潦倒的生活，后来在蜀地结识了富豪鲜于仲通，常得到他的接济和资助。鲜于仲通喜读书，有才智，很受剑南节度使章仇兼琼的赏识，被提拔为采访支使。有一次，章仇兼琼对鲜于仲通说："我得到圣上信任，但是在朝内没有人帮助，必会遭李林甫排挤，近闻杨贵妃新得宠幸。你若能为我到长安与其相结，就无内患了。"鲜于仲通考虑到自己是蜀人，从未游历长安，怕耽误了大事，于是推荐了杨国忠。章仇兼琼见他仪表伟岸，又能言善说，兴奋异常，便有意结纳，将杨国忠辟为推官。不久，就让杨国忠到京师呈送丝品，临行前还送给杨国忠一份价值万缗的上等蜀货。杨国忠喜出望外，昼夜兼程赶到长安，一一拜见杨氏诸妹，将部分蜀货赠给她们，并说："这是章仇兼琼所赠的。"贪财的杨氏姊妹当然高兴得很。杨国忠早就与虢国夫人有私情，正值虢国夫人死了丈夫，杨国忠就住在她家里，又分给她一半蜀货。于是，杨氏姊妹不断在玄宗面前称赞章仇兼琼，又推荐说杨国忠擅长樗蒲（古代一种游戏），将其引见给玄宗，从此，他可随供奉官出入禁中，任职金吾兵曹参军。

杨国忠虽是杨贵妃的远亲，但是凭着这层关系，他能经常在禁中侍宴，专掌樗蒲文簿，计算起来又快又准。玄宗夸奖他精明强干，开玩笑说："好度支郎。"度支郎中是户部专门掌管天下赋税收支的官员。杨氏姐妹抓住这句玩笑话不放，屡屡请求玄宗授杨国忠此职。这时杨国忠又阿谀宠臣王铁，王铁以户部郎中为户口色役此使，于是奏请杨国忠为自己属下的判官。杨国忠对唐玄宗则百般讨好献媚。他通过杨氏姐妹探知玄宗喜欢什么，不喜欢什么，然后竭力逢迎顺从，博得玄宗的欢心。由于他巧妙地利用了杨贵妃及其姐妹得宠的便利条件，加上挖空心思向上爬，使他由一个小小的新都尉骤登显位，到天宝七载（公元748年），杨国忠已任侍御史、度支郎中，并兼领十五余使，成为统治集团中一位权势重大的人物，唐玄宗对他也更加宠信器重。

李林甫当初为了扳倒太子，多次掀起冤狱，在长安设置推事院。他看到杨国忠以外戚的身份出入禁中，又得到玄宗的喜欢，而且此人无大才能，不足为忧，就有意交结，结为同党，凡是涉及太子的案件，都指使杨国忠奏劾，然后交罗希奭、曹吉温审讯。杨国忠也愿借此逞其私志，滥施威权，因此非常喜欢做这种事情，陷害诛杀了数百家，成为李林甫的帮凶。

（2）整治王鉷

杨国忠势力逐渐强大起来，为了独专大权，他开始不遗余力地倾轧与他分宠的官僚，作威作福的李林甫自然首当其冲。但是杨国忠深知李林甫为人阴险狡诈，不便直接下手，于是先对其爪牙开刀。

天宝八载（公元749年），刑部尚书、京兆尹萧炅被贬官为汝阳太守。次年，御史大夫宋浑又被查到贪污巨款，被流放潮阳。这两人素来为李林甫所亲厚，杨国忠暗派人调查其贪污事件，堂而皇之将其贬逐。李林甫干着急而毫无办法。当初依附李林甫的曹吉温见杨国忠得势，又背叛李林甫而投靠了他，还卑劣地为杨国忠取代李林甫之位献计献策。宰相陈希烈原来对李林甫不置可否，曲意顺从，这时也开始与李林甫为敌。一场倒李林甫的活动在杨国忠的指挥下悄悄地进行着。

户部侍郎、御史大夫、京兆尹王鉷是李林甫提携的官员，他权势日盛，同时兼任二十余使，连李林甫也让他三分。杨国忠视他为自己夺权的障碍，特别是当初他与王鉷共为御史中丞，李林甫只将王鉷提升为御史大夫，致使杨国忠心中愤恨，更加忌恨李林甫、王鉷二人，遂伺机整治。

王鉷的弟弟户部郎中王焊是个非常险恶之徒，曾召方士任海川问道："你看我有没有当王的面相？"任海川很害怕，就逃走藏了起来。王鉷恐怕此事被传出去，搜捕任海川，找借口用棍棒打死了他。王府司马韦会是安定公主的儿子、王銶的同母异父兄弟，偷偷地对人说了这件事。王鉷知道后，就让长安县尉贾季邻把韦会抓起来，然后勒死了他。王繇什么也不敢说。

和王焊关系密切的邢绰与龙武军万骑营准备谋杀龙武将军，带领军队作乱，杀李林甫、陈希烈与杨国忠。事发前两天，有人告发了这件事。夏季，四月初九，玄宗上朝，把状子当面交给王鉷，交给他办这件事。王鉷想到弟弟王焊说不定在邢绰家里，就先让人把他叫了回来，到了晚上的时候，才命令贾季邻等逮捕了邢绰。邢绰的住处在金城坊，贾季邻等到了他家门口，邢绰领着他的同党羽数十人手持弓箭刀剑边走边战从里面冲出来。王鉷和杨国忠率兵从后面赶到，邢绰的党羽说："不要伤了王大夫的人马。"杨国忠的侍从暗暗对杨国忠说："叛贼有暗号，不能和他们交战。"邢绰一直战斗到皇城西北角。此时，高力士率领飞龙禁军四百来到，杀死了邢绰，并逮捕了他的党羽。

杨国忠告诉了玄宗当时的情况，并且说："王鉷一定参与了这一阴谋。"而玄宗觉得王鉷深受他的信任，不应该有谋反行为，李林甫也为他辩解。于是，玄宗赦免王焊不问他的罪，但想要王鉷自己要求皇上请治兄弟的罪，并让杨国忠私下里跟他说明，但王鉷不忍心这样做，玄宗大怒。适逢陈希烈极力说王鉷犯了叛逆罪，应该杀掉他，十二日，玄宗诏令陈希烈与杨国忠审讯王鉷，并任命杨国忠兼京兆尹。因此，任海川和韦会的案件都被揭发了出来，证据确凿，王鉷被玄宗赐自杀，王焊被棍棒打死在朝廷上，王鉷的两个儿子流放岭南，不久也被杀死。有关部门去查抄他的家，抄了好多天。王鉷的部下都躲开怕受到牵连，只有采访判官裴冕把他埋了。杨国忠在这场案件中得了许多好处，原任王鉷的职权一古脑加到他的身上。但杨国忠意犹未尽，他借着负责审问的有利时机，逼着案犯招出李林甫与王鉷兄弟互相包庇的罪状，从而把李林甫牵连了进去。

（3）倾轧李林甫

杨国忠又开始在李献忠叛唐事件上找借口。李献忠原是突厥部落首领，名叫阿布思，被皇上任命为朔方节度副使，安禄山忌其有才略，夺占他的军权，迫使他叛归漠北。玄宗大为恼火，李林甫这时正兼领朔方节度使，只得上表辞职。杨国忠借此弹劾他，还指使陈希烈和陇右节度使哥舒翰为其作证。李林甫挨了杨国忠这一闷棍，顿时陷入困难境地。玄宗虽没责罚他，但是从此开始疏远他了。

李林甫对杨国忠非常气恨，天宝十载（公元751年）十月，由于南诏多次入侵唐朝的边境，蜀人请求派杨国忠镇守剑南镇。左仆射兼右相李林甫上奏玄宗，请求派遣杨国忠往蜀地。杨国忠临行前哭泣着与玄宗告辞，并说此行肯定会被李林甫害死，杨贵妃也帮他说话。玄宗对杨国忠说："你暂时到蜀中处理一下军政大事，我屈指计日等着你回来，回来后任命你为宰相。"此时李林甫已病入膏肓，心中忧伤烦闷，不知道如何办才好，巫人对他建议说，只要见到皇上病情就能好转。玄宗想去看望李林甫，左右的人坚持劝阻。玄宗便让李林甫出屋来到中庭，玄宗登上降圣阁远远地看他，挥起红色的围巾让他看到。李林甫已不能下拜，于是让人代他向玄宗下拜。玄宗派宦官召回了刚抵达蜀中的杨国忠。杨国忠到昭应县去见李林甫，跪在床下。李林甫流着眼泪对杨国忠说："我剩不了多少时间了，接替我做宰相的一定是您，后事就拜托您了。"杨国忠表示感谢，连忙说不敢当，并且一副泪流满面的样子。十一月二十四日，李林甫死去。后来，玄宗任命杨国忠兼领右相、文部尚书之职。

（4）铨选混乱

天宝十一载（公元752年）十二月，杨国忠为了收买人心，在铨选上另搞一套，建议吏部，年老资深的都可补缺空位和升迁，而不论人品才能。按这种办法，那些庸人和其他因各种原因迟迟不能升官的人得到升迁，这些人便大赞杨国忠。

选贤用能，是立国之根本。按照唐朝的制度，铨选官员的程序十分严格。兵部、吏部兼宰相之职的人负责决策大事，将铨选具体事宜交由属下侍郎处理。三注三唱之后，最终由门下省复审决定。铨序过程一般从春天开始至夏天结束。为了显示自己精明能干，杨国忠提前将胥吏叫到家里，拟好官员升迁的名单，然后召集左相陈希烈、给事中、诸司长官到尚书都堂（尚书都省之堂）唱注选人，一天就结束。

杨国忠政治上专横霸道，对不依附于他的官员打击报复，毫不留情。李泌志气很大，对政治很有独到的见解，被太子李亨视为师友，玄宗让他等待担任翰林，留在东宫供奉。杨国忠忌其有辩才，将其贬逐到蕲春郡安置。书法家颜真卿刚强正直，不巴结逢迎杨国忠，被贬为平原太守，远离东城。河东太守兼本道采访使韦陟，文雅有盛名，杨国忠担心他入相，指使人诬告他有贪污行为，韦陟被贬官桂岭尉。

（5）祸国殃民

天宝十二载（公元753年），关中地区频年灾害相继，造成饥荒。杨国忠因为憎恨京兆尹李岘不归附自己，就把天灾的责任怪罪于李岘，九月，贬李岘为长沙太守。李岘是信安王的儿子。玄宗担心雨多损害庄稼，杨国忠就拿一些长势良好的禾苗给玄宗看说：“虽然雨多，但没有损害庄稼。”玄宗信以为真。扶风太守房琯说本郡遭受水灾，杨国忠就派御史去调查。这一年，天下没有人再敢说遭受天灾的事情。高力士侍候玄宗，玄宗说：“大雨连绵不断，你可以知道什么就说什么。”高力士回答说：“自陛下把大权委托给宰相以来，赏罚不当，导致上天阴阳失调，我敢说什么呢！”玄宗沉默不语。

在杨国忠的鼓动下，唐廷曾两次发动对南诏的大规模战争。第一次在天宝十载（公元751年）初，由于云南地方官欺凌南诏，迫使南诏王阁罗凤发兵反唐，占领云南，杀死太守张虔陀。杨国忠推荐亲信鲜于仲通为剑南节度使，派其率兵攻打南诏，想借此机会建立战功，以培植自己的军事实力。鲜于仲通率兵八万分两路进击，阁罗凤见大军压境，就派使者谈和并表示谢罪，愿意送交俘虏，修复云南城，并说若不准和，即归顺吐蕃，脱离唐廷。本来阁罗凤反唐不是有心，谈和出于诚意。可是鲜于仲通既不懂军事，又不识大体，扣留使者拒绝和谈，进军西洱河，与南诏军队大战一场，结果一败涂地，损失兵士六万，南诏也归顺吐蕃，与唐关系恶化。

杨国忠隐瞒实情，还为鲜于仲通请功。接着，又鼓动玄宗颁诏，在两京和黄河南北大规模募兵征讨南诏，人们听说云南为瘴疠之地，往往未战就染病而死，没有愿意应募的。杨国忠派遣御史到处强行征兵，不从者连枷送到军所。按照以前的惯例，打仗立功授勋的百姓可免除征役，但由于征兵太多，杨国忠建议说先征已立功授勋者，结果使老百姓怨声载道。父母和妻儿子女在送亲人去参军的时候，非常痛苦，哭声传遍了周围。诗人杜甫《兵车行》诗句云："车辚辚，马萧萧，行人弓箭各在腰。爷娘妻子走相送，尘埃不见咸阳桥。牵衣顿足拦道哭，哭声直上干云霄。"就是在谴责杨国忠强征民为兵的罪行。

天宝十三载（公元754年），侍御史、剑南留后李宓带领军队七万攻打南诏。南诏王阁罗凤采用诱敌深入的办法，把唐军引到大和城下，自己却关闭城关，顽强地据守不出。李宓军队的粮食已快吃光了，他率领的士兵也因为流行病和饥饿而死了百分之七八十，于是他就带着兵撤退了，这时，南诏才出兵追击，李宓被俘，全军覆没。然而，杨国忠不但隐瞒了被打败的情况，反而还虚报军情，说打了胜仗，并且又派兵讨伐，因此，在战场上战死的士兵一共有二十万人，却没有人敢提起这件事。玄宗曾经对高力士说："朕已经老了，将朝中大事委托给宰相处理，边防军事交给诸位边将，还有什么可忧愁的呢！"高力士回答说："我听说唐军在云南那边被打败多次，并且有的边疆将领还趁机发展自己的势力，不知道陛下想如何处理这些问题呢！我担心的是一旦有一天危机突然爆发，就很难有挽救的机会了，又怎么可以说没有什么可忧愁的呢！"玄宗说："你不要说了，让我细细考虑一下。"玄宗心有所动，可惜他由于长久不处理政事，纵容奸臣，已无力控制风雨飘摇的政局了。

杨国忠祸国殃民，在生活上也极尽荒淫奢侈。他清醒地认识到自己出身低微，又没有什么真正的本事，是完全靠着杨贵妃的关系才获得了一定的官职和地位。所以即使职位再上升也不会留下什么好名声，不如及时行乐。他利用职权大肆聚敛受贿，钱财和物资堆得像山一样，光缣（一种细绢）就达三千万匹。他在虢国夫人宅第旁建房，无比奢侈。杨国忠与虢国夫人昼夜宴饮，有时二人坐车并辔入朝，一路上打情骂俏，完全不顾有别人在身边。每到秋季十月，玄宗驾幸华清宫游玩时，杨国忠都和贵妃姐妹陪同前往，其车马仆从如云，锦绣珠玉鲜艳夺目。

杨国忠权势显赫无人能及。他看到安禄山重兵在握，又深得唐玄宗宠遇，不把自己放在眼里，于是屡屡向玄宗告发安禄山必反。二人因为争夺皇帝的宠爱而产生了矛盾，并且矛盾日益尖锐，终于促使安禄山以杀杨国忠的名义提前发动了叛乱。杨国忠由于作恶多端，招致天下反对，以致在天宝十五载（公元756年）发生的马嵬坡事变中被愤怒的禁军将士杀死。

总之，李林甫、杨国忠执政二十余年，造成了政局的混乱，激化了社会矛盾，是导致唐朝走向衰亡的重要原因。

第六章 安史之乱

1.安史乱起

天宝十四载（公元755年）十一月，安禄山反于范阳，后史思明也起兵，史称"安史之乱"。

（1）兵败罢官

安禄山，营州柳州城少数民族人，本无姓氏，小名轧荦山，轧荦山是突厥崇拜的战神象征。母亲阿史德氏，是个以占卜为业的突厥巫师。据说安禄山是在其母祭轧荦山神时生下的。后来母亲带着他改嫁突厥人安延偃。开元初，突厥部落破散，安延偃带着他与兄长的儿子安思顺逃出，此后改名为安禄山。

安禄山长大后，奸诈残忍，诡计多端，特别擅长揣测别人的心理。安禄山懂得六种少数民族语言，在少数民族聚居的东北一带做互市牙郎，即贸易中介人。安禄山有个同乡好友叫史思明，二人前后隔一天出生，即安禄山除夕之日生，史思明正月初一生。两人一起长大，十分要好，都是互市牙郎，以骁勇出名。

开元二十年（公元732年），幽州节度使张守珪欲乱棒打死盗羊的安禄山。安禄山临刑前大呼道："大人不是要灭奚、契丹两蕃吗？为何要杀壮士。"张守珪见他豪爽，生出爱才之心，便放了他，将他留在军中与史思明共事。安禄山熟悉山川地势，对契丹内部情况也了如指掌，打起仗来异常勇猛，常常带着三五骑兵生擒契丹数人。因其每战必捷，张守珪欣赏他，升他为偏将。张守珪素有军威，常嫌禄山体胖臃肿，安禄山为此而不敢饱食，从而更得张守珪欣赏，将他纳为养子。因其战功显赫，加封员外左骑卫将军，充当衙前讨击使。

史思明也是奸诈无赖之徒。他原来叫史窣干。史窣干曾经因欠了官债，逃入奚族地区，被奚族巡逻兵抓获，要杀掉他，史窣干骗他们说："我是唐朝和亲使，你们不想国家遭殃的话就不要杀我。"巡逻兵相信了他的话，就把他送到奚王的牙帐。史窣干见到奚王，只作揖而不拜，奚王因畏惧唐朝，不敢杀他，把他当宾客，但心中十分愤怒。奚王让他住到馆舍里，又让一百人随史窣干入朝。史窣干对奚王说："大王派的人才能不足以见我们天子，只有良将琐高方可，就让他一同入朝吧！"于是奚王就命令琐高与部下三百人随史窣干一起入朝。快到了平卢，史窣干预先找人对军使裴休子报告说："奚王派琐高带领精兵前来，声言入朝，实际上他们想攻打军城，我们不如早作准备，先下手为强。"于是裴休子就整好军队来迎，到了馆舍，将随从的奚兵全部活埋，然后抓住琐高送往幽州。张守珪因为史窣干的功劳奏请任命他为果毅，后又升职为将军。后来史窣干入朝奏事，玄宗与他谈话，十分喜欢他，就赐名为思明。

开元二十一年（公元733年），张守珪派安禄山入朝奏事，中书令张九龄见他心术不正，对侍中裴光庭说："以后乱幽州的，必定是这个人。"

张守珪杀了契丹王屈烈与可突干，并传他们的头颅到京城。赵含章和薛楚玉都无法讨平当时连年侵扰唐朝的可突干，张守珪任节度使后多次打败可突干。可突干没有办法，派使者假装说要降服，张守珪就派管记王悔前去安抚。契丹上下并不真心归降，只不过把军营移向西北一些，并私下派人去联合突厥，阴谋杀掉王悔。于是王悔知道可突干是诈降。契丹牙官李过折与可突干分掌兵马，因争权不和，于是王悔劝李过折谋取可突干。屈烈与可突干及其党羽被李过折夜里领兵杀掉，之后李过折率部降唐。张守珪率兵来到了紫蒙州，大显兵威，割下屈烈与可突干的头颅在天津桥南面示众。

开元二十四年（公元736年）三月，安禄山奉张守珪之命讨击奚、契丹。他恃勇轻进，结果吃了败仗。张守珪将其押送京师。张九龄批道："从前穰苴诛庄贾，孙武斩宫嫔，张守珪如果按军法行事，安禄山不宜免死。"玄宗却怜惜他有将才，不忍杀他，竟下赦免令。张九龄据理力争说："安禄山失律丧师，于法不可不诛，而且臣观察他的相貌有谋逆的迹象。今日不杀了他，必会留下后患。"玄宗听不进去，反而指责张九龄枉害忠良。张九龄无奈，只得重拟《赐守珪敕》云："禄山勇而不谋，贸然轻进，遂至兵败，挫我军威，按军令当加重罪。然念及尚能与敌勇斗，如今敌寇未灭，军令有所通变，所以不因一败杀之，而观其后效。"安禄山被免于一死，准许以白衣自效，立功赎罪。

（2）邀功取宠

安禄山由于兵败被罢去官职，但是这件事并没有影响到他以后的升迁腾达。开元二十八年（公元740年），白衣自效的安禄山即被任为平卢军兵马使、营州都督、平卢军使，还兼任了奚、契丹、渤海、黑水四府的经略使。天宝元年（公元742年），朝廷将平卢军镇升级，设节度使，安禄山被任命为第一任平卢节度使。安禄山官运亨通的原因有二：第一，他私下巴结投机；第二，朝廷想用他的勇猛扼守东北边疆。凡是朝廷派到平卢的使者，都得到他的贿赂。这些人回到朝廷，不断在皇帝面前说他的好话，帮他请功，使玄宗对他印象很好。御史丞相张利贞做河北采访使，巡视平卢，安禄山百般奉承，卑膝献媚，使张利贞对他很满意，左右随员也都被他贿赂。张利贞回到京城后，逢人便夸安禄山好，随行官员们也竞相吹捧安禄山，使他成为人人称赞的一员蕃将。玄宗听了自然十分高兴，因此不断以官爵加以笼络。

安禄山不但重金贿赂朝臣，而且他入朝时更是不遗余力取悦玄宗。天宝二年（公元743年）正月，安禄山入朝奏事，谎称："去年七月，营州有紫方虫吃禾苗，臣焚香祷告天说，臣如果心术不正，事君不忠，甘愿让虫食臣心，若不欺正道，竭诚事主，但愿虫赶紧散去。马上有一群鸟从北而来，将虫消灭干净，请陛下吩咐史官记下此事。"玄宗听从了。为表彰他的忠诚，特加骠骑大将军，不分时间召见他，宠待甚厚。转年加安禄山范阳长史，充范阳节度使、河北采访使，原任平卢节度使如故。三月，安禄山入朝奏事完毕后离京，玄宗在鸿胪寺召集中书门下三品以下正员外郎长官、诸司侍郎、御史中丞为其饯行，这是历来少有的对武臣的优厚待遇。

安禄山想以立战功来求得玄宗宠爱，因此多次侵掠奚与契丹，安禄山出兵击败杀掉娶了唐朝公主而反叛的奚和契丹。天宝四载（公元745年），又上奏："臣昨天讨伐契丹，驻军北平郡，梦见先朝名将李勣、李靖向臣求食，于是立庙祭享。祭奠的时候，突然看见庙室梁上长出灵芝草来，一本十茎，形状如同珊瑚层层叠叠在一起。有名将神祇的护佑，定能消灭东夷。请付史馆记下此事，以彰显幽赞之功。"玄宗又一次欣然领受了这种编造的鬼话。

天宝六载（公元747年），范阳、平卢节度使安禄山又兼任了御史大夫，两个妻子康氏、段氏都被封为了国夫人。安禄山外若痴直憨厚，实则狡黠奸诈。他把部下刘骆谷安插在京师探听朝廷动静，朝廷有什么举动，安禄山就早已作好了安排，有时由刘骆谷代他上奏章文表。沿途郡县因安禄山每年都向朝廷进献大量的俘虏、杂畜、珍玩等物而疲于奔命。唐玄宗年事已高，见安禄山对自己如此效忠，心中甚感欣慰。安禄山揣摸到玄宗的心理，常常不失时机在玄宗面前表现一番，以博得皇帝欢心。他上奏说："臣只是一个蕃戎贱臣，没有特殊才华为陛下所用，却受到皇上太多的荣宠，只愿终生能为陛下而死。"玄宗嘴上不说什么，内心却大为感动，十分爱怜他这份忠诚，遂让他见太子李亨。安禄山早就熟知宫廷礼仪，却假做无知，见后不礼拜。左右的人催促他礼拜，安禄山却站立着说："我是外族人，不懂朝廷中的礼仪，不知道太子是什么官？"唐玄宗说到："太子就是未来的皇上，等朕去世之后，他就代替朕统治你"。安禄山说："我愚蠢浅陋，过去只知有陛下一人，不知还有太子。"不得已，然后才拜见。因为相信了安禄山的这些话玄宗更加宠爱他。安禄山获准可出入宫中，便奏请杨贵妃认他做干儿子。玄宗和贵妃一起坐，安禄山却先拜贵妃。玄宗问他为什么先拜贵妃，他回答："我们的习惯是先拜母再拜父。"玄宗听后非常高兴。

安禄山回答问题很机灵，还不时加以诙谐幽默，这既讨了皇帝的欢心，又表现了自己的愚忠可爱。他身材极胖，肚子异常突出。据说腹垂过膝，有三百五十斤。走路的时候，要由侍人扶着他的身子，才能移步。所乘的坐骑均是上等好马，要先试驮五石重的土袋，还能奔跑的，才能被选中，平时喂以精致饲料。即使这样，安禄山每次入朝，途中仍要换马，不然再壮的马也要被累死。因肚子太大，马鞍前要特别安装一小鞍，专门用来放肚子。一次，玄宗召见他，开玩笑地指着他的腹部问："你肚子这么大，装的什么东西呀？"他回答："除了一颗赤心外，别无他物。"玄宗非常高兴，认为安禄山这番忠心难得。安禄山长得虽胖，但毫不笨拙，动作很灵敏，为取悦玄宗曾跳过"胡旋舞"，身体运用自如，旋转如飞。

（3）荣宠一时

朝廷中不少重臣都在玄宗面前美言安禄山，礼部尚书席建侯做河北黜陟使时，称赞安禄山正直。为顺玄宗心意，户部尚书裴宽和宰相李林甫也常夸他，这些人深得玄宗信任，因此安禄山宠遇更加多了。

起初，安禄山恃宠傲慢，不把臣僚放在眼里，安禄山上下殿前的阶梯时，杨国忠常扶着他。安禄山与权位仅次于李林甫的王鉷同为御史大夫。安禄山看见李林甫时，态度非常傲慢。李林甫召来王鉷，假装有事，王鉷态度十分恭敬地来拜见李林甫。安禄山自知有所失态，态度也恭敬起来。李林甫揣摸安禄山心思，与其谈话时总能先说出安禄山所想，让他惊讶叹服。安禄山对于其他公卿朝士都非常傲慢，甚至侮辱他们，但独独害怕李林甫，每次见到李林甫时，即使是寒冬，也会汗流浃背。而李林甫却把安禄山引进中书省办事的厅中坐下，用好言安慰，并且解下自己的披袍给安禄山穿上。安禄山因为感激，对李林甫无话不说，还称他为十郎。安禄山回到范阳后，刘骆谷每次从长安回来，安禄山肯定要问："十郎说什么了吗？"若听到李林甫赞扬他，便十分高兴。若听到李林甫说"告诉安大人检点一点"，他就反手握床说："哎哟，我快要完了！"

安禄山荣宠一时。天宝七载（公元748年）六月，玄宗赐给他铁券，坐食三百户租税，封柳城郡开国公。天宝九载（公元750年）五月，赐爵东平郡王，这是唐廷第一次为将领封王。八月，又兼河北道采访处置使。唐玄宗在兴庆宫勤政楼宴请公卿大臣，文武百官都坐楼下，却特意为安禄山在御坐东间设了一个前放金鸡屏障的坐榻席，还命起垂帘以示荣宠。太子李亨进谏说："自古正殿就没有让臣子进坐之礼，陛下对他恩宠太过分了，必定会助长他的骄纵。"玄宗托词说："我想用这人来使臣下慑服，因为他形象怪异。"玄宗又让贵妃的哥哥杨铦、杨锜和姐姐秦、韩、虢国夫人与他拜为兄妹，准许其随便出入禁中。

安禄山多次假装设宴招待奚人和契丹人，让他们饮用毒草莨菪泡的酒，等他们醉倒后将其活埋。每次经常达到数千人，然后把他们酋长的头颅装进盒子中，献给朝廷，前后有很多次。这时安禄山请求入朝，玄宗命令有关官员先在昭应县为安禄山建起宅第。安禄山到戏水后，杨钊兄弟姐妹纷纷去迎接，队伍浩荡荡。玄宗也来到望春宫等待安禄山。十六日，安禄山献上奚、契丹俘虏八千人，玄宗命令考察官吏政绩时为安禄山记最高一级的上考。玄宗曾经允许安禄山在上谷起五炉铸币，这次他献上了所铸钱的样品一千缗。

安禄山在长安道政坊有所旧宅，玄宗认为太简陋，天宝十载（公元751年）正月，玄宗命令有关官吏为安禄山于亲仁坊建造宅第，并且下敕书说不管耗费多少钱财越壮丽越好。宅第落成后，装饰了各种幄帐，放置了许多日用器物，以至于宅屋都被填满了。其中有帖白檀香木床两个，全都长一丈，宽六尺；用银平脱工艺制成的屏风，长宽一丈六尺。厨房与马厩中平常使用的东西也全用金银装饰，其中有金饭罂两个，银淘盆两只，都可装五斗粮，还有织银丝筐和笊篱各一个。其他器物还有许多。皇上在宫禁中所使用的器物，与之相比，都稍显逊色。玄宗命令宦官监工，在建造宅第和制作屋中所用的器物时不能小气，他经常对监工的宦官说："外族人那么大方，不能让他笑话我太小气。"

安禄山住进新落成的宅第后，设置酒宴，并请求玄宗下敕书让宰相至宅第赴宴。这一天，玄宗取消了在楼下击球的游戏，让宰相前去赴会。又每天让杨家的人与安禄山选择风景优美的地方游玩宴会，并让梨园弟子与教坊乐队陪伴。玄宗在后苑猎获了鲜禽，或者每吃到一种鲜美的食物，都派宦官骑马赐给安禄山，以致路上走马不绝。

安禄山生日的那一天，玄宗与杨贵妃赏赐给安禄山许多衣服、珍宝器物以及丰富的酒菜食物。三天后，又把安禄山召进宫中，杨贵妃让宫女用彩轿抬起锦绣大襁褓包起的安禄山。唐玄宗听见后宫中的欢声笑语，就问是在干什么，左右的人说贵妃为儿子安禄山三天洗身。玄宗亲自去看，十分高兴，重赏安禄山，赐给杨贵妃洗儿金银，尽兴方散。此后安禄山可以自由出入宫中，不加禁止，有时与杨贵妃同桌吃饭，有时夜不出宫，宫外传言颇多，玄宗却不怀疑。

玄宗每秋去骊山华清宫避寒，都把安禄山带在身边，表示喜爱，并赐给大量衣服、马匹、珍宝。安禄山偶有小病，玄宗命御医精心侍奉，留在宫中调养。又把安禄山的儿子安庆绪及女婿李献诚、养儿王守忠、安忠臣等召到京师，并赐衣服、锦彩、玉腰带，在宫内供食。安禄山的母亲、祖母皆赐国夫人，他的儿子安庆宗、安庆绪、安庆恩、安庆余、安庆和等人均由玄宗赐名，安庆宗官卫尉少卿，又加秘书少监，娶荣义郡主之后，改太仆卿，庆绪为鸿胪少卿兼广阳郡太守，安庆长为秘书监。

（4）寻机叛乱

在唐玄宗的宠信下，安禄山羽翼日丰，权势大增。他看到玄宗年事已高，无心管理政事，朝政纪纲日益败坏；而且随着土地兼并的剧烈，均田制遭到破坏，府兵制度被破坏了，大量精兵猛将聚集于西北、东北边疆一带，致使内地中原武备废弛，形成外重内轻之势。于是，他的觊觎之心日渐滋生，想寻找机会叛乱篡权。安禄山长期为起兵叛乱作准备，暗中招兵买马。天宝六载（公元747年），安禄山借口御寇，在范阳修筑雄武城，大储兵器。

安禄山私下豢养了同罗、奚、契丹降卒八千余人，把他们收为养子；又挑选了百名家僮，训练他们骑马射箭，平时厚给赏物，笼络人心。这些人对安禄山都很感激，因此都竭诚侍奉，无不骁勇善战，以一当十。安禄山又畜养了五万余只牛羊，几万匹战马，还派胡商到各地去贩鬻，每次接见外商的时候，安禄山都坐在床上，四周焚香，摆满珍宝。安禄山俨然以土皇帝自居，百名仆人侍立两边，众人俯拜于下，牛羊盛陈在祭享用的案上，巫师歌舞击鼓。安禄山还私密派人缝制了留着做皇帝封官用的大量绯紫袍、鱼袋等官员穿戴之物。

安禄山周围聚集了一批文臣武将，以之作为叛乱的骨干。高尚、严庄、张通儒、孙孝哲被安禄山视为心腹。还有史思明、安守忠、李归仁、蔡希德、牛廷玠、向润容、李庭望、崔乾祐、尹子奇、何千年、武令珣、熊元皓、田承嗣、田乾真、阿史那承庆等一批领兵打仗的将领。这些人有不少谋士将才。如高尚，本名不危，很有才学，但得不到任用，贫困潦倒，曾对人感慨道："高不危当举大事而死，岂能食草根求活？"安禄山与他推心置腹，让他做幕僚，令其专掌牍奏文件。他与孔目官、严庄为安禄山解释图谶，劝其起兵造反。安禄山曾经提拔世代为卢龙小军校的田承嗣为前锋兵马使。一次大雪，安禄山巡视军营，到了田承嗣处，军营寂静无声，好像没有一个人，检阅时士兵却一个没少，因此安禄山很器重他。

天宝十载（公元751年）秋，安禄山进击契丹，并命令两千奚族骑兵助战。前进到土护真河，安禄山誓众说："兵贵神速，现在大雨不停，我们离契丹尚远，心须加速进军，契丹没有想到我来了，才可破之。"军队奉命昼夜马不停蹄三百余里。安禄山还令士兵拿着捆绑契丹兵用的绳子，意欲全部生擒。不料弓弩被大雨浇透无法使用。大将何思德说，士兵极为疲惫，因远道冒雨赶路，仓促上阵必然体力不足，建议部队休息再战。安禄山极为愤怒，要杀他警戒三军，后准其带罪打先锋。

何思德长相酷似安禄山，契丹兵齐把目标对准了他，不一会儿即中枪矢而死。契丹兵误以为安禄山死了，都欢呼了起来。奚族兵见状纷纷背叛，安禄山被奚与契丹合攻。安禄山兵大败，他本人鞍坐也中了流矢，带着二十骑兵仓皇逃往平卢城，幸亏得平卢骑将史定方营救才免于一死。

天宝十一载（公元752年）三月，安禄山发蕃人与汉人步骑兵二十万进攻契丹，想要报去年秋天的兵败之仇。当突厥阿布思来降唐时，玄宗很器重他，赐名为李献忠，接连升任朔方节度副使，并赐给他奉信王爵位。李献忠非常有才干，不服安禄山，所以安禄山想除掉他。于是，安禄山就上奏请李献忠率领同罗数万骑兵与他共同进攻契丹。李献忠告诉张垍，说他怕安禄山陷害他，请张垍上奏不与安禄山一同去作战，张垍不同意。于是李献忠就率领部下大肆掠夺仓库中的物资，叛逃回漠北，后来被回纥兵击败，安禄山乘机招募他的将士，扩充实力。他的军队实力成为天下最强。十一月，安禄山派范阳节度副使、鸿胪卿安庆绪献奚、契丹及同罗俘虏三千名，并献金银锦绣之物。玄宗很高兴，给安庆绪授予散阶特进、卫尉卿。

天宝十一载（公元752年）十一月，宰相李林甫死，宠臣杨国忠担任右相。安禄山素来畏惧李林甫，不敢怠慢他。杨国忠不过仗着贵妃的关系才得以重用，其阴险狡诈的手段远不如李林甫高明，虽然杨国忠在做相前一直对安禄山很恭敬，常常扶着他下殿阶，但安禄山还是很轻视他。杨国忠当上丞相后一反对安禄山的恭敬，两人因争宠而发生矛盾，互相攻击，结下不小的嫌隙。安禄山、安思顺与哥舒翰素来不和，玄宗常为他们调解，还撮合他们结拜为兄弟。这年冬天，三人一同入朝，玄宗命高力士在城东设宴招待他们。席间安禄山对哥舒翰说："我的父母是突厥人，您的父母也是突厥人，我们的族类非常相近，为何不互相亲善呢？"哥舒翰说："古人认为狐狸对着自己的洞号叫不吉祥，是说它忘本所以这样。如果老兄能和我亲近，我也一定会尽心的！"安禄山以为哥舒翰讥讽他为胡人，十分愤怒，骂哥舒翰道："你这个突厥竟敢这样无礼！"哥舒翰也想骂安禄山，但看到高力士用眼睛看他，不敢回嘴，假装酒醉散席，但怒恨又加深了。杨国忠极力交结哥舒翰，奏请他兼河西节度使，又赐爵西平郡王，想用哥舒翰牵制排挤安禄山。

天宝十三载（公元754年）正月初三，安禄山请求入朝。杨国忠一口断言安禄山想谋反，对玄宗说："陛下正好可以借此试试他，召他入宫，他必不肯来。"玄宗派使者召见他，狡猾的安禄山闻命即刻赶到，打消了玄宗的疑虑。第二天，安禄山在华清宫见到玄宗，哭诉说："臣本是外族人，蒙陛下厚爱提拔才有今日，不料却被杨国忠所忌，臣必死无疑了。"玄宗被安禄山可怜兮兮的表情迷惑，赏赐巨万为他压惊。太子李亨不断劝说父皇要防备安禄山谋反，但玄宗听不进去，还加封同平章事职位给安禄山。制书都已草拟出来，杨国忠上谏说："安禄山虽有军功，但是连字也不认识，怎么可以做宰相，一旦颁下制书，恐怕会引起四方少数民族对我大唐的轻视。"玄宗认为有道理，遂作罢，但是又进一步封安禄山左仆射，赐一子三品官，一子四品官。

安禄山见玄宗对自己深信不疑，更加有恃无恐。安禄山请求兼任闲厩使、群牧使等职。二十四日，玄宗任命安禄山为闲厩、陇右群牧等使。安禄山又请求兼任群牧总监，二十六日，玄宗任命安禄山兼任总监。安禄山上奏请求将武部侍郎的官职给御史中丞吉温，还充任闲厩副使，吉温由此被杨国忠忌恨。安禄山背地派亲信挑选能征善战的健壮军马数千匹，另外选地方饲养。他掌握国家兵马大权后，就密遣亲信挑选出数千匹良马充实自己的部队。

二月，安禄山上奏："臣所属部将讨伐奚、契丹，立功者很多，希望不拘常规，对他们超资加赏。"安禄山的要求玄宗都答应，他军中升为将军的有五百余人，升为中郎将的有两千多人。他为了叛乱，不惜以官爵收买人心。

三月初一，在长安住了三个月之久的安禄山要回范阳，玄宗命宠信的宦官高力士在长乐坡为他饯行。临行前玄宗特地脱下身上的御衣赐给他。他心怀鬼胎，害怕被杨国忠奏请留下，疾驰奔出潼关，乘船沿黄河而下，昼夜兼程驶出数百里，一口气奔回老巢范阳，在沿途所过的郡县他从不下船来休息。

高力士回来后，玄宗问道："安禄山满意吗？"高力士回答说："他一定是知道了想要命他为宰相而后又改变了，心中很是不高兴。"玄宗把此事告诉了杨国忠，杨国忠说："这件事别人都不知道，一定是张均兄弟告诉安禄山的。"玄宗大怒，就把张均兄弟分别贬为建安郡太守、卢溪郡司马和宜春郡司马。

安禄山不轨之心显露无遗，人人都知他要造反。有人向朝廷上告，唐玄宗却把这些人绑起来送交安禄山处理。从此人们道路以目，再也不敢说安禄山谋反了。唐玄宗本人并未糊涂到看不出来安禄山的不安分，只是心存幻想，认为安禄山会念及自己对他的这番特殊宠遇而不谋反。

（5）范阳起兵

天宝十四载（公元755年）二月二十二日，安禄山想用三十二名蕃将代替汉将，于是派遣副将何千年入奏，玄宗命中书省起草诏敕。宰相韦见素与杨国忠商量说："安禄山不轨之心由来已久，现在又提出这个要求，很明显要反叛。明天上朝我要极谏皇上，皇上不答应，您再接着上谏。"杨国忠许诺。第二天上朝时，他俩人被玄宗叫住问道："你们在怀疑安禄山吧。"韦见素乘机劝玄宗不要相信安禄山。玄宗很不高兴，杨国忠见状，把要说的话又咽了回去。两天后，杨国忠向玄宗进言："臣有办法揭穿安禄山叛乱的阴谋。陛下可改派贾循为范阳节度使、吕知诲为平卢节度使、杨光翙为何东节度使，再授安禄山平章事，让他进京，这样就可分散他的势力让其无力叛乱。"玄宗认为可以此来考验安禄山，但是仍犹豫不决，迟迟不发已草定好的制书，而派中使辅璆琳到范阳探听动静。辅璆琳受了安禄山的重贿，回来后极力表扬安禄山竭忠奉国，没有二心。玄宗高兴地对杨国忠说："朕对安禄山推心置腹，他必定不会再有异心，还要靠他镇守东北边境，朕亲自为他担保，你们不必再担忧了。"于是杨国忠的建议不了了之。

安禄山回范阳后，总是假装有病不出来迎接朝廷的使者。有时布置好兵力，然后才出来接见。裴士淹来到范阳后二十多天才见到安禄山，安禄山一点臣下的礼节都不讲。杨国忠极力搜集安禄山反叛的证据，安禄山在京城的住宅被京兆尹包围，门客李超被逮捕，送到御史台狱中，秘密杀害了。安禄山的儿子安庆宗婚娶皇室女荣义郡主，在京师为太仆卿，他把这件事偷偷报告给了安禄山，安禄山更加害怕。六月，安庆宗成婚，玄宗以此为由下手诏让安禄山来京参加婚礼，安禄山托词拒绝。秋季，七月，安禄山上表请求献给朝廷马三千匹，每匹马两个马夫，并且派蕃人将领二十人护送。河南尹达奚珣怀疑有诈，上奏说："请告诉安禄山到冬天再献车马，不用麻烦他部下的军士，由朝廷供给马夫。"于是玄宗才有所省悟，开始怀疑安禄山有反心，这时辅璆琳接受安禄山贿赂的事暴露出来，玄宗就假托其他罪用扑刑处死了辅璆琳。玄宗依达奚珣的计策，让宦官冯神威拿自己的手诏去告谕安禄山，说："朕在华清宫为你造了一座温汤池，十月在那儿等你。"神威到范阳宣读了玄宗的诏书，安禄山坐在床上微微起了一下身子，也不伏拜，只是说："皇上可好？"又说："献不献马都没关系，我十月一定会去京师。"然后就命令左右的人把冯神威安置在馆舍，不再接见。几天后，才让神威回朝，也没有奏表。神威回来后，对玄宗哭诉："我差点见不到陛下了！"

安禄山因玄宗待他很好，虽然兼任三道节度使，密谋作乱近十年，还是想等玄宗死后再谋反。这时杨国忠由于与安禄山不和，多次上言说他要谋反，玄宗不信。杨国忠为取信于玄宗，多次以事激怒安禄山，想让他立刻反叛。安禄山于是决意举兵反叛，只和孔目官、太仆丞严庄和掌书记、屯田员外郎高尚以及军将阿史那承庆等人密谋，其他将领都不让知道。其他将领不知道安禄山为何八月份以来多次招待士卒，只觉得奇怪，不知他秣马厉兵，准备打仗。这时有入朝奏事官从京师回来，安禄山就假造敕书，把将领都召来告诉他们说："皇上下了密诏，让我秘密入朝讨伐杨国忠，你们应听我指挥。"众将领听完后都非常惊愕，相顾而不敢反对。十一月初九，安禄山带领下属的三镇军队及同罗、奚、契丹、室韦兵共十五万人，号称二十万，在范阳起兵反叛。安禄山带领大部将领深夜出发，留下范阳节度副使贾循留守范阳，平卢节度副使吕知诲留守平卢，别将高秀岩守卫大同。

第二天早上，军队出了城南，安禄山大阅誓众，以诛杨国忠为名，在军中立榜道："有异议煽动军心的，斩及三族。"三军顿时严肃起来。安禄山乘着铁甲战车，步骑精锐跟随在后，千里弥漫着烟尘，大地为之震动，浩浩荡荡向南而去，一场持续八年之久的战乱爆发了。

2.潼关失守

天宝十五年（公元756年）五月，哥舒翰灵宝战败，潼关失陷。

（1）安禄山攻陷东京

天宝十四年（公元755年）十二月初九，安禄山在范阳起兵叛乱。河北一带本是他的辖区，州县均望风瓦解，叛军长驱直入，向中原逼进。十五日，安禄山叛乱的消息传到了在骊山华清宫避寒的唐玄宗处，他召集宰相询问对策。杨国忠与安禄山有很深的怨仇，屡次上奏说安禄山会反，玄宗却不以为然。因此他总是寻机激怒安禄山速反，以取信唐玄宗。这时他得意之色溢于言表，夸口说："如今要反叛的只有安禄山一个人，所部将士都不想反叛。不出十日，一定将反贼安禄山的首级献到您的行宫。"玄宗信以为真，大臣听后则相顾失色。玄宗派特进毕思琛征东京（洛阳），金吾将军程千里往河东，各招募数万人，以便利为原则，分组操持练习，以便抵抗乱军。十六日，安西节度使封常清入朝，玄宗向他询问平叛之计，封常清轻率地说："现在因为天下太平已久，所以人人看见叛军都十分害怕。但事情有逆有顺，形势也会突然变化。我想马上去东京，打开府库，募集勇士，之后跃马挥师渡过黄河，逆贼安禄山的头颅几天后就可献给皇上！"玄宗大喜。十七日，任命封常清为范阳、平卢节度使。封常清当天即乘驿马到东京募兵，十天募得六万人。过后就毁坏河阳桥，准备防御叛军的进攻。

二十一日，玄宗离开华清池回到了长安，派人杀了安禄山之子太仆卿安庆宗，又赐死其妻荣义郡主，以朔方节度使安思顺为户部尚书。安思顺与安禄山同族，但他事先曾揭发过安禄山谋反，所以他没有被玄宗杀死，只是被迫交出军权。接着将朔方右厢马使、九原太守郭子仪提升为朔方节度使，右羽林大将军王承业为太原尹。在河南道设节度使，因为那里与安史叛军辖区相连接，以程千里为潞州长史，卫尉卿张介然为节帅，在叛军最可能进攻的关东诸郡，设置防御使，抵御防备叛军。

二十二日，唐玄宗任命荣王李琬为元帅，右金吾大将军高仙芝为副元帅，统率诸军东征。朝廷害怕兵力太少，又拿出内府钱帛，在京城召集士兵，十天共得到十一万人。应募者多是市井商贩子弟，号曰"天武军"。十二月初二，高仙芝从天武军和禁军飞骑、圹骑中挑选一些士兵，加上从边境调来的镇兵，共计五万人，从长安潼关向东开去，屯军陕郡。玄宗派作监军使随同前往的是宦官监门将军边令诚。

唐廷刚布置好东击叛军、保卫洛阳的安排，安史叛军就长驱直入，经博陵、藁城来到黄河北岸，初三即从灵昌郡渡过黄河，攻陷灵昌，安禄山所统领的步骑叛军散漫不成队伍，人们难以计其数，所经过的地方被烧杀抢掠，一片残败。安禄山带叛军来到时，河南节度使张介然到陈留才几天，他令士兵登城守卫，士兵害怕得不能作战。初五，陈留太守郭纳献城投降。安禄山从城北进入，得知安庆宗被杀死了，痛哭说："我有什么罪，而把我的儿子杀死！"当时投降的陈留将士在路两旁一万多人，安禄山把他们全部杀了以泄其愤。张介然在军门处被杀，安禄山任命其部将李庭望为节度使，守卫陈留。他率领大军进攻荥阳。

荥阳太守崔无诐发兵抵御。但官兵很久不打仗，非但无还手之力，简直连招架之功都没有，士兵爬上城墙就腿发抖，听到战鼓震天吓得纷纷坠落。九日，安禄山军攻下荥阳，杀死崔无诐，以其武将令珣镇守荥阳。

荥阳位于洛阳东面二百六十里，是洛阳东面的门户。安禄山派部将田承嗣、安忠志、张孝忠为前锋攻打洛阳，气焰十分嚣张。封常清带领新募的士兵屯扎在洛阳东面的武牢御敌。他的士兵人员不少，但多是市井无赖之徒，从没有上过战场，也没被训练过，毫无战斗力，根本不是训练有素的叛兵的对手。当安禄山骑兵如潮水般冲来时，唐兵大败；封常清在葵园收拾残部再战，又败一场；第三次战于上东门内，也失败了。封常清屡败屡战，十三日，洛阳城终于失陷。叛军擂鼓入城，纵兵杀掠。封常清仍在拼死抵抗，先战于都亭驿，大败；在宣仁门退守，又败一仗；最后被迫从宫苑西墙坍塌处败退而走。

（2）封、高退守潼关

封常清领残兵从洛阳败退至陕郡，驻守此地的高仙芝与之会合，陕郡吏民都四散而逃，太守窦廷芝也早已逃到河东。封常清先前轻敌大意，在连吃败战之后，才知叛军不可轻视。他对高仙芝说："常清连日血战，才知敌人气势很盛。现在潼关无兵把守，一旦遭到叛军出其不意的进攻，长安就危险了。陕郡是守不住了，不如引兵占据潼关，凭险而守，才是万全之策。"

高仙芝认可了封常清的分析，于是领军向西，来到潼关。不料途中就遇上了安禄山的追兵，唐兵队伍不整，狼狈不堪，混乱中人马互相践踏，死的人很多。最后总算摆脱叛兵追击，抢先一步占据潼关。高仙芝立即命士兵抢修工事。因为攻关不成，叛军撤兵而回。

这时临汝、弘农、济阴、濮阳、云中诸郡也都归降了安禄山，朝廷征调入援的诸道兵还未赶到，关中一时空虚无备，人心惶惶。安禄山停在洛阳不继续前进，急于登基称帝，暂时放松了对潼关的进攻。朝廷做好守御准备，有了喘息的机会。诸道兵也陆续来援。

封常清从洛阳兵败后，希望引起朝廷的注意，不再轻敌大意，便多次派使臣奉表向朝廷报告安禄山的真实兵力情况。不料唐玄宗根本不接见使臣，封常清只好亲自赴长安汇报。行至渭南，受到朝廷派来的使者阻拦，向他宣皇上旨意削去官爵、回高仙芝军以白衣自效。他知道命在旦夕，奉命回潼关后写下一份遗表，一方面提醒朝廷不能轻敌大意，一方面表达自己对朝廷的忠心。表文说："自洛阳城失陷以来，臣前后多次遣使奉表，详述赤心，竟不被陛下接见。臣此次赴京，不是求皇上宽恕的，而是要陈述社稷大计，献破贼之谋。盼望能在宫阙朝堂向陛下倾诉，讨论叛军的兵势，向陛下献上计策，以回报陛下对臣一生的宠幸。岂料长安遥遥，无由谒见，函谷关悠悠，下情难达！臣率兵迎战叛贼，从这月七日交锋，到十三日战火仍未停息。臣所率兵都是乌合之徒，从没受过训练。但长安市井中募来的兵和渔阳骁勇之师相抗，还是奋力杀敌，血流满野。臣不惧死，愿意冲锋陷阵，死于军前。但臣没这样做，是怕长叛胡威风，灭我军志气。臣已做好准备，臣去世的时候，就是飞骑赴京的那一日。但请陛下听臣诉者有三：一请陛下在都市上将臣斩首，使将领警惕；二请陛下向臣询问逆贼之势，以使军队警惕；三请陛下知臣非贪生怕死之徒，许臣披肝沥胆，直抒胸臆。臣今日用死来上谏，皇上也许认为臣因兵败而妄为诳语，也许认为肝胆相照，忠心耿耿。臣死之后，望陛下不轻视叛贼，不要忘了臣言。臣最大的心愿，就是希望国家安宁，叛贼倾覆。臣仰天饮鸩，向陛下上表，生作尸谏之臣，死作圣朝之鬼。倘若臣死后有灵，一定引导朝廷的军队，一举击败寇贼。"

原来，唐玄宗听了监军边令诚的挑唆才对封、高二将不满的。按唐朝制度，将帅在外带兵打仗，要另派宦官监视主将。宦官是遭过宫刑之人，长年在深宫中生活，根本不知军事为何物，但仗着皇帝威风，干预战场，指责主将，引起大家的不满。高仙芝本是由边令诚一手提拔上来的一员大将。这次他出征御敌，边令诚做监军，常常指手画脚，所出主意又多不妥，因此不被高仙芝采纳。这使边令诚非常恼怒。他借入朝奏事的时机夸大战场败状，以此诋毁高仙芝和封常清："封常清想夸大叛兵力量，动摇军心；高仙芝不但放弃数百里陕地，还私吞军士的粮食和赏赐。"玄宗正为洛阳失守而恼火，边令诚这一番煽动，有如火上浇油，玄宗更为大怒，在不辨明事情真伪的情况下，轻信边令诚的一面之辞。唐玄宗不但不听封常清上奏军情，还决定在阵前斩首二将。

边令诚一到潼关就宣读敕令，将封常清拉到军前。封常清镇定自若地接过奉旨说："常清之所以还没有死，是不肯使国家受辱，受戮贼手，如今讨贼无功，我虽死无憾。"他请边令诚把遗表带给皇帝，随即饮毒而死。之后，边令诚命人将其遗体放在芦苇席上示众。这时，高仙芝转身回厅，神情悲伤。边令诚让百余名陌刀手跟着自己，叫住高仙芝："大人也有恩命。"高仙芝急忙退至封常清饮鸩之处，边令诚大声宣旨，高仙芝喊冤道："我遇敌败退，罪该当死，但是说我贪污军粮和赏赐，是诬陷臣。"接下来又对边令诚说："今天我们头顶苍天，下踏厚土，将士们都在这里，您真不知道吗？"这时士兵都列队站在门下，高仙芝又对士兵说："我从京师把你们招募来，虽然得到少许财物，但是连起码的装束都不足。本想与你们同心合力，奋力破贼，然后共取高官重赏。不料贼势太强，只好撤兵潼关，把守险隘。现在却诬我盗军粮赏赐，我若真有这事，你们就喊有；我若没有此事，你们就喊冤。"士兵们平时都很爱戴高仙芝，此时他受人诬陷，士兵们都感不平，一齐大喊："冤枉啊！"声音之大使大地都震动起来。边令诚冷冷地看着这一幕，一言不发。高仙芝低头看封常清死在芦苇席上，怅然道："封二（封常清排行老二），我提升你当我副官，你从低微到显贵，直到代我做节度使，今天你与我同死在这里，难道不是注定的吗？"说完，马上被杀了。

（3）哥舒翰统军

唐玄宗听信谗言，斩杀了镇守潼关的两员大将，朝中一时无将可使。潼关乃军事要地，必须要名将把守，于是在家中养病的陇右节度使哥舒翰被玄宗召来。

哥舒翰是突厥一支突骑施首领哥舒部落的后代，世代居住在安西，家道殷富。他讲信用，轻财重义，好读《左传》《汉书》。四十岁时父亲去世，他到长安居住三年，由于不被长安尉尊重，发愤从军河西。先后在节度使王倕、王忠嗣手下做军吏。他作战勇猛，吐蕃多次被他击败。哥舒翰有个家奴叫左车，年龄十五六岁，很有气力。打仗时主奴二人配合默契，哥舒翰善使长枪，常常骑快马追敌，把枪搭在敌人肩上，然后大喝一声，乘敌人大惊回头之际，长枪就正刺咽喉，往往敌人被挑起数尺才坠地，然后被跟在后面的左车下马斩首。因御边有功，哥舒翰累升官为右武卫员外将军、陇右节度副使。天宝六载（公元747年）冬，王忠嗣被弹劾，哥舒翰竭力为忠嗣说情。于是玄宗将忠嗣贬为汉阳太守，用哥舒翰代替他为陇右节度支度营田副大使，管节度事。

哥舒翰喜欢喝酒，又放纵无度。结果在天宝十三载（公元754年）患了中风病，昏倒在浴池中，半天才苏醒过来。从此因病回京，在家中休养。

玄宗召见在家养病的哥舒翰，因他素有威名，且与安禄山不和，拜为兵马副元帅，领兵八万征讨安禄山。玄宗还下敕让各地进军，集兵收复洛阳。哥舒翰因病不敢接受，玄宗不应允，并任命田良丘为御史中丞兼行军司马，起居郎萧昕为判官，高仙芝旧部和蕃将火拔归仁等的军队均归哥舒翰指挥，号为二十万，镇守潼关。长安安危全仰仗这支人马了。出发前，玄宗亲自到勤政楼慰劳，大臣则饯行至郊外。

哥舒翰因病重不能治军，在到达潼关后便把军政要务让给田良丘管。田良丘不敢自作主张，命王思礼主管骑兵，李承光主管步兵。这二人谁也不服谁，使士兵无所适从。哥舒翰名声很大，但不注意体恤士兵，唐军士气不高，没有什么斗志。好在唐兵占据险要，足以抵御叛军西侵。

天宝十五载（公元756年）正月，哥舒翰军击退安禄山之子安庆绪的进攻。玄宗加哥舒翰为尚书左仆射、同平章事，勉励他守好潼关。哥舒翰向朝廷多次进言，说河朔虽被安禄山占据，但他不得人心，唐兵应固守潼关，以逸待劳。待叛军内部离心崩溃之时，唐军乘机进攻，可达到不伤兵而摧寇的目的。

这时王思礼劝说哥舒翰上表请诛杨国忠以平民愤。杨国忠倚仗杨贵妃的关系，荒淫无度，作恶多端，招致天下的怨恨。安禄山起兵就是打着诛杨的旗号。哥舒翰不答应。对于王思礼提出的派三十名骑兵把杨国忠劫持到潼关杀死的建议，哥舒翰也不敢答应，说："若这样干，就是我哥舒翰造反了，而不是安禄山了。"杨国忠这边也有亲信劝说："镇守潼关的哥舒翰如今握有朝廷重兵，一旦他挥旗西攻，您的处境就很危险了。"杨国忠非常吃惊，他深知自己与安禄山起兵有关，招许多人厌恶，因此十分提防平叛将领。哥舒翰重兵在握，对自己构成了潜在的危险，为了防备哥舒翰，他上奏玄宗："兵法云'安不忘危'，如今潼关兵马虽强，却没有后盾，万一潼关失守，京师就难保。臣请挑选三千监牧小儿在苑中训练。"玄宗向来对杨国忠言听计从。杨国忠让剑南军将李福德等人率领这三千兵，他又招募万名士兵驻扎在长安东面的灞上，派亲信杜乾运率领，名为御贼，实则防备哥舒翰。哥舒翰经验丰富，杨国忠的花招被其一眼识破，他深恐杨国忠会陷害自己，于是上表请灞上军隶属于潼关军。玄宗此时正依靠哥舒翰守关，就准其所请。六月初一，哥舒翰召杜乾运入关，找了个借口把他杀掉。这使杨国忠更加害怕。

（4）潼关陷落

潼关在长安以东三百里，北濒黄河、南倚悬崖，扼守着黄河要津渡口，是关中长安的东大门，由于有险要的地形，有"一夫当关，万夫莫开"之势，对于保障关中安全有很大作用，所以成为历代兵家必争之地。

安禄山老谋深算，他见潼关易守难攻，强攻难以奏效，便想计诱哥舒翰出关。他命崔乾祐带着不满四千的羸兵弱卒驻扎在陕郡，作出一种毫无准备的假象，暗里却蓄养精锐。有人向朝廷奏报这一情况。玄宗因为求胜心切，想收复陕郡、洛阳，于是催哥舒翰出击。哥舒翰分析军情，认为其中必有奸诈，哥舒翰上奏说："安禄山善于用兵，现在刚举兵反叛，怎么能够不设防呢！这肯定是为引诱我们而故意示弱，若攻打他们肯定中计。再说叛军远来，利在速战速决，我们据险扼守，利在长期坚持。何况叛军残暴，失去人心，兵势正在变为不利，将会有内乱，到那时再乘机进攻，就可不战而胜。我们只要取胜就行，为何要马上出兵呢！现在各地所征的兵大多数都还没有到达，请暂且等待一段时间。"郭子仪与李光弼也上言说："请让我们北伐范阳，把叛军巢穴捣毁，用他们的妻儿当人质来招降，叛军内部一定大乱。坚守潼关的大军应该固守以挫敌锐气，不可轻易出战。"杨国忠疑心哥舒翰会对他不利，就告诉玄宗说叛军没有准备，而哥舒翰却逗留拖延，将要失去战机。玄宗相信了，连续不断派宦官去催促出兵。哥舒翰没有主意，抚胸痛哭。初四，亲自率兵出关。

初七，官军与崔乾祐的叛军相遇于灵宝西原。崔乾祐的军队南靠大山，北据黄河天险，占据险要之地，七十里路都很窄。

初八，官军与崔乾祐的叛军交战。崔乾祐先把精兵埋伏在险要的地方，哥舒翰与田良丘乘船在黄河中观察军情，看见崔乾祐兵少，就命令大军前进。率领精兵五万的王思礼在前，率领其余十万的庞忠在后。哥舒翰率兵三万登上黄河北岸的高丘观察指挥，并且鸣鼓助战。崔乾祐出兵不到一万，三五成群，队伍在行进中松松垮垮，不成阵势，官军看见后都嘲笑叛军不会带兵打仗。而崔乾祐却把精兵摆在阵后。两军一交战，叛军偃旗息鼓假装败逃，官军斗志松懈，毫无准备。不久后，埋伏着的叛军一起发起攻击，占据了高地。用滚木石块打击官军，官军死伤惨重。又因为道路狭窄，兵士太多，刀枪伸展不开。哥舒翰又让马拉毡车为前队，去冲击叛军。中午过后，突然刮起了东风，崔乾祐把九十辆草放到毡车的前面，并且用火点燃草车。顿时大火熊熊，烟雾蔽天，官军睁不开眼，分不清敌我，互相冲杀，以为叛军在烟火中，就召集弓箭手和弩机手射击。一直持续到傍晚，所有的弓箭都已经射完了，才发现原来根本没有叛军。这时崔乾祐派同罗精锐骑兵过南山，从官军后面发起进攻，官军腹背受敌，首尾大乱，不知如何抵挡，所以大败。有的扔掉武器装甲逃到山谷里，有的因为相互拥挤被推到黄河中淹死了，叛军又乘胜继续追击，喊杀声震天动地。后面的将士看见前部官军大败，也纷纷败逃，黄河北岸的军队看见了也撤退。哥舒翰仅与部下数百骑兵得以逃脱，从首阳山西面渡过黄河，进入潼关。潼关城外先前挖了三条深沟，全是宽二丈，深一丈，经过潼关关口的军队马匹，纷纷掉到深沟里，很快就把深沟填满了，后面的人都是踩着那些掉在深沟里的人马才逃进关内的，所以逃进关内的只有八千多名剩余的士兵。

初九，崔乾祐率兵攻下潼关。

哥舒翰退至关西驿张榜收集散卒，要复夺潼关。蕃将火拔归仁劝他："你用二十万的军队跟叛军打了一仗，最后竟然被打败了，而且潼关也被叛军夺走了，你还有什么资格去见皇帝。您没见高仙芝、封常清的下场吗？你最好还是归附叛军，投降吧！"哥舒翰不从，被火拔归仁绑在马上，其他的士兵也都被捆绑起来。与此同时叛将田乾真赶到，遂将哥舒翰等人押送洛阳。哥舒翰归降了安禄山。安禄山问哥舒翰说："你过去总是看不起我，现在怎么样呢？"哥舒翰伏地而拜回答说："我凡人肉眼不识圣人。现在天下还没有归顺，李光弼率兵在常山，吴王李祇在东平，鲁炅在南阳。陛下如果能够不杀我，我就写信劝他们投降，这样一来，用不了多久，那些地方都会平定下来。"安禄山很高兴，于是就任命哥舒翰为司空，同平章事。又对火拔归仁说："你背叛了你的主人，是不忠不义。"然后就杀了他。哥舒翰写信招降其他将帅，他们都回信痛骂哥舒翰的背叛行为，安禄山知道没有任何效果，就把哥舒翰囚禁于禁苑中。潼关丢了，于是河东、华阴、冯翊、上洛等郡的防御使都弃郡而逃，部下的守兵也纷纷逃命。关东防线彻底瓦解。

潼关失守，局势立即发生逆转。而正在洛阳进退两难的安禄山获得了向关中发展的时机，派军逼近长安。玄宗没有办法，只好慌忙逃到蜀地。而正在河北战场围攻博陵的李光弼听到潼关被攻占的消息，赴紧撤兵离开，和郭子仪一起退回到井陉。

总之，随着潼关的失守，唐由战略进攻转为战略防御，这就使战乱平定的时间大大延长，唐廷也为此付出了惨重代价。

3.马嵬驿兵变

天宝十五载（公元756年）五月，玄宗在奔蜀途中，停于马嵬驿，将士饥疲，众皆愤怒，齐诛杨国忠，请杀杨贵妃，玄宗缢杀贵妃。

（1）玄宗奔蜀

天宝十五载（公元756年），杨国忠挑唆唐玄宗强令镇守潼关的哥舒翰迎敌，结果中计大败。

六月初九，潼关失守，哥舒翰急派部下到长安告急，唐玄宗赶紧召见，情急之下，只能派李福德带领监牧兵奔潼关增援。当时烽火台三十里左右一设，每日初夜就点燃报平安的烽火。这天晚上，迟迟不见报平安的烽火，玄宗意识到潼关局势不妙，开始担忧起来。

初十，玄宗召集宰相商讨对策。杨国忠身兼剑南节度使，安禄山起兵叛乱开始，他就授命留守蜀中的剑南节度副使崔圆在四川聚集货物，打算在危急的情况下退回老巢。所以抢先发言的他提出去四川避难，玄宗只好答应了。

十一日，杨国忠召集百官商讨对策。事已至此，大臣谁也拿不出主意来，都沉默不语。杨国忠因大家皆知他与安禄山不和，怕大家责怪他，很是紧张，因此痛哭自辩："人们向皇上报告安禄山谋反已经有十年了，可是皇上不愿相信，今天发展到这种地步，不是宰相的过失。"将责任全部推在玄宗身上。杨国忠请韩国夫人、虢国夫人出马，再次劝皇帝去蜀地。百官罢朝后走在街上，只见市民们极为恐慌，无目的地四处奔走，一片恐慌混乱景象。

十二日，百官上朝的不及十分之一二。玄宗来到勤政楼，下诏书说要御驾亲征，大家都不相信。玄宗又任命京兆尹魏方进为御史大夫兼置顿使，京兆少尹灵昌人崔光远为京兆尹、兼西京留守，让将军边令诚掌管宫殿的钥匙。玄宗说剑南节度大使颖王李璬要赴任，让剑南道准备所用物资。当日，玄宗移居大明宫。天黑之后，玄宗让龙武大将军陈玄礼集合禁军，又在闲厩中挑选了骏马九百多匹，外人都不知晓。十三日，天刚发亮，玄宗只与杨贵妃姊妹、皇子、皇妃、公主、皇孙、杨国忠、魏方进、韦见素、陈玄礼及心腹宦官、宫人从延秋门出发，在宫外的皇妃、公主及皇孙都弃而不顾，只管自己逃难。杨国忠请求焚烧路过的左藏库，不把钱财留给叛军。玄宗心情凄惨地说："叛军来了没有钱财，必定会向百姓征收，还不如留给他们，以减轻百姓们的苦难。"这一天，还有百官入朝，宫门口还能听到漏壶滴水之声，仪仗队的卫士整齐地站着，待宫门打开后，就看见宫人乱哄哄地出逃，宫里宫外一片混杂，都不知道皇上在哪里。于是王公贵族、平民百姓四处逃命，山野小民争着入皇宫及王公贵族的宅第，盗抢金银财宝，有的还骑驴跑到宫殿里。左藏库也被焚烧了。崔光远与边令诚带人赶来救火，又招募人代理府、县长官分别守护，杀了十多个人，形势才稳定下来。边令诚将宫殿各门钥匙献给了安禄山，崔光远也派儿子去见安禄山。

玄宗一行经过便桥后，杨国忠派人纵火烧桥，玄宗说："百姓官吏都在逃避死难，不能断绝他们的生路！"于是就把内侍监高力士留下，让他把大火扑灭后再来；又让宦官王洛卿打前站，通知沿途郡县做好膳食安排。将近中午，玄宗一行人来到咸阳望贤宫，东距长安有四十里，不料县令与王洛卿都已逃得无影无踪。只好再派宦官四下征召，可是没有官吏和百姓响应。已经过晌午，却没有搞到一点吃的，大家饥肠辘辘。玄宗让手下人杀死御马，用行宫的木头烧马肉以充饥，但大家都下不了手。

玄宗奔波了多半日，又饿又累，便坐在一棵大树下休息。想起晚年沦落至此，对比大半生的荣华富贵，不由悲伤不已，想一死了之。幸亏高力士及时察觉到玄宗的变化，他抱着玄宗的双脚，哭着劝说，才使玄宗放弃此念。杨国忠这时从街上买了几个胡饼，藏在袖子里，偷偷给玄宗。天将傍晚，村里的老百姓陆续赶来，玄宗问百姓家里是否有吃的，请他们拿饭菜来。

不一会儿，百姓提篮抬筐，送来了干粮，都是些寻常农户所吃的粗粮，还杂以麦豆之类。人们已经饥不择食，玄宗让禁军将士先吃干粮，然后是六宫及皇孙辈，在虎咽狼吞之下，食物一会儿就没有了，但肚子好像还没全饱。

玄宗厚给送食物百姓报酬，并慰劳百姓。玄宗掩面呜咽，人们见皇上如此狼狈，不禁感慨痛哭起来。有一个叫郭从谨的老人向玄宗进言说："安禄山想反叛，早已不是一天的事了，也有人到宫阙揭发安禄山阴谋的，可是陛下往往把他们杀了。这才使安禄山阴谋得逞，陛下流离出宫。由此看来，吾王务在察访忠良之士以增加自己的聪明，的确不错。臣还记得宋璟做宰相的时候，屡屡直言进谏，天下靠他才得以太平。但是后来的朝廷大臣不敢直言，人人只知阿谀保位，因此陛下对宫外的事情一无所知。我们处于草野的老百姓早知这种事会发生，但深如大海的深宫让区区百姓之心无法上达。如果事情不是发展到今天这种地步，我们这些做臣民的怎能见到陛下而向您倾诉呢？"唐玄宗听了又羞又悔，连连说："这都是朕的不明智，现在后悔来不及了。"于是又好言好语地安慰百姓们。

一会儿，主管膳食的官员送上饭菜，玄宗让随从人员先吃，然后他也吃了一些。又叫士兵四下分散到村子里找吃的。吃完了，队伍集合继续前进。半夜的时候，来到长安八十五里外的金城。县令早已不知去向，老百姓也都四散而逃。幸好村子里还有现成的粮食和炊具，士兵们自己动手做饭。随从人员逃走的不少，连玄宗身边的亲信宦官头目内侍监袁思艺也不知什么时候溜走了。由于驿馆没有灯烛，人们只好摸黑找住处，也顾不上长幼贵贱之分，拥挤着睡下。王思礼从潼关赶来，玄宗这才知道大将哥舒翰已被叛军擒获，便任命王思礼当河西、陇右节度使，让他收集散卒，立即赴镇，准备东讨。

（2）诸杨伏诛

十四日，唐玄宗一行来到马嵬驿，随从护驾的禁军将士们走得又累又饥，不禁埋怨起来，平时骄横跋扈的宰相杨国忠惹出了这场大祸，将士们情绪愤怒到极点。

禁军首领陈玄礼多年负责宿卫宫禁，忠心耿耿，很得玄宗信任。有一次，在华清宫的唐玄宗想骑马去虢国夫人家，陈玄礼劝道："陛下没有通知臣，不便轻率出游。"玄宗听后果然不去了。

又一次，玄宗在华清宫突然想要半夜出游，陈玄礼奏说："宫外是旷野之地，陛下若想夜游，也当有所准备才是。"玄宗因此打消了这个念头。陈玄礼对皇帝忠心耿耿，他痛恨杨国忠祸国殃民的罪行。

早在安禄山叛乱之初，陈玄礼就通过太子李亨的亲信宦官李辅国密告太子请诛杀杨国忠。本来想在长安城将杨国忠诛杀，但因种种原因没有实现。

这时，太子和陈玄礼认为除杨国忠的时机已经成熟，就由陈玄礼出面对将士说："如今天下分崩离析，天子到处奔逃，难道不是由杨国忠苛剥百姓、引得朝野上下怨声载道，才招致了这场大乱吗？如果不杀杨国忠谢罪于天下，天下的愤怒又怎么可能平息呢？"将士们齐声称是，纷纷响应陈玄礼反杨的号召。

事有凑巧，这时有吐蕃使节二十余人拦住杨国忠的马，向他诉说没有吃的，杨国忠还没有来得及回答，士卒们就喊道："杨国忠与外人要叛乱！"有人用箭射中了杨国忠坐骑的马鞍。杨国忠急忙逃命，逃至马嵬驿西门内，被士兵追上杀死，并且肢解了他的尸体，将头颅挂在矛头上，插在西门外示众，然后将韩国夫人、秦国夫人和杨国忠之子户部侍郎杨暄杀死。御史大夫魏方进说："你们胆大妄为，竟敢谋害宰相！"士兵们又把他杀了。

听到外面大乱，韦见素忙跑出驿门去察看，乱兵用鞭子将他打得头破血流。众人喊道："不要伤害了韦相公。"韦见素才免于一死。

将士们团团围住玄宗住处。玄宗听到外面喧哗声，忙派人打听，左右告诉杨国忠谋反，已被杀死。这让玄宗大吃一惊，他立刻冷静下来，拄着拐杖出了驿门，丝毫没有责备将士，反而好言抚慰，令他们收兵归队。不料将士不应，仍站住不动。玄宗让高力士问明情况，陈玄礼回答："杨国忠谋反，贵妃不宜再待在陛下身边，愿陛下割恩正法。"玄宗听了如五雷轰顶，他强忍悲痛说："朕自己来处理吧。"说完转身入门。他觉得回宫见贵妃于心不忍，便来到驿门旁一条小巷里，头靠着拐杖，呆呆地站在那里，半天说不出一句话，内心痛苦至极。

宰相韦见素的儿子京兆司录参军韦谔见玄宗不能决定，就走上前劝道："现在众怒难犯，陛下的安危就在瞬间，愿陛下赶快下决心吧。"边说边叩头，直至流出鲜血。玄宗低头望一眼韦谔，接着长叹一声："贵妃常居深宫，怎么能知道杨国忠谋反？"高力士忙说："贵妃的确无罪，但是将士们杀死了杨国忠，而贵妃还在陛下身边，他们怎么敢自安呢？愿陛下仔细想想，将士安则陛下才能安呀。"

玄宗知道自己虽然是皇帝，但想挽回爱妃的生命已是不可能的了，他慢慢走进行宫，为了作最后的离别，与贵妃一起出了厅门。贵妃悲不自胜，呜咽道："愿陛下多加保重，妾辜负了国恩，死无所恨，只是请求陛下让妾拜完佛再去。"肝肠寸断的玄宗只说了一句："愿妃子来世投生到一个好地方吧。"便让高力士带贵妃走了。顷刻间，杨贵妃香消玉殒，缢死在佛堂前梨树下，享年仅三十八岁。贵妃刚断气，从南方进献荔枝的快骑就赶到了。玄宗禁不住哀号数声，命高力士赶紧拿荔枝祭献，因为这是贵妃平日最爱吃的。

不一会儿，贵妃遗体被高力士命人用御轿抬到驿庭，召来陈玄礼等人验看。陈玄礼见贵妃确已死亡，这才解胄释甲，向玄宗跪下请罪说："杨国忠败坏纲纪，种下祸根，使百姓遭殃，皇上流离，如果不杀死他，灾难就不会结束。臣等是为国家社稷着想的，请陛下恕臣假借圣旨之罪。"事情到了这步田地，玄宗不得不责罚自己，顺水推舟："朕用人不当，近来也察觉国忠奸佞，有所觉悟，本来是想到蜀地后再清算他的罪行，现在将士们除了他，正合朕的心意，朕当重赏将士们。"玄宗命令陈玄礼告诉将士，他们一齐高呼万岁，拜了两次出去。哗变的士兵这才安定下来，整理队伍继续西行。

杨国忠的妻子裴柔与儿子杨晞，虢国夫人和她的儿子裴徽逃难到陈仓，被追来的县令薛景仙的士兵将他们都杀了。

唐玄宗事后叫高力士将杨贵妃遗体裹上锦衣，胸前放上香囊锦袋，埋葬在驿馆西面的小山坡下，即"马嵬坡"。

马嵬坡兵变后，玄宗一人流离到巴山蜀水，只有少量护从跟随，太子李亨即位于灵武，将玄宗尊为太上皇。长安收复后，玄宗回到京师，因烦闷生了重病，于宝应元年（公元762年）四月初五崩于神龙殿，享年七十八岁。

4.收复两京

至德二年（公元757年）十月，继西京之后，东京也告收复。

（1）留太子讨逆

天宝十四年（公元755年）十一月，安史之乱爆发。第二年，叛兵迅速攻下洛阳、长安二京，唐玄宗仓惶逃往四川，行至马嵬坡，将士们由于愤怒杀死了祸国殃民的杨国忠，逼迫玄宗赐杨贵妃吊死。六月十五日，即马嵬事变第二天，玄宗一行起程西行。老百姓们跪在街道上，挽留玄宗，恳切地对玄宗说："富丽堂皇的宫殿是陛下的家室，那些列祖列宗的陵园是陛下先人的墓地，现在都舍弃不管了，想要到哪里去呢？"玄宗骑在马上停留了很长时间，然后命令太子留在后面安抚这些父老乡民。父老们因此对太子说："既然皇上不愿意留下来，那我们愿意跟随您讨伐叛军，收复长安。如果殿下与皇上都逃向蜀中，那么谁为中原的百姓们做主呢？"不一会儿，来到太子眼前的多达数千人。太子不答应，并说："父皇冒着风险忍受艰难，去远处避难，我怎么忍心早晚不陪在他身边呢？再说我也没有当面向他辞别，我要回去告诉父皇，然后听候他的吩咐。"说着痛哭流泣，要回马西行。这时建宁王李倓与宦官李辅国拉着太子的马笼头说："逆天而行的胡人安禄山举兵谋反，进攻长安，导致天下大乱，国家分裂，如果不服从民意，怎么能够复兴大唐天下呢！现在殿下随从皇上入蜀中避难，倘若叛军焚烧断绝了通向蜀中的栈道，那么中原大地就拱手送给叛军了。人心背离之后，就很难再聚合，到那时再要收复失地恐怕已不可能了。不如现在聚集西北边防的兵力，再加上郭子仪与李光弼在河北地区的兵力，与他们合力讨伐叛贼，收复两京，平定天下，拯救整个国家，使大唐的帝业得以继续，然后再迎接皇上返回京师，这难道不是最好的孝顺行为吗？何必由于为了在身旁照顾皇上，只做一些身前身后的孝顺呢？"广平王李俶也劝太子留下来。父老乡亲都拦住太子的马，使他无法前行。于是太子就让广平王李俶骑马去报告玄宗。玄宗在马上等待太子，久等不见，就派人去打听，被派去的人回来报告了太子的情况，玄宗说："这真是天意！"便把后军中的两千人和一批最好的飞龙厩马给了太子，并告谕全军将士说："太子孝顺仁义，能够继承我，希望你们好好辅佐他。"然后又派人告诉太子说："希望你好自为之，不要为我担心。西北地区的各族人，我一直厚待他们，你一定能用得上。"太子听完后，向南方大哭。玄宗又派人把太子东宫中的宫女送给太子，并且传旨说要传帝位给太子，太子不接受。

　　太子留下后，不知道去哪里好。广平王李俶说："天已经快黑了，此地不宜久留，大家觉得到哪里去好呢？"众人都不说话。这时建宁王李倓说："殿下过去曾经做过朔方节度大使，朔方镇的将领官吏每年都向您问安，我大略记得他们姓名。现在河西和陇右的兵都因战败投降了叛军，父兄子弟多有在叛军中的，到那里去恐怕有危险。而朔方距离较近，兵马强盛，再说河西行军司马裴冕出自世家大族，一定不会有二心。叛军正在长安大肆抢掠财物，还来不及向别处进攻，趁此机会应该马上往朔方，到那里以后再共商大事，这是最好的办法。"大家听后都表示赞同。

　　太子一行从奉天向北行进，一夜急行军三百里，抵达新平时，士卒、器械损失大半，随从人员不过数百。新平太守薛羽弃郡逃走，被抓后杀死。十七日，又至安定，太守徐珏正准备逃跑时被杀。次日，行至彭原，彭原太守李遵出迎，并献上衣粮等物。太子又招募数百名士兵，继续前行，转天到达平凉，这里有数万匹监牧马，又招募了五百士兵，军势逐渐恢复。于是暂且在此住下。

　　太子李亨到达平凉数天之后，朔方留后杜鸿渐、六城水陆运使魏少游、节度判官崔漪、支度判官卢简金和盐池判官李涵等人商议说："平凉地势平坦，不适于驻扎军队，而灵武兵力强大，粮食充足，倘若把太子迎接到那儿，向北召集诸郡之兵，向西征发河西、陇右的精锐骑兵，然后南下平定中原，这确实是难得的大好时机。"于是就派李涵向太子提出建议，而且把朔方镇的马匹、士卒、粮食、武器、布帛以及其他军用物资的帐籍一齐献给太子。李涵到平凉拜见太子后，太子十分高兴。这个时候河西司马裴冕入朝当了御史中丞，当他路过平凉时见到了太子，也奉劝太子到朔方去，太子就答应了。

杜鸿渐与杜暹属同一家族，杜鸿渐为其远房的侄子，李涵是李道的曾孙。杜鸿渐和崔漪让魏少游留下来装修宫殿，准备食物用具，自己去平凉的北面亲迎太子，并对太子说："朔方镇兵精粮足。现在境外吐蕃求和，回纥归附，境内的郡县大都坚守城池，抵御叛军，等待大唐王朝的复兴。殿下如果能够在灵武招集军队，然后出军向南，平定叛军，并向全国郡县传告，收纳忠义的仁人志士，那么就一定能平定叛乱。"魏少游留下来后，大力装修宫室，一切都依照原来皇宫的样子，所准备的饮食中，陆上跑的、水中游的、天上飞的都有。七月初九，太子到达灵武，命令把这些奢侈品全部撤去。

（2）太子即位

裴冕、杜鸿渐等人向太子上表，请求他遵照玄宗在马嵬的命令即皇帝位，太子不答应。裴冕等人对太子说："殿下所带领的将士都是关中人，日夜思念着家乡，他们不怕艰险跟随殿下到这种荒凉地方来的原因，就是希望自己能建功立业。这些人一旦离散，就难以再聚集到一起。希望殿下能够顺应人心，也为国家着想！"一连五次上奏，太子才同意。当天，李亨于灵武城南楼即位，是为肃宗。群臣参拜，肃宗也流泪感叹。尊称玄宗为上皇天帝，大赦天下，改天宝十五载（公元756年）为至德元载（公元756年）。肃宗任命杜鸿渐、崔漪为中书舍人，裴冕为中书侍郎、同平章事；将关内采访使改为节度使，并把治所搬到了安化郡；任命前蒲关防御使吕崇贲为节度使；又任命陈仓县令薛景仙为扶风太守、兼御使；陇右节度使郭英乂为天水太守、兼防御使。当时塞外的精兵都入内地讨伐叛军，只剩下老弱残兵防守边疆，文武官吏不到三十人。他们披荆斩棘，建立朝廷，但是由于制度刚刚创立，使得武人蛮横骄傲。大将管崇嗣在朝堂中背对宫阙而坐，随便说笑，监察御史李勉上奏弹劾他，并且把他关了起来。肃宗特下令赦免了管崇嗣，并且感叹说："朝廷有颜面，全靠李勉这样的人了。"李勉是李元懿的曾孙。肃宗即帝位后十多天内，前来归顺的人逐渐增多。与此同时，安史叛军被胜利冲昏了头脑，只顾抢掠，在战略上再无进展。

叛军攻下潼关后的第十天，安禄山才遣将孙孝哲带兵进入长安，并进行一番部署：张通儒为西京留守，崔光远为京兆尹，安思顺奉命驻守苑中，以守住关中。叛军的气焰嚣张，西面威胁到汧、陇；南面侵扰到长江、汉水一带；北面占据了河东大半。因为叛军将领大多有勇无谋，以为攻下长安，就可以再无忧虑了，因此，整日贪图享受，没有再向西方进军的意图，这才使玄宗得以安全到达蜀地，肃宗北上从容即位。

安禄山宠任孙孝哲，让他监视关中诸将。孙孝哲残忍无比，安禄山命他搜捕百官、宫女等，每抓到数百人，就押送到洛阳。孙孝哲大杀皇室及李国忠、高力士亲信。霍国公主及王妃、驸马等在崇仁坊被刳心，祭祠安庆宗。随玄宗西逃的文臣武将的家属，只要是留在长安的，几乎全被杀死，一时血流成河。安禄山在占据长安后，下命抢掠三天，老百姓的家产被掠一空。又下令府县到处搜捕，严刑拷打，长安经历了一场空前灾难。人民不堪忍受叛军骚扰，都想过先前唐朝的平安日子。自肃宗从马嵬北上以后，民间就相传太子北上征兵来收复长安，长安老百姓日夜盼望唐兵反攻。人们聚在一起，议论纷纷。常常不知从哪儿传来"太子率大军来了！"的喊声，弄得叛军惴惴不安，成了惊弓之鸟。只要一望见北方卷起烟尘，叛军就吓得准备逃跑。京城附近的豪杰趁机杀死官吏，与官军遥相呼应。叛军所控制的范围日见缩小，其西不过武功、南不出武关、北不过云阳。唐兵仍控制着江淮漕运线，江南物资源源不断地运往四川与灵武。双方力量不断发生着变化。

八月十四日，到达蜀地的唐玄宗不知太子已经即位，向天下发布一道任命太子为天下兵马元帅等内容的命令，说："任命太子李亨为天下兵马元帅，统辖朔方、河东、河北、平卢节度都使，南下收复长安、洛阳。任命御史中丞裴冕兼左庶子的职务，陇西郡司马刘秩试兼右庶子的职务；永王李璘为山南东道、岭南、黔中、江南西道节度使，少府监窦绍做他的师傅，长沙太守李岘为都副大使；任命盛王李琦为广陵大都督，统治管理江南东路和淮南、河南等路节度使，前江陵都督府长史刘汇做他的师傅，广陵郡长史李成式为都副大使；任命丰王李珙为武威都督，依然统辖河西、陇右、安西、北庭等路节度使，陇西太守济阴人邓景山做他的师傅，并且兼任都副大使。各自所需要的士卒、马匹、武器以及粮食等，都在当地征求，自己解决。其他各地原来的节度使如虢王李巨等仍旧为节度使。各王所需要任命的部下官吏和所统辖地方的郡县官，可以由自己挑选，任命以后再上奏报告。"当时盛王李琦、丰王李珙等都没有亲自去上任应职，只有永王李璘去了。又设置山南东道节度使，统辖襄阳等九郡。升五府经略使为岭南节度使，统辖南海等二十二郡。升五溪经略使为黔中节度使，统辖黔中等州郡。分江南道为东、西二道，东道统辖余杭郡，西道统辖豫章等州郡。以往，天下的人听说潼关被叛军占领了，都不知玄宗去向，这道命令颁下后，人们才知道皇上在何处。于是，臣民坚定了讨叛的信心。

（3）李泌辅肃宗

肃宗在灵武召来了隐居在颍阳的李泌。李泌，京兆人，年幼时很聪明，玄宗就让他和忠王李亨一起游玩。忠王被册封为太子时，李泌岁数已大，曾上书言事。玄宗想要授予他官职，被他拒绝，玄宗只好让他以平民的身份和太子交往，太子常常称他为先生。李泌遭到杨国忠的憎恨，杨国忠上奏把他迁移到蕲春郡。后来李泌回到家乡，居在颍阳县。肃宗从马嵬驿北上后，派人去召李泌，李泌在灵武拜见肃宗。肃宗非常高兴，出去则骑马同行走，睡觉则对着床，仍然像自己做太子时那样，凡事都要先征求李泌的意见，而且言听计从，甚至官吏的任免都与他商量。肃宗想要任命李泌为右相，李泌坚决推辞不肯接受，说："陛下现在这样对待我，比任命我为宰相还要尊贵，何必违背我的意愿呢！"肃宗也只好答应。

一次，肃宗和李泌去外边检阅军队，军士指着他们都暗地里说："穿黄衣服的人是圣皇，而穿白衣服的人只是一个山中的隐士。"肃宗听说后，就告诉了李泌，并说："现在是战乱时期，我不敢违背您的意愿封你官职，但是应该暂时着紫袍以防止众人猜疑。"李泌没有办法，只好接受了紫袍。穿上紫袍后，李泌入宫谢恩，肃宗笑着说："您既已身着朝服，怎么能没有相应的官职呢！"于是就从怀中拿出了敕书，任命李泌为侍谋军国、元帅府行军长史。李泌推辞不肯接受，肃宗说："朕不敢以宰相一职难为您，只是想任命这一职务以渡过眼下的困难时期。等平定叛乱后，就让您归隐。"李泌这才接受。肃宗在宫中专门设置了元帅府，倘若广平王李俶入宫，李泌就留在府中，如果李泌入宫，李俶就留在府中。李泌又对肃宗说："诸位将领惧怕陛下的威严，在陛下面前陈述军务大事时，常常因为拘束不能很准确地禀报，万一出现了小问题，将会造成很大的损失。请求先向我与广平王商议，然后再向陛下报告，可行的就命令执行，不可行的就不允许实施。"肃宗答应。当时军务繁忙，各地所上的奏疏日夜不断，肃宗让全都送到元帅府，由李泌先看，如果是十万火急的战报，李泌就加上封印，马上交给皇上，其他不重要的事情就等到天亮后再奏报。肃宗还把宫门的钥匙和符契全都委托给广平王李俶与李泌掌管。

李泌尽心尽意地辅佐肃宗，他有很强的协调、布置能力，在政治上有独到的远见，为朝廷出谋献策，协调了上层各个统治集团的关系，增加了朝廷的凝聚力。

例如，建宁王李倓英武果断，有雄才韬略，跟随肃宗从马嵬驿北上时，士兵战斗力很弱，多次遇到强盗。李倓就亲自挑选了一批骁勇善战之士，走在肃宗的前后，浴血奋战保卫肃宗。有时候肃宗在吃饭时间不能进食，李倓总是很痛心，所以深得军心。肃宗想任命李倓为天下兵马大元帅，让他统帅诸将东征。李泌说："建宁王李倓确实有元帅之才，但是广平王李俶是兄长，如果让建宁王李倓功成名就，广平王李俶岂不是要像周朝的吴太伯那样让位吗！"肃宗说："广平王李俶是嫡长子，将来要继承皇位，何必把元帅之职看得那么重呢！"李泌说："广平王虽然是正室夫人的大儿子，但是还没有册封为太子。现在天下战乱，人们的心都关注在元帅身上。如果建宁王大功告成，陛下即使不想立他为太子，和他一起立功勋的人肯答应吗？太宗和太上皇就是典型的例子。"于是肃宗就任命广平王李俶为天下兵马大元帅，诸位将领都由他指挥。建宁王李倓得知此事后，感谢李泌说："这正合我意！"

肃宗还是太子时，遭到过奸相李林甫的迫害，对其恨之入骨，一次谈话时，肃宗告诉李泌，准备给将领下一诏敕，将来收复长安后，要挖开李林甫的坟墓，焚骨扬灰，出胸中一口恶气。李泌却说："陛下正在安定天下，何必在意一个死人呢。李林甫的枯骨能知道什么，还显示陛下不能弘扬圣德。而且降于叛贼的，都是陛下的仇人。如果知道陛下这件事后，恐怕不敢再归顺大唐。"肃宗很不高兴，说："当初此贼不择手段陷害朕，使朕早晨不知道能否活到晚上。朕得以保全，都是老天佑庇。李林甫这贼也恨卿，只是没将卿害死而已，为何卿还要给他讲情？"李泌说："臣当然记得这些，太上皇统治天下数十年，此时不顺，流外于巴蜀。南方潮热，太上皇已是暮年，要是知道陛下要有此举，内心会惭愧不已，万一因此而病，人们都会觉得国家虽大，陛下却不能奉养好自己的父亲……"话未说完，肃宗早已是泪流满面，仰天拜道："朕没有考虑到这一点，是老天让先生提醒了我。"肃宗在李泌的尽心辅佐下，最大限度地团结了大多数人，扩大了平叛的阵营。

（4）收复两京失败

肃宗命令河西节度使李嗣业带兵五千来援。李嗣业与节度使梁宰商议，想要晚一些时间出兵，用来观察局势的发展，保存实力。绥德府折冲段秀实责备李嗣业道："怎么能有君父告急而做臣子的拖延不至的道理，您常自诩为光明磊落的正直男儿，以今天的行为来看，却像一个目光短浅的女子。"李嗣业十分惭愧，随即请梁宰如数发兵，让段秀实做副将，带队前往灵武。行军司马李栖筠也奉诏调安西七千精兵去援助。

这时，河北的各郡县仍然由唐军把守，平原太守颜真卿将奏表封在蜡丸里，送到灵武，肃宗任其为工部尚书兼御史大夫，并致赦书，也封于蜡丸中传送。颜真卿将朝廷的消息在河北诸郡和河南、江淮等地传开，诸郡都知道肃宗在灵武即位，从此报国之心更为坚定了。

七月，朔方节度使郭子仪率领五万士兵从河北赶到灵武，肃宗任命他为兵部尚书、灵武长史；河北节度使李光弼为户部尚书，北都留守，同时担任丞相之职。李光弼又调动河北景城、河间兵五千人马去守护太原。灵武军威渐盛，人人都有报国之心，均怀复兴之望。肃宗又派人到达蜀地与太上皇联系，玄宗这才知道太子已登基，于是下制："从现在开始改制敕为诰，为太上皇，军中大事全部由皇帝裁决，再告知太上皇。"并派宰相韦见素、房琯带着传国宝玺和玉册到灵武传位。

肃宗一方面用朔方兵，一方面又向少数民族借兵，任命幽王李守礼之子李承宷为敦煌王，和朔方部将仆固怀恩一起去回纥调动援军。又发动拔汗那的军队，答应以后给丰厚奖赏，使其随安西兵入援。李泌建议离开灵武，到彭原屯兵，等西北少数民族士兵来后，再南下扶风。那时，江淮调运的物资也可到达，保证军备使用。肃宗同意了。九月十七日肃宗带领人马离开灵武南下，二十五日到达顺化。这时，韦见素等人从成都赶来，奉上宝册。由于韦见素曾依附过杨国忠，所以肃宗对他非常冷淡。房琯是有名的才子，谈起军国大事来头头是道，肃宗十分赏识他，大事都和他商量，房琯也以天下为己任，用尽全身学识与精力，其他的宰相便不再插手。

十月初三，肃宗一行从顺化来到彭原。江淮租庸使第五琦到此觐见肃宗，建议用江淮租庸买金帛类轻货，沿长江、汉水入汉口，然后由汉中王李瑀从陆地运往扶风，赏赐将士。肃宗采纳了他的意见，并任他为山南等五道度支使。第五琦擅长理财，实行榷盐法，增加了中央收入，从经济上增加了灵武政权平定叛乱的力量。

宰相房琯上疏肃宗，请求亲自率军收复两京，肃宗同意，于是就加封房琯为持节、招讨西京兼防御蒲、潼两关兵马及节度等使。房琯请求肃宗由自己挑选手下，于是任命御史中丞邓景山为副将，户部侍郎李揖为行军司马，给事中刘秩为参谋。临行前，肃宗又命令兵部尚书王思礼去协助房琯。房琯把军中的大事委托给李揖和刘秩，此二人都是文弱书生，不会用兵。房琯对人说："叛军的士兵虽然多，但是怎么能够敌得过我的谋士刘秩呢！"房琯把部队分成三军：派副将杨希文率领南军，从宜寿县进攻；派刘贵哲率领中军，从武功县进攻；派李光进率领北军，从奉天县进攻。

房琯命令中军与北军为先锋，二十日，进军至便桥。二十一日，两路兵马在咸阳附近与叛军将领安守忠相遇。房琯效法古人，用战车进攻，组成牛车两千辆，再使步、骑兵护卫。叛军顺风擂鼓呼喊，牛都被擂鼓呼喊声惊吓。这时叛军放火焚毁战车，顿时战阵大破，人和牲畜都混在一起，唐军死伤达四万余人，逃命存活的仅数千名。二十三日，房琯亲自率领南军作战，又被打得大败，杨希文与刘贵哲都投降了叛军。肃宗得知房琯大败，震怒不已。李泌从中营救，肃宗才赦免了房琯，仍像过去那样对待他。这时史思明又带兵攻陷河间、景城、乐安、平原、清河、博平等河北郡县，唐军处境更加被动。面对这种形势，肃宗很担心地问李泌："现在叛军如此强大，我们什么时候才能平定叛军啊？"李泌透彻地分析了全国形势，回答道："臣观察到叛兵把从各地抢获的女子财物，全部都运到范阳，这根本没有统一天下的志向。如今死心塌地跟随安禄山造反的，只有高尚等数人，其余不过是被迫参加，臣估计，不出两年，天下就可安定。"肃宗请李泌具体分析。李泌接着说："安禄山手下英勇善战的将领屈指可数，不过史思明、安守忠、田乾真、张忠志、阿史那承庆等人而已。我军若令李光弼从太原出井陉，把住西入河北的军事要道，那么驻守河北的史思明、张忠志就不敢擅离范阳、常山；郭子仪率兵从冯翊入河东，逼迫潼关，使安守忠、田乾真不敢离开长安，用此办法，用我军两名将领可牵制叛军四名将领。这样一来，安禄山身边的军事力量，只剩下阿史那承庆一支了。郭子仪可以镇守在河东，不要去占领华阴、潼关，使来往两京之间的道路畅通；陛下用招募来的兵镇扶风，同郭子仪、李光弼配合出击。叛兵救首则击其尾，救尾则击其首，使他们往来数千里，疲于奔命，首尾不得相救。我军则以逸待劳，敌军来了，就躲开，避开他们的锋芒；敌军撤去，就攻其不备，不进攻城池，不阻碍道路。来春命建宁王李倓为范阳节度大使，从塞北出击，与李光弼的军队形成南北相互呼应、相互夹击的局势，一起攻打范阳，攻陷叛军的老巢，势必造成他们退无所归，留则不安的局面。到时候我军四面合击，一起进攻，必能一举歼敌。"李泌的战略计划是符合客观实际的，因而是切实可行的，肃宗对此深表赞同。但由于他急于想收复两京，因此其战争部署并没有采取李泌的建议，导致安史退回河北后又一次叛乱，朝廷为此付出了高昂的代价。

（5）安史内讧

至德二年（公元757年）正月，正当肃宗准备聚集力量重新进攻长安时，安史内部发生了内讧。

安禄山从起兵叛乱以来，视力逐渐下降，到此时已经看不清东西了，又由于身上长了毒疮，性情变得很古怪，对他周围的人，只要有一点不合心意，就用鞭子抽打，有时干脆杀掉。他称帝以后，住在后宫，大将们很难见到他，都是通过严庄向安禄山汇报。严庄虽然有权势，但也免不了被鞭打。宦官李猪儿经常被挨打，安禄山左右的人都感到自身难保。安禄山的爱妾段氏生子名叫庆恩，想要替代安庆绪为太子，所以安庆绪时常害怕被杀死，不知道怎么办才好。严庄对安庆绪说："事情越是紧迫，机会越不能失掉。"安庆绪说："我听你的。"严庄又对李猪儿说："你前后挨的毒打难道还不多吗！如果再不干'大事'，恐怕马上就要死了。"李猪儿也答应一起行动。于是严庄与安庆绪夜里手拿武器立在帐幕外面，李猪儿手执大刀直入帐中，用大刀砍中了安禄山的腹部。安禄山左右的人都不敢动。安禄山用手摸枕旁的刀，没有拿到，于是就用手摇动帐幕的竿子说："这一定是手下人干的。"这时肠子已流出一大堆，很快便死了。严庄等在安禄山的床下挖了数尺深的坑，用毡包裹了安禄山的尸体，埋了进去，并警告宫中的人不能将真相向外泄露。初六早晨，严庄向外宣布说安禄山病重，立晋王安庆绪为太子。不久安庆绪即皇帝位，尊称安禄山为太上皇，然后才发丧。安庆绪懦弱无能，没有才干，并且说话不流利，严庄恐怕众人不服，因此不让安庆绪出来见人。安庆绪每天只知喝酒、寻欢，并把严庄当哥哥，任命他为御史大夫，封冯翊王爵位，大小事情都由严庄决定，并加封诸将的官爵，借以收买人心。这场政变，削弱了叛军的力量。

在洛阳城内讧的同时，叛军大将史思明带领军队从博陵，蔡希德从太行，高秀岩从大同，牛廷玠从范阳，共十万军队，来攻打太原。李光弼部下的精兵全奔赴朔方，其他的团练兵都没有什么战斗力，不满一万人。史思明认为攻克太原不费吹灰之力，如果打下太原，当即可长驱直捣朔方、河西、陇右。太原城中的将领都非常害怕，商议修筑城池抵抗叛军。李光弼说："太原城长四十里，在叛军立即就要来到时修筑城池，是没有见到敌人先使自己很疲惫。"于是率领士兵及百姓在城外开凿壕沟准备坚守。又让士卒做了数十万块砖坯，大家都不知道用这些做什么。等到叛军在城外进攻，李光弼就让士卒用砖坯在城内加高城墙，有毁的地方便立刻修补。史思明派人到崞山以东去运攻城的器械，并且让三千兵护送，他们到达广阳时，遭遇到唐军将领慕容溢、张奉璋的拦击，全被歼灭。

史思明围攻太原一个多月，也没能攻下来，于是精挑细选，组成一支游击队，告诫他们说："我率兵攻打城北时，你们就去城南；攻打城东时，你们就向城西，见有机可乘时就进攻。"但因为李光弼军令严明，即使没有攻打的地方，巡逻的士卒也十分谨慎，没有大意的时候，所以叛军无法攻入城中。李光弼在军中征募人才，只要是有一方面的才能超出常人的都被选中，依据能力予以使用，所以每个人的才干都能得到发挥。李光弼得到安边军的三个铸钱工匠，他们善于挖掘地道。叛军士卒站在城下破口大骂，李光弼就派人从地道中拉住叫骂人的脚，拖到城中，在城墙上杀死。从此叛军士卒行走时都看着地。叛军又制云梯造颉以便攻城，李光弼就挖地道以迎战，所以这些东西在临近城时都陷入地下。叛军一开始就集中力量攻城，于是李光弼做了投石机，发射大石，一发可以打死二十多人。叛军在攻城中战死了十分之二三，于是就退到城墙数十步以外，包围得水泄不通。李光弼又派人假装与叛军相约，定好日子出城投降，叛军大喜，不加防备。后来，李光弼一举攻破叛军，解了太原之围。

（6）郭子仪平河东

在李光弼坚守太原的同时，郭子仪也积极筹划攻取战略要地河东，这有利于收复两京。郭子仪派人偷偷潜入河东，与被叛军围困的唐朝大臣取得联系，充当唐军的内应。接着，郭子仪自洛交引兵至河东，并分兵攻取冯翊。

二月十一日夜，河东司户韩旻等人翻越河东城迎接唐军，杀敌近千人。守城的叛将崔乾祐率兵抵抗，被唐军打败，唐军杀死敌军四千人，并俘虏五千，攻下了河东。

在此之前，肃宗得知安西、北庭及西域拔汗那、大食诸国兵已来到凉州、鄯州，并于正月十五日起身向南方行进，二月十日到达凤翔。十天内，陇右、河西、安西、西域的兵马都集中到凤翔，江淮租庸调物资也运至洋川、汉中。长安老百姓听到肃宗在凤翔的消息，纷纷前来投奔，日夜不间断。准备工作大致完成后，李泌建议肃宗按原定计划行事，派安西及西域兵沿边塞进军东北，从檀州南取范阳。肃宗问道："如今大军聚集，物资充足，理应直捣长安，为何要引兵东北数千里，先取范阳，这样不是太迂缓了吗？"李泌分析说："我军若直取两京，定能一举成功。然而叛军会再次反叛来攻打我们，使我们陷入困难的境地，这不是长久安定的决策。讨叛的主力是西北边防兵和少数民族兵，他们耐寒冷而畏暑热，若乘他们刚到的气势，去攻打叛兵，定能取胜。然而，两京已到晚春，气候转热，叛兵收拾残众，返回老巢，官兵不耐潮热，想回西北，即使强留也是留不住的，那时叛军已得到休息，并重新发展壮大，一旦唐兵撤走，他们定会乘虚而入，再占两京，这样一来，结束战争就非常困难了。还不如先向寒乡发兵，端掉它的巢穴，切断叛军回去的路，从根本上解决问题。"可是肃宗太急于收复两京，希望速战速决，没有采纳李泌的意见，以后事态的发展也正如李泌所料想的那样。

肃宗命关内节度使王思礼驻军武功，兵马使郭英义和王难得分别扎营在武功的东原、西原二地。二月十九日，叛将安守忠攻打武功，郭英义在交战中处于下锋，王思礼诸军只得退守扶风。叛军游兵已到达离冯翔五十里的大和关，凤翔唐军马上严加戒备。

二十二日，郭子仪派其子郭旰及兵马使李韶光、大将王祚南渡黄河偷袭潼关，大败叛军。潼关是长安东面的门户，历来为兵家必争之地。安庆绪派人援救，唐军死伤万余人，李韶光、王祚力战死，大将仆固怀恩抱着马头浮渡渭水，退保河东。三月，安守忠率领；两万骑兵进犯河东，郭子仪打败了他，稳定了河东局势。

四月，肃宗任命郭子仪为司空、天下兵马副元帅，令其带兵赶赴凤翔，作好攻打长安的准备。郭子仪带队行至三原北时，叛将李归仁率五千铁骑阻击。郭子仪军迅速将其击溃，来到西渭桥与王思礼军会师。郭子仪军驻扎在滴水西岸，叛军大将安守忠与李归仁率兵驻扎在京城西面的清渠。两军相持七日，官军没有进攻。五月初六，安守忠假装撤退，郭子仪率全军追击。叛军以九千精锐骑兵布成长蛇阵，官军从中间进击，叛军变首尾为两军，前后夹击，官军大败。唐朝大臣韩液与监军孙知古都被叛军俘获，军用物资全部丢弃。郭子仪退军防守武功，严加戒备。郭子仪只身至凤翔请罪，降为左仆射。

（7）收复洛阳

在清渠作战的失败，大大打击了唐军，推迟了对长安的进攻。经过四个多月的准备，至九月，决定再次进攻长安。郭子仪认为回纥兵战斗力强，能征善战，就劝肃宗多征回纥兵以平叛。回纥怀仁可汗派儿子叶护和将军帝德等率领精兵四千余人来到凤翔，肃宗接见叶护，厚待他，满足他所有的要求。十二日，元帅广平王李俶率领朔方等各镇兵及回纥、西域兵共十五万，号称二十万，从凤翔出发。李俶见到回纥叶护，二人拜为兄弟，叶护十分高兴，称李俶为兄。回纥人到达扶风，郭子仪设下宴席，想宴请他们三天。叶护说："国家有难，我们远来救援，还未作战，哪里能大吃大喝呢！"吃完饭后马上出发。唐朝每天供给回纥军羊二百头，牛二十头，米四十斛。

二十五日，各个方向的军队一起出发，二十七日，都到了长安城西侧，在香积寺北面沣水东岸摆好作战阵势。李嗣业为前军，郭子仪为中军，王思礼为后军。叛军十万在北面列阵，叛将李归仁出阵挑战，官军追击，逼近叛军阵中，叛军一齐进发，官军撤退，叛军乘此机会突然进军，官军受到惊吓，乱了阵脚，叛军争相抢夺军用物资。这时李嗣业说："今天如果不拼死抵抗，我们就彻底失败了。"于是祖露上身，手执长刀，立于阵前，大声呼喊，奋勇杀敌，叛军和他打斗的都被大刀砍下马，杀死了数十人，才稳住官军的阵地。后李嗣业率领前军各持长刀，排成横队，像堵墙一样向前推进，自己走在最前面，官军勇猛无比。都知兵马使王难得为了救他的裨将，被叛军射中眼眉，垂下的肉皮遮住眼睛。王难得自己拔掉箭头，扯掉肉皮，血流满面，但仍浴血奋战。叛军埋伏精兵于阵地东面，打算从后面袭击官军，被官军侦察发觉，朔方左厢兵马使仆固怀恩领回纥兵袭击叛军伏兵，叛军被全部消灭，于是士气低落。李嗣业又与回纥兵绕道到叛军的阵后，和大军前后进行夹击，从午时到酉时，一共杀敌六万多，被填在沟堑中的死者不计其数。叛军被打败后溃退了，剩下的军队逃入长安城中。

仆固怀恩对广平王李俶说："叛军要放弃长安城逃走，请让我率领二百名骑兵追击，活捉安守忠、李归仁等人。"李俶说："将军作战已很疲劳，现在还是休息吧，等明天再说。"仆固怀恩说："李归仁与安守忠都是叛军中勇武的大将，如今突然被我们打败，真是天赐良机，为何要放虎归山呢！如果让他们收拾残兵，与我们作战，那时就追悔莫及了！再说用兵最重要的一点就是快，为何要等到明天呢！"但广平王李俶坚持不同意，让仆固怀恩返回营中。仆固怀恩不停请命，来来回回一夜竟然有四五次。等到天亮，探子回来报告说叛军守将安守忠、李归仁与张通儒、田乾真等俱已逃脱。

二十八日，广平王李俶率大军进入长安。长安老百姓夹道欢迎，许多人涕泪横流。这时叶护想要按照约定抢掠长安城，李俶在他的马前拜道："今日刚得长安，若马上掠夺，东京人民必替叛军守城卖命，我们将打不下来，还望得洛阳后再如约。"叶护听罢急下马答拜，跪捧李俶足说："我应该为了陛下直接攻取东京。"遂与仆固怀恩带领回纥、西域之兵从城南过，来到城外的浐水之东扎营。李俶在长安安抚三日后，又率大军东进洛阳。

二十九日，捷报传到凤翔，百官入贺，肃宗高兴得涕泪横流，马上派宦官啖庭瑶去蜀地禀告太上皇，又命令左仆射裴冕到长安慰问百姓。

攻克长安后，郭子仪又带兵在潼关追击叛军，杀敌五千人，攻占弘农、华阴二郡。王难得统率着兴平军破敌于武关，拿下上洛郡。

在洛阳称帝的安庆绪听说长安不保，立即调发洛阳叛军，由御史大夫严庄统领，奔赴长安。到了陕郡，与从长安战场败退下来的张通儒部残兵汇合，尚有步骑十五万，一起抵挡唐军。

十月十五日，广平王李俶与郭子仪率唐兵进至弘农县东的曲沃城。回纥兵在南山北设下伏兵，叛军也依傍着山势布下阵势，双方在新店展开战斗。一开始唐兵不利，叛兵呐喊着冲下山来。这时，回纥兵如猛虎一般，突然从敌阵背后掩杀过来。叛兵素知回纥骑兵的厉害，士兵大喊："回纥兵来了！"顿时乱作一团。在唐兵与回纥兵的夹击下，叛兵一下溃逃，严庄、张通儒丢下满山尸体，弃陕郡东逃，李俶与郭子仪入陕，派大将仆固怀恩等人分道追击。

　　严庄先进入洛阳向安庆绪报告失败的消息。十六日夜晚，安庆绪率领其部下从苑门逃出，逃向河北，并在逃走前将所俘虏的朝廷将领哥舒翰、程千里等三十余人杀死。许远在偃师县被杀死。十月十八日，李俶率领唐军进入洛阳。二十一日，郭子仪乘胜派左兵马使张用济、左武锋使浑释之领兵攻取河阳、河内。严庄看到败局已不能再挽回了，就投降了唐军。陈留郡民众杀死叛将尹子奇，一起归唐。又围攻颍川叛将田承嗣，田承嗣也派人前来请降。但没等唐廷收降，田承嗣又和武令珣一起逃向河北。

　　肃宗得到收复洛阳的消息，于十月二十三日进入长安。长安百姓欢迎队伍长达二十里。人们夹道欢迎，兴奋地说："没想到还能再见到皇上！"肃宗也感慨不已。十一月，广平王李俶与郭子仪从洛阳归来，肃宗慰劳郭子仪说："我的国家，全凭你的再造之恩啊。"

第七章 盛极转衰

1.藩镇割据

安史之乱被平定后，安史余部还保持相当大的势力，唐代宗为了求得暂时安定，将河北分封给叛将。后来在平叛的过程中，朝廷对内地掌兵的制史也多加节度使称号。因此大历十二年（公元777年），形成了藩镇割剧的局面。

（1）魏博崛起

所谓藩镇割据就是地方节度使利用手中的军队，独霸一方，形成独立王国，成为对抗中央的分裂势力。

藩镇割据的出现与唐代的节度使制度直接相关。唐玄宗后期府兵制遭到破坏，士兵的来源很少。为了边防需要，玄宗时采用募兵制征兵，于是当兵成了一种职业；为了便于军队的管理，地方上又设置了节度使掌管当地军事，统帅军队。但因兵士十分固定，久而久之便与节度使形成了主从关系，节度使也依靠手中所掌握的兵马大权，不断地扩充自己的实力，控制了所在地的政治、军事大权，成为一方霸主。玄宗时的安史之乱，即是地方节度使对抗中央发动的叛乱。而在平定叛乱后，唐政府对叛军采取姑息态度，只要叛乱的军队投降中央，就不再追究其叛乱谋反之罪，并未对形成叛乱的根源加以铲除，很多叛乱军队的将领只要一投降朝廷，就成了唐朝廷的节度使了，为安史之乱后愈演愈烈的藩镇割据局面的形成起了推波助澜的作用。

安史之乱后割据地方的主要方镇有魏博镇、成德镇、卢龙镇、淄青镇、宣武镇、相卫镇、淮西镇等。这些方镇的节度使或父子相继，或依靠他们所掌握的兵马，自立为王，唐政府没有足够的实力去干涉这些独霸一方的节度使们的行动，迫于无奈只能承认既成事实。诸镇之间往往相互征战，或暂时联合共同对抗朝廷的命令，对朝廷稍有不满就率兵发难，成为唐后期战乱的直接祸根之一。

唐肃宗乾元元年（公元758年）十二月，平卢节度使王玄志去世，肃宗派遣宦官去安抚将士，顺便察探一下藩镇军中内部打算立谁为节度使，好把象征节度使的旌旗授予他，任命他为新的节度使。因为侯希逸的母亲是裨将李怀玉的姑母，所以李怀玉杀了王玄志的儿子，推立侯希逸为平卢军使。于是朝廷任命侯希逸为节度使。唐朝节度使的任命不再受朝廷过问，而由军中将士自行废立的情况便从此开始了。

代宗永泰元年（公元765年）五月，平卢节度使侯希逸坐镇淄青，好游猎，营建佛塔寺院，侯希逸所在地的人民受尽了这种骑在他们头上作威作福的节度们的折磨。兵马使李怀玉深得人心，侯希逸忌恨他，随便找了一个借口，罢免了他的军职。侯希逸与巫师在城外住宿，士兵们关闭城门不让他回城，拥立李怀玉为主帅。侯希逸逃奔滑州，上书皇帝等待皇帝的处罚。代宗下诏赦免其罪，把他召回京师。秋季，七月初二，代宗任命郑王李邈为平卢、淄青节度大使，李怀玉担任留后，并赐名为李正己。这时承德节度使李宝臣、魏博节度使田承嗣、相卫节度使薛嵩、卢龙节度使李怀仙集结了参加安史之乱的叛乱军队的残余力量，各自拥精兵数万人，操练军队，修建城池，自行任命文武官员，不向朝廷上贡赋税，和山南东道节度使梁崇义以及平卢、淄青留后李正己联姻，遥相呼应，内外勾结。朝廷对于这样的情况没有任何办法，只得纵容其发展下去，已经不能再控制他们了，因而这些节度使虽然称为藩臣，但实际上这层关系已经名存实亡了。

代宗大历三年（公元768年）六月，幽州兵马使朱希彩与经略副使朱泚杀节度使李怀仙，自任留后。朝廷对此事毫无办法，正式下诏令朱希彩为节度使。但朱希彩为人残暴，激怒部将，被手下人杀死。朱泚便利用机会窃取了权力，大历七年（公元772年）十月，朝廷又下诏书任命朱泚为幽州卢龙节度使。

魏博镇田承嗣依仗自己强大的实力，一向不把周边其他藩镇放在眼里。大历十年（公元775年），田承嗣出师攻袭相州，在昭义兵马使裴志清的配合下，占据了相、卫等四州之地，势力更强。魏博镇的势力日益强大，破坏了藩镇之间的平衡，引起其他藩镇的不满。

（2）藩镇钩心斗角

从前，对于成德军节度使李宝臣与淄青节度使李正己，田承嗣都没把他们放在眼里。李宝臣的弟弟李宝正娶田承嗣的女儿，在魏州与田承嗣的儿子田维打马球，马受了惊，误将田维踢死。田承嗣对此非常不满，囚禁了李宝正，然后告诉李宝臣。李宝臣为此深表歉意，把搁置多年的棍棒交给田承嗣，让他杖责李宝正。于是田承嗣打死李宝正，从此两镇结仇。及至田承嗣拒从皇命，李宝臣和李正己都上表请求征讨他，唐代宗也想趁这些藩镇之间有裂痕，利用他们各自之间的矛盾、对立进行讨伐，以削弱他们的实力。夏四月，代宗下敕贬田承嗣为永州刺史，仍旧下令河东、成德、幽州、淄青、淮西、永平、汴军、河阳、泽潞各道调动军队前去魏博，如果田承嗣还违抗圣命，即命令他们进军征讨；只惩治田承嗣和他的侄子田悦的罪行，其他的将领、士兵、弟侄如果能够幡然醒悟而不同流合污的话，一概不追究他们的罪名。

五月，李正己攻克了德州。六月，李宝臣攻克冀州。九月，李正己、李宝臣在枣强会师，一起合兵包围了贝州。

李宝臣与李正己在枣强县将双方的部队集结到了一起，随即围攻贝州，田承嗣出兵援助。李宝臣和李正己两军分别犒赏士兵，成德军犒赏丰厚，平卢军犒赏微薄；犒赏完毕，平卢军士兵颇有怨言，李正己害怕他们突然变卦，倒戈一击，于是带军撤退，李宝臣也退兵。李忠臣得到这个情报以后，就放弃进攻卫州的计划，向南走渡过黄河，将部队驻扎在阳武防守。李宝臣与朱浮进攻沧州，田承嗣的堂弟田庭玠镇守沧州，李宝臣并没有能够攻下沧州。但在十月份，李宝臣与昭义留后李承昭在清水与进攻磁州的卢子期进行战斗，并大败敌军，河南诸将又在陈留大破田悦，形势很是有利。

田承嗣采取分化的手段，笼络李正己，重点对付李宝臣。他厚待李正己的使者，又绘制李正己的图像，点香跪拜，表示自己已有八十六岁，诸子没有才干，不能够委以重任，继承位置的儿子体弱多病，死后愿将地盘让与李正己。

代宗为了表彰李宝臣，派中使马承倩前去慰劳。将回朝廷的时候，李宝臣到馆舍送给马承倩一百匹缣，被马承倩大骂一通，礼缣也被扔在路上，让李宝臣非常难堪，不知道如何是好。兵马使王武俊说："你在军中新立大功，都还被朝廷派来的使者瞧不起，平了田承嗣后，你到了长安，境遇恐怕还不如现在，不如放田承嗣一条生路，我们也可拥兵自保。"这样李宝臣也不再认真作战，只是马马虎虎，能够勉强应付朝廷就行了。

田承嗣得知范阳是李宝臣的故乡，心里很想攻占范阳，端掉李宝臣的老窝。因而在石头上刻下预言未来凶吉得失的文字："二帝同功势万全，将田为侣入幽燕。"密令部下把石头埋在李宝臣的境内，让阴阳先生说那里有帝王之气，李宝臣便掘得此石。田承嗣又派人去说服李宝臣让他听取田承嗣的意见："您与朱滔一同攻取沧州，倘若攻克，那么该地归国所有，而非你所有。如果你能够赦免田承嗣曾经与你为敌的罪过，与田承嗣联手的话，请把沧州让给你，他还是愿意跟随你攻打范阳，亲自为你效犬马之劳，你率领精锐骑兵先行，田承嗣带领步兵随后赶到，没有攻不破的。"李宝臣得到这番话后非常的高兴，说这件事与石头上刻的预言一致，于是和田承嗣互相勾结，秘密图谋范阳，田承嗣也调动军队到自己的边境。

李宝臣跟朱滔的使者说："听说朱公容貌仪表如同神仙一般，我希望看看他的画像。"朱滔给了他画像。李宝臣将画像挂在习射堂，和各位将领一同观赏，说道："这真是神人啊！"朱滔在瓦桥驻扎，李宝臣挑选两千精锐骑兵，连夜狂奔三百里，打算趁朱滔没有防备，一举干掉他。李宝臣告诫士兵说："杀掉那个相貌与习射堂画像相同的人。"那时两军刚和睦，朱滔没有料到情况有变，狼狈出战，遭到失败，恰巧朱滔身穿别的衣服才没有被偷袭的部队杀掉。李宝臣想乘胜攻取范阳，朱滔派雄武军使昌平人刘怦镇守节度留府。李宝臣知道朱滔已经有防范，不敢再贸然派兵攻打朱滔了。

田承嗣得知幽州、恒州二军交兵，马上带军南归，他派人告诉李宝臣说："河内有紧急情况，没有时间跟从你出战范阳，石头上的预言文字，是我做游戏刻的！"李宝臣既羞愧又愤怒，退兵离去。虽是如此，李宝臣和朱滔也结下了仇，李宝臣便让李孝忠担任易州刺史，由他带领七千精锐骑兵来防备朱滔。

十一月，田承嗣部将吴希光献瀛州，以此表示愿意为朝廷效命。从十二月到第二年二月，田承嗣一再上表，表示愿意归顺朝廷，洗心革面效忠朝廷。而讨伐田承嗣的军事行动早已中止，加上李正己一再为他讲好话，于是朝廷表示同意他和家属入朝，同时赦免田承嗣，恢复他的官职。对于田承嗣的部下违抗朝廷命令的作为也都既往不咎。

大历十一年（公元776年）十二月四日，朝廷进一步加李宝臣、李正己为同平章事，同时保留其原有官职。

田承嗣其实根本不想离开地方藩镇，放弃手中的兵权而到朝廷中当官。五月，汴宋留后田神玉去世。都虞候李灵曜把兵马使、濮州刺史孟鉴杀了，并且勾结了北面的田承嗣以作为他的后援。七日，代宗任命永平节度使李勉兼汴宋等八州留后。九日，代宗任命李灵曜为濮州刺史，李灵曜不接受诏令。六月二日，代宗任命李灵曜为汴宋留后，派遣使者安抚李灵曜。田承嗣派兵攻打滑州，李勉不敌，惨遭失败。

李灵曜做了留后之后，效法河北藩镇，让其亲信担任八州的刺史和县令。于是朝廷再令淮西节度使李忠臣、永平节度使李勉、河阳三城使马燧讨伐李灵曜；淮南节度使陈少游和淄青节度使李正己也都发兵帮助他们作战。

汴宋兵马使、代理节度副使李僧惠是李灵曜的主谋人。和尚神表受宋州牙门将刘昌的派遣偷偷地跑去劝李僧惠，李僧惠召见刘昌询问对策，刘昌哭着陈述违背和顺从朝廷的利害关系。李僧惠与汴宋牙将高戚、石隐金派遣神表请求下令讨伐李灵曜，临行时带上写给皇上的奏表。九月初八，代宗任命李僧惠为宋州刺史，高戚为曹州刺史，石隐金为郓州刺史。

十一日，李忠臣、马燧驻军郑州，李灵曜率军迎战，李忠臣、马燧两军都对他们的到来始料不及，于是退守荥泽，淮西的士兵十之五六都溃逃了。住在郑州的百姓和有识之士都感到十分惊慌，纷纷逃到东都洛阳。李忠臣想要撤军回淮西。马燧坚决反对，说道："邪不能胜正，用正义讨伐不义，何必担心不能战胜敌人，为什么自己要放弃呢！"他坚守壁垒不动。李忠臣听到他这么说后，在几天的时间里把散兵全部聚集起来了，这大大地振作了军队的声威。

十四日，李正己奏称攻下郓州和濮州。十八日，李僧惠在雍丘打败李灵曜的军队。冬十月，李忠臣、马燧进攻李灵曜，李忠臣在汴州城南行动，马燧在汴州城北行动，多次打败李灵曜的军队。十八日，他们与陈少游的前军会合，在汴州城西和李灵曜打了一场很艰苦的大仗，最后把李灵曜打败并且把他逼到了汴州城里。十九日，李忠臣等人包围汴州。

田承嗣派田悦前来救援，田悦在匡城打败永平、淄青联军，趁着胜利向汴州进军，但在汴州被忠臣裨将李重倩夜袭，田悦不战而溃，狼狈逃回。李灵曜见援军败去，难再固守，趁夜开城逃遁。永平军的将领杜如江把他抓住送到京师斩首。

田承嗣不入朝，又支持李灵曜对抗官军，朝廷自然还想下诏征讨，但实际上已没有力量继续再战。所以当田承嗣主动出击，上表向朝廷谢罪时，朝廷仍旧恢复田承嗣的官爵，同时作出让步，答应他不必入朝。

平卢节度使李正己起先占有淄、青、齐、海、登、莱、沂、密、德和棣十州地区，等到李灵曜叛乱，各路军队合起兵力共同发起进攻，取得的地方各自据为己有，李正己又得到曹、濮、徐、兖和郓五州，因此将治所从青州迁到郓州，派他的儿子前淄州刺史李纳镇守青州。李正己使用严酷的刑法，当地人们都不敢相对私语。但是他统一了法制命令，所收的赋税公平、均等，并且也不重。同时他凭借手中的十万军队雄据在东方，与他邻近的藩和镇都十分害怕他。此时，田承嗣占据魏、博、相、卫、兖、贝和澶七州，李宝臣占据恒、易、赵、定、深、冀和沧七州，名自拥五万军队；梁崇义占据襄、邓、均、房、复和郢六州，拥有两万军队。他们相互之间既依赖又勾结，对朝廷虽然表面上仍然十分拥戴，但不使用朝廷的法令，官爵、士兵、租赋和刑杀都由自己掌握。代宗为人宽厚，听任他们为所欲为。朝廷有时修补一城，增加一兵，他们就有怨言，以为朝廷怀疑他们有异心，朝廷通常因此而罢役。而他们自己在境内天天修筑堡垒，整治军队。因此，他们在名义上虽然是唐朝的藩臣，实际上却如同境外的荒蛮异族一样危险，实是"国中之国"。

后来，成德镇李宝臣死，其子李惟岳为了世代能担任节度使，联合魏博节度使田悦等人兴兵反唐，造成"四镇之乱"。总之，藩镇割据成为唐后期最为尖锐的社会问题之一。

2.杨炎创行两税法

建中元年（公元780年）正月，唐德宗诏令实行杨炎的两税法。

（1）杨炎拜相

租庸调制是唐代前期实行的基本赋役制度，这一制度是建立在均田制的基础之上的。唐中期以后，均田制破坏，租庸调制亦随之无法施行。据记载，天宝年间，全国总人口有五千两百万，而因为是皇亲国戚、官户、僧尼、孝子贤孙而免除租调的就有四千四百多万人，显然，封建国家的赋税负担全落在少数人身上，虽然赋税大大增加，封建国家的收入却反而锐减。为了增加收入，其他杂税，如地税、户税、青苗钱就日益增多。各地又巧立名目，加重搜刮，各藩镇时有加派，随意征收，百姓不堪重负。有的逃入豪强地主庄园，这使应纳税的人更加减少，造成恶性循环，使唐政府的财政收入成为一大难题。

财政上的困难，致使唐统治者不得不另想办法，承认均田制、租庸调制被破坏的现实，改变现行赋税制度,实行两税法。

两税法是中国古代赋税制度的一次重大变革，唐德宗时的宰相杨炎是这一制度的倡导者。

杨炎，字公南，陕西凤翔府天兴县人。其曾祖父杨大宝，武德初年任龙门县令。刘武周进攻龙门，杨大宝守城战死了，因此赠官为全节侯。他祖父杨哲，因孝道闻名。他父亲杨播，科举中了进士，却隐居不做官，唐玄宗征诏任命为谏议大夫，他又放弃官职回家奉养父母。唐肃宗时，亲自到他家里来任命他为散骑常侍，赐称玄靖先生。

杨炎相貌英俊，风度翩翩，文章优美而有说服力，但性格豪放任性。河西节度使吕崇贲提升他做掌书记官。神乌县县令李太简曾酒后侮辱了他，他命部下将李太简反绑起来，痛打两百多板子，险些打死。吕崇贲欣赏他的才干，不责问他。李光弼任命他为判官，他坚决推辞了。皇帝召他去任起居舍人，他不接受。父亲去世后，他在墓边守墓，不住地哭喊，灵芝、白鸟出现，皇上下诏在他家处设立牌坊匾额。杨炎三代以行孝出名，所以门前树有六座牌坊。服丧期满后，任司勋员外郎，后任中书舍人，又和常衮一起任知制诰官。常衮擅长写任命官员的诏令，而杨炎擅长写恩诏，开元以后人们谈到写诏命好的，都说"常、杨"。

杨炎曾为李楷洛撰写碑文，当时人人称颂；其后杨炎又任吏部侍郎，奉命修撰国史。

代宗大历年间，元载担任宰相，提升重用杨炎，后来元载被杀，杨炎因受牵连，被贬为道州司马。

德宗继位以后，命群臣举荐宰相，有人推举杨炎。德宗对杨炎早有所闻，知其才行出众，便于大历十四年（公元779年）八月，任命杨炎为门下侍郎、同平章事。因杨炎素有文才，德行又高，故天下士人对他当宰相寄予厚望。

杨炎拜相之时，唐政府面临的首要问题就是国家收入逐年减少，入不敷出的财政危机日趋加深。

（2）创行两税法

按过去的制度，全国赋税都送交左藏库，太库每季度上报数额，尚书省比部审核收支，所以账目清楚。到第五琦任度支、盐铁使，京城里的大将不断索取，第五琦无法禁止，就把所有赋税都放进宫内大盈库。皇帝认为支取方便，就不再交出了。从此全国赋税成了私人财产。宦官以各种名义管理账目，从中偷拿，互相勾结，致使国库钱财物大量流失。到杨炎任宰相，对皇帝说："赋税是国家的命脉，百姓的根本，国家兴衰成败与它密切相连。前代作临时措施，命宦官但任管理，故小小宦官掌握了国家的命脉，赋税情况就是重臣也不能知晓，因此无法规划国家的安排。皇上品德最高尚，一心关怀百姓，现今存在的问题，没有比这更严重的了。我请求把赋税收入移到宫外，划归有关部门管理。算出宫中一年花销是多少，按数额提供，不敢欠缺。像这样，才能评论朝政利弊，请皇上审查。"于是皇上下诏命每年按足数交大盈库，度支先奏报全国收入数。

当初国家规定有租庸调法，从开元后太平时间长了，不按时清查户口，记载混乱。人口大量流亡，土地买卖，贫富变化都与以前大不相同，但户部仍每年按原来的记载上报。还有驻守边境的士兵，按规定免去租、庸、六年通役。玄宗时期，边境兵死了很多，将领忌讳失败不报死亡，户口不注销。天宝年间，王珠任户口使，一心只是搜刮民财，认为只要有户籍，人就走不了，若是逃避不交，就查旧有记载，扣除六年应免的，累计三十年，追收租、庸，人民痛苦而无处申诉，因此法制混乱。至德年以后，天下大乱，加上天灾疾病，劳役繁多，以致人口减少，租税无着落。军队和国家的开支，依靠度支、转运使；各地驻军，又各自依靠节度、都团练使。收赋税的部门有几个，互相不能管辖，因此制度大乱。中央不能审查各转运使，转运使不能审查各州。各地贡品租税，都收进了他们自己的仓库，奸滑的官吏都在里面做假，假托上缴，实际贪污盗窃的不知有多少。河南、山东、荆襄、剑南驻扎军队的地方，很少向国家上交，大部分留给自己。向人民征收的税共有几百种，废弃了的不停收，重复的不去掉，新旧累积，没有止境。百姓流尽血汗，卖儿卖女，还不足以交纳赋税。官吏苛酷地勒索百姓。富人家男丁多的，往往因读书、作官、当僧人道士而免交，贫困人没有收入，却要按丁纳税。皇帝免税，百姓的税却越来越多，赤贫之人到处流浪，留在本地的人口不足50%。

为了改变这种不利局面，宰相杨炎于建中元年（公元780年）向德宗建议，废除租庸调制，实行两税法。

杨炎在奏书中，分析了当时的经济形势，指出了租庸调制的弊端已经显露，已经不能再实行下去了，建议废止租庸调制，而推行两税法。

同时他还提出了实行两税法的几个原则：改变租庸调制以人丁为本的征收办法，而一律按财产多少作为征收依据。首先，由有司作出财政预算，根据支出来制定收取的赋税额，再根据支出情况将赋税分摊至各地。实行两税法，不再进行土断，不再区分土著户与外来户，民户一律在居地交纳赋税，这叫户无主客，以居地为簿。另外将民户按财产多少，分为不同等次，根据户等交税，这叫人无丁中，以贫富为差。

民户应交地税和户税。地税就是地租，按亩征收；户税为财产税，按户等征收。赋税分为夏、秋两季征收。夏税在六月内征收完，秋税在十一月内征收完。如果天下户数增加，每户的负担酌情减轻。其他杂税，一律并入两税，此外再加收赋税的，就触犯法律。

德宗极为赞赏杨炎的建议，深信不疑，便不顾部分反对派的阻挠，下诏天下，正式实行两税法。

两税法的实行给唐中央政权带来明显的收益，减轻了人民负担，增加了国家收入，贪官污吏亦无机可乘。刘晏理财时，政府收入增加，史载当时政府年收入为一千三百万缗，其中盐税占一半以上，而行两税法后，政府收入为一千六百多万缗，还不算盐税，若加上盐税，就达三千万缗，可见这一制度是多么有效。

杨炎在其他方面也做了一些有益的工作。如上文提及的，他上书德宗建议恢复旧制，将国家府库收归左藏库，由朝廷官员管理，以便根据库藏情况调度。这一措施改变了二十年来由宦官把持国库、操纵国本现象，政府重掌财权。

两税法是中国封建赋税史上的重大改革，具有积极的历史意义。

地税和户税，源于唐朝初年。地税从义仓转变而来，开始每亩交粮二升，以预防荒年的需要。玄宗时将交粮改为折物，变地方留用为转运京师。户税初时将户分为三等征收，后来改为九等。起初地税户税在总的赋税中比重很小，后来随着租庸调制的破坏，这两种税收作为赋税差额的补偿在总税额中所占比重越来越大。

杨炎实行的两税法就是将本来是附加税的地税和户税作为正税征收，同时废止租庸调制和其他一切杂税。

两税法实施后，纳税面大大扩展，皇亲国戚、官僚地主们不但丧失了免税特权，而且因为他们土地广、财产多，而多交纳大笔税款。另外，还查出了一百三十多万户居住于庄园的客户，因此纳税对象增加了好几倍。

两税法以财富、土地为征税对象，改变了以人身为本的旧传统，比较合理，另外规定商人也要在所在地纳税，主客户同样交税，负担也比较平均。

另外，两税法免除了徭役，以税代赋，封建国家对农民的控制在一定范围内放松了，有利于生产的发展，具有历史进步意义。

总之，两税法增加了政府的收入，增强了中央政府控制财政的能力，整顿了财政制度，基本上消除了财政上的无序状态。

两税法虽然具有不少优点，但没过多长时间，在腐败的政治统治下，两税法又生出了许多弊端。十几年后，不仅杂税、摊派重生，而且已经由两税取代的徭役又加到了人民头上。

3.泾源兵变

兴元元年（公元784年）六月，朱泚败死，"泾源兵变"得以平息。

（1）李希烈反

唐德宗建中二年（公元781年），河北藩镇为争取节度使世袭而发动叛乱，各镇联合起来和朝廷对抗。德宗下诏令各地出兵讨叛，谁料，朝廷派去的最强的范阳节度使朱滔作为讨叛首领却反倒做了叛军，竟成为河北各镇的盟主。其中朱滔称冀王、成德节度使王武俊称赵王、魏博节度使田悦称魏王、淄青节度使李纳称齐王，一时气焰嚣张，弄得朝廷无可奈何。

奉命讨藩的淮西节度使李希烈也很有实力，他起兵的目的也和朱滔一样，只是为了混水摸鱼。自朱滔、田悦等四人称王后，李希烈在许州停止了进讨行动。他率领本部三万人移镇许州，并把亲信派到李纳那里，想同他谋划一同袭击汴州。随即，李希烈又命人通知李勉说自己又兼任淄青节度使，想要借道前去上任。李勉为李希烈整治桥梁，备办食品，同时对汴州加以严密防守，来迎接李希烈。而李希烈最终没有到来。李希烈又暗中与朱滔等人交结往来，互通声气，李纳也多次派人游过汴水联络李希烈。从此，在东南转运物资的人们都不敢从汴渠通过，而是经蔡水北上。

建中三年（公元782年）十二月，包藏野心的李希烈终于卸下伪装。当月二十九日，李希烈自称天下都元帅、太尉、建兴王。当时，朱滔等人与官军的对峙已经持续了好几个月，官军有度支运送粮食，有各道增补兵员，而朱滔、王武俊的孤军只能仰仗田悦供给，因此三人的军队逐渐困乏。他们听说李希烈军队声势甚为壮大，而李希烈对朝廷又心怀不满，便一同谋划派遣使者到许州，劝说李希烈称帝。自此以后，李希烈自称天下都元帅。

李希烈立场的转变，令官军措手不及。建中四年（公元783年）正月，李希烈派遣他的将领李克诚袭击并攻下了汝州，并将别驾李元平活捉。李元平原来是湖南判官，稍微有一点才学技艺，便粗鲁傲慢、夸夸其谈，被关播视为奇才。关播把只会纸上谈兵的李元平引荐给德宗，并说他有将相之才。由于汝州距离许州最近，朝廷便任命李元平为汝州别驾，而且代理州中事务。李元平来到汝州也没闲着，立即招募工匠和劳力整治州城。不料李希烈趁机派军中数百名勇士入城去应募，李元平没有发觉。随后，李希烈派遣李克诚带领骑兵数百人突击到汝州城下，应募的人闻讯又在城里接应，把李元平抓住送到李希烈帐中。李元平个子矮小，不长胡须，见到李希烈，吓得屁滚尿流，污秽难闻。李希烈骂他说："宰相瞎了眼了，派你去抵挡我，真是不把我放在眼里。"李希烈任命判官周晃为汝州刺史，另派部将董待名到各处搜刮财物，接着又攻取尉氏县，围困郑州城，还数次把官军击败。李希烈巡逻游弋的骑兵向西到了彭婆镇，吓得洛阳的士绅们纷纷逃避到山谷，留守郑叔则也入城西，守卫西苑。

（2）颜真卿宣慰李希烈

德宗向卢杞寻问计策，卢杞回答说："李希烈骁勇善战而又年轻气盛，因此倚功自傲。倘若派武将去是劝服不了他的。假如能够选出一位温文尔雅的朝廷重臣，奉旨前去宣示圣上的恩泽，给他说明顺天者昌、逆天者亡的道理，李希烈必然能够洗心革面，幡然悔悟，朝廷必可无兵而服之。颜真卿是玄宗、肃宗、代宗三朝老臣，为人忠厚耿直，刚正果决，威震海内，无人不服，要他出使是最合适不过的。"德宗认为有理，于二十七日命颜真卿到许州招安李希烈。诏书颁下，举朝大惊失色。

颜真卿乘驿车来到东都洛阳，郑叔则说："倘若朝廷真派您前去，那是没办法。不过您最好在这里等几天，看朝廷有没有新的打算。"颜真卿说："这是圣上的命令啊，我能躲避到哪里去呢？"说完就出发了。李勉上表说："让一位元老去冒险，真是有辱朝廷名声，请圣上留下颜真卿再想办法吧。"李勉又让人拦截颜真卿，但未赶上他。颜真卿还给儿子写信，只是让他"供奉家庙，抚育孤子"。来到许州，颜真卿打算宣布诏旨，却不料李希烈让他的一千多个养子围着谩骂他，还拔出刀剑向他比画着，摆出要斩杀他的架势。但是颜真卿脚不移动，脸不变色。李希烈急忙用身体遮住他，示意众人退下，并安置颜真卿到馆舍安息，态度非常礼貌。但当时李元平在座，他偷偷暗示李希烈。于是李希烈改变了想法，想把颜真卿留下，不让他回去。

　　朱滔、王武俊、田悦、李纳都派使者去见李希烈，上表称臣，劝他称帝。使者们向李希烈行拜见帝王之礼，并劝李希烈说："朝廷滥杀功臣，对天下言而无信。都统英明威武，功高盖世，因而已经遭到朝廷的嫌疑猜忌。希望都统早称皇帝尊号，好让天下百姓心有所属。若不如此，将会有类似韩信、白起被害的大祸临头。"李希烈叫来颜真卿，并把四镇使者引给他看，并且说："现在冀、魏、赵、齐四王派遣使者拥戴我，太师看看这事态时势，岂是我一人独自所为而引来朝廷猜忌？"颜真卿说："这四人乃是四凶，怎配称四王？你不肯自保所建功绩，做唐朝的忠臣，反而和乱臣贼子狼狈为奸，是要和他们一起覆灭吗？"李希烈心中不快，就扶颜真卿出去了。另一天，颜真卿又和四镇使者应邀赴宴，四镇的使者说："太师德高望重，我们早有耳闻。现在都统就要称帝，而太师恰好到来，这真是上天赐宰相给都统啊。"颜真卿高声呵斥四镇使者说："宰相是什么？你们知道有个痛骂安禄山而死的颜杲卿吗？那是我兄长，我也已是八十岁的人了，只知道恪守臣节而死，岂能为你们引诱胁迫而打动？"四镇使者不敢再说话了。于是李希烈下令十名军士在馆舍看管颜真卿，并且在庭院中挖一个坑穴，说是打算活埋他。颜真卿镇定自若地对李希烈说："既然我的生死已经决定，何必玩弄花样！把我一剑砍死，你岂不是感觉更痛快？"于是李希烈向他道歉。

（3）诸道共讨李希烈

　　二十一日，德宗任命左龙武大将军哥舒曜为东都、汝州节度使，率领凤翔、邠宁、泾原、奉天、好畤行营一万多兵马讨伐李希烈，接着又下令全国各道一同讨伐。哥舒曜（哥舒翰之子）来到郏城时，首先遭遇李希烈先锋官陈利贞，并把他打败了，使李希烈军的声势稍挫。

李希烈命令部将封有麟占据邓州，断绝了通往南方的道路，使得运送的贡物以及商人旅客皆不能通过。二十五日，德宗颁诏修治上津县的山路，并且在那里设置了通邮的驿站。

二十日，哥舒曜攻克汝州，擒获周晃。

三月初一，江西节度使曹王李皋在黄梅击败斩杀李希烈的部将朝霜露。十四日，曹王李皋攻克黄州。当时，李希烈的兵马在蔡山树起栅垒阻挡官军，由于路势艰险，官军难以攻打。于是，李皋声称西取蕲州，带领水军溯长江而上，并吸引李希烈的部队也率兵沿江而上。当离开蔡山三百余里的时候，李皋又放开船只，顺流而下，急攻蔡山，并在李希烈军赶到前拿下了它。接着，李皋又拿下了蕲州。同时他上表请求任命伊慎为蕲州刺史，王锷为江州刺史。

淮宁都虞候周曾、镇遏兵马使王玢、押牙姚憺、韦清向李勉暗中传达投降之意。李勉派遣周曾与十将康秀琳带领兵马三万人接应，并让王玢、姚憺、韦清担任内应。李希烈得知此事后，派遣别将李克诚带领骡军三千人袭击周曾等人，把周曾及王玢、姚憺及其同党都杀死了。十七日，朝廷颁诏追赠周曾等人官位。当初，韦清与周曾等人商定，一旦事情泄露，不可相互牵连，所以他独自得以幸免。但是韦清还是担心事情泄露，就向李希烈请求，派他去向朱滔求援。李希烈派他去了，他来到襄邑县的时候，就又投奔了刘洽。李希烈得知周曾等人已有变故，就好几天都不开营门，而他那些派去攻打尉氏、郑州的党羽闻知此事，也逃了回来。于是，李希烈又上表给朝廷，让已死的周曾等人承担了所有的罪名，自己领兵返回蔡州，表面上表示悔过，顺从朝廷，而事实上他却在暗中等候朱滔等人来援助他。他还将颜真卿安置在龙兴寺。

二十日，荆南节度使张伯仪与淮宁兵在安州交战，官军惨败。李希烈叫人把张伯仪的旌节以及被俘士兵的左耳给颜真卿看，颜真卿见后悲痛欲绝，昏了过去。醒后就不说话了。

此时，京城招募使白志贞在京城募兵，招募的对象包括曾经做过节度使、观察使、都团练使的家庭。这些家庭的子弟被要求以五品官的身份，自备资粮、奴马随军出征。那些败落的官宦们被害苦了。

四月十四，德宗加任永平、宣武、河阳都统李勉为淮西招讨使，还任命东都、汝州节度使哥舒曜作为他的副职，另外让荆南东节度使张伯仪为淮西应援招讨使，并命山南东道节度使贾耽、江西节度使曹王李皋加以辅佐。德宗要求哥舒曜尽快出兵。当哥舒曜到颍桥时，碰到大雨，便回军防守襄城。李希烈派遣部将李光辉攻打襄城，被哥舒曜击退。

但是攻打朱滔的李晟、张孝忠部却受到挫折。为了把朱滔和田悦的联系通道切断，李晟联合张孝忠的儿子张升云围攻清苑，但是好几个月都没拿下。朱滔亲率大军赶来会战，将李晟军打垮。李晟退保易州，朱滔军也返回瀛州。

由于朱滔打败李晟，留在瀛州屯驻，没有返回魏桥，于是王武俊就让他的给事中宋端去瀛州催促朱滔。宋端见到朱滔，说话十分不恭，使得朱滔很是恼怒，于是朱滔让他告诉王武俊说：“我因为身患热病，不能马上返回，就这样说我，我因救援魏博的缘故，背叛国君，抛弃兄弟，孤单无依。二哥如果一定要疑心我，那我也没有什么办法。”宋端回报王武俊，王武俊让马寁为自己分辩。于是马寁向朱滔致歉道：“赵王知道宋端对大王无礼，狠狠地指责了他，赵王怎会有别的意思呢？”王武俊又派遣承令官郑和跟随马寁的使者去见朱滔，以表达自己的歉意。于是朱滔高兴起来，对待王武俊一如当初。王武俊却日益对朱滔怨恨了。

六月，李抱真派遣参谋贾林前往王武俊营中诈降，王武俊接见了贾林。贾林说：“其实，我是来宣达圣意的，并非来投降的。”王武俊听了脸色大变，就问其中原因。贾林说：“皇上知道大夫对朝廷一向归诚效命，直到祭天称王时，还不无遗憾地告诉手下说：‘我本来是要献身忠义的，奈何皇上不能详察。’其实众位将领何曾没上表表达大夫的志向呢。皇上对使者说：‘以往的确是朕的不是，后悔也来不及了。朋友之间意见不合，还可以道歉，更何况我还是天下共主呢？’”王武俊说：“我身为一

271

个将领，还知道爱护百姓。况且身为皇上，怎能只懂得杀人呢？今天崤山以东接连用兵，白骨暴露，有如草莽。即使朝廷能够获胜，又能统治谁呢？我并不害怕归顺国家，只是我已经和各镇结下盟约。耿直是我的天性，我受不了委屈。倘若皇上能够下诏赦免各镇的罪过，我首先赞成归顺朝廷。各镇如有不服的，请让我遵奉正义之辞征伐他们。如果真的能这样，那么我就对得起皇上了。"王武俊让贾林回报李抱真，私下相互联络。

八月初二，李希烈率兵三万到襄城攻打哥舒曜。李勉及神策军将刘德信发来援兵。

九月十二日，神策军将领刘德信、宣武军将领唐汉臣在沪涧遭遇淮宁军将领李克诚，被击败。当时，李勉派遣唐汉臣领兵一万人援救襄城，而刘德信则奉德宗之命率领招募来的三千人去援助唐汉臣。李勉上奏说："李希烈的精兵都在襄城，许州空虚，我们只要偷袭许州，自然可以解襄城之围。"李勉派遣刘德信、唐汉臣两位将领进取许州。还没走出多远，德宗派遣中使责备刘德信、唐汉臣违抗诏旨，两位将领狼狈而归，也没有再对敌情进行侦察。李克诚埋伏兵马，拦击两位将领，将朝廷军斩杀大半。唐汉臣逃往大梁，刘德信逃往汝州，伊阙也竟然遭到李希烈流哨兵马的劫掠。李勉再派遣他的将领李坚带四千人协助守东都，李希烈又将李坚的后段截断，使李坚军无退路可走。因此，汴军不能振作，襄城愈加危殆。

由于征讨李希烈的部队号令不一，九月二十六日，德宗任命舒王李谟为荆襄等道行营都元帅，并把名字改为李谊。又任命户部尚书萧复为长史，右庶子孔巢父为左司马，谏议大夫樊泽为右司马。德宗本想在这个时候发动大规模攻势，不想这时发生了泾原之变，讨藩之事只好暂时搁置起来了。

（4）朱泚反叛

泾原各道的兵马也被德宗征发用来救助襄城。十月初二，泾原节度使姚令言领兵五千人来到京城。当时天下着雨，非常冷。士兵们为了得到丰厚的赏赐，大多数是拖家带口而来。来了以后，却没有得到任何赏赐。初三，泾原军出发来到浐水，于是朝廷诏命京兆尹王浐设宴犒劳军队，但送去的只有粗米饭和菜饼。众人愤怒了，便踢翻了犒劳品，并借机扬言说："我们为朝廷卖命，却连饭都吃不饱，怎么能够拿自己的小命去往雪白的刀刃上撞呢！听说皇上琼林、大盈两内库里，满是金银锦帛，我们何不一块儿取来享用呢？"于是大家穿上铠甲，举起旗帜，擂鼓呐喊，掉头往京城开去。姚令言入朝辞行，还在宫中，听说此事，急忙骑马出来，与士兵们在长乐坂相遇。士兵用箭射姚令言，姚令言伏在马背上冲进哗乱的士兵之中，大声喊道："大家怎能这样想呢？这次东征，前去立功，还愁不能富贵吗？这样做可是要满门抄斩的啊！"士兵不听劝告，用兵器簇拥着姚令言西进京城。德宗慌忙命令赐给每人两匹锦帛。大家更加愤怒，用箭射前来宣诏的中使。德宗又命令中使前去安抚，而乱兵已经来到通化门外，中使一出通化门就被士兵们杀死了。德宗又命令拿出金银锦帛二十车赐给乱兵，但是乱兵早已混入城中，百姓们吓得狼狈而逃。乱兵大声喊叫着告诉他们："你们不必恐慌，我们才不会夺取你们商货典当的制钱，也不会征缴你们间架税和除陌钱！"德宗派遣舒王李谊和翰林学士姜公辅出来劝慰乱军，而乱兵已经在丹凤门外结成阵列，另外还有数以万计的百姓在那儿围观。

德宗召禁兵护驾，竟无人听命。原来，白志贞招募禁兵时吃了许多贿赂，应募的市井富儿都是通过贿赂他，在军籍上挂名，吃干饷，并不按时报到。这时他们还在市中作买卖，所以当然没有禁兵护驾了。德宗见禁军没有指望，慌忙与王贵妃、韦淑妃、太子、诸王、唐安公主等几个人从宫苑北门逃出，其他王子、公主甚至没时间逃跑。只有一百来个宦官跟着他。

姜公辅挽住德宗的马缰进言说："陛下请慢走。朱泚曾经担任过泾原的节帅，只是因为被他弟弟朱滔所牵连，才被废黜，闲居京城，内心一直郁郁不乐。陛下如果不想真心实意地对他，便不如将他杀掉，不要留下后患。一但乱军把他拥戴起来，那就难于控制了。或者，也可以把朱泚召来，让他跟着一块儿走。"德宗在仓促间哪顾得上这些，只说："来不及了！"便出发了。夜间来到咸阳，大家也没心思多吃饭。那时，事出意料，群臣都不知道德宗的去向。卢杞、关播从中书省越墙而逃，白志贞、王泚以及御史大夫于颀、中丞刘从一、户部侍郎赵赞、翰林学士陆贽、吴通微等人赶到咸阳才遇上德宗。于颀是于頔的堂兄弟，刘从一是刘齐贤的从孙。

乱兵杀进宫内，在含元殿中大喊着说："皇上已经出走，应该让人各自想办法发财了！"因此士兵们欢呼雀跃，都涌入府库去抢金银锦帛，直到运不动了，才停止下来。与此同时，百姓也趁机混入宫中，盗窃库房中的物品，彻夜不止。那些未能进入宫中库房的人们，两眼发红，开始抢劫路人，诸坊的居民都各自聚在一起。姚令言和哗乱士兵商量说："如今群雄无首，长久下去是很不利的。朱太尉正在私人府第中闲居，咱们何不拥戴他呢？"大家答应，于是几百人骑马到晋昌里府第迎接朱泚。半夜时分，朱泚正襟危坐在马上，两旁火炬照明，前呼后拥着开进宫中，在含元殿住下。殿中设置了严密的警戒，朱泚自称暂且统辖六军。

第二天早晨，朱泚发出榜文要百官前来报到。榜文这样写道："泾原将士长期生活在边塞，不熟悉朝廷的礼节。他们很随便地进入宫殿，令皇上受惊出巡。现在我已主管起长安的警备，我命令文武百官及神策军将士，凡是食国家俸禄的人都要到皇上那里报到。不能去的，到我这里报到。三天以后，如两面都未登记，不管是谁，一律斩首！"见了榜文，文武大臣不得不来。有人劝朱泚迎回天子，有人劝朱泚乘机称帝。朱泚虽想称帝，但知道反对的人很多，也不敢草率从事。为了向反对的人显示力量，他常常夜间带着军队从苑门出来，张弓露刃地巡视于全城的大小街巷。

源休出使回纥归来，由于不满朝廷给他的赏赐太少，就入宫去见朱泚，并命旁人退下，与朱泚谈了很久。他为朱泚陈述古今成败之理，征引符命之说，并劝朱泚登基称帝。朱泚听了很高兴，但还是有点犹豫。在宫中为皇上值宿投降朱泚的人，排列在宫门前面，为数很多。朱泚命士兵们在晚上从宫苑大门出去，到天亮再由通化门进来，络绎不绝，弩张剑拔，来威吓百姓。

德宗想起桑茂的话，便从咸阳前往奉天。听说皇上的御驾来此，县里的官吏们打算逃到山谷中躲藏起来，被主薄苏弁制止了。苏弁是苏良嗣之兄的孙子。此时，闻讯而来的文武大臣们渐渐地多了起来。初五，左金吾大将军浑瑊到达奉天。浑瑊很有威望，有了他，众人的心也逐渐安定了下来。

初六，源休劝说朱泚关闭长安的十个城门，禁止放朝廷官员出城。朝廷官员往往乔装打扮，扮作雇工或仆人，偷偷溜出城。源休劝诱文武百官要依附朱泚。检校司空、同平章事李忠臣被夺去兵权多时，太仆卿张光晟以才干自负，都郁郁不得志，现在被朱泚起用。工部侍郎蒋镇出逃时掉下马来，脚部摔伤，也为朱泚所得。源休才能出众，张光晟能守节义，蒋镇清正俭朴，都官员外郎彭偃又文才横溢，太常卿敬釭智勇双全，都为时人所推崇。至此，他们都被朱泚所起用。

泾原军一部数千人，由张廷芝、段诚谏率领开往襄城战场。这支军队未出潼关，听到京城兵变，杀陇右兵马使戴兰，返回长安，投奔朱泚。朱泚有了更多的军队，称帝的意念强烈起来。他命源休为京兆尹、判度支，李忠臣为皇城使，处理军政事务时已和皇帝没有两样。

朱泚因司农卿段秀实被剥去兵权已久，想他必定会郁闷不乐，便派遣数十人骑马传召他。段秀实想让来使吃闭门羹，却不料骑兵跳墙而入，用兵器劫持了他。段秀实自忖已无法脱身，便对子弟说："国家蒙受灾难，我有什么理由要躲呢？我自当为国家殉难，你们几个自谋生路好自为之吧！"因此段秀实去见朱泚。朱泚见了他大喜说："段公一来，我的大事可望成功了。"朱泚请段秀实入座，并向他问计。段秀实劝说他道："你本来以忠义著称于天下，但现在泾原军嫌犒赏不丰厚起兵造反，致使圣上流离失所。若说犒劳赏赐不够丰厚，那得怪有关衙门失职。圣上哪里知道此事？你何不用此道理来开导、劝解将士们，再把圣上迎回宫中？这可是莫大的功劳啊！"朱泚默不作声，心中不快，可是认为段秀实与自己都是被朝廷所废黜的，因此还是对他委以重任。左骁卫将军刘海宾、泾原都虞候何明礼、孔目官岐灵岳都与段秀实结交深厚，段秀实私下与他们计议诛杀朱泚，迎接德宗。

德宗来到奉天之初，诏令邻近各道前来援助。有人上言说："朱泚被哗乱的士兵所拥立，为了防止他攻打奉天城，我们应当早做防备。"卢杞咬牙切齿地说："朱泚的忠贞无人能及。怎能说他随从作乱，而伤大臣的心呢？我拿全家百人性命担保朱泚不会造反。"德宗也这样想。他在听说官员们纷纷劝说朱泚接驾以后，便下诏让已经来到的各道援兵都在距离奉天三十里外扎营。姜公辅规劝道："现在宫中值宿警卫的兵力非常薄弱，我们不得不多加防范和顾虑。如果朱泚竭尽忠心迎接陛下，有多少援军也是无所谓的。倘若朱泚并非如此，那我们这样做也没错。"于是德宗传召援兵全部入城。卢杞及白志贞对德宗说："依臣所见，朱泚并不一定是真谋逆。希望陛下选择大臣前往京城安抚他，以掌握他的动向。"随从德宗出走的朝臣都因害怕而不敢去，只有金吾将军吴溆请求前去，德宗心中十分高兴。吴溆退朝后告诉别人说："既食君禄而逃国难，怎么能够做人臣呢！我幸为皇室末亲，明知前去一定会死，但是举朝没有赴难的臣下，也太伤皇上的心了！"于是，吴溆带着诏书去见朱泚。朱泚此时反心已定，虽然假装接受诏命，把吴溆安置在客舍，但过了不久还是把他偷偷杀了。吴溆是吴凑的哥哥。

（5）朱泚据长安

朱泚派遣泾原兵马使韩旻带领精锐兵马三千人，名义上是去奉天迎德宗回京，但事实上是想要袭击奉天。当时奉天的防守非常薄弱，段秀实对岐灵岳说："大事不好了！"他让岐灵岳盗用姚令言的印符，命令韩旻暂且回军，等候大队人马一同行军。由于姚令言的印信未能盗来，段秀实就用司农印符冒做军用信符，并招募了擅长奔走的人去追赶韩旻。韩旻走到骆驿那儿，见了印符就率军返回了长安。段秀实与共同策划的人们说："韩旻一回来，我们这些人就别想活命了。我要拼死杀掉朱泚，若不能成功，便一死了之，最终不能做朱泚的臣属！"因此，段秀实要刘海宾、何明礼二人去偷偷与愿意反正的将士联络，准备里应外合。韩旻军回来后，朱泚和姚令言极为震惊。岐灵岳只身承担罪责被处死，但没说出段秀实等人。

这一天，朱泚传召李忠臣、源休、姚令言以及段秀实等人商议称帝事宜。段秀实霍地一下站起来，一把把源休的象牙笏板拎过来，走上前去，唾朱泚的脸，大骂道："狂贼！我宁死也不愿跟着你逆反，我还恨不得把你碎尸万段呢！"于是用朝笏击打朱泚，朱泚赶紧举手去挡，朝笏只击中了朱泚的额头，血花溅到地上。由于事出仓促，他的侍从惊慌得不知怎么是好。刘海宾被吓得没敢上去，在混乱中逃走了。李忠臣前去帮助朱泚，朱泚才能够爬着逃走。段秀实知道事情不能成功，便对朱泚的党羽说："我不愿和你们同流合污，你们干嘛不把我杀死？"大家争着上前去杀段秀实，朱泚一手放在头上止血，一手制止众人说："他是义士啊！不要杀他。"段秀实死去后，朱泚非常悲痛地为他恸哭，还以三品官的丧礼埋葬他。刘海宾穿着丧服逃走，过了两天，便被朱泚抓住杀了，而他至死也没把何明礼招供出来。何明礼跟随朱泚攻打奉天，又一次策划诛杀朱泚，但也是事败而亡。德宗听到段秀实的死讯，后悔自己当初不重用他，涕泪交流。

朱泚从白华殿进入宣政殿，自称大秦皇帝，把年号改为应天。初九，朱泚任命姚令言为侍中、关内元帅，李忠臣为司空兼侍中，源休为中书侍郎、同平章事、判度支，蒋镇任吏部侍郎，樊系为礼部侍郎，彭偃为中书舍人，另外，也封给张光晟等人大小不等的官职。姚令言与源休一起执掌朝政。朱泚在源休的劝说下杀掉了尚未逃出京城的皇室，郡王、王子、王孙共计七十七人，以绝复辟势力的期望。很快，朱泚又任命蒋镇为门下侍郎，李子平为谏议大夫，两人都兼做同平章事。蒋镇忧惧，经常怀揣刀子，计划自尽，又打算逃亡。然而他生性怯懦，终究未能实施。朱泚又在源休的劝说下打算把逃亡隐匿的大臣杀掉，以便胁迫其余的朝臣。蒋镇尽力营救他们，并使很多人得以脱身。樊系为朱泚撰写册文，写完以后，便服毒自杀。大理卿蒋沇是胶水县人氏，结果在路上被叛军抓住。蒋沇拒绝进食，佯称染病，暗中逃去，幸免于难。

朱泚立朱滔为皇太弟，还写信跟他说："我这里很快就会把关中一带稳定下来。黄河以北的事情全交给你来办。以后你我兄弟二人将会在洛阳相会。"朱滔见后大喜。

德宗诏令魏县驻军前来勤王。李怀光马上率军开拔，赶向长安。马燧等人引兵回镇，李抱真退到魏县西北部的临洺驻守。

（6）奉天围解

朱泚决定亲征奉天。他以姚令言为元帅，张光晟为副元帅，以李忠臣为京兆尹、皇城留守，另外，还在长安部署人员防御李怀光的进攻。

邠宁留后韩游瓌、庆州刺史论惟明、监军翟文秀，奉旨率三千兵马在便桥拦截朱泚军，与朱泚在醴泉遭遇。韩游瓌打算回军直趋奉天，翟文秀说："倘若我们这样做，叛军也会尾随跟来，这是引狼入室啊！不如留下来，在此扎营，敌军必定不敢越过我军，开向奉天。假如叛军不与我们遭遇就去奉天，就会陷入我军与奉天军夹击的困境。"韩游瓌说："敌强我弱，如果敌军分出一支军队拖住我军，而大队人马直捣奉天，奉天兵力也不强，哪会有两面夹击的能力呢！如今我军赶忙开往奉天，这正是为了保卫圣上啊。而且，我军将士饥寒交加，而叛军则粮草充足。万一我军士兵为敌人的财物所诱惑，我可是无能为力。"于是韩游瓌领兵开入奉天。朱泚随在韩游瓌后面也赶到了，并把出城作战的官军击败。接着又打算攻打城门，计划进城，但遭到浑瑊和韩游瓌一整天的抵抗。浑瑊让虞候高固率领身穿铠甲的战士用长刀砍杀敌人，士兵们个个都奋勇争先。高固是高侃的玄孙。城门里有几辆草车，浑瑊命人又把草车拖过来堵塞在城门口放火烧车，然后官兵又趁火势出城，把敌军杀退了。到了夜晚，朱泚在奉天城东三里扎营，田野中回荡着敲木梆的声音，布满了燃烧的火堆。朱泚让西明寺僧人法坚，毁掉佛寺，取其木材，制作攻城用的云梯和冲车。韩游瓌说："西明寺的木材全是干燥柴禾，只要准备好火种，就不怕敌人来攻城。"此后朱泚每天都来攻城，浑瑊、韩游瓌等不分昼夜努力防守。派去援救襄城的幽州兵听说朱泚造反，就杀入潼关，到奉天与朱泚军会合。另外，戍守普润的士兵也归附了他，朱泚的兵马达到数万人。

李抱真退到临洺后，田悦、王武俊与马寔连兵来攻。李抱真派贾林离间王武俊说："你们打赢了，地盘只归田悦；打输了，损失的都是你们，请多想想吧！"王武俊一听有理，辞别田悦，与马寔北归。

此前，王武俊招来回纥兵马，想让他们把李怀光的粮道切断。李怀光撤军后，回纥兵来到了幽州北境。朱滔便请求他们到河南援助自己作战，以攻下洛阳，接应朱泚，并答应将取得的河南财产、人口分给他们一部分。朱滔从回纥娶了一个妾，回纥与他的关系很好，称他为五郎；这次又受到利益的诱惑，所以很爽快地答应下来。王武俊眼看着朱滔倚仗其兄长，又借来回纥，其势力很强，就决定与马燧和李抱真结为兄弟。但表面上仍对朱滔恭敬有礼，并和田悦等分别派出使者到河间去见朱滔，并对朱泚称帝表示祝贺。

灵武留后杜希全、盐州刺史戴休颜、夏州刺史时常春与渭北节度使李建徽率了军队去奉天勤王。德宗不听浑瑊等人的建议，执意要杜希全等从漠谷进军，被朱泚杀得大败。而城中派去援助的部队也告失利。朱泚进军城下，缴获了大量的辎重，接着朱泚军开始环城掘堑，加紧攻城。

朱泚攻打、围困奉天已经有一个月了，城里早已是物尽粮绝。德宗曾经派遣一个腿脚灵便的人到城外侦察，这人跪着请求德宗，说由于天气寒冷，请求赐一件短袄和套裤。德宗为他寻找，未能找到，最后还是难过地默然打发他去了。当时就连德宗的供粮也只有二斛粗米。官吏们趁敌军休息时，夜里将人系在绳索上放到城外，去采集蔓菁根，献给皇上。德宗召集起公卿们说："朕因无德，自陷于危亡之中，这是报应。诸位没有罪过，最好及早归降，以便能把自己的家人解救出来。"群臣都伏地叩头，痛哭流涕，纷纷表示一定会鞠躬尽瘁，死而后已。因此将士们虽然置身于困苦危急之中，但是仍保持了旺盛的斗志。

德宗出行奉天时，粮料使崔纵劝说李怀光让他前往增援，李怀光答应了。崔纵将军中物资悉数汇集起来，跟着李怀光一块儿出发。李怀光日夜兼程，来到河中，人力疲乏，让士兵休息三天。河中尹赶紧盛宴犒劳，士兵们感觉舒适，就不想走了。崔纵先把物资钱财运过黄河，然后对大家说："等到了河西以后，这些全是兄弟们的！"大家贪图其利，西进蒲城屯驻，那时有五万人。

朱泚很清楚，朝廷的东援军对长安的压力太大，奉天之战再也不能拖了，于是采用和尚法坚制造的云梯前来攻城。这架云梯高、宽各数丈，可容纳五百名壮士，下面装有巨大的车轮，外边裹着犀牛皮，样子大得吓人。可城里人已经找准了这个武器的弱点，并且想出了对付的办法。他们储了大批膏油、松脂和苇薪，并在云梯可能出现的方向上暗凿地道。而事实上他们的对策还真想对了。攻城的那一天，北风甚猛。为了防止火攻，云梯上铺着潮湿的毡子，而且救火用的水囊也挂着，攻城车也在两旁附着。人在车下以柴木泥土填平前进道路上的沟堑，城中发来的矢石火炬无法杀伤攻城车里的人。朱泚命军队合力攻下东北城角，而且已经有人爬上城墙和朝廷军展开了残酷的肉搏战。德宗在生死关头把御史大夫、食封五百户以下的一千多件空白告身即任命状交给浑瑊，以这些来招募拼死效力的人。另外还把御笔也赐给他，让他随时把立功将士的姓名填写下来。如任命状不够用，则写在军士身上，作为以后补发的根据。德宗绝望地跟浑瑊说："可能我们活不出今日了！"浑瑊低头流泪，德宗也用手搭着他的肩哭泣着。当时士兵们又冷又饿，缺衣少甲，都仍然拼死效力，终于转机来了。攻城的云梯碾到了地道上，一只轮子陷入地下，无法挪动，而此时风又开始向南刮。城上的人喊声震天，把苇炬、松脂、膏油投掷下来，云梯起火。顷刻间，云梯和梯上的人被烧成了灰。几里之外，都能闻到飘散的臭气。朱泚的部队开始向后撤退。官军从三个城门出兵反击，太子也亲自披挂上阵，士气大振，一共打死数千敌军。

李怀光从蒲城领兵直趋泾阳，依着北山向西而行。起初，他让兵马使张韶穿着布衣从小路去奉天报信，将表章藏在蜡丸之中。张韶至奉天，正当敌军刚刚攻城，见到张韶，感觉他只是一个百姓，就赶着让他同百姓一块儿填沟。张韶看准间隙，越过壕沟，抵达城下呼喊道："我是朔方军的使者。"城上人闻讯，赶紧把绳子放下来，拉他到城上。及至登到城上，张韶身上被射中几十支箭，不过总算呈给德宗那些用衣服藏着的表章。德宗十分高兴，让人抬着张韶在城中绕行宣示，夹道两旁人群欢呼不已。十二月二十日，李怀光在澧泉将朱泚军击败。听到这些消息，朱泚大为恐惧，只好率军向长安逃去。大家认为，倘若李怀光再有三天不来，奉天城便要失陷了。

（7）贬谪卢杞

朱泚回到长安以后，为了守住京城，拉拢人心，就故意命人装作从外地回来的样子，骗城中人说奉天已经拿下，同时大肆散发府库的金帛，以取悦军士。在京城的公卿家属每月都有常俸。可惜无人愿意做官，官员奇缺。士兵们倒反而图谋着发财，愿为他效力。

山东的李怀光赶着来到关中勤王，他把泾原兵变的责任归咎于宰相卢杞以及赵赞、白志贞。他说："待我面见圣上以后，我一定把这几个奸贼的头砍下来，以昭示全国！"有人把这话传给王翃、赵赞，说："李怀光指着要杀你们，一旦皇上接见了他，诸位可就性命难保了。"王翃、赵赞和卢杞商量，决定阻止德宗接见李怀光。卢杞出面对德宗说："如今正当敌军气馁，我军势盛的时候。倘若让李大人顺势去打长安，必定可以拿下。让李怀光前来朝见，一定又少不了设宴犒劳，把战机给延误了。这样朱泚回到长安有了喘息之机，可以从容戒备，就不好办了。"德宗就听从了卢杞的意见，让李怀光在便桥驻扎，立下期限要他与李建徽、李晟及神策兵马使杨惠元共取长安。李怀光本来想凭着击败朱泚解皇上围之功，皇上绝对会拿厚礼予以接待，却不料虽就在天子身边，却不得相见，于是非常生气。他恨恨地说："我被奸臣排挤，今后的结局可以预料！"说完，带兵离去。

李怀光故意在路上停着不走，并不时地上表给德宗痛斥卢杞的过错。同时，在下面的军士们也窃窃私语，痛斥误国的卢杞。德宗不得已，在十二月九日贬卢杞为新州司马，白志贞为恩州司马，赵赞为播州司马。李怀光又把德宗的宠宦翟文秀的罪行揭发了出来，德宗又只好杀掉了翟文秀。

德宗在奉天时，命人去拉拢田悦、王武俊和李纳，答应赦免他们的罪行，许给他们高官显爵。田悦等人偷偷献媚给朝廷，但也没敢和朱滔断交，还像往常一样继续称王。朱滔让他的虎牙将军王郅规劝田悦说："先前八郎遭遇急难时，我和赵王是两肋插刀，鼎力相助，幸而解除了围困。现在三哥在关中奉天命称帝，我因此想联络回纥人，一同前往辅助他。希望八郎整治兵马，和我一起过河，共取大梁。"田悦本意不打算前往，但又不忍心拒绝朱滔，就只好答应了。于是朱滔又趁热打铁，命内史舍人李瑨去问田悦，看他是否答应出兵。田悦犹豫不决，私下传召扈崿商议此事。司武侍郎许士则说："以前朱滔在李怀仙手下做牙将时，和朱希彩以及他哥哥朱泚将李怀仙杀死，并拥戴了朱希彩。朱希彩因此而宠信朱氏兄弟到了极点。不料，朱希彩又在朱滔和判官李子瑗的合谋下被杀死，并被朱泚取代。朱泚既然做了节帅，朱滔便劝朱泚入朝做官而让自己担任留后，口头上用忠义之辞劝诫勉励朱泚，内心里却是想着趁机夺权。平时和他共同策划、共同立功如李子瑗等一些人，有二十几个都被他给杀了。"

十二月二十四日，朱滔率范阳军五万人、家兵一万多人、回纥军三千人从河间出发，队伍浩浩荡荡，绵延长达四十里。

可是大梁已被李希烈部攻陷。李希烈在汴州攻打李勉，驱使百姓运送土木，修筑营垒通道，以便攻城。但由于工期紧迫，工程不能按时完成，他就恼怒地把人推进坑道垫着，还称之为湿柴。李勉在城中坚守几个月，外面没有救兵来，就领着一万多兵马向宋州撤去。二十七日，李希烈攻陷大梁。滑州刺史李澄举城投降李希烈，被李希烈任命为尚书令兼永平节度使。李勉上表请求处罚，德宗对李勉的使者说："朕连宗庙都保不住，可你还是忠心如故。"德宗对待李勉一如既往。

兴元元年（公元784年）正月初一，在陆贽的安排下，德宗在全国大赦，并更改年号，同时下诏责怪自己。诏书中这样提到关于关中的情况："李希烈、田悦、王武俊、李纳等人，原都是有功勋的老臣，自觉安分守己。只是由于朕的无能，才让他们惶惶自顾。这全是因为上面无道而使下面遭灾受殃，实在是朕无德啊！这决不是他们的罪过！现应将李希烈等人连同他们手下的将士官吏等一切人都像当初一样对待。

"朱滔虽然受朱泚牵连，但他远离叛贼，势必不能同谋。念及朱滔原是朝廷的有功之臣，倘若他投向朝廷，朕是不会为难他的。

"朱泚僭越妄为，逆天行事，盗用名号与车服仪制，残暴地冒犯列宗列祖的陵园寝庙，骇人听闻。他使列位先帝受难，朕决不赦免他。那些被裹胁进来的将士、官吏、百姓，只要在官军没有开到京城之前，弃暗投明，回归朝廷，或回归本道的，一概按照赦免之例处理。

"各军、各道所有赴奉天勤王和收复长安的将士，都赐给'奉天定难功臣'的名号。那些加征的除陌钱、间架、竹、木、茶、漆等税以及国家垄断铸铁等措施，一并废除。"

赦文颁下以后，全国一片欢腾。及至德宗回到长安的第二年，李抱真在上朝时跟德宗说："在崤山以东宣布赦文时，将士们都感动得哭了。有如此人情，还怕灭不了叛贼吗？"

（8）李希烈称帝

诏书颁下后，王武俊、田悦、李纳自动削去王号，上表认罪。就剩下李希烈一个人凭着雄厚的财力和强大的兵力，还做着当皇帝的美梦。朱泚则把国号改为汉，称汉元天皇，年号也改为天皇。

李希烈又派人问颜真卿称帝时应举行什么礼仪。颜真卿说："老夫作礼官的时候，记下的都是诸侯朝天子的礼仪，至于称天子的礼仪，老夫还不曾见过。"给了他一个钉子。不过李希烈已经按捺不住了，他宣布建立大楚国，年号武成，做了皇帝。还设置百官，以亲信郑贲为侍中，孙广为中书令，李缓、李元平为宰相。他还改汴州为大梁府，把控制的地盘分辖四个节度使。

李希烈派部将杨峰给淮南节度使陈少游和寿州刺史张建封送去文书和礼物，以求和好。张建封把杨峰抓起来在军中示众，拉到市中腰斩，还向德宗抖露陈少游与李希烈二人互相勾搭的情况，陈少游十分恐惧。德宗见状非常高兴，委任张建封为濠、寿、庐三州都团练使。李希烈眼看联合淮南道之事泡了汤，就自命部将杜少诚做淮南节度使，让他率领步、骑兵一万余人先取寿州，然后到江都上任。张建封让部将贺兰元均、邵怡二人守住霍邱、秋栅。由于杜少诚总是被拦截难以赴任，就只好掉转马头，南攻蕲州、黄州，准备切断长江的财赋道路。这时受德宗之命督运江淮财赋的包佶正在蕲口，适逢杜少诚来攻。蕲州刺史伊慎带领士兵七千人在永安将杜少诚打得大败，杜少诚兵一万多人被杀死，杜少诚仅以身免。包佶入朝后报告了陈少游劫夺财赋的事情。陈少游见势不妙，赶紧交出全部钱财，以作为对以前劫掠的补偿。李希烈把夏口视为上游的要冲，派骁将董侍募七千死士进袭鄂州。刺史李兼死守不放，坚决迎战，破掉了董侍的强攻。德宗委任李兼为鄂、岳、沔都团练使。从此李希烈东惧曹王李皋，西惧李兼，不再敢打江淮的主意了。

朱滔率兵到达王武俊管辖的地盘，受到王武俊的隆重欢迎。朱滔进入田悦的疆境，田悦献上的酒食更加丰盛，路上奉命迎接问候的使者络绎不绝。初五，朱滔来到永济县，派王郅去见田悦，双方商定到馆陶碰头，而后共同出兵向南渡过黄河。田悦接见王郅说："我固然愿意跟随五哥挥师南下。可昨天临出发时，将士们纹丝不动，劝我不要出征，他们说：'魏国军队新近被马燧等人打败，而且战争一直持续了一年多了，我们的粮草也早已耗尽。如今将士们连饥寒都不能避免，怎么能够让全军再去远征！将士们每天受大王您的抚慰，都安定不下来，如果大王早晨离开魏州出行，到晚上时，将会有不测之事发生！'我本是一心一意之人，但拿部下将士没有办法。我已经让孟祐准备了步兵、骑兵共五千人，跟随五哥前去，尽些运粮放马的职责。"朱滔听说后大怒道："想当初你身陷重围，性命垂危，还让我背负着叛国弃兄的骂名，派出兵马不分昼夜地前去救援，才侥幸捡了一条命。你曾答应把贝州给我，我谦让没要；你尊奉我为皇帝，我又推辞不肯接受。而如今你又忘恩负义，把我骗到这里来，光说好听的话，却一兵不出。"当天，朱滔派遣马寔攻打宗城和经城，派遣杨荣国攻打冠氏，把三城都拿下了。朱滔又放纵回纥军劫掠馆陶，将帐幕、器皿、车辆及牛等席卷而去。田悦闭城自卫。初十，裴抗等人被朱滔派遣出去，各自率领部分兵力和官吏，去把守平恩和永济。

田悦引兵北围贝州，大掠诸县；又拔武城，贯通了德、棣二州，让这二州为其提供军粮。马寔率领五千步、骑兵在冠氏屯兵，直逼魏州。

（9）李怀光将反

朱泚在奉天兵败后回到长安。李晟决定趁着士气旺盛一举拿下长安。李怀光心忌李晟独当一面，怕他抢了头功，便要求与李晟合军。于是二人在咸阳西面的陈涛斜合兵。营垒刚修筑一半，朱泚的军队大举而来，李晟认为如果朱泚固守宫苑就有可能打持久战，因此力主出击。两人刚一开始谋划，意见就不一致了。李晟与李怀光一同派出军队，李怀光军常劫掠当地的牛马，而李晟军却纪律严明，分毫不取。李怀光军士见李晟的军队严守军纪，就把自己劫掠的牛马分一部分给他们，但是李晟的士兵因害怕违令，一直没敢要。

李怀光已经在咸阳滞留了一个多月，还不愿攻打长安。德宗派人催促，他就以士兵过于疲劳为由加以推托。而且，他还偷偷地和朱泚互通消息。李晟担心李怀光吞并他的军队，多次请求到东渭桥驻扎。德宗对李怀光寄予希望，所以把李晟的报告搁置起来，不予答复。

李怀光准备延缓接战的日期，并且激怒各军，便上奏说："除了神策军军粮供给充足，其余各军供应都很少。各军分配不均，不好调动士气啊。"德宗因财物用度正困难，如果都按照神策军的标准供给粮食，肯定没那么多粮食，但不这样又唯恐违逆了李怀光的意思，引起各军抱怨，只好让陆贽前往李怀光营中对将士们加以安抚，顺便传召李晟参予商议粮饷供给之事。李怀光一直想让李晟自己说出削减神策军供粮，以使他丧失军心，便说："将士同样地与敌军战斗，而在粮食分配方面却厚此薄彼，这如何让将士们协力杀敌呢？"陆贽没有说话，几次回头去看李晟。李晟说："你有主帅令，你可以自做主张，我只是听你指挥的领军将领而已。至于增加或减少军中衣食供给，自当由你裁断。"李怀光一言不发，又不愿由自己削减李晟军的粮食供给，此事便搁置了。

陆贽从咸阳回到长安，对德宗说："朱泚在长安防守，力量一天天地巩固，倘若李怀光抓住战机，可将长安一举拿下。可他按兵不动，眼看把军队拖疲了，真是令人费解。陛下对李怀光百般维护，而李怀光却没有丝毫知恩图报的意思。臣觉得若不想对策逐渐限制他，而一再容忍，以求息事宁人，恐怕有了变故就措手不及。值此危难关头，还望陛下三思。前些时候李晟要求移军东渭桥，这个提议不错。李怀光在咸阳时曾说：'李晟自己想到其他地方去发展，人家想走我可拦不住。'他只管自吹自擂，言语间流露出轻视李晟的意思。我乘机问道：'倘若皇上过问此事，叫我如何应付？'李怀光这时无法改口，就说：'让他走，我这里没问题。'事情说到这份儿上，李怀光已是没有退路可走了。"于是德宗下了一道手谕，以"分散敌军兵力"为理由，命李晟率军驻扎到东渭桥，与李怀光分开。

于是李晟集结军队，由咸阳到了东渭桥。当时，廊坊节度使李建徽和神策军营节度使杨惠元与李怀光的军营还是紧挨着。陆贽再次上奏说："李怀光现在所管辖的士兵，就已经足以消灭恶寇了，只是由于可能有其他缘故，他才迟迟不肯进军。令人担忧的是，李怀光军过于强盛，不需要借助别人的帮助。最近，圣上又命三位节度使李晟、李建徽、杨惠元率部驻扎在李怀光军营附近，这只有百害而无一利。为什么呢？四支军队营垒接连，而各军主帅意图不同。李怀光仗着官高兵多，根本不把别人放在眼里。但是从职务上来看，四人之间却并没有统属关系。李怀光轻视李晟等人兵员微少，官位卑下，并为不能随心节制各军而愤怒；但是同时他又被李晟等人怀疑有妥协退让、图谋不轨之嫌，并且对李怀光在办事时常常凌侮自己而心怀怨恨。不打仗时，他们都得准备防着别人突如其来的诽谤；战时，他们又彼此担心对方把自己的功劳抢去。他们参差不合，于是便造成了嫌隙；让他们驻扎在一起，强弱分明的对比必定使两军争斗两败俱伤。强盛的一方，恶行积聚，终究还是失败灭亡；薄弱的一方，形势危殆，便先遭覆灭。用不了多久，内讧的祸害就要来了啊！原有的敌寇尚未平定，新的祸患却正在兴起，这真是令人扼腕痛惜的事啊，怎能不叫人难过呢？最好的办法是消除邪恶于尚未萌发之前，其次的办法是消除祸患在初露端倪之时，何况此事已经显露，祸患就要形成。如果推委不去谋划，凭什么去平息变乱？李晟看到了这一点，担心不利的后果产生，就率先请求移驻别处。李建徽、杨惠元的形势更为孤立薄弱，被李怀光军吃掉是必然的事。即使以后有良好策谋，恐怕也不能实行了。所以，我们应马上动手解救李建徽和杨惠元。现在，由于李晟愿意离开李怀光，便可让李建徽、杨惠元与李晟合兵一处共同前往。我们可以借口说，李晟害怕因兵马少而担心被朱泚灭掉，因而想合这两支军队互相支援。还要先行传达圣旨，暗中让这两支军队赶快整治行装，诏书一到，马上上路。即使李怀光本心并不愿意，但是也无计可施了。这正是人们常说的抢人之先可夺人之志，迅雷不及掩耳的意思。消除争斗，必定要将双方隔开；救灾抢险，一定要迅速行动。道理说到这儿便说尽了，但请陛下设法对付吧。"德宗说："爱卿之言有理。然而，李晟将军队转移，李怀光不免要怨恨不满。假如再派遣李建徽、杨惠元移军向东开去，难免有口舌之嫌，而不利于调解。姑且再等等吧。"

李晟认为："李怀光想要谋反是一目了然的事，应有应急的准备。西川与汉中的道路应保持通畅。请以裨将赵光铣等人为洋、利、剑三州刺史，并分给每人五百士兵以防不测。"德宗犹豫未决，想亲率禁兵到咸阳，并借视察慰劳之名敦促各位将领早日图谋进攻长安。有人对李怀光说："这是汉高祖游云梦而诛韩信的老办法。"李怀光听了大吃一惊，更增加了与朝廷离异的决心。

二月二十三日，德宗加封李怀光为太尉，增加食封，赐给享有特权的铁券，并把神策右兵马使李卜等几个人派去宣读圣旨。李怀光当着使者的面把铁券掷在地上，借故大发脾气。眼见这样的情况发生，朔方右兵马使张名振生气地说："你不打朱泚，反而故意对中使发脾气，是真要谋反吧！这样做不好，我拼死要跟你这样说！"李怀光听到喊声对张名振说："我并不想谋反，只是贼兵还很强大，进攻时机还没到。"李怀光又以天子居住地要修护城壕为由，派兵修筑咸阳城壕。不几天，进占咸阳。张名振说："几天前你说过不谋反的，可现在你为何率大军进驻咸阳而放着长安不打？"李怀光说："张名振是个神经病！"说罢，让手下的人把他带出去勒死。

李卜返回奉天以后，把李怀光的情况向德宗作了报告。奉天加强了戒备，随从的大臣暗自准备行装，等待撤离。

二月二十四日，为防李怀光有不轨之举，加封李晟为河中、同绛节度使，德宗还认为这样不足以打动李晟之心，第二天，又下令加封李晟为宰相。

（10）德宗避难

同时，德宗准备随时往梁州转移。

德宗即将出走梁州的消息被山南节度使盐亭人严震听说了。他赶紧命人到奉天接驾，又派遣大将张用诚领兵五千人到螯屋一带来迎驾护卫。张用诚也不是个忠诚之人，他早已与李怀光勾搭成奸，德宗听说非常担心。适逢严震又派遣牙将马勋进献表章，德宗就把他所担心的说了出来。马勋请求说："赶紧到梁州去取严震大人的兵符，命张用诚即刻带兵回府。如果张用诚不服从传召的命令，我就请求把他杀掉。"德宗听了大喜，说："你什么时候回来？"马勋给自己限定了日期，然后离去。马勋得到严震的兵符以后，带着严震批给他的五名勇士一块儿出骆谷。张用诚不知道事情泄露，让数百人骑马迎接马勋，马勋跟着他们一块儿走进驿站。当时，天气寒冷，士兵们都争着到外面马勋用禾秆点的火堆那儿烤火去了。马勋从容不迫地从怀中拿出兵符给张用诚过目说："严大夫传召你回去。"张用诚大吃一惊，起身想逃。勇士们从他背后抓住他的手，捉住了他。张用诚的儿子在马勋背后，砍伤了马勋的头部。勇士们随即将张用诚的儿子杀掉，又摔倒张用诚，骑在他的肚子上，用刀在他的喉咙前面比画着说："喊就杀了你！"马勋进入张用诚的营房，士兵们已经穿好铠甲，拿好兵器。马勋大声说："各位的高堂、妻儿都在汉中，你们忍心舍弃他们而跟着张用诚造反吗？严大夫只让我来捉拿张用诚，不追究你们。你们不要自取灭族！"此话马上慑服了众人。马勋随即押着张用诚回到梁州。严震下令将张用诚杖死，命令副将统领他的部众。马勋裹着张用诚的头到奉天去向德宗作了报告，此事的办理仅超过限定日期半天。

李怀光果然开始行动了。他在一个夜晚派人袭击李建徽、杨惠元，然后进一步将他俩的军队控制。李建徽逃去，杨惠元在逃往奉天的路上被李怀光派兵追杀。李怀光公开了与朱泚合流反对朝廷的消息。

二十六日，李怀光派部将赵升鸾潜入奉天城里，约定这天晚上派别将达奚小俊焚烧乾陵，并让赵升鸾在内部制造紧张气氛。赵升鸾找到浑瑊自首，浑瑊马上将此事向德宗作了报告，并建议德宗应迅速移驾梁州。德宗一边命令加强戒备，一边准备车马逃跑。不一会儿，就在朝臣将士的簇拥下，狼狈逃出城西。

李怀光闻讯后，马上派孟保、惠敬寿、孙福达三名部将带领精兵飞驰到南山，要把德宗截住。在蓥屋，三将遇到诸军粮料使张增，几个人商量决定让德宗逃走。因此，张增就故意对士兵们说："大家要是到前面不远的东边就能得到大量粮草。"大家因此向东，纵兵劫掠。回去以后只告诉李怀光说没追上。李怀光无奈，只得把四人的职给撤了。

在关中，只有李晟一支忠于朝廷的军队仍坚守在原地。李晟在缺兵少援的困境下周旋于朱泚、李怀光两个强敌之间。他对李怀光辞礼卑逊，保持着一种微妙关系，令李怀光不忍向他进攻。后来，李晟强盛起来，李怀光又想着从咸阳攻打东渭桥，但好几次都动员不起士兵的士气。李怀光知众不可强，问计于宾佐。都虞候阎晏劝李怀光东保河中，等待来日东山再起。李怀光对军士们说："大家暂且在泾阳驻扎，你们可到邠州把你们的妻儿老小接到这儿来。来了以后，大家一齐到河中去，等待来春装置办好后，再回长安。东边各县都非常富庶，你们可到那儿去发财。"这才把士兵们给鼓动起来。

李怀光令人到邠州去接军士的家属，并将留在邠州的一万余名士兵调来。韩游瓌和守将高固一起把留后张昕杀掉，并不让这些人出城。这样韩游瓌在邠宁，与奉天、蓝田等地驻军皆受李晟节制，李晟军队声势大振。

这时李怀光与朱泚的关系也发生了变化。当初，正当李怀光强盛时，朱泚畏惧他。朱泚写信给李怀光时称他为兄长，并和他约好共同称帝于关中，并世代交好。及至李怀光决意谋反，逼迫德宗向南出走时，许多部将都重新归附朝廷，而他也一天天衰落下来。于是朱泚向李怀光颁赐诏书，以臣属的礼节对待他，并且征调他的军队。李怀光又羞又气，既害怕部下谋反，又担心李晟的袭击，最后一怒之下把营房烧掉，向东杀去，将泾阳等十二县掳掠得鸡犬不剩。李怀光来到富平时，一路上将士早已散失殆尽，更致命的是大将孟涉、段威勇率好几千士兵投降了李晟。李怀光来到河中时，有的人劝河中守将吕鸣岳烧掉蒲津桥，阻止李怀光。吕鸣岳担心自己力薄而抗击不了李怀光，就放李怀光过了桥，河中尹李齐运放弃府城逃走。李怀光派遣他的将领赵贵先在同州修筑壁垒，吓得同州刺史李纾逃到了奉天。李纾的幕僚裴向自告奋勇前往敌营，用忠义之辞劝降赵贵先。赵贵先深受触动，幡然醒悟，于是请求归降，不再攻打同州。裴向是裴遵庆的儿子。李怀光派他的将领符峤袭击并占据了坊州。渭北守将窦觎率领七百名猎户组成的部队把坊州围住，迫使符峤投降。德宗颁诏任命窦觎为渭北行军司马。

三月十六日，李晟被任命为京畿、渭北鄜坊、丹延节度使，对付李怀光。

三月二十一日，德宗到了梁州，暂时在这里避难。

兴元元年（公元784年）六月，李晟率军收复长安，朱泚带着一些残兵仓惶向西逃去。到彭原时，朱泚被他的部将杀死，其人头也被送往长安。源休等也在逃亡之中被杀，这样，持续了半年之久的"泾原兵变"才被朝廷镇压下来。

第八章 元和中兴

1.永贞改革

永贞元年（公元805年）正月，顺宗主政后，命王叔文、王伾进行改革。

贞元二十一年（公元805年）正月二十三日，德宗去世，时年六十四岁。翰林学士郑纲、卫次公等要员赶紧在宣政殿聚集，讨论如何迎立新君。宦官以太子重病缠身不能理政为由，打算另立别人。卫次公等人则认为，如果改立太子必将引起祸乱，坚决主张太子继承皇位。太子知道朝臣尚在忧虑怀疑，因此为了稳定朝中和外面的局面，他身着紫衣麻鞋，抱病出了九仙门，召见各军使，好不容易才把局势稳定了下来。二十六日，太子李诵在太极殿即皇帝位，是为顺宗。

顺宗即位前，由于已经中风，丧失了说话能力，因此不能上朝从政，就只好在后宫通过帘帷听百官向他奏请国家大事。

顺宗还是太子的时候，翰林待诏王伾、王叔文做太子的伴读，深为太子所宠幸。顺宗即位后，当时一批主张打击宦官势力、改革政局的少壮派士大夫如韦执谊、韩泰、陈谏、柳宗元、刘禹锡、韩晔、凌准、程异等，都以二王为领袖，逐渐聚集成了一个主张改革的官僚集团。由于顺宗即位前已中风，不能讲话，因此不少诏书就是由王伾、王叔文二人代为草拟发布的。韦执谊被任命为宰相后，颁布了一系列明确赏罚、废止苛杂、革除弊政的法令。

王叔文等人的改革措施主要有以下几点：一、严惩贪官污吏，大力使用清官廉相，把京兆尹李实贬官，召陆贽、阳城、杜佑等著名政治家入朝；二、罢进奉、宫市、五坊小儿等名目繁多的进项，将百姓多年以来欠朝廷的租税和其他杂税一律免除，并免了盐铁使的月进钱；三、谋划夺取宦官的兵权，以打击限制地方割据，并加强中央集权；四、放出宫女三百人，把宫中多余的乐队解散。这一系列措施，主要是针对宦官和地方藩镇而为，自然引起了他们的不满和抵触。

永贞元年（公元805年）五月，凌准的友人范希朝出任左右神策京西诸城镇行营兵马节度使，韩泰为行军司马，李位为推官，想要把宦官掌握的京西各神策军的兵权夺回来。宦官知道兵权被王叔文所夺，大怒，密令各个将领不要把兵卒交给别人。由于宦官们势力太强，夺取兵权的计划没有实现。六月，剑南西川节度使韦皋把支度副使刘辟派到长安，让王叔文把三川都划归他自己统领，王叔文没有同意。不久，宦官俱文珍、刘光琦等人和剑南西川节度使韦皋、荆南节度使裴均、河东节度使严绶等合伙要密谋除掉王叔文集团。

同时，宦官俱文珍痛恨王叔文要夺他的兵权，逼迫顺宗把他的翰林学士一职免去。六月，韦皋自恃是朝廷重臣，又远在蜀中，自觉王叔文想要控制自己是鞭长莫及，就上书顺宗说王叔文的坏话。裴均、严绶也纷纷上表。

八月，顺宗被迫让位给太子纯，改元永贞。永贞帝即为宪宗。宪宗一即位，就把王伾贬到开州做司马，王伾不久病死。王叔文被贬为渝州司户，次年被赐死。这个集团的其他人，也被贬的贬，免的免。王叔文集团掌权仅一百四十六天就失败了。

2.高崇文平蜀

元和元年（公元806年）九月，高崇文率部长驱直指成都，所向披靡，捉刘辟，平定西蜀。

永贞元年（公元805年）八月，西川节度使武王韦皋死，支度副使刘辟自为留后。刘辟部将在刘辟的指使下，要求朝廷任命刘辟为节度使，但没有得到批准。新即位的宪宗命袁滋为剑南、东西川、山南西道安抚大使，不久又把袁滋正式任命为西川节度使，并让刘辟到长安出任给事中一职。袁滋害怕刘辟，不敢赴任。宪宗大怒，贬袁滋为吉州刺史。

十二月中旬，刚刚即位的宪宗知刘辟兵强，自忖朝廷无力征讨他，就打算承认他割据的事实，同意他为西川节度副使，主持节度使事。右谏议大夫韦丹以为："假如放任刘辟自流，就会极大地损害朝廷的威严。除了洛阳、长安二京之外，恐怕再也没有人肯听命了。"宪宗决定任命韦丹为东川节度使，当作备用人才。

元和元年（公元806年），刘辟要求兼领三川，朝廷不准。刘辟立即发兵围攻东川，将新任东川节度使李康包围在梓州。

宪宗打算讨伐刘辟，但又不想草率行事。公卿中议论此事的人们也认为蜀地险要坚固，难以攻取。唯独杜黄裳说："刘辟只是一个书生，狂妄自大，志大才疏，征服他就如同拾取芥子一样容易。据我了解，神策军使高崇文有勇有谋，完全有能力担当这个任务。望陛下能够充分信任他，不要设立监军来节制他，刘辟肯定能够就擒。"宪宗听从了他的建议。翰林学士李吉甫也规劝宪宗讨伐蜀中，于是也更得宪宗宠幸了。于是，宪宗命令左神策行营节度使高崇文率领五千步骑军作为前锋，神策京西行营兵马使李元奕率领步骑兵两千人殿后，和山南西道节度使严砺共同讨伐刘辟。那时，许多老将不论是名声还是地位都比高崇文显赫，他们都自认为自己应当是征讨蜀中的人选，及至宪宗颁诏起用了高崇文，没有一个不感到诧异的。

杜黄裳，字遵素，京兆万年县人，曾中过进士，另外曾考过博学鸿辞科，后来作了门下侍郎、同平章事。宪宗与杜黄裳谈论到藩镇问题时，杜黄裳说："先朝德宗由于经历了朱泚作乱的忧患，因而就一味地对藩镇加以宽容，不愿在节度使生前免除他们的职务。有节度使去世，德宗就预先命人暗察军中深孚众望的人选，而后授予他节度使之衔。有时中使私自收受大将的贿赂，回朝称誉其人，德宗便立即将该人任命为节度使，而朝廷则根本没有考虑过自己的人选。如果陛下准备振兴法纪，应逐渐按照法令制度削弱和约束藩镇，只有这样才能把天下治理好。"宪宗认为很对，于是就开始调兵遣将，征讨蜀中。这样，在杜黄裳的努力下，朝廷威严得以在河南、河北一带建立。

高崇文在长武城驻扎时，训练了五千士兵，随时准备出征。他在卯时接受诏命，到辰时便已启程，而武器装备和干粮早已准备完毕。二十九日，高崇文自斜谷出兵，李元奕由骆谷出兵，共同奔赴梓州。在路上，高崇文见将士们到客栈吃饭，有人把主人的筷子折断了，高崇文便将此人斩首示众。

这时刘辟已攻陷梓州，并把东川节度使李康俘虏了。二月，山南西道节度使严砺攻陷剑州，把刺史文德昭杀死。

三月，高崇文从阆州出兵进取梓州。梓州守将闻迅慌忙撤退，官军不费吹灰之力就把州城拿下。刘辟急忙将李康送回，以求高崇文在收复东川治所梓州后就偃旗息鼓。高崇文对此没有理会。同时，李康因被指控有败军失守之罪而被高崇文斩首。

三月中旬，朝廷得知梓州被高崇文拿下的消息。第二天，朝廷下诏削夺刘辟官爵。

四月初，朝廷下诏，任命高崇文为东川节度副使，主持节度使事，以便能够利用东川的资源有效地推进战争。

五月，刘辟在绵州和汉州交界的鹿头关集结了一万余人，以拒高崇文。六月，高崇文在鹿头关击败刘辟。六月六日，高崇文部骁将高霞寓攻夺万胜堆的营寨。两日之后，高崇文破刘辟于德阳，又败刘辟于汉州。

七月，宪宗下诏，令高崇文受命统领西川继援的一切军队。

九月十二日，高崇文再次在鹿头关打败刘辟的部众，严秦在神泉也击败了刘辟的部众。本来预定在行营与高崇文会合的河东将领阿跌光颜率兵来晚了一天，因害怕高崇文杀他，就心想自己一定要打败敌人戴罪立功，就在鹿头关西面驻扎下来。这样，刘辟的运粮通道就被切断了，这使得驻在鹿头关的刘辟军非常害怕。于是，刘辟的绵江栅守将李文悦、鹿头关守将仇良辅都率众向高崇文投降。另外，刘辟的女婿苏强也被抓获，数以万计的士兵被迫投降。于是，高崇文迅速地直逼成都，一路高歌猛进，势如破竹。二十一日，高崇文攻下成都。刘辟、卢文若带领数十人骑马向西逃赴吐蕃，高霞寓等奉高崇文之命前去追击，并在羊灌田追上了他们。刘辟跳江逃跑未遂，被抓获。卢文若事先将妻子儿女杀死，然后便在身上系了石头沉江自杀。高崇文抵达成都以后，命令将士们把守各个交通要道，让士兵就地休息。市中的店铺没有受到惊动，集市上堆积得满满的财物也没有遭受丝毫侵犯。高崇文命人装刘辟入槛车，并斩杀了刘辟的大将邢泚和馆驿巡官沈衍，但对其余的人一概不加追究。高崇文还下令军府内不论任何事务，必须按原先南康郡王韦皋时的先例办。他从容不迫地指挥着，西川全境便完全平定了。

十月，宪宗发出召令，任高崇文为西川节度使，随即又任命严砺为东川节度使。

十月二十九日，官军把刘辟押到长安，宪宗下令将他全家诛灭。

讨平西川刘辟叛乱，是宪宗平藩计划的第一步。第二年，朝廷又平定了镇海李锜。于是唐政府威信大增，藩镇们有的自动归顺，有的被剿平，唐朝暂时实现了国家的统一。

3.宪宗讨成德

元和四年（公元809年）十月，宪宗遣宦官吐突承璀讨伐成德。

（1）成德拒命

唐代后期，成德是河北地区的重要藩镇。自唐代宗建立成德军后，当地的节度使一直是子承父业，代代相传，朝廷始终对此难以控制。

唐宪宗元和四年（公元809年）三月，成德节度使王士真故去，军中推其子王承宗为留后。宪宗想借此机会把河北各镇世袭军职的弊病去掉，由朝廷任命节度使，可无奈宰相们意见又难以统一，于是这一设想始终未得以实施。

七月，宪宗暗中征询诸位翰林学士的意见，说："朕打算在任王承宗做成德留后的同时，把德州和棣州从成德中割出来，再设立一个军镇，以便削弱王承宗的势力，并把王承宗也纳入国家赋税征收对象之中，让他向朝廷请求任命官吏，跟以前对待李师道的做法一致，各位以为如何？"李绛等人回答道："德州与棣州隶属成德，为时已久。现在突然将二州分割出来，王承宗难免会有疑虑不满的情绪，并有可能借机行事。何况相邻各道的情形和他是一样的，他们各自顾虑以后也会遭到分割，于是就有可能同病相怜而彼此勾结了。假如他们聚兵抗拒朝廷，处理起来会加倍困难，还望陛下三思。有关上缴两税、任命官吏两点是正确的，希望趁着吊祭使前往王承宗处的机会，由吊祭使以私人的身份去劝导王承宗，使他上表陈请按照李师道的成例处理，不让他知道这是出自陛下的意见。这样，一旦王承宗能够听从建议，固然是顺乎情理的；倘若王承宗不肯听从命令，也使朝廷保全了面子。"

当时，吴少诚病情十分严重，李绛等人再次进言说："吴少诚恐怕是要死了。淮西的局势和河北并不相同，四周州县都为国家控制，而且周围没有不服朝廷的藩镇，没有同党支援帮助。朝廷任命淮西主帅，现在正是时候。倘若淮西不从命，朝廷就可以出兵。我希望陛下丢开恒冀这一难达目的的筹策，归向申蔡这一容易成功的谋划。倘若因连续对恒冀用兵而不太如意，而蔡州出现缝隙，出现应当发兵的形势，朝廷两线作战，财政可吃不消啊。假如事情出于迫不得已，而必须赦免王承宗，那时就显得陛下恩德无用，而朝廷威严没有了。这就不如尽早颁赐对王承宗的处理办法，以便收揽恒冀的归向之心。时机一到，马上解决淮西问题。"不久，王承宗因为很久没有得到朝廷任命，非常害怕，多次上表向朝廷申请。八月初九，宪宗就派遣京兆少尹裴武前往真定安抚王承宗，王承宗接受诏旨时很是恭敬地说："都怪部下们胁迫我，才让我来不及等候朝廷颁旨任命。请让我献出德州与棣州，以表达我的一片忠心。"待裴武宣慰完回去报告后，朝廷正式任命王承宗为成德军节度使，并兼恒冀深赵州观察使，同时任命德州刺史薛昌朝为保信军节度使、德棣二州观察使。魏博节度使田季安很快就听到了关于这个消息的密报。他不想让成德老老实实归顺朝廷，便别有用心地派人对王承宗说："薛昌朝是由于老是暗中做朝廷的耳目，才得以成为节度使的。"王承宗听后，立即派数百名骑兵马不停蹄地直奔德州，将薛昌朝抓起来，并要转移到成德军治所真定。朝中的使节给薛昌朝送符节途经魏州，田季安表面上装作欢迎，并连着好几天大宴朝廷使者，实际上则是为王承宗做事争取了时间。待到中使赶到德州，薛昌朝早已不在，无人接收符节了。

宪宗只好再派中使到王承宗那儿谈判，要他攻击薛昌朝，王承宗不肯按诏行事。十月，宪宗下诏将王承宗一切官爵都免去，并任命左神策中尉吐突承璀为左右神策、河中河阳浙西宣歙等道行营兵马使、招讨、处置等使，负责征讨事宜。翰林学士白居易等以为，监军可以让宦官来做，但不得作统帅。同时另有不少谏官觉得吐突承璀事权太重。无奈，宪宗只好削去吐突承璀四道兵马使，改处置使为宣慰使。

（2）吐突承璀讨成德

吐突承璀从长安发兵后，下令成德周围的军镇要配合朝廷军队一起出兵征讨。田季安给王承宗写信说："我要攻打成德，河北义士就会让我担当卖友的骂名；我要帮你对抗河南，忠臣又会让我担当逆臣的罪名，反君卖友的名声我都不能忍受。你们如能让给我一座城池，我就能把朝廷那边给应付了，而你也会平安无事。"这样，成德让出堂阳。

元和五年（公元810年）正月，幽州刘济率大军七万首先攻打王承宗并攻占了饶阳和束鹿。相比之下，吐突承璀所率军队都连战连败，左神策大将军郦定进战死。郦定进是一员骁将，他的死极大地影响了官军的士气。

卢从史第一个提出讨征王承宗的策谋。及至朝廷发兵后，卢从史却做了缩头乌龟，不愿出兵，而且还私下和王承宗互通计谋，让将士们暗地里在怀中揣着王承宗的行军标记，同时故意把草料和粮食的价格抬高，来破坏朝廷军需度支的供应。他还暗暗表示让朝廷任命他为同平章事，并上奏诬告各道与王承宗勾结，不赞成进兵。宪宗被此事弄得十分苦恼。

适逢卢从史派遣牙将王翊元入朝奏事，裴垍暗中把他拉到一边，同他谈心，向他解释何为人臣之道，暗暗地打动他的内心。于是王翊元也表达了自己的诚意，向裴垍说出卢从史是如何暗中与王承宗勾结和如何拿下潞州等主要情况。裴垍命令王翊元返回本军，经过筹措规划后，再来京城，并把潞州都知兵马使乌重胤也争取了过来。裴垍对宪宗说："卢从史诡诈多端，骄横凶暴，一定要发动变乱。如今传闻说他把营扎在吐突承璀对面，把吐突承璀当作婴儿一般，在两营之间往来，没有一点防备措施。倘若失去现在的时机，不将他拘捕起来，日后等他有了防备，即使派大军前去镇压，也难以在短期内将他解决。"宪宗起初感到惊奇，经过长时间的周密考虑后，便答应了下来。

由于卢从史生性贪婪，吐突承璀便将很多珍奇的玩赏器物陈列出来，摸准他喜欢什么，就拿给他玩。卢从史很高兴，对吐突承璀愈发亲昵。一天，吐突承璀与行营兵马使李听经过商量后，假装邀请卢从史来游戏，并让士兵们埋伏在帐幕下。卢从史来到后，伏兵忽然冲了出来，把他擒获，拉到帐幕后捆了起来，并把他装进车中，急奔京城。卢从史的侍从们吓得乱作一团。吐突承璀斩杀了十多个人，并当众宣布了诏书。卢从史的部下将士们闻讯后，披甲带兵，疾步驰来，大声吵嚷着。乌重胤站在军营门前呵斥他们说："天子发有诏令，服从的奖赏，胆敢违抗的问斩！"于是，闹事的众将士们都吓得灰溜溜地回去了。正值夜晚降临，载着卢从史的车辆急速奔驰，在拂晓前就驰出了泽潞的疆界。乌重胤是乌承洽的儿子。李听是李晟的儿子。

几天后，范希朝、张荐昭在木刀沟大破王承宗的兵马。

（3）乌重胤擢升

宪宗嘉许乌重胤的功劳，打算立即授给他昭义节度使的职务。李绛认为不可，他建议宪宗改授乌重胤为河阳节度使，而把昭义节度使职让给河阳节度使孟元阳。适逢吐突承璀奏称，他已发出文书指令乌重胤为昭义留后。李绛进言说："昭义节度使境内的泽、潞、邢、胤、磁这五个州，是关中通向中原的门户，地理位置十分重要。魏博、恒州、幽州各军镇盘状纠结，朝廷只有依仗这五州之地来控制他们。控制了邢州、磁州、洺州，可以震慑魏博，它们的战略地位太重要了，直接关系国家安危。以前昭义被卢从史占据，已使朝廷为此忙得顾不上按时吃饭。如今幸亏得到了昭义，却听任吐突承璀让乌重胤控制昭义，我得知消息后惊奇不已，实在感到痛心！不久前朝廷诱捕了卢从义，为的就是要收回昭义。可如今吐突承璀用一纸文书就将这一重镇交给乌重胤，并且请求任命他为节度使，他眼里还有朝廷和陛下吗？陛下日前取得昭义，普天同庆，使得军政号令再次树立起来。可如今却又把昭义仍旧交给昭义军将领，不仅有负众望，而且还紊乱了法度啊。算计此中的好处与坏处，反而不如由卢从史担任节度使。为什么呢？卢从史虽然包藏祸心，但毕竟是朝廷的册命大臣。而乌重胤只是众多将官中的一员，只是因吐突承璀的一纸文书便代替了卢从史。我恐怕河南、河北的藩帅们闻讯后，会有深切的耻辱感。并且他们将会说是吐突承璀诱使乌重胤驱逐卢从史，并将他取而代之的。他们做统帅的帐下都有部将，难道不担心同样的事会发生到自己身上吗？倘若刘济、张茂昭、田季安、程执恭、韩弘、李师道等各路藩帅都进献章表，反映情况，同时讲出对吐突承璀擅权从事的不满，皇上又将作如何回答呢？倘若陛下一概不予答复，大家的怒气就会更为加重；而倘若陛下直到这时才慌忙改派他人，又会使得朝廷威严荡然无存。"宪宗又让枢密使梁宗谦私下与李绛商量说："可如今乌重胤都把昭义军事大权揽入手中了，我已没有办法，只好任命他做节度使了。"李绛回答说："卢从史担任主帅是由朝廷任命的，还生了邪念，做出大逆不道的事来。现在，由于乌重胤掌管军事，朝廷便授给他节度使的旌节，迁就、听任他任意使用大权，这与卢从史在时又有什么两样呢？乌重胤能够得到河阳，已是超出他应得的福气了，哪还顾得上聚众抗拒！况且乌重胤能够捉获卢从史的原因，就是因为他执行了朝廷的路线。若听任他做昭义节度使，连他自己也会觉得有悖于朝廷诏令。乌重胤在军队中的同辈为数众多，他们一定不希望乌重胤独自出任主帅。只有让他另做别地的镇帅，才能使众人心服口服，怎么会招致祸乱呢？"宪宗高兴起来，一一照办。于是任命乌重胤为河阳节度使，任命孟元阳为昭义节度使。

几天以后，宪宗将卢从史贬为骠州司马。

（4）王承宗臣服

七月，王承宗派使者向朝廷表示，从前是听信了卢从史的鬼话，如今愿意再次服从朝廷，并由朝廷任命地方官吏。淄青节度使李师道上表要求根据王承宗的悔悟表现，希望朝廷罢兵。宪宗也自忖，出兵这么多天也没什么进展，就同意罢兵，同时答应仍让王承宗继续担任成德军节度使，并把德、棣二州还给成德镇，还命令各镇将士悉数返回本藩。当初，为了让各镇出兵讨伐，朝廷赐发各军布帛共二十八万匹，率先出兵的刘济还被加封为中书令。

九月，吐突承璀撤军回到长安，依旧任左卫上将军兼神策中卫等要职。裴垍上言："吐突承璀首倡用兵而无所建树，应该将他罢免以向天下谢罪。"给事中段平仲、吕元膺也说："将他斩首也难以平天下之恨。"李绛还说："此次不责承璀，以后朝廷就再难惩治败军之将了。"在这些人的要求下，宪宗罢去承璀神策军中卫的职务，将他降为军器使。朝臣们闻讯后都非常满意。

元和十年（公元815年），吴元济对自己的部下四处践踏掳掠不闻不问，还放纵这些人抢到了东都洛阳周围的地区。于是，宪宗下令罢免吴元济一切官爵，命令宣武等十六道进军讨伐吴元济。严绶进攻淮西兵马，刚获得小胜就麻痹大意，于是淮西兵马在夜间返回来袭击严绶。二月初二，严绥被吴元济击败于磁丘，并被击退了五十多里地，他赶紧逃入唐州城内据守。寿州团练使令狐通被淮西兵马击败，逃奔寿州城自保，而丢下在外边栅垒防守的士兵们，听任淮西军杀戮。九天以后，宪宗使左金吾大将军李文通替代令狐通，把令狐通贬到昭州做司户。吴元济向成德节度使王承宗、淄青节度使李师道求救。于是，王承宗就派部下尹少卿到长安替吴元济开脱，但在中书省被宰相武元衡训斥出来，气得王承宗上书诽谤武元衡。六月的一天黎明，武元衡在入朝的路上，突然遭人暗算，随从惊恐逃跑。一群武人拉着武元衡的马跑了十几步之后，又杀掉了他。于是朝廷下诏四处搜捕。人们怀疑这是王承宗指使人干的。神策将军还煞有介事地说："这是王承宗派成德军中一个叫张晏的恒州士兵干的。"吏人将张晏抓起来严刑审讯，张晏禁不住拷打，诬服杀宰相罪。中书侍郎、同平章事觉得这可能是一桩冤案，但无人附和。后来张晏被斩，还有十八人受牵连而死。其实这是一桩错案，武元衡之死与王承宗、张晏没有关系。

七月，朝廷下诏历数王承宗罪过，决定从此不接收他上的贡品。魏博节度使田弘正屯兵成德边境，老是被王承宗击败。田弘正败怒之余，上表要求主动出击。十月，田弘正进军贝州。

十一月，朝廷征发振武兵两千人，会同义武军讨伐王承宗。十二月，王承宗让他的兵将们四处掳掠，惹得邻镇都纷纷上书朝廷要求出兵讨伐他。这时朝廷正对淮西作战，如果马上对河北用兵，两线作战，国力实在不济，因此宪宗决定先对成德叛乱搁置不管，而集中兵力打淮西。

元和十一年（公元816年）正月，幽州节度使刘总将成德军打败，攻下了武强，并杀死一千多人。随后，宪宗下诏，将王承宗的所有官爵全部废掉，并命河东、幽州、义武、横海、魏博、昭义六道进军征伐王承宗。韦贯之屡次请求首先攻取吴元济，然后讨伐王承宗，他说："陛下没有看到建中年间的事情吗？德宗开始时是要征伐魏博田悦和淄青李纳，然而，申蔡李希烈、卢龙朱滔、恒冀王武俊都响应田悦和李纳，才酿成朱泚变乱的大祸，这是由于德宗不能将愤恨与抑郁隐忍几年，而欲速不达，拔苗助长所致啊！”宪宗不听从。

二月，昭义节度使郗士美破成德兵，斩杀一千多人；幽州节度使刘总破成德兵，杀死一千多人；魏博军也击败成德军并攻下了固城和鄃城。

四月，刘总在浑州击败成德军，杀死成德将士两千五百多人；义武节度使浑镐破成德兵于九门，杀千余人。

七月，田弘正在南宫大败成德军，杀两千余人。其后，官军屡有建树。

十二月，浑镐率大军逼近成德境，直到距成德三十里的地方才停下来驻军，王承宗则派一支突袭部队进入义武军控制的领地焚掠城邑。与此同时，浑镐在攻打恒州时没有成功，只好向定州退兵。

元和十二年（公元817年），郗士美在柏乡战败，被斩杀的士兵达一千多人，因此他只好退兵回到本镇。另一镇军队也因兵败退回沧州。由于战局恶化，宪宗只好把河北行营撤掉，让各方军队回归本部。

元和十三年（公元818年），吴元济被擒，征讨淮西的战役结束。王承宗托田弘正向朝廷表达顺从的意愿，而且言辞恳切地表示愿送二子为质，并献德、棣二州，一切都按朝廷的要求办。田弘正也多次上奏希望朝廷这样做。于是，在经过再三考虑之后，朝廷答应了他的请求。四月，魏博镇派专人将王承宗的儿子王知感、王知信及德、棣二州的图印送到长安，朝廷只好再次让王承宗官复原职。

元和十五年（公元820年），王承宗故去。魏博节度使接替了他的职务。这样，也就终止了成德由王家父子世袭把持的局面。

4.魏博归朝

元和七年（公元812年）八月，士卒数千人拥田兴为留后，田兴以魏、博、贝、卫、澶、相六州之地归于朝廷，坐待诏命。

到肃宗时，安史之乱已大体平定。由于社会问题太多，各种矛盾错综复杂，在许多问题上朝廷只能迁就既成事实，譬如将河北一带的地方仍让归降的安史叛将管辖就是一例。其中，割据魏博的田承嗣本是安禄山部下，

是史思明叛乱的帮凶；安史之乱平定后，田承嗣被授为莫州刺史，代宗广
德元年（公元763年）迁为魏博节度使。魏博镇传三世，到节度使为田季安
时，魏博始终不受朝廷约束。

宪宗元和七年（公元812年）八月，三十二岁的田季安故去，其幼子田
怀谏在母亲元氏的支持下以副大使的身份主持军府事务。

宪宗和宰相们计议有关魏博的事宜。李吉甫要求朝廷派兵镇压，李绛认
为对魏博不必采取军事行动，田怀谏就会自行归顺朝廷。李吉甫极力陈述
必须采取军事行动的理由，宪宗说："朕也是这样想的。"李绛说："我
暗中里观察河南、河北骄横强暴的藩镇，他们都把兵力分散开来，隶属于
各个将领，不让兵力由一人独掌，这是担心下边的权力太重难于控制，便
会趁机图谋自己的缘故。各将领势均力敌了，就可以相互节制。如果他们
打算广泛地互相联合起来，则各人的盘算并不一致，谋划肯定要泄露出
去。倘若他们打算单独起兵，则兵马太少，力量微薄，绝对不行。加之，
各镇悬赏优厚，刑罚又甚为严厉，所以各将领互相顾虑，彼此畏忌，都不
敢首先叛乱。骄横的藩镇就是仗恃着这些，来维持局面。因而我暗自考
虑，如果藩镇的主帅很严明，他能够使各将领死力效命，又能节制和驾驭
他们，那么，那个藩镇的局面大体上就可以安定了。现在，田怀谏只是一
个黄毛小儿，还不能够亲自听政断事，军府的大权肯定得有一个着落。倘
若对待各将领有厚有薄，不能均衡，必定会产生怨恨，不肯服从主帅的命
令；这就使以往分散兵力的策略，恰巧成为今天足以滋生祸乱的缘由啊。
即使田氏不被举家屠杀，陈尸示众，也会成为俘虏与囚徒，何须朝廷用
兵！田怀谏由众多的将领中选择一个代替主帅行使军府大权，相邻各道所
憎恶的，正是这一点。田怀谏如不倚赖朝廷的援助而自存，就会马上被相
邻各道灭掉。因此，我认为不一定要用兵，就可以坐等魏博自行归附。我
只希望陛下屯兵不动，蓄养声威，严令各道挑选并操练人马，严阵待命。
假如魏博将领知道了朝廷的动向，不出几个月，在军中就肯定会有主动请
求效命的人了。到时候，只在于朝廷见机行事接应他们，同时不爱惜官爵

俸禄，用以奖赏效命之人。河南、河北的藩镇得知这一消息，害怕同样的事发生在自己身上，因而肯定全会害怕起来，要争着向朝廷表示恭顺。这就是人们所说的不战而屈人之兵的道理啊！"宪宗对此非常赞赏。

后来，李吉甫又在延英殿极力陈述采取军事行动的好处，并说一切战略物资已备好。宪宗征询李绛的建议，李绛回答说："不可轻易动用武力。前年讨伐恒州，各地派出兵马二十万，又从京城派出左、右神策军开往恒州，致使全国骚扰不安，花费七百多万缗还最终不能获得成功，被天下的人所耻笑。如今，战争的创伤尚未恢复，老百姓厌恶打仗。如果又用敕令驱使他们，我担心不但不能取得成功，说不定还会招来杀身之祸。况且，不一定要对魏博采取军事行动。事态的发展趋势很明显，希望陛下不要迟疑了。"宪宗猛然起身用力拍着案子说："就依卿之言不派兵。"李绛说："虽然陛下已出此言，只怕在退朝以后，还会有人来迷惑陛下的听闻。"宪宗面色庄重，厉声道："朕意已定，他人不必饶舌！"于是，李绛行礼祝贺说："这是国家的福气啊！"

田怀谏将一切军政事务交给家僮蒋士则一手操办。蒋士则对诸将的任用和调动完全出于个人好恶，招致许多人的不满。牙内兵马使田兴颇得人心。在田季安还活着的时候，曾将田兴调为临清镇将，还想找机会除掉他。田兴为了避祸，只好假装得重病，逃过一劫。田季安死后，田兴被田怀谏召回，担任步射都知兵马使。一天，田兴去军府之后，突然数千士兵大噪，发生兵变。兵变士兵围着田兴下拜，拥立他为留后。田兴慌忙趴在地上向大家叩头，表示不能遵命。大家围着他不散，表示绝不应允。田兴知道想推托已不可能，就提出了四条要求：一、保全田怀谏。二、遵守朝命。三、申报版籍。四、由朝廷最后任命官员。大家一致表示同意。于是蒋士则等十余人被抓起来杀掉，田怀谏被迫迁出使府。

十月初十，魏博监军将魏博将士废黜田怀谏、拥戴田兴的文状上报。宪宗连忙召集宰相前来，对李绛说："你对魏博的事态估计得很正确。"李吉甫请求派中使前去安抚，以便观察事态的变化。李绛说："陛下万万不可这样办。现在，田兴献出魏博的土地和兵马，正在等候诏书发布命令。如果不赶快封之以高官，而等到使者从魏博反映情况回来，这就是恩惠来自下边，而不出自上边，将士的作用大，但朝廷的作用小，田兴就不会对朝廷感恩戴德了。若不珍惜此良机必会后悔莫及。"枢密使梁守谦平时与李吉甫相互勾结，这时，梁守谦也支持李吉甫对宪宗说："根据惯例，对这种情形，应先派人前去慰劳。现在唯独不向魏博派遣中使，恐怕会让人起疑。"宪宗最后还是决定派遣中使张忠顺前往魏博安抚将士，准备等候张忠顺回朝以后再商议如何封赏田兴。十八日，李绛再次进言说："朝廷施恩能否成功，就在这次机会。机不可失，时不再来。两种做法孰对孰错，不言而喻，希望陛下心中不要再有疑虑了。计算张忠顺的行程，现在应当刚过陕州，请陛下即刻颁布白麻纸诏书，任命田兴作节度使，否则可是追悔莫及。"宪宗又打算暂且任命田兴为留后，李绛说："田兴都恭顺到这个地步，还不封个节度使也太说不过去了。"宪宗听从了李绛的建议。第二天，宪宗任命田兴为魏博节度使。张忠顺没有返回朝廷之前，宪宗的命令已经到达魏州。田兴因为感激朝廷的恩典而热泪盈眶，将士们也无不欢呼雀跃。

李绛又说："魏博没有得到天子的德化已经五十多年了，现在忽然带着魏、博、贝、卫、澶、相六州土地前来归附，这不仅除掉了河朔地区的心腹之患，而且倾覆了反叛作乱的巢穴，如果没有超出常理的重赏，怎能使士兵满意，使相邻各镇看到尽忠的好处？请陛下拨发内库钱一百五十万缗，颁赐给魏博。"宪宗的亲信宦官认为："如果一次赏得太多，以后再有更大功绩就没法赏赐了。"宪宗将此话告诉了李绛，李绛说："田兴不愿贪图专擅一地的好处，不顾四周相邻各道可能给自己带来的祸患，归附朝廷，陛下怎能不舍小利而全大义呢？钱财用光了会重新得到的，而这一机会真是不可丧失。假如国家征发十五万兵马去攻取魏博六州，经过整整一年才战胜敌军，这又何止花费一百五十万缗呀！"宪宗高兴了，就说："朕粗衣劣食，积蓄物资钱财的目的，正是为了平定各地。否则，将物资钱财白白储存在仓库中又有什么用呢？"十一月初六，宪宗派遣知制诰裴度前往安抚魏博，还带去钱一百五十万缗奖赏给军中将士，并对六州百姓免除一年的赋税徭役。将士们得到赏赐，欢呼雀跃，掌声雷动。成德、兖郓派来的好几个使者看到了这一场景，面面相觑，惊慌失色，叹息着说："这样看来，对朝廷分裂割据又有什么好处呢？"

田兴待裴度极好，让他到所部州县到处察看。不久朝廷又任命户部郎中胡证为魏博节度副使。田兴还向有司报告登记了部下的九十名官员，并请朝廷待为拟定官职；同时，他还废除旧法令，改从朝廷法纪，并按时纳税。田承嗣以来建造的越级的过度奢华的居室，田兴一概不住。

郓州李师道、蔡州吴少阳、恒州王承宗相继派说客来游说田兴，劝他继续独立，都未得逞。李师道派人与宣武节度使韩弘联络，说："我家世代与田氏有约，患难与共，互相支持。现在的节度使田兴并不是田氏家族的人，又出头打破了河南、河北割据的格局，这对您也没有好处。我准备与成德全军讨伐田兴，期望着您的支持。"韩弘回复说："此事的利害得失我不考虑，只知奉诏行事。如果你的军队胆敢北渡黄河，我就出兵攻打曹州。"李师道顾虑到这个，未敢轻举妄动。

田兴安葬了田季安后，让人护送田怀谏回长安去了。十一月，田怀谏被任命为长安右监门卫将军。

元和八年（公元813年）正月，宪宗赐田兴名田弘正。所以在《新唐书》里，田兴本传称为《田弘正传》。

元和十四年（公元819年）八月，田弘正入朝，甚得宪宗喜爱。宪宗除让他继续担任魏博节度使外，还封他做侍中。田弘正要求辞去魏博节度使，只作侍中，宪宗没有同意。

田弘正为避免兄弟子侄搞割据，把他们都弄到朝廷里为官。宪宗对来朝求官的田氏子弟一律擢居显列。自此田家朱紫盈庭，使得时人好不羡慕。

5.宪宗讨淄青

元和十三年（818年）正月，李师道说献三州，实则矫情，宪宗很恼怒，决定讨伐他。

（1）李师道献三州

当时，淄青节度使李师古有一个异母兄弟，名叫李师道，时常遭受冷落，被斥逐在外地，不免贫困。李师古私下里告诉亲近的人们说："并非我狠心。只是我想让他先在下层多吃点苦，以劳其筋骨，苦其心智，然后再委以重任。我想诸位也应该有所不知吧。"及至李师古病情危笃时，李师道那时正在代理密州事务，但他不喜政务，只喜爱绘画和吹奏胡人的葭管。李师古对判官高沐和李公度说："二位认为谁可以继承我的事业当主帅呢？"二人互视片刻都沉默不语。李师古说："难道不是李师道吗？由人们的常情说来，谁会不让自己兄弟继位而便宜外人？可是如果主帅不论贤为用，那军队、政务都会荒废的。李师道是公侯家族的后人，却不致力于训练军队，治理百姓，而专门研究一些微末之技，还自以为是，他担当主帅果真能胜任吗？我希望各位还是多考虑一下吧。"元和元年（公元806年），李师古逝去。高沐和李公度隐秘其事，暗中从密州迎接李师道，拥戴他担当节度副使。

李师道总揽军中事务后，过了许久，朝廷的任命还没有到来。李师道和将佐们商讨对策，有人提出从四邻掠夺士兵、钱粮以自足，而高沐则建议说应当向朝廷上表请职，并履行应尽义务。杜黄裳请求趁着李师道没有安定下来的时机，将平卢分而治之，而宪宗顾及刘辟之乱尚未平定，初九，暂且任命李师道为平卢留后、知郓州事。十月，正式任命他为节度使。

元和十年（公元815年），吴元济反叛。李师道暗中与他勾结，以助官军讨逆为名，派三千人马往赴寿春，接应吴元济。由于时机不成熟，他没敢草率行事。他先指使人烧河阴漕院的钱粮，计钱帛三十万缗匹，谷二万余斛，仓百余区，又派人谋杀宰相武元衡以阻止其进谏讨藩。八月，李师道在东都洛阳设置别邸，人来人往十分热闹。这时淮西军与官兵在洛阳以东激战正酣，官军主力不在洛阳而在伊阙。李师道以别邸为基地，收纳亡命徒近百人，打算焚烧洛阳宫殿，制造混乱，然后纵兵杀掠。临行前，李师道犒赏三军，其部下中有一个人向东都留守吕元膺告了密。吕元膺急忙召回伊阙兵回洛阳，包围了李师道别邸。但眼看着李师道军突围，伊阙兵却不敢上去和他们作战。这伙人从长夏门逃出入山，使洛阳十分震恐。

东都洛阳西南面和邓州、虢州接壤，皆是高山深林，当地居民无法从事耕种，只能以打猎为生，人人练就好身体，被称为"山棚"。当时，吕元膺悬赏重金抓捕贼人。过了几天，有一"山棚"正在卖鹿，贼人遇到了他，将鹿夺走了。"山棚"立刻报官，并和同伴一起，在官兵的支援下将贼人捉获。经过审讯核实，找出了他们的首领，却是中岳寺的僧人圆净。圆净曾是史思明旧部，勇猛强悍，超过常人。他向李师道献计，在伊阙、陆浑两地之间多购买田地，让山棚得田而耕，并供其所需，使他们安居下来。有訾嘉珍和门察两人，暗自带手下人投奔圆净。圆净用李师道拨发的一千万钱，装作修治佛光寺，纠集同谋暗中设计，邀结并命令訾嘉珍等人在洛阳城中暗中起事，圆净在山上举火为号，集合伊阙、陆浑两县的山棚前往洛阳城中援助他们。当时，圆净已年过八十，捉拿敌人的官兵得到圆净后，用锤子猛打他的小腿，都打不断，圆净骂着说："笨蛋，枉为堂堂男子汉，连我的腿都打不断。"于是，他自己将小腿安放好，教那位官兵打断了它。到受刑时，圆净叹着说："丈夫死则死矣，可惜无法血洗洛阳了。"被处死的圆净的党羽共有数千人，留守、防御使的将领二人以及驿站的士兵八人，都受李师道派遣，为圆净刺探消息。

吕元膺经过审讯，还证实了杀害武元衡的谋主正是李师道。吕元膺遂押证人入京师，并呈上一封密函。但这时朝廷正在讨王承宗，对武元衡之死的案件根本无暇过问。吕元膺上言："如今藩镇日渐壮大，且不理朝廷，现在甚至屠杀洛阳，万不能再姑息了。"无奈终是书生发议论。

十一月，李师道派兵攻打徐州，虽在萧县、沛县等处打了几个胜仗，却被武宁节度使李愿委都押牙王智兴击败。十二月，王智兴再破李师道，斩杀敌军两千多人。

元和十一年（公元816年）十一月，官军讨吴元济颇有进展。李师道见形势不利，转向朝廷表示顺服。宪宗不愿两线作战，就答应了李师道和解请求，还加封他为检校司空。

李师道想知道吴元济虚实，就于元和十二年（公元817年）派牙前虞候刘晏平前去淮西察看形势。吴元济想笼络刘晏平，就日日请他喝酒。刘晏平见蔡州在战事这么吃紧的时候还轻歌曼舞，毫无忧患的气氛，就知淮西不久必败，回来以后如实作了报告。李师道不愿相信刘晏平带来的坏消息，因此对他非常讨厌。不久，竟找一个借口杖杀了刘晏平。

当初，李师道谋划叛逆时，判官高沐及同僚郭昈、李公度曾冒死阻谏说万万不可。判官李文会与孔目官林英是李师道的亲信，他们哭泣着向李师道进言说："我等拼死效命，却不及高沐等人功高。你应该为自己打算，不要让高沐这等小人算计了去。"自此，李师道便疏远了高沐等人，还把高沐赶到莱州掌管事务。恰逢林英入朝奏报事情，便让呈进奏疏的吏人暗中报告李师道说："高沐暗中勾结朝廷，出卖您。"李文会借此设计陷害高沐，于是李师道杀死高沐，并且囚禁了郭昈。但凡再有劝降朝廷者，李师道一概格杀勿论。

及至淮西平定，李师道又惊又惧，整日寝食难安。李公度及牙将李英昙教他向朝廷示好，以表忠心。李师道听从，派遣使者上表，并派其长子入朝做为人质，并且献出沂、密、海三州，宪宗答应了他的请求。二十一日，宪宗又派常侍李逊到郓州劳军。

（2）李师道败死

李师道昏愦无能，凡遇幕府中大事，只与妻子魏氏、家奴胡惟堪、杨自温、婢女蒲氏和袁氏以及孔目官王再升等人谋划，甚至不与手下大将和官员们商量。魏氏不想让自己的儿子入朝当人质，便与蒲氏、袁氏向李师道进言说："我们世代掌管这十二个州，凭什么献给朝廷？如今，算来淄青境内的兵力不少于数十万人，不进献沂、密、海三州，朝廷只不过派兵马讨伐。等到不敌之时，再献三州不迟。"于是李师道非常后悔，准备杀掉李公度。幕府的僚属贾直言对李师道管事的家奴说："如今大祸将要来临了，这都是高沐的鬼魂作祟。假如再将李公度杀掉，事情就不好办了。"于是李师道便把李公度囚禁起来，将李英昙贬至莱州。李英昙后被勒死于上任路上。

李逊来到郓州，李师道布列盛大军容迎接他。李逊神色严肃，向他晓明利害，要他表明立场，准备禀报宪宗。李师道回去后，与其同党商议此事，同党们都说："先答应下无妨，反正日后随时可以反悔。"于是李师道向李逊道歉说："以前因为父子间私情难却，并且迫于将士的压力，所以把事情拖延下来，没有遣送儿子入朝。如今，朝廷竟派使者前来催促，实在不敢再拖了。"李逊觉察出李师道没有诚意，回到朝廷后，便向宪宗进言说："李师道并无诚意，还是应该征讨。"不久，李师道上表陈述军中情形，说："不交人质、不割土地实属大家意见，我也无可奈何。"宪宗大怒，决意讨伐李师道。

五月开始，朝廷做了重要的人事调动：调忠武节度使李光颜为义成节度使，河阳都知兵马使曹华改任为棣州刺史，加横海节度副使；六月，任命乌重胤为怀州刺史，镇守河阳；七月，调李愬为武宁节度使。七月，朝廷正式降罪李师道，令宣武、义成、魏博、武宁、横海几道兵马加紧进讨。

淮西诸军都统韩弘消极拒战，不主动攻打淮西。吴元济败灭后，韩弘为了有所表现，于九月主动领军出击李师道，首先围攻曹州。接着田弘正率魏博军自杨刘渡黄河，到郓州城外四十里处安营扎寨。

十二月，魏博军及李光颜的义成军大败李师道，并擒获了包括都知兵马使在内的敌将四十七员。为了分化敌军，朝廷命把这些人释放，并说愿报效军中的委以重任，愿意回家奉养父母的可发给路费回家，于是又有一些人相继投降。

淄青镇的军事压力愈来愈大，一些人把责任归咎于李文会指挥不力。李师道不得已，让李文会出任登州代理刺史。

武宁节度使李愬与淄青道十一战皆胜，攻克兖州要地金乡。部下将这些坏消息封锁起来，连兖州刺史送来告急文书，也被私自扣压，使李师道直到死都不知实情。

元和十四年（公元819年）正月，形势进一步朝对官军有利的方向发展。韩弘攻下考城，杀两千余人；李愬拔鱼台；田弘正取东阿，并大胜于阳谷，杀敌达万人之众。二月；李听袭海州，克东海、朐山、怀仁等县；李愬拔丞县。

淄青节度使李师道听说官军日益逼近，连忙紧急征民夫修建城防，以抗官军。又征调妇女，百姓更加恐惧怨恨。

都知兵马使刘悟是唐肃宗朝平卢节度使刘正臣的孙子。李师道命刘悟率兵万余人屯驻阳谷，以拒抗官军。刘悟体贴下属，对士兵非常爱护，不加约束，军中称誉他为"刘父"。待到魏博节度使田弘正率军南渡黄河，进攻淄青，刘悟军无准备，出战多败。有人对李师道说："刘悟这个人不学无术，只会收买人心，恐怕要谋反。"于是李师道托言商议军事，召刘悟来郓州，想趁机把刘悟除掉。有人劝李师道说："今官军四面围攻淄青，刘悟尚未有谋反之迹，如随便听信谗言杀害大将，恐令其他将领心寒。"李师道认为对，留刘悟在郓州十日后，命他仍回阳谷，并赠送大批金帛以示安抚。刘悟自知已被李师道怀疑，于是在返回军营后，暗中做防守准备。李师道因刘悟率兵在外，就任命其儿子刘从谏为门下别奏，留在郓州。刘从谏借与李师道府家奴游玩之机，探听到不利于家父的阴谋，马上写信通知了刘悟。

又有人对李师道说："刘悟必定谋反，应速速除去。"初八，李师道密派亲信二人带手令前往阳谷，命行营兵马副使张暹除掉刘悟，并携人头回来领赏。这时，刘悟正在一块高地上搭起帐幕，设置酒宴，离开军营二三里。二使到阳谷军营，张暹与刘悟相好，便佯装与使者商议说："刘悟此次肯定有备而来，我们不可操之过急。请先让我去报告刘悟，谎称：'李大人派人来劳军，带来钱物粮饷甚多，现请都头速回兵营迎接大人使者并接收礼物。'如此，刘悟必会放松警惕，我们便可不费力擒下他。"二使同意张暹的意见。于是张暹把李师道手令揣在怀中，到刘悟饮宴处，命随从退下，给刘悟观看。刘悟已知二使计谋，就扣押了两人，并将他们杀死。

这时天已傍晚，刘悟乘马缓行回营，坐于帐中，并派重兵把守，严加防备。他召集众位将领，声色严厉地说："我等拼死杀敌，不负李师道知遇之恩。如今，他竟要派人杀我。我要死了，你们恐怕也得陪葬。当朝天子发兵围攻淄青，有言在先，除叛首李师道外，其他人一律不杀。现在我军形势日渐窘迫，我等为何要随他一同被灭族！如今，我和大家商议，不如反戈讨伐郓州，保天子而诛叛逆，此乃建功立业、弃暗投明的好机会，大家认为怎样？"兵马使赵垂棘站在诸将前头，过了好大一会儿，说："不知此事能否成功？"刘悟应声道："难道你还执迷不悟？"立即斩首。挨个询问，诸将凡迟疑不言者，一律斩首，顺手杀了不得人心的好事者共三十多人，尸首列于帐前。旁观诸将皆心惊肉跳，同声说："愿听都头命令，尽死效力！"

于是，刘悟下达出兵命令，对士卒说："攻下郓州后，重重有赏，而且特许你们抢劫钱财，恣意报仇。"他命士卒饱食一顿后，每人携带兵器，半夜时分，听鼓声三响后出发。另外还命令将士口衔枚，军马缚口，防止喧哗；连路上遇见的行人都扣留起来，生怕消息走漏出去。军行所至，人都不知。距郓州数里时，天还未亮，刘悟下令全军原地休息。等到城上巡逻的木梆声停止，派十人先行抵达城下，言称"刘都头奉节度使手令入城"。守门人请大家稍候，正想写信禀告李师道，来人突然动手，把门兵赶散，刘悟率大军随后赶到。城中听说有兵马袭击，一片惊慌，乱作一团。及至刘悟入城时，已攻入内城，只有李师道所住的牙城还在抗拒坚守。刘悟下令纵火焚烧，用大斧劈开城门，将兵蜂拥而入。城中亲兵不过数百人，开始还有人发箭抵抗，后来见情势不妙，纷纷弃械投降。

　　刘悟率将士入淄青节度使府，挨屋搜寻李师道踪影，后来士兵从床下搜出李师道及其两子。刘悟命把李师道父子押到节度使府门外的空地上，派人对他说："刘都头是奉天子密诏来讨伐你的。现如今，你已没脸再活着去见皇上了吧。"这时，李师道还想能幸免一死，他的儿子李弘方仰面叹道："事已至此，要杀便杀，无须多言！"随后，父子三人都被斩首。从清晨到中午，刘悟命令左右都虞候到街道上去巡查，禁止将士焚掠，至下午，城内安定下来。然后，刘悟把百姓聚集在鞠毯场内，亲自前去安抚，并下令处斩与李师道一起叛乱者，共二十多家，文武将吏目睹叛乱者被杀，又怕又喜。刘悟释放李公度并带他到大堂，二人握手叹息。刘悟又命人把贾直言从狱中放出，还封他为幕府的参谋。

　　刘悟率军从阳谷出发袭击郓州前，暗中修书给魏博节度使通风报信，约定："如果成功，就通知您前来。如一时攻不进去，请您派兵相助。事成之后，功劳全归您一人所有。"同时，请求田弘正率军进据阳谷营地。这时田弘正见到烽火，知道大事已成，便派使者前往祝贺。刘悟将李师道父子三人的首级放入盒中，派人送到田弘正军营，田弘正大喜，写信上表朝廷，并送去首级。至此，淄、青等十二州全部平安。

　　李师道首级送到京师，朝廷命户部侍郎杨于陵为淄青宣抚使，前往青州安无慰问。

　　自安史之乱以来，河南、河北三十多个州的藩镇无视中央，自封官吏，不上赋税，已成地方割据势力。至此，该地区藩镇割据的旧格局被打破，不再成为对抗朝廷的主要威胁。

第九章 唐朝没落

1.宦官开始废立皇帝

元和十五年（公元820年）正月，宪宗暴死，宦官梁守谦等共立太子恒，是为穆宗。宦官废立皇帝自此开始。

（1）宪宗暴死

平定淮西后，宪宗逐渐滋长了骄傲奢侈之气。户部侍郎、判度支皇甫镈与卫尉卿、盐铁转运使程异顺承宪宗的心意，屡屡向宪宗的"小金库"里输送额外税收，以供宪宗享乐，因此两人都得到宪宗的宠爱。皇甫镈还大肆收买结交吐突承璀。皇甫镈以本职，程异以工部侍郎的职务都升为宰相，并兼任旧职。制书颁布后，朝廷与民间都感到惊异，就连市井小贩都耻笑他二人。

裴度与崔群竭力陈述升他们二人做宰相的坏处，宪宗不从。裴度以与小人同事为耻，上表请求自行引退，又没得到允许。于是裴度上疏说："皇甫镈与程异都是掌管钱财与谷物的官吏，而且都是投机取巧的奸邪之人，陛下突然把他们安置在宰相的职位上，朝廷上下无人不以此为惊奇可笑的。何况皇甫镈掌管度支，专做多取少给之事，所以不论哪个在朝廷中领俸禄的人，无人不想吃他的肉。近来皇甫镈裁减淮西官员的禄粮，激起了将士们的公愤。多亏我来到淮西行营开导、劝慰和勉励他们，才避免了溃散作乱之事的发生。现在，那些原来讨伐淮西的将士得知皇甫镈担任宰相后，肯定惊惶忧恐，自知有苦无处申诉。程异虽然人品平庸低下，但是考虑事情心平气和，用他做一些一般的繁杂事务还可以，做宰相则万万不能。皇甫镈狡猾诡诈，臭名扬天下，却能够使明察善断的陛下受到迷惑，足以看出他奸佞邪恶已到极点。我要是赖着宰相位子不走，早晚要被天下人的唾味淹死；如果我不发言，天下的人们就会说我辜负了陛下的恩宠。皇上您既不听我的意见，又不让我引退，我心里实在是难受到了极点。可惜的是，淮西荡平，河北归于安宁，王承宗拱手割让土地，韩弘抱病登车讨伐贼人，岂是单凭朝廷的努力可以做到的？只是因为对他们安排处理得当，因而能使他们心悦诚服。陛下建立天下太平的基业，已经达到了十分之八九，又岂能半途而废，令天下人寒心呢？"宪宗认为裴度属于朋党集团，竟然不理他。

皇甫镈知道自己不被大家所赞同，就更加变本加厉地恣意妄为来稳固自己的位子，他还奏请削减朝廷内外官员的薪俸来资助国家的用度。给事中崔植奋力驳回诏书，经过极力论说，才没有实行皇甫镈的建议。

当时内廷拿出积存多年的丝帛交付度支出卖，皇甫镈以次充好，竟把这些以高价买来的东西充作边疆军用物资。那些丝帛朽蚀腐败，用手一碰，就会破裂，军士们只好把这些废品烧掉了。裴度借奏报事情的机会谈到此事，皇甫镈却在皇帝面前伸出他的脚来说："我穿的这双靴子也是我用两千钱从内库中买来的，又结实又舒服，皇上您别听裴度胡说。"宪宗认为他讲得很对。从此，皇甫镈更加恣意妄为。程异有自知之明，知道自己在别人面前口碑不好，因此就尽力廉洁谨慎，谦逊自抑。他任宰相一个多月，都没好意思去掌握印信坐堂断事，所以最终免遭祸殃。

五坊使杨朝汶妄自捉拿囚禁百姓，严刑逼供，索要钱财，并让他们相互诬告牵连，竟有近千人被他这样拘禁。中丞萧俛上奏揭发，裴度与崔群也就此进言。宪宗说："你们只需与朕谈论军国大事，这些毛毛事各位就别操心了。"裴度说："相比较而言，用兵之事只是关于崤山以东而已。而五坊使强暴蛮横，遭殃的却是京城。"宪宗不高兴。退朝后，宪宗传召杨朝汶，恨恨地说："就是因为你，才使我不好意思见宰相！"冬季，十月，杨朝汶被宪宗赐死，而被囚禁的其他人则得以获释。

宪宗晚年喜欢长生不老之术，颁诏全国寻求方术之士。宗正卿李道古先前担任鄂岳观察使，贪婪残暴，恶名昭著。他老是惶惶不可终日，便寻求向皇上献媚之策，走皇甫镈的后门送上术士柳泌，称他能够制作长生的药物。宪宗于是颁诏让柳泌住在兴唐观中炼制仙丹。

唐元和十五年（公元820年），因总是服金丹，宪宗的脾气变得越来越暴躁。身边侍从宦官稍稍不顺他的心，就被毒打至死。宦官陈弘志发难，杀死宪宗，并假托说是服金丹过度毒发而死。

先前，宪宗以长子宁为皇太子，但太子早逝。吐突承璀曾想立二皇子沣王恽为太子，而宪宗却立三子遂王恒为皇太子。此时，宦官中出现争执，有拥立沣王的吐突承璀，另外还有拥立遂王的梁守谦等人。但后来后一派杀掉了前一派及沣王。闰正月，太子恒即皇帝位，为穆宗。穆宗于第二年正月改元长庆。

（2）宦官无法无天

长庆二年（公元822年），唐穆宗和宦官在宫中打马球，有一宦官不慎落马，穆宗受惊，于是严重中风，半身不遂，行动不便。以后，百官都不知穆宗的日常活动和行踪。宰相们多次请求进宫面圣，都没有得到答复。裴度屡次为立太子一事进谏上表，并请求入宫面见穆宗。十二月初八，穆宗在紫宸殿接见群臣百官，坐在大绳床上，喝退左右侍卫，只余十余名宦官随侍左右，人心逐渐安定。李逢吉上言说："景王已长大成人，请立为皇太子。"裴度也力谏说为安民心应速立皇太子，中书、门下两省的官员为此事也有人相继上奏。初十，穆宗下诏，立景王李湛为皇太子。随后，穆宗病情好转，并痊愈。

长庆四年（公元824年），唐穆宗疾病再度发作。后病重，就把朝政大权暂时交给了太子李湛。宦官打算请郭太后临朝代行皇权，太后说："过去武后乱权，自立为帝，败坏朝纲，招致万民唾弃，四方反叛，我怎能不晓得前车之鉴呢？太子虽无治国经验，然而有德才兼备的宰相辅佐，成大事不难。只要你们这些宦官不搅和也就没事了。自古以来，哪有女人主宰天下而能达到如唐尧、虞舜一样的大治呢？"说完，就撕掉了宦官拟定的制书。郭太后的兄弟、太常卿郭钊听到宦官的建议，秘密上书给郭太后说："假如您受宦官蛊惑，弄权乱纲，我们只有弃官归隐这条路了。"郭太后哭着说："得兄侄若此，真乃郭家之大幸也！"当晚，穆宗在寝殿驾崩。二十三日，朝廷任命李逢吉兼任冢宰，主持穆宗的治丧事宜。二十六日，太子李湛继位于太极殿东厢，号唐敬宗。唐敬宗游乐没有节制，与身边的小人亲密无间，时常一起游玩。他酷爱蹴鞠、摔跤等玩意儿，禁军和各藩镇为讨好皇上，纷纷进献球童、摔跤力士。敬宗又出钱一万缗给内园栽接使，命令他们为自己招募大力士，敬宗则每日游戏于此众力士之间，不思朝政，他还好深夜外出捕捉狐狸。他性格暴躁，大力士们有时恃宠出言不逊，动辄就被流放，甚至没收家产；宦官若稍犯圣怒，更是动辄毒打，导致人人敢怒不敢言。十二月，敬宗在夜里外出打猎后回宫，与宦官刘克明、田务澄、许文端以及玩球同乐者苏佐明、王嘉宪、石从宽、阎惟直等二十八人一起饮酒。苏佐明等人趁敬宗酒醉后到后房换衣服之机，吹熄灯烛，进内室刺杀了敬宗。刘克明等人随即假传敬宗的旨意，命翰林学士路隋起草遗诏，将朝政大权托付给绛王李悟。初九，宣布敬宗的遗制，绛王在紫宸殿的外廊接见宰相和百官。

　　刘克明等打算换掉掌权的内侍省宦官。消息传出，枢密使王守澄、杨承和、神策军护军中尉魏从简、梁守谦四人商定，派禁军前往迎接江王李涵入宫，同时，派左右神策军和飞龙兵把杀死敬宗的刘克明等人抓拿问斩。刘克明跳井躲藏，被禁军搜出斩首。绛王也被乱兵杀害。江王李涵即皇帝位，改名李昂，即文宗，文宗第二年二月改元太和。文宗在位十三年，对宦官掌权极为厌恶，曾与大臣谋诛宦官。太和九年（公元835年），发生"甘露之变"，但是没有成功。之后，宦官专权气焰愈盛，终至不可收拾。此后，文、武、宣及其后的懿、僖、昭帝等都是经宦官拥立而继位的，宦官擅权的程度由此可见一斑。

2.甘露之变

太和九年（公元835年）十一月，郑注与李训企图到凤翔选壮士数百为亲兵，奏请入护王守澄葬事，以乘机尽诛宦官，是为"甘露之变"。

（1）贬宋申锡

宦官专权的局面主要是由于宦官执掌了禁军。从安史之乱时开始，肃宗为赏赐有功的宦官李辅国，给了他一部分军队。肃宗返京后，李辅国权势更盛，禁军全在他掌握之中。从此，宦官势力日长，到后来甚至把持朝政，诛伐异己，废立皇帝，可谓无法无天。朝官们借助于皇权向宦官夺权的事情也时有发生。文宗时发生的"甘露之变"就是宦官与朝官之间的一次血战，但最终朝官因没有兵权还是败于宦官手中。

甘露之变以后，皇帝日益变成宦官手中的玩物，宦官集团完全掌握了军政大权。

穆宗、敬宗都是被宦官杀死的。文宗即位后，杀死二位皇帝的宦官仍有人在文宗左右，他们势力很大，其中尤以宦官头领、掌握禁军兵权的王守澄最为跋扈。有个叫郑注的人倚恃王守澄出入禁军，卖官贩权，人们对此奈何不得。到后来连文宗都无法忍受，就找来翰林学士宋申锡寻求对策。宋申锡给文宗出主意，要他一点一点地解除宦官的权力。文宗相信了宋申锡，升他为尚书右丞，密办此事。太和四年（公元830年），宋申锡又被任命为同平章事。

太和五年（公元831年）二月，唐文宗和宰相宋申锡密谋诛杀宦官，并找来吏部侍郎王璠共商大事，还把他举荐为京兆尹。不料王璠却泄露了文宗的意图，郑注、王守澄得知后，暗中进行防备。

文宗之弟李凑文武全才，颇有名声，封爵漳王。郑注令神策军都虞候豆卢著诬告宋申锡密谋拥立漳王。戊戌（二十九日），王守澄借机挑拨，致使文宗信以为真，要杀宋申锡。王守澄要派二百个骑兵去屠杀宋申锡全家，飞龙使马存亮一再劝阻说："在京城内动兵杀大臣恐怕会引起大乱，不如先和群相们商量一下。"王守澄于是作罢。

这天，正值宰相休假，文宗派宦官召集全体宰相到中书省东门。宰相到齐后，宦官说："此次召见，宋申锡回避。"宋申锡明白自己被人诬告，遥望延英殿，手执笏板磕头后退下。宰相到延英殿后，文宗把王守澄的奏折拿给宰相们看，宰相们都大惊失色。文宗命令王守澄派人逮捕豆卢著所诬告的管理十六宅官晏敬则、宋申锡的亲信侍从王师文等人，统统抓到宫中让太监审问，王师文得知后逃亡。三月初二，宋申锡被贬为太子右庶子。从宰相到大臣百官，都哑口无言，没胆量为宋申锡申辩。只有京兆尹崔绾、大理卿王正雅接连上疏，请求将宫中审讯的结果交付御史台复核。宦官见大势已定，就放松了警惕。王正雅是王翊的儿子。晏敬则等人承认豆卢著所诬告的都是事实，称宋申锡有与漳王勾结欲立其为帝之举。

初四，审讯结束后，太子太师、太子太保以下官员，以及御史台，中书、门下、尚书三省，大理寺的大臣被文宗召集起来当面询问审讯的情况。近中午时，左常侍崔玄亮、给事中李固言、谏议大夫王质、补阙卢钧、舒元褒、蒋系、裴休、韦温等人再次请求见文宗于延英殿，认为结果不公，请求皇上把案件交由专管监督的御史台复审。文宗说："此事已与朝臣议罢，休要再提。"屡次下令让这几个人退出，崔玄亮等人不退。崔玄亮边磕头边哭说："不要说杀宰相，就算杀一个百姓也不能这么随便呀。"文宗的怒气逐渐缓和，说："我准备再和宰相商议。"就再度召集宰相来延英殿。宰相们到后，牛僧孺说："宋申锡身为宰相，已位及人臣，再谋反还有什么意义呢？我认为宋申锡决不会傻到这种地步！"郑注为了不让自己的阴谋被揭穿，就怂恿王守澄尽快定案执行。初五，唐文宗贬漳王李凑为巢县公，宋申锡为开州司马。飞龙使马存亮因宋申锡被冤枉一事，对官场很是失望，当日请求告老还乡。崔玄亮是磁州人；王质是王通的第五代子孙；舒元褒是江州人。牵连此案的晏敬则等近百人被杀或流放，宋申锡最后死在被贬之地。

（2）夺王守澄权

前邠宁行军司马郑注依赖右神策军中尉王守澄，权力和势力非常大，因而唐文宗非常讨厌他。太和九年（公元835年）九月十三日，侍御史李款上奏到紫宸殿，在紫宸殿弹劾郑注说："郑注在宫中交结宦官，在南衙交结百官，不停地活动，结交关系，接受贿赂，观察局势变动，暗地里想窃取大权，而很多人尽管心里感到很愤怒但都不敢说出来。请求朝廷准许把他交付御史台审查治罪。"在短短的十几天之内，他连上数十次疏弹劾郑注，郑注只好逃到右神策军躲起来了。左神策中尉韦元素、枢密使杨承和、王践言也都恨郑注。左神策军将李弘楚劝韦元素说："郑注这个人狡猾奸诈，现在没有人能够比得上他。如果不在现在趁他势力还没有发展起来的时候把他弄死，等到他势力发展起来以后，一定会成为国家的一个祸害。如今，他被侍御史李款弹劾，躲藏在右神策军中，恳请您能许我借您之名去见他，托词说您身体不舒服，请他前来诊断。来后您请他坐下来谈话，我就站在你身旁等着，你给我一个眼神，我就将他抓出去杀掉。然后，您再向皇上谢罪，并将他的罪行一一抖露出来。到时，枢密使杨承和、王践言肯定会帮助您说话。况且你在拥戴皇上登上王位的时候做出过很大的贡献，他又怎么会因为你为他除去一个奸人而怪罪你呢？"韦元素认为有道理，就派李弘楚去召唤郑注。郑注来了，毕恭毕敬地对韦元素点头哈腰，随即口若悬河般地拍起了韦的马屁，惹得韦好不快活。韦元素听得入了迷，不知不觉亲切地拉住他的手，全神贯注地倾听，一点都没觉得有病。李弘楚在旁边多次暗示韦元素应该动手，韦元素置之不理。随后，他还把大量的金银财物送给郑注，送他回去。李弘楚大怒，说："你今天没把握住杀他的最好的时机，将来一定会遭到他的报复的。"于是，辞职而去，很快就生背疮而死。当初王涯升任宰相时，郑注曾在幕后为他活动。这时，王守澄又在文宗的面前为郑注辩护，于是，文宗赦免了郑注。没过多久，王守澄又奏请皇上要郑注做侍御史，充任右神策军判官。朝廷内外无不惊讶。

十二月十八日，文宗中风竟至不能讲话，郑注经王守澄介绍，治好了文宗的病。文宗于是开始信任郑注。

太和八年（公元834年），郑注被征调到京师。太和九年（公元835年）被任命为太仆卿兼御史大夫。

起初，宋申锡被判罪贬官后，宦官更加骄横。文宗虽然外表不露声色，内心却不能忍受。李训、郑注得宠后，知文宗心事。于是，二人在伴读过程中暗示文宗除掉宦官。文宗觉得李训很有才能，能言善辩，认为可以和他商议诛除宦官之事。又因二人与王守澄往甚密，同时召二人入宫，王也不会起疑，于是就开始和二人商议诛杀王守澄一事。郑注、李训于是下定决心，为皇上献策除掉宦官。二人相互依赖，昼夜商议对策，凡给文宗的建议，文宗无不采纳，二人声势日盛。郑注经常待在宫中，有时休假在家，要求拜见他的人排满他的门前，贿赂他的财物堆积如山。别人只道他二人靠宦官平步青云，却不知他二人正在谋划铲除宦官。当初文宗被拥立为皇帝时，右领军将军、循州兴宁县人仇士良曾经有大功，但他与王守澄不和。这时，李训、郑注建议文宗用仇士良来牵制王守澄。五月二十一日，文宗任命仇士良为左神策军护军中尉，王守澄闻知后很不高兴。

时人都认为郑注做宰相只是迟早的事情，侍御史李甘在朝里说："我决不会同意让郑注这种人做宰相。"不久，文宗贬李甘为封州司马。不过由于李训也不愿郑注权力太大，千方百计不让郑注做宰相。

太和九年（公元835年）七月下旬，侍讲学士李训又被加封为兵部郎中，知制诰。

八月初四，太仆卿郑注被任命为工部尚书，充翰林侍讲学士。郑注爱穿鹿皮裘衣，给人一种恬淡的假象。有一次文宗问户部侍郎李珏是不是认识郑注。李珏说："岂但认识他，还深知他的为人。此人并非善类，专攻奸邪之术，我不屑与之共处。"此话传至郑注耳中，不久，李珏被贬为江州刺史。

传言杀死宪宗的宦官陈弘志已任山南东道监军。李训要文宗把他召到京师，并派人在青泥驿暗杀了他。

郑注想做凤翔节度使，李训也怕郑注留朝日久，势力太大，非常赞成郑注出任此职。

九月下旬，右神策中尉、行右卫上将军、知内省事王守澄被任命为左右神策观军容使，兼十二卫统军，实际上，王守澄是被架空了权力。

（3）李训拜相

九月二十七日，唐文宗任命御史中丞兼刑部侍郎舒元舆为刑部侍郎，兵部郎中知制诰，充翰林侍讲学士李训为礼部侍郎，二人同为同平章事。同时，命李训每隔两三天就进宫以讲书为名商讨除宦之事。舒元舆看李训得宠，就千方百计为其铲除异己，自己也被李训推荐为宰相。文宗鉴于以前李宗闵、李德裕担任宰相时结党营私，互为对头的教训，认为贾𫗧和舒元舆都是家世寒微而刚刚考中进士不久的朝官，因此任其为宰相不致结成朋党。而李训由被流放的罪人而重新起用，仅一年就被任命为宰相，得到文宗全心全意地重用。李训把持朝政，朝中各大小事情都由他一人决定。宰相王涯等人对他阿谀奉迎，唯恐有所违背。朝中其他大小官员，包括禁军在内，更是对其唯命是从。三十日，唐文宗任命刑部郎中兼御史知杂李孝本暂代理御史中丞。李孝本是皇室后代，也不得不靠贿赂李训、郑注来得到升迁。

十月，李训、郑注秘密地向文宗建议，要求趁机除掉王守澄。初九，文宗遣宦官李好古携毒酒前去，赐王守澄一死，随后追赠王守澄为扬州大都督。李训、郑注本来是通过王守澄的推荐才被提拔的，却忘恩负义杀掉了他。所以，百官都为王守澄是奸佞被杀而拍手称快，同时也为郑李二人的阴险狡诈倒吸凉气。这样，元和末年暗害唐宪宗的叛贼逆党业已肃清。三天以后，郑注去凤翔上任。

李训等人虽然扶植了一批言听计从的人任高官，但仍不忘拉拢元老派大臣裴度、令狐楚、郑覃等人，所以士大夫阶层确有人对李训等能有所作为抱有很大幻想。

郑注到了凤翔后积极准备政变，按照预先与李训的约定，在十一月二十七日，郑注带兵以为王守澄送葬为名，将宦官一网打尽。李训想，如依照前约行事的话，事情成功后，头功要被郑注夺去，所以决定提前发动。

十一月二十一日，文宗在紫宸殿视朝。百官按照班秩站好之后，左金吾卫大将军却一反常态未报平安，他说："昨夜有甘露降在左金吾衙门后边的石榴树上。这一祥瑞已被我派人告知了所有的守宫门的宦官。"李训、舒元舆在一旁鼓动文宗前去观看。可惜文宗所乘软舆当时留在含元殿，于是就命宰相及中书、门下二省官员先到左金吾厅堂后面去察看。过了好一阵子，李训才来报告说："我不敢确定是不是甘露，还是确认后再宣布吧。"文宗故意问道："真有这么回事吗？"回头要左、右中尉仇士良、鱼志弘率宦官再去察看。李训趁宦官离去之机，命邠宁节度使郭行余、河东节度使王璠过来接密旨。王璠胆怯，哆嗦着不敢向前，只有郭行余拜受殿下。二人事先组织好的几百名部下已拿着武器在丹凤门外待命，李训预先命人告知这一干人上殿待命，偏偏只有王璠麾下的河东兵进来，郭行余的邠宁兵却没有来。进来士兵不归自己管辖，一时不知所措。

仇士良率领宦官到左金吾后院去察看甘露，韩约紧张得浑身流汗，脸色难看。仇士良觉得很奇怪，问："将军因何紧张？"过了一会儿，一阵风把院中的帐幕吹起来，仇士良发现附近暗伏刀斧手，情知中计，急忙赶回大殿，在关门的一刹那冲出。仇士良等人急奔含元殿，向文宗报告发生兵变，被李训看见。李训急呼金吾士卒说："护驾者重重有赏。"宦官对文宗说："事情紧急，请陛下马上回宫！"随即抬来软轿，把文宗拖上去，冲破大殿后丝网，朝北面奔去。李训拉住文宗的软轿大声说："陛下尚未下朝，不能和你们走。"这时，金吾兵已经登上含元殿。同时，罗立言率京兆尹府三百多人，李孝本率御史台随从二百多人从东西两路杀将过来，见宦官就杀。宦官血流如注，冤声四起，十几人或被杀或被伤。文宗的软轿一路向北进入宣政门，李训拉住软轿不放，呼喊更加急迫，宦官郗志荣趁机将李训打翻在地。文宗的软轿进入宣政门后，大门随即关闭，宦官都大呼万岁。这时，尚留在含元殿的大臣们见大事不好，四散逃窜。李训见事情败露，遂换上随从衣服逃走。一路大声扬言说："我有什么罪而被贬逐！"因而，人们也不怀疑。宰相王涯、贾𫗧、舒元舆回到政事堂，相互商议说："皇上稍倾必会召我们到延英殿议论今天之事。"中书、门下两省的官员来问王涯三人发生了什么事？三人都说："各位去了便知。"仇士良等宦官知道文宗也参与了李训的密谋，非常愤恨，竟公然出言责问皇上。文宗理亏，一声不吭。

（4）仇士良大杀朝官

仇士良等人命令左、右神策军副使刘泰伦、魏仲卿等各带禁兵五百人，前去捉捕叛党。这时，王涯等宰相在政事堂正要吃饭，忽然有官吏报告说："来一帮人马，见人就杀。"王涯等人狼狈奔逃。中书、门下两省和金吾卫的士卒和官吏一千多人争相向门外逃跑，最终还是有六百多人被关在门内杀死。仇士良下令分兵关闭各个宫门，逐个搜查南衙各司，务必把余党一个不剩地抓到。各司的官吏和担负警卫的士卒，甚至平民百姓也被枉杀千余人，尸横遍地，血流成河。各司的大印、地图和户籍档案、衙门的帷幕和办公用具被捣毁、洗掠一空。仇士良又出动左右神策军的一千多骑兵继续追捕剩余贼党，同时派兵在京城大搜捕。最终追兵于安化门外捉到化装成士民的舒元舆，在永昌一茶馆内捉到逃亡的王涯。王涯已七十多岁，在受刑逼供下，违心地承认和李训一起谋反，企图拥立郑注做皇帝。王璠逃回家中，不敢露面，终日大门紧闭，让家兵把守。神策将前来搜捕，到他的门口时，大声喊道："皇上知您与王涯等人无关，不但不降罪，还任您为相，我们来接您了。"王璠大喜，马上出来相见。出来后才发现被骗，被神策军抓了去。到了左神策军中见到王涯，王璠说："你参与谋反，为何要牵连我？"王涯说："谁叫你当初出卖宋申锡，这是报应。"王璠自知理亏，低头不语。神策军又在太平里逮捕了罗立言，还把王涯的亲属奴婢一并抓来，关押起来。户部员外郎李元皋是李训的远房表弟，虽并未得到李训提拔，也被一并定罪问斩。禁军还借口贾𫗧藏在前岭南节度使胡证家中，就抢劫胡家，并把胡证的儿子胡激杀死。禁军又到左常侍罗让、詹事浑锣、翰林学士黎埴等人的家中掠夺财产，查抄殆尽。浑锣是中唐名将浑瑊的儿子。这时，京城中恶少也纷纷借机杀人放火，抢劫商户，打架斗殴，致使尘埃四起，漫天蔽日。

二十二日，百官上朝，宦官只准朝官带一名随从进去，禁兵手持武器列于两旁进行监督。百官到了宣政门，门还紧闭着，连宰相和御史领班都没有，百官全无秩序。文宗在紫宸殿上问："为什么连一个宰相也没来？"仇士良答道："王涯等几个宰相谋反，已经关进监狱。"接着把王涯的亲笔供状呈交上去。文宗于是召左右仆射令狐楚和郑覃上殿，让他们确认是否为王涯的笔迹。令狐楚等回答："没错。"文宗说："真是这样，罪不容诛！"于是命令狐楚、郑覃留宿中书省，参决机务，并命令令狐楚把王涯谋反一事公告天下。令狐楚念往日情分没有大肆侮辱、谩骂王涯、贾𫗧，未得到仇士良等人喜欢，所以还是没做成宰相。

长安坊市的抢劫活动还没有停息。左右神策军将杨镇、靳遂良等奉命各率五百禁兵分屯交通要道镇压动乱，并杀了十几个人以为警诫，这才把动乱平定下来。贾𫗧变换装饰，在民间混了一天，自知无处可逃，便身着素装，骑驴来到兴安门自首道："我是被诬陷的宰相贾𫗧，我愿接受神策二军处置。"守门士兵把他带到神策右军。李孝本在逃往凤翔的路上被追获。

李训历来和终南山的僧人宗密关系亲近，便前往投奔。宗密想让李训假扮僧人藏于寺中，他的徒弟们全认为不妥。李训只好出山，打算前往凤翔投靠郑注，半路被周至镇遏使宋楚捉到押往神策军处。走到昆明池，李训怕被押到神策军后会被折磨得生不如死，便对押送他的人说："无论谁抓住我都能得到重赏而富贵！如果把我押往京城恐怕半路会被截去功劳。不如杀了我，把首级带去也是大功一件。"押送他的人同意了，割下李训的头送往京城。

（5）刘从谏责宦官

左神策军出动三百名士兵，带着李训首级，后面跟着王涯、王璠、罗立言、郭行余；右神策军出动三百名士兵，押着贾𫗧、舒元舆、李孝本到庙社祭献，然后到东、西二市示众，最后令百官到独柳，当着众人面，将这些人腰斩，死者的首级挂在兴安门外随风飘动。犯官还被株连九族，未死的也都没为官婢。围观的百姓有人对王涯搞的茶叶专卖不满，向他投掷瓦砾进行发泄。

同一天，朝廷任命令狐楚为盐铁转运使，左散骑常侍张仲方代理京兆尹。几天里，两个护军中尉背着文宗决定了一切善后之事。

在此以前，郑注已带领五百名亲兵从凤翔出发来到扶风。扶风令韩辽不愿与郑注同谋就携官印、家小逃到武功避难。郑注获知李训已经失败，又回到凤翔。仇士良等派人给凤翔监军张仲清送来密诏，让他将郑注处死。张仲清苦于找不到下手机会，押牙李叔和献计道："我们把郑注骗来之后，让他放松警惕，到时出其不意干掉他。"张仲清听从了这个建议，埋伏好甲士等待郑注。郑注仗着有亲兵护卫来见仲清。李叔和逐渐把郑注的亲兵引到外边吃酒，郑注只和几个人在里边。席间，李叔和突然斩杀郑注，连他所带亲兵也一个没留，并拿出密诏向将士公布，并将郑注一家处死。后来，副使钱可复、节度判官卢简能、观察判官萧杰、掌书记卢弘茂等一千多人也被杀死。

朝廷尚不知道郑注已死，二十六日，下诏削夺郑注官爵，由左神策大将军陈君奕为凤翔节度使，准备出兵讨伐郑注。二十七日夜，张仲清派李叔和把郑注的首级送献长安，悬挂在兴安门外，至此甘露事件告一段落。

此后，宦官的权势更大，宰相成了奉旨行事的傀儡。

开成元年（公元836年），昭义节度使刘从谏上表质询王涯等人的罪名，他指出："王涯他们都是读书人，地位很高，为了保持既得利益，他们不会造反。李训等人搞甘露之变，目的是要除掉宦官。仇士良等为了逃避被杀而将王涯等人杀死。说他们密谋叛乱，这样的罪名恐怕不合适。"

又说："假如宰相真有谋逆的计划，应当交给御史台等主管部门按照刑典处罚，怎么能由宦官擅自带领军队为所欲为地劫掠杀人！这次大屠杀中被杀死有数万人，许多百姓无辜受到伤害。我本想亲自到朝廷当面说明是非，恐怕也被宦官所害，解决不了问题。所以现在一定要管理好我管辖的地区，训练好军队，对内可以作为皇上的心腹，对外可以保护国家，如果奸臣实在很难控制，我到时一定会尽全力帮助皇上清除身边的奸臣。"

二月二十六日，朝廷加封刘从谏为检校司徒。刘从谏派牙将焦楚长上表辞官，说："臣先前所奏事关社稷，若在理，臣建议陛下应复王涯等人名誉；若无理，则陛下万不可滥施恩典。"接着传扬仇士良等人的罪恶。

三月二十二日，文宗召见焦楚长，予以慰藉，把他打发回去。

刘从谏上表后，仇士良等人气势有所收敛，因此宰相郑覃、李石大体还能掌权。李石曾说："宋申锡为人忠厚正直，后来是被奸人的谗言诬陷的，因此，应该给他恢复名誉。"文宗低首良久，流涕泫然说："朕也觉得此事处理不妥，但朕也是为奸人所逼啊。这里有宦官也有朝臣，朕也是糊涂了。要是汉昭帝再世，绝不会出现这样的冤案。"怀着追悔的心情，文宗于九月追复宋申锡原爵，让他的儿子宋慎微做了成固县尉。

仇士良对李石非常反感，开成三年（公元838年）派人刺杀他，未能成功。李石被吓得害怕了，打报告请求辞职。文宗知道其中的原因，却没有办法，只好调他去做荆南节度使。

在宦官包围下的文宗心情忧郁，逐渐地患上了重病。开成四年（公元839年）的一天，唐文宗病稍好，这一天，在思政殿召见翰林院值班学士周墀，和他一起喝酒时问道："我可以跟先代的哪些帝王相比较并称？"周墀回答说："陛下是尧、舜一类的帝王。"文宗说："我怎么敢跟尧舜相比较！我问你的意思是，我是否能赶上周赧王和汉献帝？"周墀大惊说："此二帝乃亡国之君，怎么比得上陛下的大圣大德？"文宗说："周赧王、汉献帝只是受制于强权诸侯，而今朕受制于宦官家奴。就此而言，我实在还不如他们！"文宗痛哭流涕，眼泪都沾到了衣襟上。周墀也拜伏在地，流泪不已。从此以后，文宗不再上朝。

3.武宗平泽潞

会昌四年（公元844年）武宗派人平昭义之乱，泽潞叛事得以平息。

（1）刘稹拒命

甘露之变后，昭义节度使刘从谏上表，为被杀的宰相王涯等鸣不平，并揭发宦官仇士良等人的丑事。仇士良又反咬一口，说刘从谏有不轨之心。武宗即位时，刘从谏献来一匹高九尺的良马，武宗没有收下。刘从谏认为定是仇士良从中挑拨，怒杀良马，由此对朝廷产生怨愤。于是他招兵买马，聚草屯粮，使得相邻藩镇都不得不提防他。刘从谏生病后对妻子裴氏说："我以忠直对朝廷，朝廷却不把我当作忠臣，相邻的镇也与我们不和。如果再让外人当了节度使，那刘氏必被满门抄斩不可。"于是和幕客张谷、陈扬庭等计议仿效河北藩镇，以刘从谏的侄子刘稹为牙内都知兵马使，族侄刘匡周为中军兵马使，孔目官王协为押牙亲事兵马使，家奴李士贵为使宅十将兵马使，亲信刘守义、刘守忠、董可武、崔玄度分别手握重兵。

会昌三年（公元843年），刘从谏死去。刘稹秘不发丧，逼监军崔士康谎奏刘从谏病重，请求其侄刘稹继任留后。武宗谋于宰相，宰相们多以为边境上回鹘的残余力量还在活动，再把大量精力放在讨伐泽潞上，以现有的国力难以做到，所以希望暂且同意刘稹作留后。唯有李德裕对此看法持有异议，他说："泽潞不同于河朔。河朔割据已有历史，局面不易改变，泽潞地处朝廷腹心之地，对朝廷的影响很大，一定要讨伐。"李德裕还认为，只要成德、魏博二镇不支持泽潞，刘稹必败。

武宗赞成李德裕的意见，决定征讨泽潞。为了稳住河朔，李德裕还受命草诏向成德节度使王元逵、魏博节度使何弘敬晓以利害，对他们说："泽潞的情况与你们不同，不要为了保住你们子孙世袭的地位而支持泽潞。只要听朝廷的话，朝廷自然不会亏待你们的子孙。"

解朝政奉武宗之命到泽潞去探望刘从谏。解朝政到上党要见刘从谏，刘稹推辞说刘从谏病情严重，无法亲来受诏。解朝政不理会他，硬要进去。兵马使刘武德、董可武守在门前，凶相十足。解朝政见势不妙，退了回来。刘稹赠以千金，把他打发回朝。武宗又派供奉官薛士干到泽潞宣旨，一要刘从谏到东都洛阳养病，二要刘稹入朝。薛士干与解朝政不同，根本不问刘从谏的病情，让人以为他已知道刘从谏已死。刘稹只得宣布刘从谏死讯并发丧。

朝廷因得闻刘从谏死讯，停止上朝一日，并命刘稹护丧到洛阳，还让刘稹生父刘从素修书给儿子表述朝廷建议，但刘稹不从。

四月，朝廷调任忠武节度使王茂元为河阳节度使，邠宁节度使王宰为忠武节度使。

（2）诸道合力讨刘稹

五月十三日，朝廷宣布革去刘从谏和刘稹的官职，并命成德节度使王元逵为泽潞北面招讨使，魏博节度使何弘敬为泽潞南面招讨使，与河东节度使刘沔、河中节度使陈夷行、河阳节度使王茂元合力攻讨，以迅雷不及掩耳之势展开全面进攻。

此前，河朔地区的藩镇如果节度使死了，其后代承袭自立，朝廷一般先派遣吊祭使，然后册赠使、宣慰使相继前往了解军心向背。如果的确觉得不适合继位，则另外封一个小一些的官职；如果他们拒不从命，此后才开始发兵征讨。所以，从朝廷开始派遣吊祭使到最后发兵征讨，中间一拖就是半年，给了他们喘息的机会。这时，宰相本来打算先派遣使者前往昭义，劝诫刘稹听从朝廷的诏令，武宗则先一步派王元逵屯兵赵州，准备讨伐。

几天以后，唐武宗任翰林学士承旨崔铉为中书侍郎、同平章事。崔铉是崔元略的儿子。这之前，武宗密召翰林学士韦琮，让他起草任命崔铉的诏书，这事连宰相和枢密使都不知道。这时，枢密使刘行深、杨钦义怯弱胆小，不敢对朝中不平直言，老宦官们都埋怨二人说："朝廷风气败坏都是因为刘、杨二人懦弱的缘故。"韦琮是韦乾度的儿子。

六月，王茂元之兵奉命进占天井关南的科斗店，刘稹派衙内十将薛茂卿率亲军两千前往迎战。十九日，朝廷命王元逵、李彦佐、刘沔、王茂元、何弘敬于七月中旬一齐发兵，而且下令绝对不能接受刘稹求降的要求。

十七日，宰相李德裕禀奏唐武宗道："据我观察，朝廷过去发兵征伐河朔的叛乱藩镇时，各个镇都故意骗取朝廷拨给的军需物资，有的甚至与叛军秘密交往，暂借敌人一个县城或一个营地驻屯，然后向朝廷谎报战功，骗取朝廷钱粮，有意拖延时间。现在，希望皇上降旨给各路藩镇，令王元逵攻取昭义管辖的邢州，何弘敬攻取洺州，王茂元攻取泽州，李彦佐、刘沔攻取潞州，但不许进攻县城。"武宗采纳李德裕之计。

晋绛行营节度使李彦佐自徐州出兵，行动迟缓，还反而请求给予援军，并要求在绛州休整。李德裕认为他是有意拖延时间，骗取军需，因此拒绝了他的一切请求，并严令他立即进军翼城。李德裕还任命天德防御使石雄为晋绛行营副使以监视李彦佐。

刘稹上表说："我伯父刘从谏因为反对宦官仇士良而被当权的宦官憎恨。他们说我伯父心怀不轨，屡次陷害。所以我不敢入朝，希望陛下明察，放我一条活路。"何弘敬也上表为刘稹说情。但是李德裕扣下了这些奏表，没让武宗知道。

河北三镇接到朝命后，成德镇最先行动，宣务栅很快被王元逵攻陷。刘稹派民兵救尧山，再遭败绩。朝廷一方面加封王元逵为同平章事，以元逵之功激励官军，一方面催促李彦佐、刘沔、王茂元迅速行动。

八月初九，昭义大将李丕前来向朝廷投降。这时，讨论这件事的官员有人以为，刘稹派李丕诈降以便疑惑官军，李德裕却对武宗说："自从出兵至今已有半年，一直没有人来归降。现在李丕既然来降，不管是真是假，都要重赏，以便鼓励将来投降的将士。只是不能委以重任。"

王元逵前锋进入邢州一个多月，魏博镇还不出兵。李德裕就命令王宰率忠武军精兵穿过魏博镇的相州、魏州，攻打磁州，与在晋绛的泽潞军作战，其实是想利用这一部署给魏博施压，令其迅速出兵。

不久，昭义衙内十将薛茂卿攻破科斗寨，擒河阳大将马继等，并拿下营寨十七座，还一口气打到离怀州只有十几里的地方才罢。因未得到刘稹的命令，薛茂卿未敢轻率攻城。朝议以为刘稹不是轻易可以战胜的。武宗支持李德裕继续用兵，说："乱我军心者，我必杀之！"

何弘敬怕忠武军进入魏州境内导致军中有变，便立刻出兵。八月下旬，何弘敬奏报说，全军已过漳水，正往磁州途中。这正中李德裕攻心伐谋之计。

自科斗寨之败后，河阳军怯战，想要收兵退保怀州。假若河阳军一旦退去，各军士气势必受挫，洛阳也会受到威胁。因此朝廷诏王宰转道救援河阳。

河阳节度使王茂元率众在万善屯兵，刘稹遂命牙将张巨、刘公直等人会同薛茂卿一同进攻，准备在九月初一包围万善。二十九日，刘公直等人先暗地里取道万善，放火烧了雍店；张巨率兵随后接应，从万善城外经过的时候，探知城中守备薄弱。张巨贪功心切，于是率兵攻城。太阳快落山的时候，眼看万善城就要攻下，才派人去通报刘公直等人。这时，义成的军队正要去河阳，恰巧路过。王茂元被攻打得困乏危急，打算率兵弃城逃走，都虞候孟章劝阻他说："敌军攻城总会退却的。现在贼兵一半在雍店，只有一半在攻城，就可知道这不过是一群乌合之众。义成兵现在刚刚到达，还没有吃饭，若得知您率兵逃走，就会不战自溃。希望暂且留下坚守！"傍晚的时候，刘公直仍未带兵来到，张巨只好引兵退走。他们在爬太行山时，因天黑，又下雨，士兵们担心害怕起来，说："追兵来了！"都拼命逃跑。人马自相践踏，死伤无数。

何弘敬奏报攻下昭义洺州的肥乡、平恩两县，杀伤很多贼兵。同时报告说，得到刘稹公开张贴的告示，竟说官军是贼，还说要格杀勿论。初七，武宗对宰相说："何弘敬已攻下昭义两县，可以消除以前对他的疑心。既然他已帮我们打过了昭义军，再想收手已经晚了。"于是，封何弘敬为检校左仆射。

九月，河阳节度使王茂元病死。两天后朝廷任命河南尹敬昕为河阳节度使、怀孟观察使，河阳兵士改由河阳行营攻讨使王宰统领，而节度使只负责提供钱粮。

朝廷又令石雄代替李彦佐为晋绛行营节度使，命他从冀氏县出兵攻打昭义治所潞州。石雄领命后立即出兵，攻破五个敌寨，杀敌不计其数，接着向潞州进发。

薛茂卿在科斗寨为昭义军打败官军立了战功。可有人说："薛茂卿过于孤军深入，又兼杀人太多，很难博得朝廷好感。看来，想和朝廷在节度使之职问题上达成统一很难。"因此茂卿未能按功获赏。茂卿非常恼怒，偷偷与官兵们商量。十二月初三，王宰率兵攻打天井关。薛茂卿假装出兵，随即率军退走。王宰进据天井关，天井关周围的军寨纷纷后撤。薛茂卿退到泽州给王宰捎去口信要他进攻泽州，自己暗中接应。王宰怀疑是诱兵之计，不敢草率行动，一直持观望态度直到约定时间过去。这下子害了薛茂卿。刘稹得到情报，把薛茂卿诱至潞州，杀光了他的全族。兵马使刘公直代替了薛茂卿的职务。

十二月十四日，王宰攻打泽州，失利。刘公直一个反击收复了天井关。二十日这天，王宰又发起了进攻，大破刘公直，随即围攻泽州东北的铜川县，石会关也为河东军所攻破。

昭义洺州刺史李恬，是河东节度使李石的堂兄。李石到了太原，刘稹派贾群去见李石，还带去了李恬的书信，信中说："刘稹愿率全族人归降您，同时，护送刘从谏的灵柩回东都洛阳埋葬。"李石不仅关押了贾群，还将李恬的书信上奏朝廷。李德裕上言说："现在官军四面围攻昭义，我军胜利在望，敌人已是穷途末路，所以伪装投降，想制造我军进攻暂缓的机会，借机喘息休整，然后再来侵扰。因此，希望陛下下诏，命李石写信答复李恬说：'我还没有将你上次的来信上报给朝廷。'若刘稹真心悔过自新，那么，就应把自己和全族亲戚的双手反绑，到边境上待罪投降。由我亲自去受降，然后将他押赴京师。假若刘稹伪装投降，企图借此机会暂缓官军的进攻，并且还要让朝廷给他洗雪冤耻，我怎么敢用我宗族一百多条性命为您替刘稹担保呢？望陛下同时给前线各个藩镇下诏，命令他们乘着刘稹内部不和的大好时机，迅速进兵攻讨。这样，不出一个月，他们肯定会爆发变乱。"武宗同意。左拾遗崔碣上疏，请求武宗接受刘稹归降的请求，武宗大为恼火，把他贬为邓城令。

（3）昭义事平

在河东行营都知兵马使王逢的要求之下，朝廷决定命河东军增派两千人赶往榆社。由于河东已无兵可派，因而不得不让仓库守员和工匠也编入军队一起出征。都将杨弁率领李石从横水召来的兵士一千五百人，前往榆社。十二月，杨弁等率领戍卒来到太原。根据以往的习惯，士卒出征每次每人给绢二匹。可是前任节度使刘沔调任时已全部带走了府库里收藏的财物，新任节度使拿不出物资来分发，只好拿出他以往的私人存物分给士兵，但是每个人也只能分得一匹。士兵们不愿在正月初一前出发，但监军吕义忠不肯，一再催逼大家立即动身。杨弁借着士兵们的不满情绪，又知道太原城守备空虚，于是于正月初一率兵剽掠市场，杀都头梁季叶，占据军府，李石逃往汾州。杨弁放走贾群，并让自己的侄子和贾群一道去见刘稹，并要相约为兄弟，刘稹大喜。石会关守将杨珍听说了太原士兵反叛之后，向刘稹投降。

李石由汾州来到晋州，又奉武宗之诏回到太原行营。武宗又下诏命，令王逢把太原兵留在榆社戍防，动用易定、宣武、兖海三处的兵力进攻杨弁，同时命令王元逵率五千步、骑兵自土门入太原，接应王逢。

榆社河东兵见客军攻打太原，担心城被攻破之后家属难逃一劫，所以自动拥监军吕义忠攻打太原。不久，太原城被攻下，杨弁也被活捉了。

王宰与石雄关系不和。当时，如王宰强攻泽州吸引昭义军的主力，石雄就能轻而易举地拿下空虚的上党。王宰却在泽州南部故意拖延，不肯决战长达两个多月之久。三月初，朝廷下诏催促王宰进兵，同时任命石雄为河中节度使。

会昌四年（公元844年），刘稹的心腹将领高文端向官军投降，并说叛贼军营中缺乏粮食，因此只好让妇女们用手搓麦穗，然后捣碎麦粒来供给军队。李德裕召询高文端，征求击败叛贼的计谋。高文端认为："官军如果现在就直接进攻泽州，既不能攻下城池，又会使大量兵士伤亡。泽州叛军约有兵一万五千人，其中一大半兵力常常在山谷间埋伏。当他们探得官军攻城未克，疲惫不堪之时，伏兵将回击城下官军，我军必然损失惨重。如果朝廷今天能命令陈许的军队渡过乾河扎下营寨，围绕泽州筑起夹城，从寨城一直连到泽州，每天派遣大军于夹城外布阵，以抵御救兵，叛军见夹城将合围必定不会坐以待毙，定会出城死战，这时官军可等击败出城的贼军后，乘势将泽州城攻破。"李德裕上奏唐武宗，建议把高文端的计策传达给前线的指挥官王宰。

高文端又说："叛贼所据的固镇寨由于地势十分险峻，特别是四周都是绝壁，易守难攻。然而寨中没有水，只能出寨取涧水食用，这股涧水在固镇寨以东约一里路外，应该命令王逢率官军进逼，断其水路，这样不过三天，贼军就得弃塞而逃，官军即可跟踪追击。固镇寨前面十五里外可到青龙寨，情形与固镇寨相同，故可以依照同样的方法攻取。青龙寨往东十五里即是沁州城。"李德裕将这个想法上奏朝廷，并请武宗以诏书的形式告诉王逢。

高文端又建议说："叛军都头王钊率领士兵万人戍守洺州，叛军首领刘稹已将作战不利的薛茂卿灭族，并杀掉了邢洺救援兵马使谈朝义兄弟三人，这使得王钊动摇、害怕。刘稹派遣使者召王钊，王钊不肯入潞州城，士兵们也不服从调遣，所以王钊肯定不会听令于刘稹。但王钊及所部士卒家属都在潞州，另外，士卒们害怕自己即使投降也不能免除一死，所以招谕他们，他们也肯定不敢前来。只有向王钊宣示上谕，让他带领自己的人马从潞州进攻刘稹，如果成功，就任命他做别道节度使，还给他以重赏，或许王钊肯听从。"李德裕再奏告唐武宗，并请武宗发出诏令，让何弘敬将皇上的意思秘密传达到王钊那里。

刘稹年轻懦弱，因此押牙王协、宅内兵马使李士贵便把持了军府的事务。他们聚敛了大量钱财，却又不肯给有功将士以奖赏，因此人心离散。刘从谏的妻子裴氏，打算把在山东主持军务的弟弟裴问找来掌管军政，希望能改变局面，减轻她对刘稹危险局面的担忧。然而，李士贵只说山东的事情需要裴问主持，根本不让他来。

王协提出每州要任命一名军将，专门主管向商人征税的事务。名为向商人征税，其实是把编户的家财做一个统计，然后折算成绢匹，收取十分之二的税，还经常往高估值。于是人们的钱财和粮食都被榨取殆尽，还不够数，因此百姓怨声载道。

昭义军的将领刘溪特别地贪婪残暴，从前刘从谏对他弃而不用。刘溪贿赂王协，王协认为当时邢州富商极多，就任命刘溪为邢州主税官。当时裴问所率领的兵将以富商子弟居多，号称"夜飞"。刘溪到邢州主税，将这些手下的父兄尽数逮捕，夜飞军士向裴问告状，裴问向刘溪求情，并请求释放士兵家属，刘溪不但不允许，还对裴问出言不逊。裴问勃然大怒，与手下秘谋将刘溪杀死归降朝廷，并告知邢州刺史崔嘏，这得到了他的赞同。二十五日，崔嘏、裴问将邢州城关闭，将城里四个大将杀死，并向成德节度使王元逵请降。这时，消息传到党山高元武那里，于是，他也向官军投降。

先前昭义节度使府曾赐给洺州军士每人一端布匹，可是没过多久又下令说要以一端布折充为冬赐。刚好使府派来的负责征税的军将到了洺州，致使人心不安，于是王钊趁机向军士鼓动说："镇守的将军刘稹很年轻，军政命令并非由刘稹所出。今军府仓库充实，支付十年的用度绰绰有余，节度使府的使帖我们不能从命。"于是擅自打开仓库，分给士卒每人绢一匹，谷十二石，士卒皆大为欢喜。王钊趁势关闭洺州城门，请降于魏博节度使何弘敬。安玉在磁州，闻知邢州、洺州都已投降，也以磁州请降于何弘敬。尧山都知兵马使魏元谈等也降于成德节度使王元逵。王元逵对魏元谈等人据守尧山怀恨在心，于是，将他们全都杀掉。

郭谊、王协策划杀掉刘稹向朝廷请罪。刘稹从堂兄中军使刘匡周兼任押牙，郭谊认为他是障碍，决定先夺刘匡周的权。他对刘稹说："刘匡周在牙院诸将不敢讲话，怕被猜疑而获罪。山东三州丢掉也是这个原因。只有匡周离开牙院，大家才敢尽言。大家同心协力，才能扭转局面。"刘稹要求刘匡周不再到牙院去，刘匡周怒道："我在牙院，诸将才不敢有异图；一旦离去，大家全得完蛋！"说完，愤愤离去。

郭谊又指使刘稹所信任的董可武游说刘稹说："太行山以东三州的叛变，是由您的舅舅裴问发起，当今上党城中人谁敢保护您！您今天想怎么办？"刘稹回答说："目前上党城中尚有五万人，应当紧闭城门坚守吧！"董可武说："这不是良策，留后您不如将自己捆绑起来归降朝廷，像文宗时张元益那样，还不失做一个刺史。应暂让郭谊充任留后，待得到旌节的时候，从容不迫地奉太夫人以及家室财产归居东都洛阳，不是也很好吗？"刘稹说："郭谊怎么肯这么做呢？"董可武说："我已和郭谊立下重誓，必定不会违背誓约的。"并引郭谊入见刘稹。刘稹与郭谊密谋降唐事宜，密约既定，然后告诉母亲裴氏，裴氏说："归降朝廷当然是一件好事，只恨已经太晚。我弟裴问尚不忠于你，又如何能保证郭谊不背负于你呢！你自己再三考虑吧！"刘稹不加思索，穿着素服出使府牙门，以母亲裴氏之命任郭谊为都知兵马使。这时王协已经告诫诸将领，于使府外庭站立排列，郭谊拜谢刘稹礼毕后，出使府门召见诸位将领，刘稹则于内厅整理行装。李士贵听说事变，率领后院兵数千人攻击郭谊。郭谊向后院兵大喊说："你们为什么不各自求取赏物，而想与李士贵同死呢？"军士听后纷纷后退，共同将李士贵杀死。郭谊改换使府将吏，安插自已的心腹，重新部署军士，一个晚上就全部准备就绪。

第二日，郭谊又指使董可武入室谒见刘稹，说："郭公请您商讨公事。"刘稹说："为什么不到此对我讲？"董可武说："恐怕惊动了太夫人。"于是引刘稹步行出使府牙门，来到使府之北的别宅，摆设酒宴作乐痛饮。当喝得痛快之时，董可武对刘稹说："今天的事是想保全您祖父太尉刘悟传下的一家人，可您必须自己决定去留，这样朝廷才会同情和照顾您的家属。"刘稹回答说："如您所说，我心里也这样想！"于是董可武上前抓住刘稹的手，崔玄度自后面将刘稹斩首。接着，收捕刘稹宗族家人，将刘匡周以下以至襁褓之中的婴儿全部杀死，又杀死原刘从谏父子所信任善待的张谷、陈扬庭、李仲京、郭台、王羽、韩茂章、王渥、贾庠等总共十二家，并株连他们的子侄、外甥、女婿等，无一人能幸存。李仲京是李训的兄长；郭台为郭行余的儿子；王羽是王涯的族孙；韩茂章、韩茂实兄弟皆为韩约的儿子；王渥是王璠的儿子；贾庠为贾𫗧的儿子。唐文宗甘露之变时，李仲京等人逃亡投奔刘从谏，得到刘从谏的保护和抚养。这时郭谊总揽昭义军政大权，凡军中对他稍有嫌隙的人，郭谊就将其诛杀，以致每天都要杀人，血流在地上碾成了血泥。大局稳定后，郭谊将刘稹的首级封装在一个盒子里，派遣使者带着表文和书札，向王宰归降。刘稹的首级经过泽州，刘公直及其营垒的将士痛哭失声，也就一同归降王宰。

刘稹首级送到长安，朝廷下诏："昭义五个州免除一年赋役，军队所经过的州县免除当年秋税。自刘从谏以来，昭义镇随意增加的赋敛一概不算数。造册的土团人员全部遣返归农。各道的有功将士，按等级给予赏赐。"

郭谊杀了刘稹以后，天天盼着朝廷的任命，可一直没有消息。不久石雄来到，郭谊等前来参见。敕使张仲清要求各高级官员当晚到牙院领取任命状，只有郭谊的任命状说是要到第二天才能来。晚上，郭谊等人来牙院听命，听候点名引进。凡凶暴狡诈，或顽抗官军的将领全都抓起来送往京师，刘从谏的尸体被从地下棺椁里扒出来，在潞州的闹市曝晒三日，后来又移到球场，用刀剁烂。

刘稹的部将郭谊、王协、刘公直、安全庆、李道德、李佐尧、刘武德等被斩首。泽潞之叛的事情到此结束了。

4.朋党之争

大中三年（公元849年）十一月，崔州司户李德裕死去，长达四十年之久的朋党之争渐息。

唐代自安史之乱后渐渐走向没落，腐败滋生，社会动荡，各种矛盾不断激化。在地方上，藩镇割据，与中央争夺权力；在宫廷内部则是宦官专权，皇帝成为傀儡；朝官之间，更是朋党林立，官员们各自为营，结党营私，纷纷以宦官作为自己的靠山，导致互相倾轧，史称"朋党之争"。

唐代的朋党之争，斗争最烈历时最久的要数"牛李党争"了。牛党以牛僧孺、李宗闵为首，李党以李德裕为代表。这两个官僚集团之间的争斗从穆宗时起至唐懿宗继位时止，持续达四十年之久。两派之间反复较量，盘根错节，对唐晚期政治影响极大。

（1）宪宗策试种祸根

两党之争缘起于宪宗元和年间（公元806~820年），当时李德裕之父李吉甫为宰相执掌朝政。元和三年（公元808年），策试贤良方正，考生牛僧孺、李宗闵、皇甫湜等在策文中指摘时政、抨击当权，极为大胆。主考官杨於陵更是借题发挥，以牛僧孺等人文章为据，大肆指摘李吉甫施政不当。李吉甫得知后，认为这些人合伙攻击诽谤自己，便向宪宗哭诉。宪宗大怒，将几位主考官贬斥，牛、李等人亦长期不被任用，此即双方结怨之始。

翰林学士李德裕是李吉甫之子，对在元和三年（公元808年）科举中讥讽其父的李宗闵非常忌恨。李宗闵又与翰林学士元稹争官，产生矛盾。这年，右补阙杨汝士和礼部侍郎钱徽二人主持进士考试，收到西川节度使段文昌、翰林学士李绅的推荐信。等到放榜，段文昌和李绅所举荐的考生都落选了，中榜的进士当中：郑郎是郑覃的弟弟；裴撰是裴度的儿子；苏巢是李宗闵的女婿；杨殷士是杨汝士的弟弟。段文昌对唐穆宗说："今年科举不公。所录的人尽公卿之后，大凡无才无德，唯借祖荫和贿赂才被取上。"穆宗把段文昌说的情况转给翰林诸位学士,李德裕、元稹、李绅都异口同声说:"确如段文昌所言。"于是,穆宗命中书舍人王起等人复试。四月十一日,下诏书将郑郎等十个进士废除掉,并把钱徽贬为江州刺史,把李宗闵贬为剑州刺史,将杨汝士贬为开江令。

有人劝钱徽向朝廷揭发段文昌、李绅曾写信为自己的亲友请托之事,皇上一定会醒悟收回诏书。钱徽说:"大丈夫光明磊落,岂能靠揭发告密而求升迁?这些送书求情的人会有报应的。"于是把段文昌和李绅的信拿出来烧了,以显示自己有君子风度和宽容度量。李绅是唐高宗时宰相李敬玄的曾孙;王起是王播的弟弟。此后,李德裕的"李党"和李宗闵的"牛党"展开了长达四十年的朝廷斗争。

牛党的另一重要骨干是牛僧孺。牛僧孺向来被穆宗重用,开始时担任户部侍郎。一个偶然事件使牛氏威望大增,更被穆宗信任。右骁卫将军韩公武死,其孙在分割家财时互不相让,发生争执,告到官府。穆宗亲自过问此案,令人将韩家财产出入账簿取来自己审阅,查出韩家曾贿赂过许多朝臣并得逞,这时在一本账册中又发现一行小字:某年月日,送户部牛侍郎钱千万,不纳。穆宗遂认牛僧孺为清官忠臣,认为可委以大任,于是立即下诏,提升牛僧孺为相。

牛党上台,李德裕马上被贬为浙西观察使。李德裕认为自己被贬一定是牛党的李逢吉在皇上面前诬告自己,衔恨不已,从此两党结怨更深。牛党李逢吉、牛僧孺为相,又勾结太监王守澄,朝中无人敢惹。只有翰林学士李绅敢直言上谏,深为牛党忌恨,不久也被贬为江西观察使。

穆宗死后,敬宗即位。牛僧孺看不惯皇帝荒淫,宦官弄权,又不敢进谏,就干脆请命到地方去,眼不见心不烦。宝历元年(公元825年)正月,牛僧孺以同平章事的身份充任武昌节度使。宝历二年(公元826年)二月,牛党代表李逢吉的死对头裴度入朝拜相,牛党大惧。牛党失势,李党占了上风。十月,牛党的李程被贬为河东节度使。十一月,李逢吉被贬为山南东道节度使。不久,敬宗为宦官所杀,文宗继位。

（2）两党钩心斗角

文宗时期，两党争斗日益激化。太和三年（公元829年），朝廷下诏召李德裕入朝任兵部侍郎。不久，李德裕又在裴度的举荐下任宰相。而同时，李宗闵也在宦官的帮助下出任宰相。太和四年（公元830年），李宗闵又荐引牛僧孺入朝，共同对抗李党。

同年，裴度因年老多病主动辞职，牛党势力占了上风。因怨恨裴度推荐李德裕任相，李宗闵置裴度对自己也有举荐之恩于不顾，撺掇文宗把裴度贬为山南东道节度使。十月，贬李德裕为西川节度使。

李德裕至西川以后，立即察看地形，询问军情，一个月之内，李德裕便把当地山川道路城邑全了解了。接着，又开始整修工事，精练部队，修兵缮甲，以防边地之患。吐蕃知西川有备，不敢轻举妄动，于是西川稍稍安定。

太和五年（公元831年）九月，吐蕃国维州副使悉怛率众开赴成都，想要投降唐朝。于是，李德裕派遣虞藏俭率兵进入维州城防守，并代理刺史一职。二十五日，李德裕奏报朝廷，并且说："臣打算派三千未开化的羌人烧掉十三桥，随后再出兵直入吐蕃心脏地带，这不仅可以雪当年吐蕃占我边疆之耻，而且还是西川前节度使韦皋的终生之愿。"文宗把李德裕的奏折交付尚书省，召集百官商议，百官都觉得李德裕的建议可取。唯独宰相牛僧孺说："吐蕃疆域广阔，方圆万里，失去一个维州只等于掉了一根毫毛。近年来唐与吐蕃和好，双方约定共同罢减边防戍守兵力。朝廷一向以信义对待戎夷，假若依李德裕之言，吐蕃就会责怪朝廷不讲信用。同时，他们在原州的蔚茹川蓄养战马，布置兵锋直抵平凉原，再派骑兵一万在回中，不出三天，吐蕃兵即可直达咸阳桥头，危及长安。这时，即使在西川收复一百个维州，又有何用呢！若依李德裕之言，只能使我国丢弃诚信，有百害而无一利。这样的事就连平民百姓也做不出，更何况陛下您呢？"文宗认为僧孺言之有理，就下诏命李德裕归还维州给吐蕃，并逮捕送还悉怛等全部降唐人员给吐蕃，而吐蕃则非常残忍地在边境上斩杀了悉悒等人。李德裕由此更加恨牛僧孺。

太和六年（公元832年）十一月二十七日，荆南节度使段文昌被改命为剑南西川节度使。这时西川监军王践言入朝担任枢密使，屡次上言说："朝廷让西川捆绑归还降将悉怛等人给吐蕃，以取悦于吐蕃，这样做不好，以后就没人敢来归降朝廷了。"文宗也感到后悔，埋怨中书侍郎、同平章事牛僧孺失策，依附李德裕的官员于是乘机上言说："牛僧孺与李德裕不和，他有意不让李德裕立功。"于是文宗更加疏远牛僧孺，牛僧孺十分不安。这天，文宗亲临延英殿，对宰相说："什么时候天下能够太平呢？你们几位是如何作这方面的打算呢？"牛僧孺回答说："太平没有固定的标准。如今边境安宁，百姓安居，虽然算不上天下大治，但也算小康了。陛下假如还不满足，在此之外追求什么太平，那是出于臣等的能力之外了。"退朝后，他对同僚说："皇上如此责备抱怨我们，我们何必赖着做宰相呢？"于是，接连上表请求辞职。十二月初七，文宗加封牛僧孺同平章事的头衔，到淮南去做节度使。

自李德裕还朝后，得到文宗的赏职，有做宰相的希望。李宗闵害怕李德裕得势，就想方设法排挤诬陷李德裕，结果都没有得逞。

太和七年（公元833年），李德裕被封为宰相入朝谢恩时，文宗与他谈起朋党之事，李德裕说现在朝中朋党占朝官三分之一，文宗也表示赞同。于是李德裕就趁机大力排挤贬斥平素与自己不和的人，因此牛党逐渐失势。李德裕提拔同党郑覃为御史大夫。六月，又把李宗闵贬为山南西道节度使。但是李德裕的专断作风也逐渐起引了文宗的不满。这时，牛党骨干依附大宦官王守澄亦乘机入相。王守澄、奸人郑注、李训平时讨厌李德裕，并知道李宗闵是李德裕死敌，便向文宗力谏李宗闵入朝，以抗李德裕。不久，李宗闵借机回朝又任宰相，马上着手打击李党，贬李德裕为山南西道节度使。李德裕面见文宗，申诉请求留在长安，得到文宗同意，并下诏让他改任兵部尚书。李宗闵坚决不同意，说诏书都发出去了，不能随便更改，文宗只好无奈地将李德裕任命为镇海节度使，并夺去宰相之名，牛党再度得势。此时，只要有同情李德裕的马上被贬。如牛党成员王璠、李汉诬陷李德裕阴结漳王，图谋不轨，文宗查问，宰相路隋就说了一句公道话，把牛党惹恼了，被贬为镇海节度使。而京兆尹河南贾𫗧，则因为和李德裕有一点小矛盾，又与权臣李训、郑注友善，就被拜为中书侍郎、同平章事。

李训、郑注二人为大宦官王守澄推荐入朝，又博取了文宗皇帝的信任，权倾一时。他们俩把持朝政，随意贬斥自己不喜欢的人，并将他们加上党争的罪名。太和九年（公元835年），贬李宗闵为明州刺史，不久，再贬为处州长史。

郑注、李训事败后，文宗又逐渐起用部分被郑、李逐出朝廷的两党成员，两派的骨干分子又都回到朝中，重新掀起了朋党相争的浪潮。开成二年（公元837年），李党成员陈夷行为宰相。开成三年（公元838年），牛党杨嗣复、李珏同任宰相。文宗任用两党同朝执政，本意是不偏不颇，并可兼听两派之言，怎知这导致了两党为争权而展开更激烈的斗争。正是你说对我说错，你方唱罢我登场。于是无所谓对错，皆以党派之间的爱憎为标准，如此，朝政焉能不败坏？比如说杨嗣复任宰相后，本想向皇帝推荐让李宗闵入朝为官，于是文宗临朝提议应授李宗闵一官，李党郑覃立即反对，陈夷行也起而响应，以李宗闵结朋乱政为由，让皇上不要用此小人。文宗无奈，建议给李宗闵一个州官，郑覃又说，给他一州太优待他了，让他做个州司马就不错了。牛、李两派又借此事争执不下。如此这般，每次朝中议政，不论事情大小，都要吵得一塌糊涂。宰相分为两派，导致皇帝无从听信。这种朋党争斗，文宗十分头痛，每每对人哀叹："朋党之祸，甚于河北贼寇呀！"开成四年（公元839年），郑覃、陈夷行因直言得罪了文宗，双双罢相。开成五年（公元840年），文宗死，武宗继位。

（3）势力此起彼伏

武宗欣赏李德裕的才干，上台后便着手起用李党一派，并使牛党宰相杨嗣复、李珏相继罢相，牛党又一时失势。接着，武宗又诏令李德裕入朝拜相。会昌元年（公元841年）三月，陈夷行亦拜为宰相。

武宗本为颍王，为大宦官仇士良等拥立，因此对本想拥戴安王或陈王的杨嗣复、李珏非常忌恨。如今将二人贬斥仍不解恨，又将他们再贬出朝，杨嗣复为湖南观察使，李珏为桂管观察使。不久，在仇士良的怂勇下，武宗打算干脆斩草除根。李德裕闻知此事，立即入朝力谏武宗收回成命，免二人死罪。武宗勉强答应，但又将二人再次贬官了事。

武宗一朝，李党势力达到顶峰。而且李德裕主张加强皇权，修整军备，削平叛乱，打击佛教势力。在李德裕的主持下，武宗时政治上略见起色。

会昌三年（公元843年），刘从谏去世。刘稹封锁信息，不为刘从谏治丧。王协替刘稹谋划说："当年你叔父取得节度使官位，就是靠贿赂朝廷使者，不与边邻作对，却暗中做防备。如今，你不如照样行事，必可逼朝廷下诏册封你。"于是，刘稹命押牙姜釜向朝廷上奏，请求派宫廷中著名的医生为刘从谏治病。武宗于是派宦官解朝政携御医前来探望。刘稹又逼迫监军崔士康上奏，说刘从谏身得疾病，请求朝廷任命他的侄子刘稹为留后。武宗于是再派供奉官薛士干出使昭义，传达武宗的旨意说："朝廷为刘从谏着想，让他去洛阳治病，并让刘从谏命刘稹到京城朝拜，朝廷必定待他不薄。"但刘稹没听。

唐武宗召集宰相商议如何处置昭义的事宜，多数宰相认为："回鹘之乱未平，边境兵事紧急，如今，又要征讨昭义，恐怕国家的财政难以支持。因此，请求任命刘稹暂为昭义留后。"这种建议得到了大部分人的认同。仅有宰相李德裕说："昭义的情况跟河朔地区的魏博、成德、幽州三个割据跋扈的藩镇不同。河朔处地偏远，朝廷鞭长莫及，前朝陛下也就听之任之了。可昭义近在天子脚下，昭义的将士向来以忠义而闻名，并且曾经在贞元元年（公元785年）出兵击退幽州节度使朱滔的叛乱，元和三年（公元808年）又擒拿本镇的叛将卢从史。从前，昭义节度使多由文官担任。如李抱真最初组建昭义的军队，有很大的功劳，德宗尚且不让其子继位，而是命其回归故里。后来，敬宗不理朝政，而同时宰相也鼠目寸光，因而，在节度使刘悟去世后，命他的儿子刘从谏世袭担任了节度使。刘从谏专断无理，看不起朝廷，还上表威胁说要叛乱。现在，在临死的时候，又私自让自己的侄子掌兵权，如果朝廷又沿袭过去的惯例，任命刘稹为节度使，那么，全国各地会纷纷效法。这样一来，皇上的威严和诏令也就难以在全国贯彻执行了！"武宗问："卿有何良策可降服刘稹？"李德裕回答说："刘稹所依赖的是河朔魏博、成德和幽州三个割据藩镇。如能瓦解其援军，则可不战而胜。假如朝廷能够派遣一位德高望重的大臣前往成德跟魏博，向两镇的节度使王元逵、何弘敬转达皇上的旨意，言明允许他们世袭而与昭义不同。并且，朝廷准备出兵讨伐昭义，但不打算派禁军攻打昭义在太行山以东的邢、洺、磁三州，而命成德和魏博两镇攻讨；同时向两镇许诺，攻下三州后，重重有赏。若成德和魏博听从朝廷的命令，不从旁妨碍官军的行动，那么，刘稹肯定会被官军擒获！"武宗大喜，说："我正好和你想法一样，我一定会坚持到底。"于是，武宗决心讨伐刘稹，百官再有人上言劝阻，武宗不再听取。李德裕协助武宗运筹帷幄，选将任能，最终平定了刘稹之乱，收复了泽、潞一带，朝廷的威望一时大增。会昌元年（公元841年），一些将领想趁回鹘内乱之机攻讨回鹘，又是李德裕从大局出发，阻止了这次与回鹘的战事。

会昌三年（公元843年）五月，李德裕奏报李宗闵曾与刘从谏交往，欲行不轨，于是贬李宗闵为湖州刺史。会昌四年（公元844年），李德裕又密奏牛僧孺对武宗贬李宗闵不满，导致牛僧孺被贬为太子少保，李宗闵也再贬为漳州刺史。当月，再贬牛为汀州刺史，李为漳州长史。十一月，再贬牛为循州长史，李宗闵长流封州，创造了罕见的一月贬官三次的纪录，由此可见两党之恨已痛入骨髓，刻骨铭心。

会昌六年（公元846年），武宗死，宣宗继位，李德裕任冢宰。宣宗早就对李德裕的专横不满。宣宗登基之日，李德裕奉册侍立一边。仪式结束后，宣宗跟左右说道："刚才朕登基时看到李德裕就浑身不自在。"众人便知李德裕即将失势。

四月，宣宗听政，一上台便宣布贬李德裕为荆南节度使。李氏在位日久，位重有功，谁也没想到宣宗如此大胆，于是群情惊骇。没过多久，宣宗更将李党的工部尚书薛元赏、京兆尹薛元龟贬至地方，同时起用牛党骨干白敏中为相。白敏中上台后，立即援引牛党成员，于是被贬斥的牛僧孺、崔珙、李宗闵、杨嗣复、李珏等同日北迁。其后几个月内，李德裕先后被贬为东都留守，太子少保。大中元年（公元847年）九月，前永宁尉吴汝纳为其弟吴湘喊冤，控告李绅与李德裕欺瞒武宗，枉杀吴湘。牛党又借此机会把李德裕贬到潮州做司马。大中二年（公元848年）九月，再贬德裕为崖州司户，大中三年（公元849年）十一月，李德裕死于贬所，李党势力瓦解，牛李党争方告结束。

唐代党争，既有传统士族与庶族斗争的一面，又混入了大官僚地主阶级之间的斗争，这是它与以往的建立在世袭爵位上的斗争所不同之处。争斗中，两派都援引宦官作靠山，一旦得势，便不遗余力地排挤政敌，拉帮结派，演变成为掌权而进行的互相倾轧，并不像庶族与士族斗争时带有一定积极意义。其结果只能使固有的统治危机进一步加深。

（4）两党之分歧

具体地说，两派之间的确存在许多分歧。

例如，在对待科举制的问题上，两党态度根本不同。由于科举的关系，使得许多下层地主可以掌握中央政权。这些科举出身的官僚，同期登第的称同年，考生与主考官之间称门生和座主，他们之间互相支持帮助，形成新的官僚集团，真是一人得道，鸡犬升天，共同排挤旧世族。而李党骨干李德裕出身公卿家庭，世代为高官达六朝，出身高贵。他自恃出身高门，瞧不起寒门子弟，因耻于与众生同试科举，就走了门荫入仕这条路子。他一贯主张朝廷显官应由公卿子弟担任，其党徒郑覃亦力倡此说，并且常引陈后主、隋炀帝等弄文亡国的例子来中伤科举制度。加上此时科举制受腐败政治的影响，屡有舞弊现象，于是李党对此更抓住不放，拼命抨击。

在对待藩镇问题上，两党的态度也是截然不同。藩镇割据与藩镇战争是唐代后期统治阶级内部最大的纷争，两党就藩帅叛乱提出的对策也大相径庭。李德裕之父李吉甫就力主摧抑藩镇势力，因此在宪宗时唐朝曾一度统一。武宗时，李德裕力主征讨刘稹之乱，终于收复了泽、潞之地。李党这些措施是有利于加强中央集权，促进历史进步的。牛党在这一问题上与李党主张恰恰相反。由于牛党一派与地方节度使有或多或少的联系，因此他们对藩镇一贯采取姑息养奸、息事宁人的态度。牛党不仅不支持讨伐藩镇，还百般阻挠。对于藩镇叛乱，牛党主张"因而抚之"，反对征讨。如太和五年（公元831年），杨志诚作乱，驱逐幽州节度使李载义，对此牛党主张维持现状，息事宁人。太和九年（公元835年），幽州军赶走杨志诚，推举史元忠为留后，牛党对此又表示承认。

另外，在对待佛教的问题上，两派也存在明显分歧。武宗会昌年间（公元841~846年），李德裕主持在全国展开毁佛大行动。佛教自汉代传入中国以后，迅速发展。唐代武则天起，大肆尊佛，致使佛寺、僧尼遍天下，严重影响了封建国家的赋税收入，这早已被许多有远见的知识分子所认识，并极力主张抑制佛教发展。这次毁佛，拆毁绝大多数寺院、兰若，勒令绝大多数僧尼还俗，并收缴了天下佛像，沉重地打击了佛教势力，史称"会昌毁佛"。牛党对此不以为然。在不久后，牛党借上台之机废止了禁佛令，使佛教又一次蓬勃发展起来。

对待宦官的问题上，两党作法又出奇的一致，都不约而同地拉拢宦官作后台。如李逢吉、李德裕、李宗闵等都是靠着宦官的关系当上宰相的。由于宦官是他们的靠山，他们也就不打击最腐朽本该清除的宦官势力，相反却为宦官弄权充当代言人。

牛李党争是唐后期统治阶级内部争权夺利的斗争。在对待科举问题上，牛党的观点优于李党。在对待藩镇的问题，李党的主张又优于牛党。从有利于封建国家发展来看，李党在佛教上的观点也优于牛党。因此评价牛李两党之争，谁是谁非，只能就事论事，想下一个谁优于谁的结论很难。

唐代后期，在藩镇割据、宦官专权、朋党之争的政治形势影响下，政局极为混乱。党争更使统治阶级内部分裂，同时为一己之利而排除异己之风大行其道，愈发加深了唐王朝的统治危机，使得统一的大唐帝国最终瓦解。

5.王仙芝、黄巢起义

中和四年（公元884年），六月，黄巢在狼虎谷壮烈自刎，轰轰烈烈的唐末农民大起义失败了。

（1）义军起事

乾符元年（公元874年）唐僖宗继位后由于年纪小，将权力交到官员们手中。官僚们对严重的社会问题不闻不问，他们除了贪图享受，横征暴敛之外，就是欺上瞒下，粉饰太平，官吏对潼关以东的水旱灾情隐瞒不报，使得这一地区老弱的百姓惨死，强健的甲丁四处流浪，社会问题非常严重。而该地区本来军队不多，再加上太平的时间太久了，官兵们经常不作战，官军与饥民接战屡屡失败。这一年，濮州人王仙芝聚众一千人在长垣起事。

乾符二年（公元875年）六月，王仙芝和同伙尚君长领兵占领濮州、曹州，队伍壮大到数万人，唐天平军节度使薛崇率军征讨，遭王仙芝打败。冤句人黄巢也聚集了数千人响应王仙芝。黄巢和王仙芝少年时都靠贩卖私盐过活，黄巢精通骑马射箭，十分豪爽任侠，粗通史传经书，可是多次参加进士科考试都没有及第，于是成为盗贼，与王仙芝攻占州、县，横行于山东。农民在官府压榨中难以过活，就纷纷投奔黄巢，没几个月，队伍即扩大到数万人。唐卢龙节度使张公素，生性残忍冷酷，士兵都怨恨他。大将李茂勋原来是回鹘阿布想的后裔，回鹘败亡时，投降卢龙节度使张仲武，张仲武收留了他，并让他入军籍戍边，由于战功卓著，赐予他李茂勋的姓名。纳降军使陈贡言是幽州的宿将，军士们都信服他，李茂勋杀死陈贡言，却打着陈贡言的旗号兴兵攻打蓟州，张公素出战不敌，逃奔京师，李茂勋进入幽州城，众人这才发现不是陈贡言，可事已至此，只好推李茂勋为主，朝廷不得以将李茂勋任命为卢龙军留后。

金吾上将军、兖州节度使齐克让率兖州军攻打王仙芝。王仙芝躲避他的进攻，转向淮南，势力很快发展到三十万人。僖宗诏命淮南、宣武、忠武、义成、天平五军加快对王仙芝的征讨。

乾符三年（公元876年）七月，诸道行营招讨使宋威在沂州城下进攻王仙芝，大败王仙芝军，王仙芝于是兵败逃跑。宋威上书称王仙芝已经死去，请将诸道讨贼军遣还，自己返回青州。朝廷百官听闻宋威打死王仙芝，全都入朝向唐僖宗祝贺。没到三天，州、县上奏称王仙芝还活着，而且和以前一样攻掠州县。那时诸道兵才开始休息，就又得到诏命被调发去追剿，这一折腾，使得士兵愤怒怨恨，也想造反作乱。八月，王仙芝带领军队攻下了阳翟、郏城，唐僖宗下诏书命忠武节度使崔安潜率军镇压。崔安潜是崔慎由的弟弟。唐僖宗又命令昭义节度使曹翔率领步兵和骑兵五千人，以及义成兵守卫东都洛阳的宫殿，任命左散骑常侍曾元裕为招讨副使，守护东都洛阳，又下诏命令山南东道节度使李福选步兵、骑兵两千人守卫汝州、邓州的重要道路。王仙芝率军进逼汝州，唐僖宗又下诏令颍宁节度使李侃、凤翔节度使令狐绹派遣步兵一千、骑兵五百镇守陕州、潼关。九月初二，王仙芝攻陷汝州，抓获刺史王镣，东都震动，洛阳的官员纷纷举家出逃。眼见这种情势，九月十一日，僖宗下诏赦免王仙芝、尚君长的罪行。为了让他们投降，还答应授给他们官职。

可是这时王仙芝又攻破阳武，将郑州包围，军队集结在汝州、邓州一带。十月，王仙芝向南进攻唐州、邓州，十一月攻陷郢州、复州。十二月，分兵攻打申、光、庐、寿、舒、通等州，实力越来越强。

宋威暗中对曾元裕说："咸通年间，消灭了庞勋，讨伐庞勋的大将康承训马上获罪下狱，我们就算是能消灭王仙芝，也要想想前人的例子。"所以为了保存自身实力唐将们并不积极进击。

吏部侍郎郑畋因为朝廷没有采纳自己讨平贼乱的策略，就以生病为由请求辞去官职，唐僖宗不准。于是郑畋再次进言僖宗："自从宋威于沂州上奏告捷之后，王仙芝愈发猖狂，攻陷屠杀五六个州，数千里遭受刀兵之祸。招讨草贼使宋威已经年老多病，自从妄奏告捷以来，诸道军对宋威特别不服，现在宋威留于亳州一带，丝毫没有进攻征讨草贼的意思。招讨草贼副使曾元裕拥兵于蕲州、董州一带，更是只想躲避，不敢进击。要是让草贼攻陷扬州，江南地区就会失去朝廷的控制，后果相当严重。我认为崔安潜威望很高，张自勉是最骁勇敢战的良将，宫苑使李琢是西平王李晟的孙子，治理军队严格而且作战勇猛。请求陛下能将崔安潜任命为行营都统，李琢为招讨使，代替宋威，张自勉为招讨副使，代替曾元裕。"唐僖宗基本采纳郑畋的建议。

　　王仙芝领兵进攻蕲州。蕲州刺史裴渥是王铎主掌科举考试时所选取的进士。王镣被农民军俘虏后，替王仙芝写书信劝说裴渥，这样裴渥与王仙芝约和，收回军队不再进攻，并答应向朝廷为王仙芝奏请求得一个官爵。王镣也劝说王仙芝答应裴渥的约和请求。这样裴渥大开蕲州城请王仙芝及黄巢等三十余人入城，摆酒设宴，并拿出很多的财宝赠送给王仙芝等人，以示约和诚意。朝廷诸宰相大都不赞成，说："先帝唐懿宗没有赦免庞勋的罪过，当年就将庞勋诛杀，如今王仙芝仅仅是一个小贼，他的势力还比不上庞勋，赦免他的罪而给予官爵，就只能使奸贼越发猖獗。"仅王铎力主招降王仙芝，唐僖宗听信王铎之言，批准招安。于是将王仙芝任命为左神策军押牙兼监察御史，派遣宦官中使将委任状送到蕲州授给王仙芝。王仙芝得到委任状十分高兴，王镣、裴渥全部前来祝贺。但王仙芝等并没有退出蕲州，因为黄巢对于朝廷没有封赏自己官职，十分愤怒。他对王仙芝说："我与你曾经一道立下誓言，要横行天下，现在你单独获得朝廷的官爵而要去长安为禁军左军军官，让我们五千多弟兄怎么办？回哪里去？"愤怒之余，黄巢居然殴打王仙芝，打伤王仙芝的头，别的部众也喧哗吵闹。王仙芝难犯众怒，只好拒绝接受唐廷的委任状，大肆在蕲州掠夺，蕲州城内的百姓，一半被驱出城外，一半被屠杀，居民的房屋全遭焚毁。唐蕲州刺史裴渥逃到鄂州，宦官中使逃奔襄州，王镣被贼军拘留。这样贼军分兵两路，三千余人跟从王仙芝及尚君长，黄巢带两千多人北上。

王仙芝、尚君长攻陷陈州和蔡州；黄巢在北边也攻下了齐州和鲁州。乾符四年（公元877年）二月，王仙芝攻陷鄂州，黄巢攻陷郓州。三月，黄巢又把沂州攻下。

（2）王仙芝战死黄梅

四月，僖宗颁下《讨草贼诏》，诱降王仙芝。诏书说："根据最近各地方官府的报告，江西、淮南、亳、宋、曹、颍等州，草贼不是攻劫郡县，抗拒官军，就是劫掠商旅，抢夺进俸，他们时聚时散，虽然一段时间内可以想干什么就干什么，但还是在害怕中度日。有限的逆党最终会被强大的王师全部铲除。朕宽宏治民，将天下苍生皆视同赤子，恨不能匀出自己的衣食，让黎民百姓生活得更好，如何还能忍心用刀枪去杀戮人民！故而发下文诰，意欲招安，要是无法奏效，再用兵也就没有什么后悔的了。

"王仙芝及诸草贼首领等，你们见到诏令之后，应该后悔自己的行为，脱下铠甲丢掉武器，到官府去投降。已经命令州府及时奏报，肯定破格授给你们官爵，厚赏赀财，让你们永做忠臣，常居禄位。王仙芝属下的头领也能够在大藩镇内，按照才能给予适合的职务及衣粮赏赐。那些离开家被逼加入贼军的，也可以拥有很好的安排，给你们田地，让你们回去继续当农民。这是弃暗投明、摆脱死亡的光明之路，是最好的选择。要是怙恶不悛，凶强顽劣，不放下武器，继续在乡里为祸，使人们的生活不能正常进行，那就要为民除害，这绝不是穷兵黩武，残害良民！

"现在朕命令各地方官府挑选勇敢的士兵分几路攻打，将贼军铲除，不得放走敌人！讨伐草贼的主兵大将要是可以擒杀一大草贼，消灭贼众三百人以上，可以破格授以将军之职，另赏钱一千贯；要是斩杀草寇比这还多，大破贼党，收夺草寇资财器械，经核查属实，按照军功大小，另外授官赏财。如果遇到贼寇不追击或者不打，或畏敌逃跑而被打败，主管的官员应该认真调查，用军法来处罚败将。地方上如有勇敢之才，能纠率丁夫，捍御寇贼，搴旗斩将，而破阵立功，则委所在长吏迅速奏报朝廷，授官优赏。这已有前例，朝廷一定不会食言！"

七月，王仙芝、黄巢攻打宋州，把宋威围困在宋州城内，幸赖右威卫上将军张自勉率七千官军赶到才解围。

十月，宰相郑畋与王铎、卢携在唐僖宗面前争论怎样用兵征讨王仙芝等。郑畋争论未能获胜，退朝后又上表奏称："自王仙芝起事以来，崔安潜第一个奏请诸道会兵征讨，然后就调发本道士卒，竭尽本道所能供应行征士卒的资粮，王仙芝贼众到处攻掠，纵横千里，使诸州大受其难，可就是不敢侵犯崔安潜管辖地区。崔安潜又把本道兵交给张自勉指挥，才解得宋州之围，使江、淮的漕运得以流通，东南财赋没有落到贼寇之手。现在陛下又将张自勉所统率的七千兵全部交予张贯率领，隶属于宋威，而让张自勉单独返回许州，宋威却上书诬陷张自勉。张自勉立下战功却反遭诬陷，我十分痛心。崔安潜出兵讨伐王仙芝以来，前后胜利捷报不止一次，如果把强兵统统交付于他人，良将空自回城，而强敌突然进攻，又怎么抵抗，如何交待！我请求将忠武军四千人交给宋威指挥，剩下的三千人让张自勉率领，保卫本道，这样既不剥夺宋威的战功，又可以让崔安潜免去耻辱和羞愧。"卢携马上反对郑畋的建议。唐僖宗无法裁决。郑畋又再次上言："宋威欺瞒朝廷，被王仙芝打得溃不成军。我又听闻王仙芝曾七次上表请求投降，宋威都隐瞒不报，朝野对此非常愤恨，我认为应该将宋威按军法处置。宋威罪恶累累，不应该让他再握兵权，希望能与左、右神策军中尉和左、右枢密使商量，早日罢免败将宋威。"唐僖宗没有听从。

十一月，招讨副都监杨复光派人劝降王仙芝。王仙芝派尚君长与杨复光联系，可是宋威却派军队在半路上把尚君长劫走了。十二月，宋威上奏朝廷说他在颍州西南和尚君长等交战，俘虏了这几个人来献给朝廷；杨复光则向朝廷说明，尚君长等其实是来投降的，并不是在打仗时被宋威逮住。僖宗诏命侍御使归仁绍等审讯，结果还没弄清事情真相，就在狗脊斩杀了尚君长。

（3）转战南北

乾符五年（公元878年），正月初一，天空下起了大雪。荆南节度使杨知温正在接受将吏的新年祝贺，王仙芝已经领兵到达江陵城下，占领外围罗城。荆南将佐同心同德修治内城以拒守，一直等到天黑，杨知温还是没有出节度使府。将佐们请杨知温出来抚慰士兵，杨知温戎装也不穿，穿戴纱帽皮衣就出来了，于是将佐们又请杨知温披甲以防备暗箭流矢。杨知温尽管看见士兵们正在奋勇抵抗，却依然赋诗给幕僚们听，还派遣使者向山南道节度使李福求援，李福调集部下所有人马，亲自赶来营救。那时有五百沙陀族士兵屯驻襄阳，李福与他们会合，行军到荆门，遭遇贼军。沙陀骑兵策马左冲右突，把敌人的军队打得大败。王仙芝获悉，在江陵一带大肆烧杀抢掠后退去。本来江陵城下有户三十余万，经这次杀掠，只余下十分之六七。正月六日，招讨副使曾元裕在申州击败王仙芝。王仙芝损失两万余人。朝廷借宋威长期有病的理由，下敕书把他的招讨使职务免掉了，让他回青州。同时将曾元裕任命为招讨使，颍州刺史张自勉为招讨副使。

二月，曾元裕在黄梅大败王仙芝，王仙芝被追杀，此后，义军五万多人被杀，王仙芝剩下的部队也都溃散到四面八方。

黄巢领兵正在围攻亳州，还未攻下，尚让带着王仙芝残部前来投靠他，合兵一处。众人一道推举黄巢为盟主，称"冲天大将军"，改年号为王霸，设立官职属僚。黄巢接着率军占领沂州、濮州，随后却多次被唐朝官军打败，于是黄巢给唐天平节度使张杨写了一封求降信，请求代向朝廷上奏。唐僖宗得到奏文后下诏任命黄巢为右卫将军，命令黄巢统领部众到郓州解除武装。黄巢不服从这一命令，根本没去郓州。

三月，黄巢从滑州进取宋州、汴州，转而进攻叶县、阳翟。僖宗下诏调集一千河阳兵开赴东都洛阳，与两千多宣武军、昭义军一起守卫洛阳宫殿。任命左神武大将军刘景仁任东都应援防遏使，统领宣武、河阳、昭义三镇的军队，还让他在洛阳招募两千士兵。又命令曾元裕带兵直接返回洛阳，增派三千义成军驻守辕辕、伊阙、虎牢、河阴，加强了洛阳的守卫工作。

于是，黄巢率兵渡过长江，进入江西，攻陷了虔州、吉州、饶州、信州。

八月，黄巢打到宣州，被宣歙观察使王凝打败，便转入浙东，辟出了七百里山路，转战到福建。

十二月，黄巢占领福州。

乾符六年（公元879年）正月，镇海节度使高骈派部将分兵进击黄巢，收降了黄巢的将领秦彦、李罕之、毕师铎、许京等几十人。黄巢于是向广南开去。

黄巢向唐浙东观察使崔璆、岭南东道节度使李迢写信，请求天平节度使的职位。崔璆和李迢代黄巢上奏朝廷，朝廷没有答应。黄巢又向朝廷上表乞求广州节度使的职位，唐僖宗命满朝大臣讨论此事。左仆射于琮认为："广州有市舶司，每年蕃船往来，聚集有很多宝货，是不能让盗贼掌管这么重要的地方的。"于是又拒绝黄巢担任广州节度使的要求，而让大臣们商议给黄巢其他官职。六月，宰相们建议可任命黄巢为率府率，唐僖宗同意。

九月，黄巢收到朝廷给予的率府率的委任状，十分生气，痛斥当朝宰相，并且马上领兵进攻广州，当天即攻陷广州，俘虏广州节度使李迢，并进兵岭南地区各州县。黄巢又让李迢起草表文向朝廷表明自己想当广州节度使的愿望。李迢回答说："我长期蒙受国家的恩典，当官的亲戚遍布朝廷，我就是被砍断手腕也不替你草写表文。"黄巢将其杀死。黄巢自号"义军都统"，发布文告说，即将进攻长安，还斥责宦官专权，官吏贪污，科举黑暗，要求禁止贪污，惩治贪官污吏。

黄巢在岭南的时候，部队的士兵们得了瘴疫，病死了许多人，部下劝他先回北方再计划以后的事。黄巢听从了这个意见，在桂州编造了几十个大筏，沿湘江而下，经永州、衡州，十月抵达潭州城下。守将李系不敢出来迎战，黄巢猛攻，只用一天的时间就攻下了潭州。黄巢将戍守的士兵统统杀死，尸体布满了江面，顺着水流向下游。

尚让乘胜进逼江陵，声称有五十万士兵。江陵孤立无援，守军不到一万人。王铎以与刘巨容会师为由率众逃往襄阳，仅留下部将刘汉宏在江陵防守。王铎去后，刘汉宏大肆在江陵抢劫，居屋全被烧毁，百姓只得逃入深山。当时正赶上大雪，许多人被冻死了。尚让十多天之后才赶到。刘汉宏是兖州人，这时他已率军回北方做强盗去了。

黄巢向北进攻襄阳，唐山南东道节度使刘巨容与江西招讨使淄州刺史曹全晸合兵一处，在荆门屯驻以抗拒黄巢。刘巨容在林中设下伏兵，农民军到达，曹全晸率轻骑迎战，诈败退走，农民军追赶，伏兵全部进攻，大破农民军，并乘机追击到江陵，俘虏和斩杀十分之七八的农民军。黄巢与尚让带着余部渡过长江向东逃窜。有人建议刘巨容继续追击，可将农民军杀尽。可是刘巨容不同意，他说："国家常说话不算数，有危急时就抚慰将士，大肆赏官予人，事情平定下来就对我们不闻不问，还有人因功获罪；倒不如将残贼留下来，作为我辈捞取富贵的资本。"部众于是放弃追击黄巢之事。曹全晸领军渡过长江追赶农民军，恰逢朝廷任命泰宁都将段彦谟代替曹全晸为招讨使，这样曹全晸也放弃了追击。农民军才借机逃掉，实力恢复以后，进攻鄂州，攻陷外城，接着转而进攻掠夺信州、饶州、宣州、池州、歙州、杭州等十五州之地，部众再次壮大到二十万人。

僖宗广明元年（公元880年）三月，淮南节度使高骈派遣部将张璘等征讨黄巢，打了多次胜仗。朝廷任命高骈为诸道行营都统。高骈下达檄文，征调各地军队，还到处募兵，聚集淮南士兵和各地方军队，共有七万人，非常有声势，得到朝廷的信赖。

四月，张璘渡江作战，黄巢军将领王重霸投降。在这之后黄巢接连吃败仗。

五月，黄巢军屯扎在信州，爆发传染病，士卒大量死去，张璘抓住机会加紧进攻农民军。黄巢以黄金引诱张璘，并向高骈写信请求投降，请求高骈向朝廷保奏；高骈也准备诱使黄巢上钩，许诺愿为黄巢向朝廷求得节钺。那时感化、昭文、义武等军队全部赶到淮南，高骈害怕这些军队抢了他的功劳，于是上奏朝廷说农民军用不了几天就能够平定，用不着征调诸道军队，请求将诸道军队全部遣归本镇。朝廷听从高骈，准许了他的奏请。黄巢打听到唐诸道兵已经往北渡过淮河，就与高骈翻脸，而且派兵出击。高骈获悉勃然大怒，命令张璘进攻黄巢军，却被杀得大败，张璘也战死，这样黄巢的势力得以恢复。

六月，黄巢别将攻取睦州、婺州，六月二十八日，又占领宣州。

（4）力克东都

秋季，七月，黄巢军从采石渡过长江，围攻天长、六合，兵势十分强大。淮南军将毕师铎向高骈进言："朝廷把安危托付给您，现在贼众数十万乘胜长驱直入，如同进入无人之境，要是不抓住时机占据险要之地攻击贼军，等他们越过淮河，就无法制服他们了，必然成为中原的大患。"高骈由于诸道援军已经遣散，张璘又战死，自己感到无力阻挡黄巢北进，畏惧之心加上懦怯让他不敢出兵，仅命令诸将加强防守，以图自保，并且上表朝廷告急，声称："黄巢贼六十余万人集聚天长，距我城不到五十里。"之前，卢携声言："高骈文武双全，只要将兵权全都交给他，肯定能够平定黄巢。"朝野人士尽管有不少人说高骈不能够完全依靠，可仍对他抱有一线希望。等高骈的表文送达朝廷，朝野上下十分失望，一片惊恐。唐僖宗下诏斥责高骈自作主张遣散诸道军，使得黄巢贼众乘唐军没有防备而渡过长江。高骈上表辩解："我上奏建议遣归诸道军队，不可以说我专权。如今我竭尽全力保卫一方，这是肯定可以的，只是担心贼众连绵曲折渡过淮河，应该马上命令东面诸道将士加强戒备，全力抵抗为是。"于是高骈宣称患有风痹症，不再派兵与黄巢军作战。

朝廷收到高骈的奏表，急忙命令河南各道派军队驻扎殷水，又命泰宁节度使齐克让屯驻汝州，抵抗黄巢军的进攻；另外任命淄州刺史曹全晸为天平节度使兼东面副都统。

九月，曹全晸率六千军众与黄巢交战，黄巢军号称十五万人众，因为实力相差太多，官军退到泗上防守，等待各地方军队前来支援再与黄巢作战。而高骈军一直没来救援，黄巢乘机打垮了曹全晸。

徐州派遣三千兵赶赴殷水，经过许昌。徐州士卒一直以凶狠闻名，节度使薛能自己宣称从前曾经镇守彭城，对徐州人有恩威，于是将士兵安排在球场宿营。到入夜的时候，徐州士卒高声喧哗，薛能登上内城楼问讯，徐州士卒回答说宿地设备太差，供应缺少，薛能慰劳很长时间，众情才安定。许州人知道后十分惊恐。那时忠武军也派遣大将周岌领军前往殷水，没走多远，听说城中徐州士卒闹事，领兵退回。到第二天天亮，忠武军进入许州城进攻徐州军队，把徐州兵统统杀死；又埋怨薛能对徐州兵卒太好，把他赶了出去，薛能准备逃往襄阳，却遭到乱兵追杀，结果，全家都被杀死。于是周岌自称留后。唐汝州都指挥制置把截使齐克让担心受周岌袭击，带着军队返回兖州，驻扎在殷水的诸道军队也统统撤退。黄巢于是借机带着所有军队渡过淮河，所过之处并不劫掠，仅是收纳丁壮以壮大实力。

十月，黄巢攻陷申州，进入颍州、宋州、徐州、兖州境内。

开始，黄巢即将率领军队往北渡过淮河，唐宰相豆卢瑑请求唐僖宗授予黄巢天平节度使的节钺，等到黄巢到镇上任时，再进行攻讨。宰相卢携说："盗贼们都是贪得无厌，即使授予黄巢节钺，也不一定能够阻止他四处抢掠，不如尽快征调诸道军队驻防泗州，任命汴州节度使为都统，指挥大军阻击黄巢贼众。黄巢要是往前无法进入关中，必然转而攻掠淮、浙一带，逃往大海中去偷生！"唐僖宗听后十分赞同。不曾想没过多长时间淮北诸州接连来使告急，卢携情知不妙，就以生病为由，而不再上朝议政，京师长安上下一片恐慌。十日，东都送来奏状，禀报黄巢已经攻入汝州境内。

汝州都指挥制置把截使齐克让向朝廷奏称：黄巢已经自称天补大将军，并且写下牒文送交唐朝诸镇军宣称："你们应该把守自己的城垒，莫要拦挡我军的前进！我将亲率大军攻入东都，接着攻入京师，向朝廷问罪，与你们无关。"唐僖宗召宰相们到内殿商议对策。豆卢瑑、崔沆建议集中关内的诸藩镇军及左、右神策军前往坚守潼关。十二月，冬至，唐僖宗召开延英殿最高决策会议，苦于难觅御敌良策，居然当着宰相的面流下了眼泪。观军容使宦官田令孜上奏："请皇上选左、右神策军中的弓弩手去守潼关，我亲自任都指挥制置把截使，前往御敌。"唐僖宗回答说："禁军侍卫将士，很久没有练习征战，只怕派不上什么用场。"田令孜说："从前安禄山作乱的时候，曾有过玄宗去四川避难的先例。"崔沆说："安禄山部众仅有五万人，无法和黄巢相比。"豆卢瑑瑑说："先前哥舒翰率领十五万大军都守不住潼关，现在黄巢贼众有六十万，而潼关又没有像哥舒翰当年那样强大的守军。要是说田令孜真为大唐社稷考虑的话，蜀中三川帅臣陈敬瑄、杨师立、牛勖倒全是田令孜的亲信，可以到西川躲避，这和玄宗时的情形相比，自然可以说是有备无患了。"唐僖宗听后不悦，对田令孜说："请你为朕调集军队，去拒守潼关。"这一天，唐僖宗来到左神策军军营，亲自看望将士。田令孜将左神策军马军将军张承范、右神策军步军将军王师会、左神策军兵马使赵珂推荐给僖宗。唐僖宗于是召见三人，任命张承范为兵马先锋使兼把截潼关制置使，王师会为制置关塞粮料使，赵珂为勾当寨栅使，又任命田令孜为左、右神策军内外八镇及诸道马都指挥制置招讨等使，飞龙使杨复恭被任命为副使。

十三日，齐克让上奏朝廷："黄巢贼众已经进入东都，我聚集散兵退守潼关坚持抵抗，驻扎在潼关之外设立的营寨。我部战士屡经战斗，战备物资已经缺乏很久，关东州长期残破不堪，几乎没有人烟，四方不见大唐朝廷管辖下的人。官军饥寒交迫，兵械军器破旧，士兵们全都思念自己的故乡闾里，恐怕容易溃败，乞请朝廷早日运送粮草，加派援军。"唐僖宗下令选拔左、右神策军弓弩手共两千八百人，令张承范等率领赶往潼关。

十七日，黄巢军攻克东都，唐东都留守刘允章带着百官拜迎。黄巢大军入城，对城中百姓仅是劳问，坊里和平常一样，百姓生活如常。刘允章是刘迺的曾孙。田令孜上奏请招募长安坊市居民几千人用以补充左、右神策军。

（5）勇破潼关

直到二十一日，长安才接到从陕州传来的洛阳陷落的消息。二十二日，僖宗任命田令孜为洛、汝、绛、晋、同、华都统，统率左、右神策军去同黄巢作战。几天里，田令孜搜捕了几千普通市民补充神策二军。

二十五日，张承范等率领神策军弓弩手离开长安。神策军的士兵都是长安的有钱人家的子弟，依靠向宦官行贿的手段在神策军中登记挂名，领取优厚的供给和赏赐，他们光会穿着漂亮的衣服纵马兜风，凭借神策军的势力逞威风，从来没有打过仗。听说要出征，父子一道哭泣。许多人花钱找坊里的贫民代替自己出征，雇用来的人却大多连武器都不会拿。

僖宗到章信门楼为这支军队送行。张承范向僖宗提出要求说："听闻黄巢率十万大军，擂着战鼓向西一路杀来，齐克让将一万名饥饿的士兵安置在关外扎营，又命我带着两千人在关上屯驻，却丝毫没有得知有供应粮饷的准备。依靠这点军队来抵御黄巢的大军，实在令人寒心，希望催促各地方的精锐部队早点到来支援。"僖宗说："你们放心出发，援军很快就到。"

二十七日，张承范等到了华州。刺史裴虔余恰好调任宣歙观察使，军民全都逃进华山，城中没有人，十分冷清。州库中只剩下几只老鼠，幸好粮仓里还有一千多斛米，军士们每人带了三天口粮接着赶路。

十二月初一，张承范等领兵到达潼关，在草丛中找到一百来村民，役使他们运石汲水，作守城的准备。这时张承范军与齐克让军全部断粮，士卒毫无斗志。这天，黄巢军的前锋进逼潼关城下，漫山遍野全是白旗，一眼望不到边。齐克让率军出战，黄巢军暂败。随后黄巢率大军赶到，全军齐声高喊，声震黄河、华山。齐克让奋力拼战，自午时至酉时才休战，这时士卒已经十分饥饿了，于是吵闹着把营寨烧毁，四散溃逃，齐克让也败走潼关。潼关左边有山谷，平时不让人在谷中往来，以方便征收商税，人们将之称为"禁坑"。黄巢大军来得十分迅速，官军没有防备，溃兵从山谷入禁坑，里面犹如蜘蛛网般茂密的灌木长藤，仅一夜工夫就踏成平坦的大道。张承范将辎重和私囊统统分发给士卒，派人上表朝廷告急，表称：
"我离京六天，士卒没有增加一人，军饷更连影也未见到。到潼关那天，
黄巢强敌已来到关下，我以两千余人抵抗六十万敌众，在关外的齐克让军
由于饥饿而溃散，踏入禁坑。我要是将潼关失守，就是处以投身油锅的极
刑也不敢躲避。可是朝廷宰相谋臣，羞愧之颜又将寄托在什么地方！听人
说陛下已经议论准备西巡到蜀中，而如果皇帝一离开京城，那么朝廷恐怕
就完了。我敢在战死之前，以一息尚存的身躯，冒死大胆说几句话，希望
陛下与身边宦官及宰相大臣仔细考虑，赶快调兵来救援潼关的关防，要是
潼关能够守住，我大唐高祖、太宗创立的基业也许还能够维持，使黄巢步
安禄山的后尘遭到毁灭，而微臣我即使战死了也胜过哥舒翰了！"

二日，黄巢加快了进攻潼关的速度，张承范等待援军，尽力抵抗，从寅
时战到申时双方僵持不下。

关外有禁坑这条天堑。黄巢军队让一千多平民百姓跳到坑里，并挖土填
坑，不一会儿，坑就被填平了。他们悄悄度过天堑，夜晚纵火烧关，把潼
关的关楼烧毁。张承范分派八百士兵让王师会去守禁坑，由于迟了一步，
这支军队到达的时候，黄巢已经越过禁坑。

第二天早晨，黄巢夹击潼关，关上的士兵不停逃跑，王师会自杀，张承
范换了普通衣服，带领剩下的士兵逃走了。到达野狐泉，奉天派来的两千
援军接连到达，张承范说："你们来晚了！"撤军返回长安渭桥。他们看
见田令孜招募的新军穿着又新又暖的皮衣，十分愤怒地说："这些新军没
什么功劳反而穿得这样好，而我们打仗却没吃没穿！"于是爆发火并，抢
劫了新军，有人还为黄巢作向导，盼他们尽早打到长安。

（6）挺进长安

黄巢攻打潼关的时候，唐廷的确任命前京兆尹萧廪为东道转运粮料使专
司运送军饷，萧廪却慌说自己有病，干不了，后来被贬为了贺州司马。

黄巢进入华州，将华州将领乔钤留下守城。河中留后王重荣也投降了黄
巢。四日，唐朝廷下制书任命黄巢为天平节度使。

初五，唐僖宗任命翰林学士承旨、尚书左丞王徽为户部侍郎，任翰林学士、户部侍郎裴澈为工部侍郎，二人都为同平章事；将宰相卢携贬为太子宾客、分司东都。田令孜获悉黄巢率大军已进入关中，担心天下人追究自己的责任，于是将罪责推到卢携身上而将他贬官，举荐王徽、裴澈为宰相。这天傍晚，卢携服毒自杀身亡。裴澈是裴休的侄子。百官退出朝堂，获悉乱兵已入长安城，纷纷躲藏。田令孜带着五百神策军士兵护卫着唐僖宗从金光门出城，仅有穆王、福王、泽王、寿王等四王和几个妃嫔跟随圣驾而去，百官居然没有人知晓皇帝去了什么地方。唐僖宗夜以继日地赶路，很多随从官员跟不上。唐僖宗的车驾既已远去，长安城中的军士及坊市百姓纷纷闯入皇家府库抢掠金帛。

黄昏时，黄巢的将领将柴存到了长安城里。金吾大将军张直方率领几十文武官员到霸上迎接黄巢。黄巢坐着黄金装饰的轿子，士兵们用红缯扎起披散的头发，身穿锦绣，手执武器跟随其后。甲士和马队组成了一道长长的人流，辎重塞满了道路，千里络绎不绝。

尚让边走边说："黄王起兵，本来是为了百姓，不会像李氏皇帝那样残暴地鱼肉百姓，你们只管平安地生活，不必害怕。"

黄巢经过春明门，进入了太极殿，有好几千宫女出来迎接拜见，都把黄巢称为"黄王"。

黄巢和他的将士们都住在田令孜家里，他的部下士兵过去都当过很长时间的盗贼，所以都很有钱，每当他们看到穷人时，都会给穷人一些钱或物。但是几天以后，又纷纷出来肆意抢劫，焚烧坊市，随意杀人，结果死尸满街，黄巢难以制止。黄巢部下痛恨唐朝官吏，只要抓到一律杀死。

唐僖宗奔向骆谷，凤翔节度使郑畋在道路旁边等候并拜见了皇帝，请求唐僖宗一定要留在凤翔。唐僖宗对郑畋说："朕不想和强大的贼子离得太近，暂时到兴元，调集天下兵以图收复京师。你留在这里东拒贼军的兵锋，西向招抚诸蕃族，联合邻道的军队，竭尽全力建立丰功伟业。"郑畋回奏说："这一带道路狭窄，有事难以向陛下报告，请求让我可以随机从事。"唐僖宗马上恩准，初九，唐僖宗到达婿水，颁下诏书给牛勖、杨师立、陈敬瑄，告诉他们京城已经被黄巢贼寇攻陷，所以皇上暂时住在兴元，如果黄巢贼军势力仍然很强盛，那么皇帝会到成都，让他们预先作好迎接皇上的准备。

十一日，黄巢把留在长安的唐朝宗室统统杀光，一个不剩。十二日，黄巢开始到禁宫居住。十三日，黄巢在含元殿即皇帝位，在黑色丝织物上作画，作为天子礼服，敲战鼓数百声，以代替金石音乐，作为登基之礼。黄巢登上丹凤楼，颁下赦书：定国号为大齐，改年号为金统。宣称当朝年号广明，广明是去掉了"唐"字的下半截，再加上了"黄"家"日月"，再把日、月合并为"明"字，指的是黄家日月，把这看作是自己即将成为皇帝的先兆。黄巢又发布命令，只要是唐朝三品以上官员一律停任，四品以下官员保留官位。将妻子曹氏册立为皇后。任命尚让为太尉兼中书令，赵璋为兼侍中，崔璆、杨希古同为同平章事，孟楷、盖洪为左右仆射、知左右军事，费传古为枢密使。又任命太常博士皮日休为翰林学士。崔璆就是崔邠的儿子，那时刚被罢免了浙东观察使的官职住在长安，被黄巢俘获后任命为宰相。

二十日，黄巢发布命令："唐朝百官只要到大齐宰相赵璋的宅第投报官位姓名，就能够恢复其官位。唐宰相豆卢瑑、崔沆以及左仆射于琮、右仆射刘邺、太子少师裴谂、御史中丞赵濛、刑部侍郎李溥、京兆尹李汤因为来不及出逃，被困在长安，隐藏在百姓家，结果被黄巢军搜获，全都被杀死了。广德公主说："我是唐朝皇室的女儿，誓与于仆射同死！"抓住行刑队的刀不放，被黄巢军一起杀死。黄巢军又挖开卢携的坟墓，把他的尸体放于街市砍杀。唐将作监郑綦、库部郎中郑系坚守臣节，拒绝向黄巢军投降，全家自杀。唐左金吾大将军张直方尽管投降黄巢，可是因为他收容大量亡命之徒，并将唐公卿大臣藏在私宅复壁中，被黄巢处死。

（7）大败官军

黄巢攻破长安后，僖宗经过兴元来到成都，把西川府舍作为行宫，这一天是中和元年（公元881年）正月二十八日。

追随僖宗的大臣们慢慢汇聚到成都，南北司朝见僖宗的大臣有近二百人。各道和四夷不断送来贡奉和礼品，成都府库财物充足，俨然是一个小长安。这里赏赐不断，士兵们倒也愉悦。

还在兴元的时候，僖宗就已经下诏，令各个方镇发动所有兵力收复长安。

唐僖宗首先向淮南节度使高骈下诏，派往高骈处的使者接连不断，催促高骈派兵攻伐黄巢，高骈却始终没有奉命出兵。唐僖宗到了成都，依然希望高骈能讨贼立功，给高骈下达诏书，只要其领辖境内的刺史及诸将领讨贼有功，可用墨敕授予自监察御史到散骑常侍的官爵，任命后再奏报朝廷。

随后，僖宗加封河东节度使郑从谠兼侍中，并让他继续担任行营招讨使，希望河东军从北面出击攻打黄巢。代北监军陈景恩带着沙陀酋长李友金及安庆、萨葛、吐谷浑几部赶赴长安救援，计划在绛州渡黄河。绛州刺史瞿稹也是沙陀人，他对陈景恩说："军事形势仍对黄巢方面有利，不可以轻进，最好还是先回代北多招募些兵再说。"这样，他们又返回雁门。

唐将瞿稹、李友金到了代州，过了十多天，募得三万士兵，全部是北方人，屯驻在崞县之西，这些士兵暴虐凶狠，粗犷彪悍，瞿稹和李友金两人全都没有办法节制。李友金就劝说陈景恩："现在尽管有好几万兵众，要是没有威信卓著的将领统帅他们，最后还是无法成功的。我的兄长司徒李国昌和他的儿子李克用，全都有过人的勇略，得到士兵的信服。陈骠骑要是能够上奏大唐天子赦免他们的罪，将他们任命为统帅，就能够得到代北诸胡士兵群起响应，贼寇再猖狂也能够平定了！"陈景恩听后深以为是，就派遣使者到成都行宫奏请唐僖宗；唐僖宗颁下诏书准许了陈景恩的请求。李友金携着诏书带五百骑兵到鞑靼迎接李国昌、李克用父子，李克用奉诏后马上带着鞑靼诸部万余兵众进入塞内救援。

李国昌是忠武节度使，他的儿子李克用是沙陀副兵马使。乾符五年

（公元878年）戍守蔚州，那时黄巢正为祸河南。云州沙陀兵马使李尽忠与牙将薛志勤、康君立、程怀信、李存璋等认为，时局混乱，朝廷难以号令四方，正是地方割据的好机会，就计划拥立李国昌、李克用割据代北。那时恰逢代北饥馑，漕运不及。大同防御兼水陆发运使段文楚削减军士服装和军粮，执行军法又太过严苛，引起了士兵的不满。李尽忠派康君立暗中跑到蔚州鼓动李克用起兵，杀掉段文楚取而代之。李克用说："我父亲在振武，我先和他商量一下。"康君立说："事态紧急，夜长梦多，没有时间了！"李尽忠当夜率军进攻牙城，把段文楚和判官柳汉璋抓起来，自己管起军州事务。他遣人寻找李克用，李克用急忙赶往云州，一边行军，一边招募士兵壮大力量。到了云州，已经有了大约一万人屯驻在城外斗鸡台下。过了一天，李尽忠派人送来符书，请李克用担任防御留后。第二天又将段文楚等五人带上刑具，送到李克用驻地。李克用让士兵们剐死这几个人，吃他们的肉，并派骑兵践踏他们的尸骨；示威之后，才进入府舍视事，并让将士上表，请朝廷承认既成的事实，追加敕命，朝廷没有批准。

李国昌在振武上表要求朝廷尽快任命大同防御使，说："要是李克用置朝命于不顾，我就率本道军讨伐他，一定不会为了儿子辜负国家。"朝廷正欲让李国昌调解此事，收到李国昌的上表，就任命司农卿支详为大同军宣慰使，让李国昌告诉李克用，要是李克用尊敬朝廷，听从命令，必会给他一个满意的职务，同时任命太仆卿卢简方为大同防御使。

同年四月，由于李克用依然占据云中，故而把李国昌和卢简方对调，让卢简方担任振武节度使，而让李国昌任大同节度使，以为李克用会听从李国昌的指挥。

可是这只是朝廷自己的想法。李国昌实际是想父子并据两镇，于是毁掉制书，杀死监军，不服从朝廷的命令；同时与李克用联合攻破遮虏军，进击宁武军和岢岚军。

十月，昭义节度使李钧、幽州节度使李可举与吐谷浑酋长赫连铎等一道前往蔚州征伐李克用。十一月，朝廷任命河东宣慰使崔季康为河东节度使、伐北行营招讨使。

崔季康和昭义节度使李钧同李克用作战，李钧在战斗中死去，二镇兵败，昭义军退回代州，剩下的部队从鸲鸣谷返回上党。

广明元年（公元880年）六月，朔州守将高文集将李克用派来调兵的傅文达扣留，和沙陀酋长李友金、萨葛都督米海万、安庆都督史敬存一道投降官军。七月，李克用来攻高文集，被官军在半路截杀，损失七千人。官军乘胜进入雄武军境内。蔚朔节度使李琢与赫连铎进入蔚州，李国昌败退，和李克用率领全族向北投靠鞑靼。

鞑靼原来是鞑羯的别部，生活在阴山一带。赫连铎派人告诉鞑靼豪帅，李克用父子才识过人，长期居住阴山，一定会吞并鞑靼，让鞑靼杀掉李氏父子，除却后患。李克用知道后，借与豪帅游猎的时候，演练百步穿杨，箭无虚发，令鞑靼豪帅十分佩服。接着置酒畅饮，酒酣耳热，李克用道："我得罪天子，难以效忠，获悉黄巢北来，已成中原大患，如果天子赦免了我，我愿和你们一道南下平定天下，总不能老死在这个荒僻的地方。"鞑靼知道李克用没有长久居留阴山的意向，就放弃了加害李克用的打算。

朝廷果然被陈景恩说动了。沙陀酋长李友金派五百名骑兵到鞑靼送达诏书，迎接李克用。李克用率鞑靼各部一万人到达代州。李克用奉诏率领五万兵马讨伐黄巢，送文书给郑从谠，说让他一路接应，设置邮传。郑从谠关闭城门，防止李克用偷袭。李克用在城下扎营五日，得到资粮钱米之后，纵沙陀兵剽掠居民，随后回代州去了。一直到中和二年（公元882年），李克用才再次奉诏派出四万兵马出河中，与黄巢作战。

中和元年（公元881年）四月，朝廷还任命凤翔节度使郑畋为京城四面诸军行营都统，让他建立战功。给郑畋的诏书说："不论是蕃军还是汉军将士，凡是赴难有功，一概听任郑畋用墨敕委任官职。"郑畋任命泾原节度使程宗楚为副都统，前朔方节度使唐弘夫为行军司马，准备和黄巢交战。

黄巢命朱温为东南面行都虞候出兵作战。朱温占领邓州，在邓州戍军，又控制了荆州和襄州。可是在关内的战斗中，黄巢失败。唐弘夫设下埋伏大败进攻凤翔的尚让、王播，在龙尾陂杀死两万多人，尸体连绵数十里。

（8）血洗长安

四月，黄巢将其部王玫任命为邠宁节度使，唐邠州通塞镇将朱玫起兵诛杀王玫，命别将李重古为邠州节度使，自己领兵进攻黄巢军。这时，唐弘夫率军在渭北驻扎，王重荣率军在沙苑屯驻，王处存驻军渭桥，拓跋恩恭屯军武功，郑畋统领大兵进达盩厔，形成全面围攻长安之势。唐弘夫借着龙尾大捷的余威领兵急攻，逼近长安。

初五，黄巢撤出长安城向东方转移，唐将程宗楚领军率先从延秋门进入长安城，唐弘夫紧接着率军赶到，王处存率领五千精锐士兵当夜也进入长安。长安坊市居民万分高兴，纷纷出来迎接官军，欢呼声响彻云霄，有的人还向黄巢军投击瓦砾，也有人为官军收拾箭头。入城的程宗楚等人担心别的将领入城分去他们的战功，居然没有通报凤翔节度使郑畋和鄜夏节度使拓跋思恭。入城的官军士兵们放下军器闯入居民私宅，掠取金帛，抢夺姬妾。王处存命令军士系上白色丝绸头巾当作记号，可不少坊市无赖少年也戴上白丝头巾，跟着掠人劫货，使得长安城内十分混乱。黄巢率军露宿于霸上，打探到城内官军号令不齐，而且围长安的诸路官军没有相互联络，就领兵偷袭长安，黄巢军从各个城门分别进入，大战于城中，唐将程宗楚、唐弘夫全被杀死，官军士兵因为抢劫财物太多，负重难行，被黄巢军杀得大败，十分之八九的人都被杀死。王处存集合残兵余众逃回到渭桥扎营地。

十日，黄巢再次进入长安，对长安居民协助官军相当愤怒，于是纵容兵士大肆屠杀，长安城血流成河，称之为洗城。于是唐诸路军全部撤退，黄巢军的声势更大。

十三日，黄巢与拓跋思恭、李孝昌在土桥激战，再次获胜。

黄巢军将王播围攻兴平，邠宁节度使朱玫撤到奉天和龙尾陂，西川黄头军使李铤带着一万人，巩咸率五千人进驻兴平，修筑了二个军寨。黄巢与他们交战，一直没有占到便宜，后来同平章事陈敬瑄又派了两千人增援官军。

开始，唐僖宗的车驾抵达成都的时候，赏赐蜀中军队每人三缗。田令孜出任行在都指挥处置使后，只要有各地贡输而来的金帛，就擅自颁发和赐予随从车驾来到成都的外镇诸军，并且几乎每日都有赏赐，而蜀中军队却没有再得到奖赏，于是蜀军十分不满。二十日，田令孜设宴款待本土蜀军和外来客军都头，用金杯行酒，并将金杯赐给诸都头，都头们都拜而接受，只有西川黄头军使郭琪不愿接受赏赐，并站起来说："诸都将每月领有俸料钱，十分丰厚，能够养活一家老小，由此时常想到无以回报所蒙受的厚恩，怎么敢贪得无厌，再受金杯。我看到蜀中军队与外镇诸军一样宿卫，可是得到的赏赐相差甚远，所以蜀军多有怨气，只怕万一激起变乱，无法收拾。愿田军容省下给予诸将的额外赏赐，用以平均地赐给蜀军，使土军与客军奖赏一致，这样上下都会觉得高兴和欢天喜地的！"田令孜听后默默无语，好一会儿才问郭琪说："你曾经立过什么军功？"郭琪回答说："我生长在崤山以东地区，并不是蜀地人，曾经在边远地区征讨屯戍，领兵与党项作战十七次，与契丹作战十余次，全身都有金创伤疤，又曾经出征吐谷浑，被打伤肚皮，连肠子都流出来了，用线缝上后又立刻投入战斗。"田令孜就用另外一个酒杯亲自给郭琪斟酒，郭琪明白酒中已下毒，可是没有办法，再拜将酒饮下。返回家中，杀死一个婢女，吮吸她的血来解毒，结果吐出好几升黑色的毒汗，于是率领所部作乱造反，二十一日，焚烧和抢劫成都坊市，成都城一片混乱。田令孜保护着唐僖宗退居东城，紧闭城门并登上城楼，命令诸军进攻郭琪所率领的乱军。郭琪带着军队回到营地，陈敬瑄派都押牙安金山领兵前来围攻，郭琪突出重围，逃奔广都，随从他的士兵全都散去，仅剩一个军府厅吏跟从。在江边休息时，郭琪对厅吏说："陈公敬瑄明白我无罪，可军府已被惊扰，只得清除我而使军府安定下来。你始终如一地追随我，现在有一个办法能够报答你。你可奉我的官印和利剑去向陈公报告，就说：'郭琪渡江逃走，我用剑将他击落于水中，尸体随急流而下，缴得他的官印和剑，献给陈公。'陈公肯定会依照你所说的，将我的印和剑悬于成都坊市，张榜以安定民心。你也必然能够为此获得丰厚的奖赏，我的一家人也可因此得保无恙。我从这里前往广陵，投奔淮南节度使高骈，过几天，你可以暗中将我的情况告诉我家。"于是解下印和剑授予厅吏，顺流东逃。厅吏把官印和剑献给陈敬瑄，果然，郭琪一家获得赦免。

高骈与镇海节度使周宝都曾经在神策军任职，起先高骈把周宝视作兄长。后来高骈职位高起来，就不怎么尊重周宝了。镇海与淮南相邻，经常为了一些琐碎的事情出现摩擦。高骈传檄周宝让他派兵增援京师。周宝备好舟船，却见高骈并无准备出发的迹象。有的幕僚对周宝说："高骈趁黄巢起事，时局混乱之机，想吞并江东。他说进京援救，可能是在打我们的主意，还是要小心提防他。"周宝本来不太相信，在派人观察到高骈确无北上的意思后相信了。这时高骈又派人约他在瓜州议事，周宝认定这是高骈设置的陷阱，就以生病为由不去赴会。两人恶语往来，仇怨日深。尽管朝廷反复催促高骈出兵，可是高骈以周宝和浙东观察使刘汉宏将为后患为理由，收兵回到扬州，实际上他也根本没打算出兵。

（9）朱温降唐

中和二年（公元882年），黄巢任命朱温为同州刺史，可同州仍在官军掌握中，黄巢让朱温自己去取。二月，同州刺史米诚逃往河中，朱温占领同州。在这之前，朱温与尚让在东渭桥将李孝昌、拓跋思恭打跑，又与孟楷在富平袭击鄜、夏二军，二军战败，逃回本道。朱温占据同州后，进攻河中，被王重荣击败。

到了四月份，诸道行营都统王铎统领东西川和兴元军集结感灵寺，泾原军在京西，易定、河中军在渭北，邠宁、凤翔军在兴平，保大、定难军在渭桥，忠武军在武功，对黄巢军形成包围。黄巢将领朱温据同州、李详据华州，黄巢号令所行，出不了同、华两州。

六七月间，黄巢与官军交战，互有胜败。八月，有三十艘河中粮船道经夏阳，被朱温劫下。王重荣派重兵赶来，朱温遭到围困。朱温多次请求增兵解困，都被知右军事孟楷扣下，不向黄巢报告。朱温见黄巢已现颓势，早晚必然失败，就杀掉监军严实，九月十七日，举州投降王重荣。朱温投降后，王铎根据朝廷制书委任他为同华节度使。据守华州的李详见王重荣待朱温甚厚，也准备投降，遭监军告发，黄巢将他杀死。黄巢的弟弟黄思邺担任了华州刺史。后来，李详旧部赶跑黄思邺，推举华州镇将王遇为主，举州向王重荣投降。

十月，僖宗赐朱温名全忠，将他任命为右金吾大将军、河东行营招讨使。

黄巢的兵势仍然十分强大，王重荣对此非常忧虑，他对行营都监杨复光说："对贼寇称臣就背叛了大唐，讨伐贼寇又没有足够的兵力，应该怎样做？"杨复光说："雁门节度使李克用英勇善战，并握有重兵，他的父亲与我已故的养父曾经一起共事，关系很好，他也有舍身报国的决心，他不来是由于他和郑从谠不和。如果诚恳地用朝廷的旨意谕劝郑从谠，然后召唤李克用，李克用肯定会来。李克用要是来了，则平定贼寇指日可待！"东面宣慰使王徽也这样认为。那时王铎在河中，就用墨敕召集李克用，谕劝郑从谠。十一月，李克用带着一万七千沙陀人马，从岚州、石州赶往河中，可是不敢进入太原境内，仅仅带几百骑兵经过晋阳城向郑从谠辞行，郑从谠赠送给他名马、器具和钱币。

李克用的弟弟李克让从前被南山寺庙的僧人杀死，他的仆人浑进通投靠了黄巢。李克用到河中后，派堂弟李克修先带五百士兵渡过黄河打探黄巢军的情况。黄巢军对李克用有些畏惧，由于他的将士身着黑衣，就称他们"鸦军"，说："鸦军来了，应该避其锋芒。"还抓了南山寺庙的十几个僧人，派人送交李克用，同时派浑进通同李克用讲和，为此送去了诏书和许多财物。李克用为李克让之死痛哭了一场，杀死僧人，接受了财物，可是焚毁了诏书，把黄巢的使者打发回去，率军从夏阳渡河，驻扎到同州。

中和三年（公元883年）春季正月，李克用的将领李存贞在沙苑击败黄揆。初二，李克用领兵屯驻沙苑。黄揆是黄巢的弟弟。王铎遵照旨意，任命李克用为东北面行营都统，杨复光为东面都统监军使，陈景恩为北面都统监军使。初八，唐僖宗任命中书令、充诸道行营都统王铎为义成节度使，命他前赴镇所。田令孜欲加重北司权，上奏称王铎讨剿黄巢很长时间都没有什么功绩，最后采用杨复光的策略，召来沙陀才击败贼寇，所以削夺了王铎的兵权以取悦杨复光。朝廷又将副都统崔安潜任命为东都留守，命都监西门思恭为右神策中尉，充任诸道租庸兼催促诸道进军等使。田令孜自以为提议唐僖宗出走蜀地、收藏传国宝和各先帝的画像、散放家中资财犒赏官军有功，就让宰相藩镇一起请求为他加恩赏赐，唐僖宗于是任命田令孜为神策十军兼南牙十二卫观军容使。

二月十五日，李克用进占乾阮，与易定、河中、忠武军会合。尚让等带领十五万兵众出去迎敌，驻扎在梁田陂。第二天发生恶战，从午时杀到申时，尚让大败，损失了数万人。

（10）撤离关中

黄巢部王蟠、黄揆袭取华州，被李克用围困在城内。

连续失败，军粮又全部耗尽，黄巢决定秘密撤退，并派出三万部队加强对蓝田的控制，以便经由蓝田撤退。

三月六日，李克用、王重荣在零口迎战尚让，将他打败，华州失去了援军。三月二十七日，李克用等攻取华州，黄揆弃城逃跑了。

李克用经常派部将薛志勤、康君立潜入长安，烧毁仓库，抓捕俘虏，搞得人心惶惶。后来李克用与忠武军将庞从、河中军将白志迁带兵率先进城，和黄巢在渭南同时打了三次大仗，结果，黄巢全部失败。义成军、忠武军乘黄巢兵败之机，紧跟上来，恢复了斗志。

四月初八，李克用等自光泰门攻入京师长安，黄巢坚决抵抗但无法获胜，最后纵火焚烧宫殿后逃跑。贼寇战死和投降的人非常多，可是官军残暴抢掠，与贼寇毫无二致，长安城内的房屋和百姓没剩下多少。黄巢从蓝田进入商山，在路上丢下大量珍宝，官军争相抢夺这些东西而放缓了追击，贼寇趁机逃脱了。

杨复光遣使向唐僖宗报捷，朝中百官向皇上道贺。僖宗下诏，留下忠武等军两万人，委派大明宫留守王徽和京畿制置使田从异进行处理，守护长安。五月，朝廷为朱玫、李克用、东方逵加封同平章事。把陕州升级为节度，以王重盈为节度使。又在延州设立保塞军，任命保大行军司马、延州刺史李孝恭为节度使。李克用那时只有二十八岁，是最年轻的将领，但是在打败黄巢、收复长安的战争中，李克用的功劳最著，军队实力也最强大，因此，各位将领都很畏惧他。李克用的一只眼睛稍微小一些，当时人们都叫他"独眼龙"。

唐僖宗下旨，斥责崔璆家世富贵，出身显赫，却在黄巢手下做同平章事三年，既没有逃走也没有藏匿，于是将他斩杀在住所。

黄巢派遣他的骁将孟楷督率一万人去攻打蔡州，并打败了迎战的节度使秦宗权，贼寇再进攻蔡州城，秦宗权就向黄巢投降，把他的队伍与黄巢的人马合二为一。

赵犨招募大量勇猛的士兵用来抵挡农民军。黄巢的骁将孟楷既然已经占领蔡州，便调动军队进攻陈州，领兵进驻项城；赵犨先是向孟楷故意示弱，乘其不备，发动突然袭击，孟楷的人马差不多全部被斩杀擒获，自己也被活捉处斩。六月，黄巢与秦宗权集合人马围攻陈州，挖开层层密布的五重堑壕，分上百条路线向陈州发起进攻。陈州城内的人们十分恐慌，赵犨对他们说："忠武军一直以正义勇敢闻名，陈州的兵马号称为最有作战能力的队伍，何况我赵犨一家长期食用陈州的俸禄，誓与陈州共存亡。男子汉要以死求生，况且为国捐躯而死，难道不比向敌军称臣苟且偷生要好吗？有异议者一律斩首！"赵犨数次带领精锐人马打开城门出去攻打敌军，挫败了敌军的进攻。黄巢愈发震怒，在陈州的北面设立行营，设立宫室百官，准备长期围困。那时民间没有钱粮积蓄，敌军抓捕百姓当作粮食，把活人扔到石磨里面去磨，连同骨头一块吃掉，称供给粮食的地方是"舂磨寨"。黄巢纵容士兵四处抢掠，所有河南府许州、唐州、汝州、孟州、邓州、汴州、郑州、濮州、曹州、徐州、兖州等几十个州的地方都受到黄巢的侵扰。

十二月，赵犨遣使向邻道忠武节度使周岌、东面兵马都统、感化节度使时溥、宣武节度使朱全忠求救。

黄巢的兵力还比较强大，周岌、时溥、朱全忠无法抵挡，一同向河东节度使李克用求援。中和四年（公元884年）二月，李克用统率五万兵马杀出天井关。河阳节度使诸葛爽以河阳尚未完工为理由进行推托，在万善屯驻军队不让李克用经过这里，李克用于是领军返回从陕州和河中渡过黄河向东前进。

三月，朱全忠占领瓦子寨，黄巢将领李唐宾、王虞裕投降。

黄巢围攻陈州接近三百天，赵犨兄弟与黄巢激战几百次，尽管官兵的粮食很快耗尽，但大家抗击贼寇的决心愈发坚定。李克用在陈州与许州、徐州、汴州、兖州的各路官军会合。那个时候，尚让驻守太康，夏季，四月初三，各路官军进占太康。黄思邺驻扎西华，各路官军又进攻西华，黄思邺逃跑。黄巢获知这些战况越发恐惧，将人马撤退到故阳里，陈州逐渐解围。

朱全忠见黄巢北撤，赶紧领兵返回大梁。五月初三，天降大雨，故阳里积水达到三尺，黄巢军营全遭大水淹没，又听闻李克用来了，就领军向东北汴州方向转移。尚让派遣五千骁骑进逼大梁，在繁台被朱珍、庞师古阻住。朱全忠向李克用告急。六日，李克用与忠武都监使田从异从许州出发，八日，在中牟县北面的王满渡遭遇黄巢军。李克用乘黄巢军尚未完全过河之机，全力猛攻，黄巢军大败，战死一万余人。尚让率部投降了时溥，别将霍存、李谠、葛从周、张归霸和归霸弟张归厚率部投降。黄巢越过汴河向北败退。九日，李克用追到封丘，再次击败黄巢。十日，下起大雨，黄巢转向东方，经胙城、匡城向兖州方向败逃。黄巢只剩下残余将士一千多。李克用轻骑追击，一晚上跑了二百多里，追到冤句，能跟上他的骑兵也仅有几百人，人困马乏，粮食耗尽，于是回到汴州。这一仗，李克用抓住黄巢的幼子，缴获了黄巢的乘舆器服符印，还收容了被黄巢裹胁在军中的男女人众一万余人。

五月二十日，时溥派部将李师悦领一万人众追踪黄巢。

六月十五日，李师悦与尚让在瑕丘和黄巢打了最后一仗。黄巢势微难敌，伤亡殆尽，退入狼虎谷。十七日，黄巢的外甥林言砍下黄巢及其兄弟和妻子的头想向时溥投降，却碰到博野军，让他们夺去首级，自己也被博野军杀死。

秋季，七月二十四日，时溥遣使臣进献黄巢和他家人的头颅及黄巢的众妾，唐僖宗亲自登上成都大玄楼接受进献。僖宗向黄巢的众妾问话："你们全部是显贵人家的子女，世世代代领受国家的恩惠，怎么要追随贼寇呀？"站在前面的一位回答说："贼寇起兵反叛，大唐有军队百万，却无法固守祖庙，流落到巴蜀一带，如今陛下斥责一个女子不能抵抗贼寇，那么朝中的王公大臣将军统帅们又怎么说呢！"僖宗无言可对，下令统统在集市杀掉。人们争相送酒给黄巢的众妾，别的人都悲痛恐惧昏昏沉沉地喝醉了，只有站在前面的那一个既不喝酒也不哭泣，到了行刑的时候，神态和脸色显得肃穆坦然。长安宫室被焚毁，僖宗依然留在成都。京兆尹王徽把流散失所的人招集起来修缮宫室，十月，百官衙门大体准备就绪，关东藩镇请僖宗返回京城长安。

僖宗于光启元年（公元885年）正月从成都起驾，二月到凤翔，三月十一日回到长安。经过战争动乱后的长安城里长满了荆棘，狐狸和兔子到处跑来跑去，呈现出一片凄凉的景象。